Kompendien
für Studium, Praxis und Fortbildung

Dr. Hansjochen Dürr, Rechtsanwalt,
Präsident des Verwaltungsgerichts Karlsruhe a.D.
Dagmar Leven, Richterin am VGH Baden-Württemberg
Sabine Speckmaier, Richterin am VGH Baden-Württemberg

Baurecht
Baden-Württemberg

15. Auflage

Nomos

Die Deutsche Nationalbibliothek verzeichnet diese Publikation in
der Deutschen Nationalbibliografie; detaillierte bibliografische
Daten sind im Internet über http://dnb.d-nb.de abrufbar.

ISBN 978-3-8487-2579-3 (Print)
ISBN 978-3-8452-6680-8 (ePDF)

15. Auflage 2016

Vorwort

Mit der 15. Auflage des Kompendiums tritt eine bedeutsame Veränderung ein. Während bei den bisherigen Auflagen Herr Dr. Hansjochen Dürr alleiniger Autor war, leitet die 15. Auflage die teilweise Übergabe der Verantwortlichkeit für das Kompendium an jüngere Autorinnen ein. Mit Frau Dagmar Leven und Frau Sabine Speckmaier, die beide als Richterinnen einem Bausenat des VGH Mannheim angehören, sind zwei Co-Autorinnen hinzugekommen, die über besondere Erfahrungen im öffentlichen Baurecht verfügen. Zugleich bleibt sichergestellt, dass die Rechtsprechung des VGH Mannheim auch zukünftig in besonderem Maße Eingang in das Kompendium findet und seine Aktualität gewährleistet ist.

Das Kompendium beschränkt sich bewusst auf die Erörterung der in der baurechtlichen Praxis und damit auch in der Ausbildung besonders wichtigen Fragen. Spezialprobleme werden lediglich angesprochen; insoweit wird auf die Kommentarliteratur verwiesen. Adressaten des Werks sind vor allem Studenten und Referendare, für die das öffentliche Baurecht – in unterschiedlichem Umfang – zum Pflichtstoff in beiden juristischen Staatsexamen zählt. Daneben sollen aber auch alle angesprochen werden, die bereits im Berufsleben stehen und sich mit dem öffentlichen Baurecht zu befassen haben. Dabei sind wir uns natürlich durchaus bewusst, dass der erfahrene Baurechtler inhaltlich wenig Neues in dem Kompendium finden wird; er findet aber zumindest einen Nachweis der neuesten Rechtsprechung, insbes. des BVerwG und des VGH Mannheim.

Schließlich haben wir uns zu bedanken bei allen, die uns auf Ungenauigkeiten oder Schwächen in der 14. Auflage hingewiesen haben. Wir verbinden diesen Dank mit der Bitte, uns auch bei der 15. Auflage über Defizite oder Verbesserungsmöglichkeiten zu informieren.

Das Werk befindet sich auf dem Stand 1.9.2015

Freiburg/Mannheim im September 2015

Dr. Hansjochen Dürr   Dagmar Leven   Sabine Speckmaier

Inhaltsverzeichnis

Literaturverzeichnis   13

I. Allgemeines   15
    1. Funktion des Baurechts   15
    2. Rechtsgrundlagen des Baurechts   15
    3. Gesetzgebungszuständigkeit auf dem Gebiet des Baurechts   15
    4. Abgrenzung Bauplanungsrecht – Bauordnungsrecht   17

II. Bauplanungsrecht   19
    A. Bauleitplanung   19
       1. Allgemeines   19
         a) Funktion der Bauleitplanung   19
         b) Planungshoheit der Gemeinde   20
       2. Erforderlichkeit der Bauleitplanung   22
       3. Gesetzliche Schranken der Bauleitplanung   25
         a) Allgemeines   25
         b) Ziele der Raumordnung (§ 1 Abs. 4 BauGB)   25
         c) Interkommunale Rücksichtnahme (§ 2 Abs. 2 BauGB)   27
         d) Fachplanerische Vorgaben   28
         e) Naturschutzrechtliche Eingriffsregelung (§ 1 a Abs. 3 BauGB); Natura 2000-Gebiete   28
         f) Umweltprüfung (§ 2 Abs. 4, § 2 a BauGB)   30
         g) Die Abhängigkeit des Bebauungsplans vom Flächennutzungsplan   30
            aa) Entwicklungsgebot (§ 8 Abs. 2 S. 1 BauGB)   30
            bb) Selbständiger Bebauungsplan (§ 8 Abs. 2 S. 2 BauGB)   32
            cc) Vorzeitiger Bebauungsplan (§ 8 Abs. 4 BauGB)   32
         h) Allgemeingültige Planungsprinzipien   33
            aa) Gebot konkreter Planung   33
            bb) Gebot äußerer Planungseinheit   33
            cc) Gebot positiver Planung   33
            dd) Bestimmtheitsgebot   34
       4. Die Abwägung nach § 1 Abs. 6 u. 7 BauGB   34
         a) Allgemeines, Eigentumsgarantie   34
         b) Abwägungsbereitschaft   36
         c) Ermittlung und Bewertung des Abwägungsmaterials (§ 2 Abs. 3 BauGB)   37
         d) Gebot der Rücksichtnahme   39
         e) Gebot der Lastenverteilung   40
         f) Gebot der Konfliktbewältigung   40
         g) Die gerichtliche Überprüfung der Abwägung   41
       5. Das Verfahren bei der Aufstellung von Bauleitplänen   44
         a) Aufstellungsbeschluss (§ 2 Abs. 1 BauGB)   44
         b) Planentwurf   44
         c) Frühzeitige Beteiligung der Öffentlichkeit (§ 3 Abs. 1 BauGB)   44
         d) Beteiligung der Behörden und Träger öffentlicher Belange (§ 4 BauGB)   45

e) Öffentliche Auslegung (§ 3 Abs. 2, § 4 a BauGB) 45
f) Übertragung auf Private (§ 4 b BauGB) 47
g) Satzungsbeschluss (§ 10 BauGB) 47
h) Ausfertigung 47
i) Genehmigung (§§ 6, 10 Abs. 2 BauGB) 47
j) Bekanntmachung (§ 10 Abs. 3 BauGB) 48
k) Begründung 49
l) Vereinfachtes Verfahren, beschleunigtes Verfahren
(§§ 13, 13 a BauGB) 49
6. Außer-Kraft-Treten von Bauleitplänen 50
7. Inhalt der Bauleitpläne 51
a) Flächennutzungsplan (§ 5 BauGB) 51
b) Bebauungsplan (§ 9 BauGB) 51
aa) Art der baulichen Nutzung (§§ 1–15 BauNVO) 52
bb) Maß der baulichen Nutzung (§§ 16–21 a BauNVO) 54
cc) Bauweise und überbaubare Grundstücksfläche
(§§ 22, 23 BauNVO) 54
dd) Sonstige Festsetzungen im Bebauungsplan 55
8. Der fehlerhafte Bebauungsplan 56
a) Verfahrensfehler nach dem BauGB (§ 214 BauGB) 57
b) Kommunalrechtliche Fehler 57
c) Materiell-rechtliche Fehler 58
d) Fehlerbewältigung durch ergänzendes Verfahren 58
B. Bauplanungsrechtliche Zulässigkeit von Bauvorhaben 59
1. Bedeutung und System der §§ 29 ff. BauGB 59
2. Der Begriff der baulichen Anlage (§ 29 BauGB) 62
3. Bauvorhaben im beplanten Innenbereich (§ 30 BauGB) – Bedeutung der Baunutzungsverordnung 64
a) Art der baulichen Nutzung (§§ 2–14 BauNVO) 65
aa) Reines Wohngebiet 65
bb) Allgemeines Wohngebiet 66
cc) Mischgebiet 66
dd) Gewerbegebiet 67
ee) Industriegebiet 67
ff) Sondergebiete 67
gg) Einkaufszentren 68
hh) Vergnügungsstätten 68
ii) Stellplätze und Garagen 69
jj) Gebäude und Räume für freie Berufe 69
kk) Nebenanlagen 70
b) § 15 BauNVO 70
c) Maß der baulichen Nutzung (§§ 16–21 a BauNVO) 71
d) Bauweise und überbaubare Grundstücksfläche
(§§ 22, 23 BauNVO) 72
4. Ausnahmen und Befreiungen (§ 31 BauGB) 72
5. Bauvorhaben im nichtbeplanten Innenbereich (§ 34 BauGB) 77
a) Abgrenzung Innenbereich – Außenbereich 77
b) Das Einfügen in die nähere Umgebung 79
c) § 34 Abs. 2 BauGB i. V. m. §§ 2–11 BauNVO 83
d) Sonderregelung für bestehende Gewerbebetriebe und Wohngebäude (§ 34 Abs. 3 a BauGB) 84

   e) Entwicklungs- und Ergänzungssatzungen (§ 34 Abs. 4 u. 5
    BauGB)   84
  6. Bauvorhaben im Außenbereich (§ 35 BauGB)   86
   a) Privilegierte Vorhaben   86
   b) Nichtprivilegierte Vorhaben   94
   c) Bestandsschutz   96
   d) § 35 Abs. 4–6 BauGB (begünstigte Vorhaben) 98
   e) Außenbereichssatzung   101
  7. Bauen im Vorgriff auf einen Bebauungsplan (§ 33 BauGB) 101
  8. Einvernehmen nach § 36 BauGB   102
  9. öffentliche Bauten (§ 37 BauGB)   104
  10. Erschließung des Bauvorhabens   105
 C. Sicherung der Bauleitplanung   106
  1. Veränderungssperre (§§ 14 ff. BauGB)   106
  2. Teilungsgenehmigung (§§ 19, 22 BauGB)   111
  3. Vorkaufsrecht (§§ 24 ff. BauGB)   112
 D. Zusammenarbeit mit Privaten (§§ 11, 12 BauGB)   114
  1. Städtebauliche Verträge (§ 11 BauGB)   114
  2. Vorhabenbezogener Bebauungsplan (§ 12 BauGB) 115

III. Bauordnungsrecht   117
 A. Funktion des Bauordnungsrechts   117
 B. Materiell-rechtliche Regelungen des Bauordnungsrechts 117
  1. Verunstaltungsverbot (§ 11 Abs. 1 und 2 LBO) 117
  2. Werbeanlagen (§ 2 Abs. 9, § 11 Abs. 3 und 4 LBO) 118
  3. Abstandsregelungen (§§ 5– 7 LBO)   119
   a) Abstandsfläche (§§ 5, 6 LBO)   119
   b) Grenzgaragen und andere Grenzbauten (§ 6 Abs. 1 LBO) 122
  4. Stellplätze und Garagen (§ 37 LBO)   123
  5. Sonstige materiell-rechtliche Vorschriften des Bauordnungsrechts 126
   a) § 3 LBO   126
   b) § 4 Abs. 1 LBO   126
   c) § 4 Abs. 3 LBO   127
   d) § 13 LBO   127
   e) § 14 LBO   127
   f) §§ 15, 26, 27 LBO   127
   g) § 33 LBO und § 17 LBOAVO   128
   h) §§ 34–36 LBO   128
  6. Sonderbauvorhaben (§ 38 LBO)   128
 C. Verfahrensvorschriften   129
  1. Zulassungsverfahren   129
   a) Baugenehmigungsbedürftige Anlagen (§ 49 LBO) 129
   b) Kenntnisgabepflichtige Vorhaben (§ 51 LBO) 130
   c) Vorhaben im vereinfachten Baugenehmigungsverfahren
    (§ 52 LBO)   130
   d) Verfahrensfreie Vorhaben (§ 50 LBO)   130
  2. Die Baurechtsbehörde (§ 46 LBO)   132
  3. Die Baugenehmigung   132
   a) Voraussetzungen für die Erteilung der Baugenehmigung 132
   b) Abweichungen, Ausnahmen und Befreiungen (§ 56 LBO) 132

c) Privatrechtliche Einwendungen gegen die Baugenehmigung   133
d) Auflagen und Bedingungen   134
e) Rechtswirkungen der Baugenehmigung   135
f) Verhältnis der Baugenehmigung zu sonstigen Genehmigungen   137
    aa) Straßenrecht   137
    bb) Naturschutzrecht   138
    cc) Immissionsschutzrecht   139
    dd) Wasserrecht   140
    ee) Denkmalschutzrecht   140
    ff) Planfeststellungen   140
4. Das Baugenehmigungsverfahren   140
5. Rücknahme der Baugenehmigung   142
6. Der Bauvorbescheid (§ 57 LBO)   143
7. Das Kenntnisgabeverfahren   144
8. Das vereinfachte Baugenehmigungsverfahren (§ 52 LBO)   145
9. Die Baulast (§ 71 LBO)   146
10. Abbruchverfügung (§ 65 S. 1 LBO)   147
    a) Voraussetzungen   147
    b) Verhältnismäßigkeit   149
    c) Gleichheitsgrundsatz   150
    d) Verwirkung   150
    e) Adressat einer Abbruchverfügung   151
11. Sonstige Eingriffsmaßnahmen der Baurechtsbehörde   152
    a) Nutzungsuntersagung (§ 65 S. 2 LBO)   152
    b) Baueinstellung (§ 64 LBO)   153
    c) Maßnahmen nach § 47 LBO   154

IV. Nachbarschutz   156
1. Allgemeines   156
2. Der Begriff des Nachbarn   157
3. Die geschützte Rechtsstellung des Nachbarn   159
4. Nachbarschutz durch Verfahrensvorschriften   161
5. Das Gebot der Rücksichtnahme   162
6. Übersicht über die nachbarschützenden Normen   165
    a) §§ 30–33 BauGB   165
    b) § 34 BauGB   169
    c) § 35 BauGB   169
    d) Erschließung   170
    e) Bauordnungsrecht   170
7. Verzicht und Verwirkung im Nachbarrecht   172
8. Anspruch auf Einschreiten der Baurechtsbehörde   173
9. Nachbarschutz bei öffentlichen Einrichtungen   174

V. Der Rechtsschutz im Baurecht   177
A. Rechtsschutz gegen Bauleitpläne   177
1. Flächennutzungsplan   177
2. Bebauungsplan   177
3. Vorläufiger Rechtsschutz   182
4. Inzidentkontrolle   184
5. Verfassungsbeschwerde   184

B. Rechtsschutz gegen baurechtliche Einzelentscheidungen   184
    1.   Klage auf Erteilung einer Baugenehmigung   185
    2.   Klage gegen Abbruchverfügung   186
    3.   Nachbarklage   186
    4.   Vorläufiger Rechtsschutz   189
C. Rechtsschutz der Gemeinde   190

VI. Fälle   191

Stichwortverzeichnis   203

Literaturverzeichnis

1. Kommentare zum BauGB

Battis/Krautzberger/Löhr, 12. Aufl. 2014
Berliner Kommentar, Loseblatt-Ausgabe 30. Lfg. 2015
Brügelmann, Loseblatt-Ausgabe 93. Lfg. 2015
Ernst/Zinkahn/Bielenberg/Krautzberger, Loseblatt-Ausgabe 116. Lfg. 2015
Ferner/Kröninger/Aschke, 3. Aufl. 2013
Jäde/Dirnberger/Weiß, 7. Aufl. 2013
Schrödter, 8. Auflage 2015
Spannowsky/Uechtritz, 2. Aufl. 2014

2. Kommentare zur BauNVO

Bönker/Bischopink, 1. Aufl. 2014
Fickert/Fieseler, 12. Aufl. 2014
König/Roeser/Stock, 3. Aufl. 2014
Eine Kommentierung der BauNVO befindet sich ferner in den o.a. Kommentaren zum BauGB – Ernst/Zinkahn/Bielenberg/Krautzberger, Brügelmann u. Jäde/Dirnberger/Weiß

3. Kommentare zur LBO

Sauter, Kohlhammer-Verlag, Loseblatt-Ausgabe, 3. Aufl. 46. Lfg. 2015
Schlotterbeck/Hager/Busch/Gammerl, 6. Aufl. 2011

4. Lehrbücher und Monographien zum Baurecht

Battis, Öffentliches Baurecht und Raumordnungsrecht, 6. Aufl. 2014
Birkl u.a., Praxishandbuch des Bauplanungs- und Immissionsschutzrechts, Loseblatt-Ausgabe 82. Lfg. 2015
Bracher/Reidt/Schiller, Bauplanungsrecht, 8. Auflage 2014
Erbguth/Schubert, Öffentliches Baurecht, 6. Aufl. 2014
Finkelnburg/Ortloff/Kment, Öffentliches Baurecht I, Bauplanungsrecht JuS-Schriftenreihe, 6. Aufl. 2011
Finkelnburg/Ortloff/Otto, Öffentliches Baurecht II, Bauordnungsrecht, Nachbarschutz und Rechtsschutz JuS-Schriftenreihe, 6. Aufl. 2010
Hoppe/Bönker/Grotefels, Öffentliches Baurecht, 4. Aufl. 2010
Hoppenberg/de Witt, Handbuch des öffentlichen Baurechts, Loseblatt-Ausgabe 40. Lfg. 2015
Koch/Hendler, Baurecht, Raumordnungs- und Landesplanungsrecht, 5. Aufl. 2009
Muckel/Stemmler, Fälle zum öffentlichen Baurecht, 7. Aufl. 2013
Reichel/Schulte, Handbuch Bauordnungsrecht, 2004
Steiner, Prüfe Dein Wissen – Baurecht, 5. Aufl. 2010
Stollmann, Öffentliches Baurecht, 10. Aufl. 2015
Stüer, Handbuch des Bau- und Fachplanungsrechts, 5. Aufl. 2015

5. Sonstige wiederholt zitierte Literatur

Bosch/Schmidt/Vondung, Praktische Einführung in das verwaltungsgerichtliche Verfahren, 9. Aufl. 2012
Engel/Heilshorn, Kommunalrecht Baden-Württemberg, 10. Aufl. 2015
Fehling/Kastner/Störmer, Kommentar z. VwVfG – VwGO, 3. Aufl. 2013

Finkelnburg/Dombert/Külpmann, Vorläufiger Rechtsschutz im Verwaltungsstreitverfahren,
    6. Aufl. 2011
Knack/ Henneke, Kommentar zum VwVfG, 10. Aufl. 2014
Kopp/Ramsauer, Kommentar zum VwVfG, 15. Aufl. 2014
Kopp/Schenke, Kommentar zur VwGO, 21. Aufl. 2015
Redeker/v.Oertzen, Kommentar zur VwGO, 16. Aufl. 2014
Schoch/Schneider/Bier, Kommentar zur VwGO, Loseblatt-Ausgabe 24. Lfg. 2012
Sodan/Ziekow, Kommentar zur VwGO, 4. Aufl. 2014
Stelkens/Bonk/Sachs, Kommentar zum VwVfG, 8. Aufl. 2014

I. Allgemeines

1. Funktion des Baurechts

Das öffentliche Baurecht dient dem **Interessenausgleich** zwischen der durch Art. 2 **1** und 14 GG geschützten Baufreiheit des Bauherrn und des Grundstückseigentümers (BVerfGE 35, 263; BVerwGE 42, 115; BGHZ 60, 112) und dem häufig andersartigen Interesse der Allgemeinheit an einer möglichst sinnvollen Nutzung des im Bundesgebiet nur beschränkt vorhandenen Baugeländes (dazu ausführlich BVerwG NJW 1991, 3293). In einem so dicht besiedelten Gebiet kann nicht jeder bauen, wie er will und wo er will, vielmehr muss gewährleistet sein, dass hinreichend unbebauter Raum z.B. für Erholungszwecke, Verkehrsanlagen, Wasser- und Landschaftsschutzgebiete vorhanden ist. Dieser Interessenausgleich setzt zwingend eine gesetzliche Regelung des Bauens voraus. Eine unbeschränkte Baufreiheit würde innerhalb kürzester Zeit zu unerträglichen Missständen führen. Die baurechtlichen Vorschriften dienen daher dem Ausgleich zwischen der Privatnützigkeit des Eigentums und der Sozialpflichtigkeit des Eigentums (BVerwGE 101, 364).

2. Rechtsgrundlagen des Baurechts

Das Baurecht ist im Wesentlichen erst im letzten Jahrhundert gesetzlich geregelt **2** worden. Zwar gab es schon im **19. Jahrhundert** vereinzelte baurechtliche Bestimmungen (Nachweis bei Ernst/Zinkahn/Bielenberg/Krautzberger, Einl. 1 f). Die erste Normierung eines umfassenden Baurechts in dem Bereich des späteren Landes Baden-Württemberg erfolgte aber erst durch die **badische LBO vom 1.9.1907** und die **württembergische Bauordnung vom 28.7.1910**. Beide Gesetze enthielten im Wesentlichen baupolizeiliche Vorschriften. Eine Planung der Bautätigkeit durch Aufstellung entsprechender Pläne war zwar vorgesehen, wurde aber in der Praxis nur selten vorgenommen. Die ersten reichseinheitlichen baurechtlichen Vorschriften waren die Bauregelungsverordnung vom 15.2.1936 (RGBl. I, S. 104) sowie die Baugestaltungsverordnung vom 10.11.1936 (RGBl. I, S. 938).

Nach 1945 wurde allgemein ein Bedürfnis nach einer Planung des Wiederaufbaus **3** der zerstörten Städte verspürt. Die Länder erließen 1948/1949 die sog. Trümmergesetze (Nachweise bei Ernst/Zinkahn/Bielenberg/Krautzberger, Einl. Rn. 47). In Baden wurde das badische **Aufbaugesetz** vom 25.11.1949, in Württemberg-Baden das Aufbaugesetz vom 18.8.1948 erlassen.

Schon bald nach Gründung der Bundesrepublik Deutschland wurde die Schaffung eines bundeseinheitlichen Baurechts in Angriff genommen (Ernst/Zinkahn/Bielenberg/Krautzberger, Einl. Rn. 51 f). Da Zweifel über den Umfang der Gesetzgebungszuständigkeit des Bundes und der Länder entstanden, wurde nach dem damaligen § 97 BVerfGG (durch Gesetz vom 21.7.1956 aufgehoben) von der Bundesregierung in Übereinstimmung mit Bundestag und Bundesrat ein Rechtsgutachten des Bundesverfassungsgerichts über die Gesetzgebungszuständigkeiten auf dem Gebiet des Baurechts eingeholt.

3. Gesetzgebungszuständigkeit auf dem Gebiet des Baurechts

Das BVerfG hat in dem Rechtsgutachten vom 16.6.1954 (BVerfGE 3, 407) folgende **4** Abgrenzung zwischen Bundes- und Landeskompetenz vorgenommen:

Bundeskompetenz (Art. 74 Nr. 18 GG):

1. Städtebaurecht (§§ 1–44 u. 136–191 BauGB)
2. Baulandumlegung (§§ 45–122 BauGB)
3. Bodenbewertung (§§ 192–199 BauGB)
4. Bodenverkehrsrecht (§§ 19–28 BauGB)
5. Erschließungsrecht (§§ 123–126 BauGB)

Landeskompetenz: Bauordnungsrecht (Baupolizeirecht im überlieferten Sinn).

5 Auf der Grundlage dieses Gutachtens des BVerfG ist das **Bundesbaugesetz** vom 23.6.1960 (BGBl. I, S. 341) ergangen, das durch Gesetz vom 18.8.1976 (BGBl. I, S. 2221) erheblich geändert worden ist. Eine weitere Änderung erfolgte durch die BBauG-Novelle vom 6.7.1979 (BGBl. I, S. 949). Ergänzend hierzu wurde ferner das Städtebauförderungsgesetz vom 27.7.1971 (BGBl. I, S. 1225) erlassen.

BBauG und StBauFG wurden durch das **Baugesetzbuch (BauGB)** vom 8.12.1986 (BGBl. I, S. 2253) zu einem einheitlichen Gesetz zusammengefasst, wobei gleichzeitig auch beträchtliche inhaltliche Änderungen erfolgten.

1990 wurde zur Förderung des in den 1980er Jahren vernachlässigten Wohnungsbaus das **BauGB-MaßnG** erlassen. Die Sonderregelungen des BauGB-MaßnG wurden durch das BauROG 1998 teilweise in das BauGB integriert, teilweise aber auch aufgegeben. Seit 1.1.1998 ist das gesamte Bauplanungsrecht wieder im BauGB enthalten.

Am 30.4.2004 wurde das Europarechtanpassungsgesetz Bau – **EAG-Bau** – erlassen (s. dazu Finkelnburg NVwZ 2004, 903; Upmeier BauR 2004, 1382). Dieses Gesetz dient vor allem der Einführung der sog. Plan-UP-Richtlinie der EU in das BauGB (BT-Drucks. 15/2250 S. 1) und hat die Notwendigkeit einer Umweltprüfung bei den meisten Bebauungsplänen zur Folge. Zum 1.1.2007 trat dann die BauGB-Novelle vom 21.12.2006 (BGBl. I, S. 3316) in Kraft, mit der die Innenentwicklung von Städten erleichtert werden soll (s. dazu Battis/Krautzberger/Löhr NVwZ 2007, 120 – eine umfassende Übersicht der Entwicklung des BBauG/BauGB findet sich bei Krautzberger NVwZ 2010, 729). Weitere umfangreiche Änderungen enthielt das Gesetz zur Stärkung der Innenentwicklung in Städten und Gemeinden vom 11.6.2013 (BGBl. I, S. 1548). Die letzte Änderung erfolgte durch das Gesetz über Maßnahmen im Bauplanungsrecht zur Erleichterung der Unterbringung von Flüchtlingen vom 20.11.2014 (BGBl. I, S. 1748).

Das BBauG bzw. BauGB wurde ergänzt durch die **BauNVO** vom 26.6.1962 (BGBl. I, S. 429), geändert durch die Novellen vom 26.11.1968 (BGBl. I, S. 1237), 15.9.1977 (BGBl. I, S. 1763), 19.12.1986 (BGBl. I, S. 2665), vom 23.1.1990 (BGBl. I, S. 132) und vom 11.6.2013 (BGBl. I, S. 1548). Die BauNVO hat vor allem Bedeutung für die Aufstellung von Bebauungsplänen und die Zulässigkeit von Bauvorhaben (s. dazu unten Rn. 81 ff.).

Zur Ausführung der Gesetzgebungskompetenz der Länder ist zunächst 1959 von einer Bund-Länder-Kommission die sog. **Musterbauordnung** entworfen worden (Schriftenreihe des Bundesministeriums für Wohnungsbau, Bd. 16), auf der die danach von den Ländern erlassenen Bauordnungen beruhten. Das Land Baden-Württemberg erließ am 6.4.1964 die **Landesbauordnung** (GBl. S. 151), die durch die Neufassung vom 20.6.1972 (GBl. S. 351) beträchtlich geändert wurde.

1981 beschloss eine Ministerkonferenz eine neue Musterbauordnung. Sie war die Grundlage für die Neufassung der Landesbauordnung durch das Gesetz vom 23.6.1983 (GBl. S. 770), die am 1.4.1984 in Kraft trat.

Eine weitere vollständige Novellierung der LBO erfolgte durch das Gesetz vom 8.8.1995 (GBl. S. 617); auch die Paragrafenfolge wurde geändert. Zudem wurde das sog. Kenntnisgabeverfahren für Wohnbauvorhaben im Geltungsbereich eines Bebauungsplans eingeführt. Die Neuregelung löste die 1990 erlassene BaufreistellungsVO ab.

Am 1.3.2010 trat das LBO-ÄndG vom 10.11.2009 in Kraft (GBl. S. 615 – s. dazu Büchner VBlBW 2009, 168; Fischer VBlBW 2010, 213), das insbesondere eine Änderung der Abstandsflächenregelung und die Einführung eines vereinfachten Baugenehmigungsverfahrens enthielt.

Die bisher letzte Novellierung der LBO erfolgte durch das am 5.3.2015 in Kraft getretene Gesetz zur Änderung der Landesbauordnung vom 11.11.2014 (GBl. S. 501), mit dem verstärkt soziale und ökologische Kriterien in das Gesetz aufgenommen wurden. Die Änderungen betreffen schwerpunktmäßig Regelungen über Fahrrad- und Kfz-Stellplätze, die erleichterte Nutzung regenerativer Energien, die Verwendung von Holz als Baustoff und die Fassadenbegrünung. Außerdem wurde der Anwendungsbereich des Kenntnisgabeverfahrens beschränkt.

4. Abgrenzung Bauplanungsrecht – Bauordnungsrecht

Die theoretische Abgrenzung beider Rechtsgebiete ist einfach. Das **Bauplanungs-** 6
recht beschäftigt sich mit der Vereinbarkeit eines Bauvorhaben mit seiner Umgebung, das **Bauordnungsrecht** enthält Anforderungen in gestalterischer und baukonstruktiver Hinsicht und regelt das Genehmigungsverfahren. Das Bauplanungsrecht stellt eine Konkretisierung der **Sozialbindung des Eigentums** nach Art. 14 Abs. 1 S. 2 GG dar; die Baufreiheit wird zum Wohl der Gesamtheit in einem dem Einzelnen zumutbaren Umfang eingeschränkt (BVerwGE 101, 364). Das Bauordnungsrecht dient demgegenüber der Gefahrenabwehr, wie schon die frühere Bezeichnung „Baupolizeirecht" zeigt.

Die theoretisch klare Abgrenzung zwischen Bauplanungsrecht und Bauordnungs- 7
recht ist aber praktisch nicht immer durchführbar. Gewisse Überschneidungen sind unvermeidbar (vgl. hierzu Weyreuther BauR 1972, 1; Ziegler ZfBR 1980, 275). So wird z.B. der Abstand zwischen den Gebäuden sowohl durch Festsetzung der offenen Bauweise nach § 22 Abs. 1 u. 2 BauNVO sowie seitlicher Baugrenzen nach § 23 BauNVO als auch durch Abstandsflächen nach §§ 5, 6 LBO geregelt (BVerwGE 88, 131; NVwZ 1994, 1008; Frey BauR 1995, 303; Haaß NVwZ 2008, 252). Sowohl § 9 Abs. 1 Nr. 2a BauGB als auch § 74 Abs. 1 Nr. 7 LBO ermächtigen die Gemeinde, im Bebauungsplan von § 5 Abs. 7 LBO abweichende Abstandsflächen festzusetzen.

Das Gleiche gilt für die Zulässigkeit von großflächigen Werbetafeln (eb. BVerwGE 91, 274). Diese sind bauplanungsrechtlich in Wohngebieten unzulässig, weil sie dem Gebietscharakter widersprechen (BVerwGE 40, 94). Dasselbe ergibt sich aber auch aus § 11 Abs. 4 LBO. Die Verunstaltung spielt nicht nur bei der Generalklausel des § 11 Abs. 1 und 2 LBO eine Rolle, sie wird auch in § 35 Abs. 3 BauGB erwähnt.

Auch die Eingriffskompetenzen überschneiden sich. So kann z.B. die Reparatur einer schadhaften Treppe oder eines unzureichenden Balkongeländers einerseits nach § 177 BauGB, andererseits nach § 47 LBO angeordnet werden; der Abbruch eines Gebäudes kann auf § 179 BauGB oder § 65 LBO gestützt werden.

Derartige Kompetenzüberschneidungen sind verfassungsrechtlich unbedenklich, sofern sie auf Grenzbereiche beschränkt bleiben. Für die baurechtliche Praxis kann daher davon ausgegangen werden, dass gegen die Regelungen des BauGB und der LBO keine Bedenken hinsichtlich der jeweiligen Gesetzgebungskompetenz bestehen.

II. Bauplanungsrecht

A. Bauleitplanung

1. Allgemeines

a) Funktion der Bauleitplanung

Die **Bauleitplanung** ist das Kernstück des modernen Städtebaurechts (grundl. **8** Schmidt-Aßmann BauR 1978, 99; vgl. auch Battis/Krautzberger/Löhr § 1 Rn. 1). Ihre allgemeine Zielsetzung fasst § 1 Abs. 5 BauGB nach Art einer „Präambel" (Hoppe/ Grotefels 1. Aufl. 1995 § 5 Rn. 8) zusammen: Sie soll eine nachhaltige städtebauliche Entwicklung und eine dem Wohl der Allgemeinheit entsprechende sozialgerechte Bodennutzung gewährleisten und dazu beitragen, eine menschenwürdige Umwelt zu sichern und die natürlichen Lebensgrundlagen einschließlich des Klimas zu schützen.

Nach **§ 1 Abs. 1 BauGB** ist es Aufgabe der Bauleitpläne, die bauliche und sonstige Nutzung der Grundstücke in der Gemeinde vorzubereiten und zu leiten. Damit wird der **Grundsatz der Planmäßigkeit** normiert. Er bedeutet, dass die städtebauliche Entwicklung nicht dem „Spiel der freien Kräfte" oder isolierten Einzelentscheidungen überlassen bleibt, sondern durch eine Planung gelenkt und geordnet werden soll (BVerwGE 119, 25), bei der alle Bedürfnisse der Allgemeinheit berücksichtigt werden. Dazu gehören insbesondere das Interesse an ruhigen Wohngebieten einerseits und Gewerbegebieten und Verkehrsanlagen andererseits, aber auch an Einkaufsmöglichkeiten, Erholungs- und Freizeitgebieten, Sportanlagen und kulturellen Einrichtungen.

Die Bauleitplanung obliegt nach §§ 1 Abs. 3, 2 Abs. 1 BauGB den **Gemeinden**. Diese haben – jedenfalls dem Grundsatz nach – für ihr Gebiet eine umfassende Überplanung vorzunehmen, wobei nicht nur die spezifischen Belange einer baulichen Nutzung zu berücksichtigen sind, sondern alle öffentlichen und privaten Belange erfasst und planerisch bewältigt werden müssen.

§ 1 Abs. 1 BauGB ist verletzt, wenn einem Bauleitplan von vornherein kein mit der Ordnung der städtebaulichen Entwicklung zusammenhängendes öffentliches Interesse zugrunde liegt (BVerwGE 45, 309 – Flachglasurteil). Der Plan muss in **objektiver Beziehung zur städtebaulichen Ordnung** stehen, auf die subjektiven Vorstellungen des Gemeinderats bei seiner Aufstellung kommt es nicht an (BVerwGE 45, 309; s. auch VGH Mannheim VBlBW 1995, 56).

Bsp. (VGH Mannheim NuR 1996, 36): Ein Bebauungsplan verstößt gegen § 1 Abs. 1 BauGB, wenn er allein im privaten Interesse der Legalisierung eines im Außenbereich illegal hergestellten gewerblichen Lagerplatzes dient und eine städtebauliche Zielsetzung, die sich aus dem Entwicklungsauftrag und Ordnungsauftrag der Gemeinde herleiten ließe, weder dargelegt noch erkennbar ist. Einem solchen Plan fehlt auch die nach § 1 Abs. 3 BauGB notwendige städtebauliche Erforderlichkeit (s. dazu unten Rn. 16).

Das BauGB sieht ein **zweistufiges Planungsverfahren** vor. Die Gemeinde erstellt **9** zunächst für das gesamte Gemeindegebiet den Flächennutzungsplan als vorbereitenden Bauleitplan und anschließend zur näheren Ausgestaltung des Flächennutzungsplans die Bebauungspläne für die einzelnen Baugebiete (§ 1 Abs. 2 BauGB). Durch diese Zweistufigkeit soll gewährleistet werden, dass die Gemeinde sich zunächst Gedanken machen muss über die grundsätzliche Nutzung des Gemeindege-

biets und die räumliche Zuordnung der verschiedenen Nutzungsarten (z. B. Wohngebiete, Gewerbegebiete, Sportanlagen, Verkehrswege), ehe sie für einen bestimmten
Bereich eine Detailplanung betreibt.

Die Bauleitpläne stellen freilich nicht die einzige Planungsentscheidung dar, die für
die Ausgestaltung der Nutzung des Gebiets einer Gemeinde bedeutsam ist. Hinzu
kommen Planungsentscheidungen nach den sog. Fachplanungsgesetzen (s. dazu
Steinberg/Wickel/Müller, Fachplanung, 4. Aufl. 2012; Ziekow, Handbuch des Fachplanungsrechts, 2. Aufl. 2014). Für die **Fachplanung** ist allerdings nicht die Gemeinde, sondern sind staatliche Behörden zuständig. Die Fachplanung bezieht sich aber
jeweils nur auf eine bestimmte staatliche Aufgabe (z.B. Straßenbau, Abfallentsor-
gung) und soll nur diese Aufgabe lösen. Demgegenüber stellt die Bauleitplanung
eine Gesamtplanung dar, die die Nutzung des Gemeindegebiets unter allen in Betracht kommenden Gesichtspunkten regeln soll.

Praktisch bedeutsam ist vor allem die Straßenplanung nach § 17 FStrG bzw. §§ 37 ff.
StrG, die Festsetzung von Natur- und Landschaftsschutzgebieten nach §§ 23,
26 BNatSchG sowie von Wasserschutzgebieten nach §§ 51 WHG, 95 ff. WG; in Betracht kommen ferner die Planung von Bahnanlagen (§ 18 AEG), Flugplätzen (§§ 6, 8
LuftVG), Hochspannungs- und Gasversorgungsleitungen (§§ 43 ff. EnWG) und Abfall-
deponien (§ 35 KrWG) sowie die Anlage und der Ausbau von Gewässern (§ 68
WHG). Alle diese Fachplanungen wirken sich auf die kommunale Bauleitplanung aus
und müssen mit ihr abgestimmt werden. Daher sieht § 4 BauGB eine Beteiligung aller Fachplanungsträger im Verfahren zur Aufstellung eines Bauleitplans vor; bestehende fachplanerische Entscheidungen sollen nach § 5 Abs. 4 bzw. § 9 Abs. 6
BauGB nachrichtlich in den Flächennutzungsplan bzw. den Bebauungsplan aufgenommen werden. Der Träger einer Fachplanung ist nach § 7 S. 1 BauGB an die Darstellungen des Flächennutzungsplans gebunden, soweit er ihnen nicht widerspro-
chen hat (BVerwGE 141, 171). Der Widerspruch kann aber nach § 7 S. 3 u. 4 BauGB
auch noch nachträglich erfolgen, sofern die Sachlage sich nach Inkrafttreten des
Flächennutzungsplans geändert hat (BVerwGE 112, 373 – neue Biotop-Kartierung).
Ein Widerspruch ist allerdings entbehrlich, wenn die Gemeinde selbst gar nicht mehr
am Flächennutzungsplan festhält (VGH Mannheim NVwZ-RR 1996, 17; VGH München NuR 2002, 412).

Bsp. (VGH Mannheim NVwZ-RR 1996, 17): Die Naturschutzbehörde beabsichtigt, einen aufge-
lassenen Steinbruch mit seltener Fauna und Flora als Naturschutzgebiet festzusetzen, obwohl
er im Flächennutzungsplan als Gewerbefläche dargestellt ist; die Gemeinde stimmt dem zu.

Außerdem muss der Fachplanungsträger bei seinen Planungen die städtebaulichen
Belange der Gemeinde, insbesondere die Auswirkungen des Vorhabens auf die vorhandenen Baugebiete, berücksichtigen (BVerwG NVwZ 2007, 459 u. 833; NVwZ
2006, 1290; Kümper ZfBR 2012, 631). Damit dies geschieht, steht der Gemeinde unabhängig von den jeweiligen fachplanerischen Vorschriften aus Art. 28 Abs. 2 GG ein
Anspruch auf Anhörung vor dem Erlass einer fachplanerischen Entscheidung zu
(BVerfGE 56, 298).

b) Planungshoheit der Gemeinde

10 Die Bauleitplanung ist nach § 1 Abs. 3 BauGB die **Aufgabe der Gemeinden**. Diese
Regelung trägt der Planungshoheit der Gemeinde Rechnung. Denn die Frage, ob die
Gemeinde in einem bestimmten Bereich die Gewerbeansiedlung fördern, Wohngebäude schaffen oder für Erholungs- und Freizeiträume sorgen will, ist eine primär
politische Entscheidung, die ausschließlich der Gemeinderat zu fällen und zu verant-

worten hat. Dementsprechend ist die Aufstellung der Bauleitpläne eine weisungs-freie Pflichtaufgabe, also eine Selbstverwaltungsangelegenheit der Gemeinde (§ 2 Abs. 1 und 2 S. 1 GemO).

Die Planungshoheit ist Bestandteil der durch **Art. 28 Abs. 2 Satz 1 GG** institutionell gewährleisteten kommunalen Selbstverwaltungsgarantie (BVerfGE 103, 332; 95, 1; 76, 107). Ob sie zum Kernbereich dieser Garantie zählt, der auch vom Gesetzgeber nicht angetastet werden kann, hat das BVerfG bisher offen gelassen (BVerfGE 103, 332; 76, 107; bejahend für Art. 71 Abs. 1 S. 1 und 2 LVerf BW StGH Bad.-Württ. NJW 1976, 2205). Die individuelle Planungshoheit einzelner Gemeinden darf nur wegen überörtlicher Interessen von höherem Gewicht eingeschränkt werden (BVerfGE 103, 332; 76, 107; BVerwGE 141, 144).

Bsp. a) (BVerfGE 76, 107): Die Stadt Wilhelmshaven muss es hinnehmen, dass etwa ein Drittel ihrer Gemarkung durch ein Landesgesetz als Gebiet für die Ansiedlung von Großindustrie vorgesehen wird, die auf Zugang zum seeschifftiefen Fahrwasser angewiesen ist.
b) (BVerwGE 118, 181): Die gebietsscharfe Ausweisung der Standorte für die Erweiterung des Landesflughafens und den Neubau einer Landesmesse im Regionalplan für die Region Stuttgart greift nicht in unverhältnismäßiger Weise in die städtebauliche Planungshoheit der betroffenen Gemeinde ein.
c) (VerfGH NRW NVwZ 2009, 1287): Das generelle Verbot von Factory-Outlet-Centern mit mehr als 5000 qm Verkaufsfläche in Gemeinden mit weniger als 100.000 Einwohnern verstößt gegen Art. 28 Abs. 2 GG.

Die Gemeinden können sich nach § 205 Abs. 1 BauGB zu einem **Planungsverband** **11** zusammenschließen, der an ihrer Stelle die Bauleitpläne aufstellt (Quaas/von Heyl VBlBW 2005, 128). Nach § 205 Abs. 2 BauGB kann ein Planungsverband auch zwangsweise geschaffen werden, wenn dies zum Wohl der Allgemeinheit dringend geboten ist (OVG Lüneburg BRS 28 Nr. 16; Battis/Krautzberger/Löhr § 205 Rn. 7).

Ein solcher Planungsverband ist insbesondere bei Planungsmaßnahmen sinnvoll, die über das Gebiet einer Gemeinde hinausgehen. Freilich kann die erforderliche Koordination auch durch eine interkommunale Abstimmung bei der Aufstellung verfahrensmäßig getrennter, aber inhaltlich übereinstimmender Bebauungspläne erfolgen.

Bsp. (VGH Mannheim VBlBW 1983, 106): Durch zwei Bebauungspläne benachbarter Gemeinden wurde eine Teststrecke für die Fa. Daimler-Benz geplant. Der VGH Mannheim hielt die Bildung eines Planungsverbands nicht für notwendig.

Speziell für Baden-Württemberg ist zu beachten, dass die Aufstellung der vorberei- **12** tenden Bauleitpläne (Flächennutzungspläne) zu den Erfüllungsaufgaben nach **§ 61 Abs. 4 S. 1 Nr. 1 GemO** gehört. Wenn eine Gemeinde Mitglied eines **Gemeindeverwaltungsverbands** oder einer **vereinbarten Verwaltungsgemeinschaft** ist, dann stellen diese und nicht die Gemeinde den Flächennutzungsplan auf. In dieser Regelung liegt nach Ansicht des StGH Bad.-Württ. (DÖV 1976, 595; s. aber auch StGH NJW 1976, 2205 und ESVGH 29, 151) kein Verstoß gegen die Planungshoheit der Gemeinde, denn die Aufstellung der Flächennutzungspläne erfordert i. d. R. auch die Berücksichtigung überörtlicher Belange. Der StGH Bad.-Württ. hat allerdings § 61 Abs. 4 GemO einschränkend ausgelegt: Planungen gegen den Willen einer Mitgliedsgemeinde dürfen nur vorgenommen werden, wenn und soweit sie durch überörtliche Gesichtspunkte gerechtfertigt sind; den überörtlich nicht relevanten Planungswünschen der Gemeinde ist dagegen Folge zu leisten.

Ferner schreibt § 4 Abs. 2 Nachbarschaftsverbandsgesetz (Dürig Nr. 61 a) vor, dass die Flächennutzungspläne von den Nachbarschaftsverbänden aufgestellt werden. Nachbarschaftsverbände gibt es für die Bereiche Mannheim-Heidelberg, Karlsruhe,

Pforzheim, Reutlingen-Tübingen und Ulm (§ 1 Abs. 1, § 2 Abs. 2 NVerbG), nicht aber für die Bereiche Stuttgart, Freiburg und Heilbronn. Für den Großraum Stuttgart gibt es den Verband Region Stuttgart. Dieser ist jedoch für die Flächennutzungspläne nicht zuständig (vgl. §§ 3, 4 a Abs. 1 Satz 1 GVRS – Dürig Nr. 61 b).

2. Erforderlichkeit der Bauleitplanung

13 Staatliche oder kommunale Planungen werden nicht um ihrer selbst willen vorgenommen, sondern zur Verfolgung bestimmter öffentlicher Aufgaben, die nicht isoliert wahrgenommen werden können, weil sie der Koordinierung mit anderen öffentlichen Belangen oder privaten Interessen bedürfen; insoweit gilt für die Bauleitplanung nichts anderes als für die verschiedenen Fachplanungen (BVerwGE 146, 137). Für alle Planungsentscheidungen ist ein **dreistufiges Prüfungsschema** üblich; es ist zu prüfen, ob

1. die geplante Maßnahme erforderlich ist,
2. gesetzliche Planungsleitsätze (Planungsschranken) und
3. das Abwägungsgebot beachtet worden sind.

Dieses Prüfungsschema bietet sich auch für die Bauleitplanung an.

14 Nach § 1 Abs. 3 S. 1 BauGB haben die Gemeinden die Bauleitpläne aufzustellen, sobald und soweit es für die städtebauliche Entwicklung und Ordnung erforderlich ist. Damit werden der Gemeinde, die grundsätzlich nicht nur über das „Wie", sondern auch über das „Ob" und „Wann" planerischer Gestaltung entscheiden kann, inhaltliche Schranken gesetzt. § 1 Abs. 3 BauGB beinhaltet sowohl ein Verbot nicht erforderlicher Planungen als auch ein Gebot erforderlicher Planungen (BVerwGE 119, 25; 34, 301; Weyreuther DVBl 1981, 369). Das BVerwG spricht in diesem Zusammenhang vom planerischen „Ermessen" der Gemeinde, das sich aus qualifizierten städtebaulichen Gründen von besonderem Gewicht ausnahmsweise zu einer Planungspflicht verdichten kann (BVerwGE 119, 25).

Bsp. (BVerwGE 119, 25): Eine Stadt muss einen Bebauungsplan für einen im unbeplanten Innenbereich entstandenen Gewerbepark aufstellen, der zu einem deutlichen Kaufkraftabfluss aus den Nachbarstädten führt.

Bsp. (BVerwGE 142, 1): Die Ansiedlung eines Krematoriums mit Abschiedsraum in einem Gewerbegebiet bedarf der Planung, um damit verbundene Nutzungskonflikte zu bewältigen.

15 Bei der **Erforderlichkeit** handelt es sich um einen unbestimmten Rechtsbegriff, der grundsätzlich voller gerichtlicher Kontrolle unterliegt. Dieser Grundsatz wird in der baurechtlichen Praxis freilich dadurch relativiert, dass in die Erforderlichkeit zahlreiche Prognosen etwa zum Bedarf an Wohnungen, Gewerbeflächen, öffentlichen Einrichtungen oder Verkehrswegen einfließen und dass die Erforderlichkeit sich nach der planerischen Konzeption des Gemeinderats über die zukünftige Entwicklung der Gemeinde bestimmt.

Die **planerische Konzeption** der Gemeinde als solche ist gerichtlich nur eingeschränkt überprüfbar. Bebauungsplanung ist typischerweise Angebotsplanung, die Planungsbefugnis hängt also nicht vom Nachweis eines „unabweisbaren" Planungsbedürfnisses (BVerwG NVwZ 2005, 324) oder einem akuten Bedarf für neues Bauge-lände ab (VGH Mannheim VBlBW 2014, 183; NuR 2014, 508). Vielmehr darf die Gemeinde „Städtebaupolitik" nach ihren Ordnungsvorstellungen betreiben (BVerwGE 133, 310), solange sie sich im Rahmen des nach der vorgegebenen Situation (Lage und bisherige Funktion der Gemeinde) Vertretbaren hält (BVerwGE 119, 25). Das Gebot der Erforderlichkeit in § 1 Abs. 3 S. 1 BauGB setzt der Bauleitplanung damit eine

„erste, wenn auch strikt bindende Schranke, die lediglich grobe und einigermaßen offensichtliche Missgriffe ausschließt" (stRspr BVerwG, s. etwa BVerwGE 146, 137).

Die Erforderlichkeit eines Bauleitplans ist nicht nur dann gegeben, wenn öffentliche Belange ohne den Bauleitplan einen größeren Schaden erleiden würden. Es reicht vielmehr aus, dass es **vernünftigerweise geboten** ist, die bauliche Entwicklung durch eine vorherige Planung zu ordnen (BVerwGE 92, 8).

Die Gemeinde darf auch Entwicklungen, die bereits im Gange sind, in geordnete Bahnen lenken.

Bsp. (VGH Mannheim BauR 2005, 57): Die Gemeinde verlängert eine Straße, um ein bestehendes Wohngebiet auf dem kürzesten Weg an die Umgehungsstraße anzuschließen (zulässige gemeindliche „Verkehrspolitik").

Eine Bauleitplanung kann auch dann erforderlich sein, wenn es nur darum geht, eine unerwünschte Veränderung des bestehenden Zustands zu verhindern.

Bsp. a) (BVerwG BauR 2012, 1067): Der Bebauungsplan soll die bestehenden Grünflächen im Hangbereich von Stuttgart erhalten, um die Durchlüftung der Innenstadt zu gewährleisten.
Bsp. b) (BVerwGE 68, 360): Die Gemeinde ändert einen Bebauungsplan, um die unerwünschte Ansiedlung eines Einkaufszentrums zu verhindern.

Nach dem BVerwG kann die Gemeinde auch eine Art „**Auffangplanung**" betreiben, indem sie den status quo durch die Festsetzung einer landwirtschaftlichen Nutzfläche (BVerwG NVwZ 1991, 875), von Flächen oder Maßnahmen zum Schutz der Natur gemäß § 9 Abs. 1 Nr. 20 BauGB (BVerwG NVwZ 1991, 62) oder einer Grünfläche gemäß § 9 Abs. 1 Nr. 15 BauGB (BVerwG NVwZ 1989, 655) erhält, wenn dies aus städtebaulichen Erwägungen, insbesondere des Naturschutzes und der Landschaftspflege, geboten erscheint. Dagegen reicht das allgemeine Interesse an der Erhaltung von Planungsmöglichkeiten – sog. Freihaltebelang (BVerwGE 100, 388) – als planerische Rechtfertigung nicht aus.

Generell gesprochen sind Pläne nicht erforderlich, denen die **städtebauliche Recht-** **16** **fertigung fehlt**, weil sie einer positiven Planungskonzeption entbehren und der Förderung von Zielen dienen, für deren Verwirklichung die Planungsinstrumente des Baugesetzbuchs nicht bestimmt sind (BVerwGE 119, 25; 146, 137).

Bsp. (VGH Mannheim VBlBW 2014, 194): Die Gemeinde „flüchtet" sich in eine Mischgebietsausweisung, um die Schutzwürdigkeit einer vorhandenen Wohnbebauung gegenüber Immissionen aus der Nachbarschaft herabzustufen, obwohl das gesetzlich vorgesehene gleichberechtigte Miteinander von Wohnen und Gewerbe nicht erreichbar ist (sog. „Etikettenschwindel").

Eine Planung ist auch dann nicht erforderlich, wenn sie nicht dem wahren planerischen Willen der Gemeinde entspricht, sondern nur vorgeschoben wird, um eine andere Nutzung zu verhindern (sog. unzulässige Verhinderungs- oder Negativplanung, s. dazu auch unten Rn. 43).

Bsp. (BVerwGE 40, 258): Die Gemeinde weist ein im Außenbereich gelegenes Gelände als landwirtschaftliches Gebiet nicht zur Förderung der Landwirtschaft, sondern deshalb aus, um sicherzustellen, dass die Gewinnung der dort vorkommenden Braunkohle nicht durch eine Bebauung erschwert wird (vgl. dazu auch BVerwG, NVwZ 1991, 875).

Bebauungspläne sind ferner nicht erforderlich, wenn sie nur dazu dienen, den begünstigten Grundstückseigentümern den Verkauf von Baugelände zu ermöglichen, obwohl die Gemeinde in diesem Bereich eigentlich keine Bebauung wünscht (VGH Mannheim ESVGH 16, 21), wenn zur Förderung privater Interessen eine sonst unzulässige und städtebaulich verfehlte Bebauung ermöglicht werden soll – sog. Gefälligkeitsplanung (BVerwG BRS 71 Nr. 16; VGH München, Beschl. v. 14.01.2013 – 15 ZB 11.2566 -, juris; OVG Schleswig, Urt. v. 15.12.2005 – 1 KN 14/05 -, juris), wenn der Bebauungsplan nur den fiskalischen Interessen der Gemeinde dient (VGH Mannheim VBlBW 2012, 108: Verkauf städtischer Grundstücke als Bauplatz; VBlBW 2002, 124: Abwendung einer Entschädigungsforderung) oder wenn lediglich eine bauliche Fehlentwicklung im Interesse der Grundstückseigentümer „legalisiert" werden soll (OVG Koblenz BauR 1986, 412; VGH Kassel BRS 50 Nr. 7).

Die Erforderlichkeit eines Bebauungsplans kann aber nicht stets schon deswegen in Zweifel gezogen werden, weil seine Aufstellung auf **private Bauwünsche** zurückgeht. Es ist in der Praxis sogar beinahe die Regel, dass die Gemeinden nicht sozusagen ins Blaue planen, sondern Bauinteressenten den Anstoß für eine Bauleitplanung geben. Dies ist unbedenklich, wenn die Gemeinde mit dem Bebauungsplan nicht ausschließlich private Bauwünsche fördern, sondern die städtebauliche Ordnung fortentwickeln will (BVerwG BauR 2010, 569; VGH Mannheim DÖV 2015, 388).

Bsp. a) (VGH Mannheim DÖV 2015, 388): Die Gemeinde stellt für ein Gebiet neben einem bestehenden Werksgelände einen Bebauungsplan für ein Gewerbegebiet auf, um dem bestehenden Werk die Erweiterung zu ermöglichen (sog. projektbezogene Angebotsplanung).

b) (OVG Münster NVwZ 1999, 79): Eine Stadt im Ruhrgebiet stellt auf Anregung eines Kaufhauskonzerns auf dem Gelände einer ehemaligen Kohlenzeche einen Bebauungsplan für ein Sondergebiet „Warenhaus" nach § 11 Abs. 3 BauNVO mit 16.000 m² Verkaufsfläche auf.

17 Nicht erforderlich ist ein Bebauungsplan schließlich dann, wenn seine Festsetzungen sich aus tatsächlichen oder rechtlichen Gründen nicht verwirklichen lassen (BVerwGE 119, 25; 146, 137). Das ist vor allem dann der Fall, wenn der Vollzug des Plans gegen Artenschutz-, Naturschutz- oder Immissionsschutzrecht verstieße (BVerwGE 117, 351; VGH Mannheim NuR 2011, 369), aber auch bei unüberwindbaren finanziellen Hindernissen (BVerwGE 116, 144).

Bsp. a) (BVerwGE 117, 351): Im Geltungsbereich einer Landschaftsschutzverordnung besteht ein naturschutzrechtliches Bauverbot, und mit der Erteilung einer Ausnahme oder Befreiung ist nicht zu rechnen (keine Ausnahme- oder Befreiungslage).

b) (BVerwG BRS 71 Nr. 3): Der Grundstückseigentümer ist nicht bereit, die für den geplanten Marktplatz benötigte Fläche zu verkaufen.

c) (BVerwGE 120, 239): Die durch Bebauungsplan festgesetzte Straße kann in den nächsten 10 Jahren nicht gebaut werden (s. auch VGH Mannheim VBlBW 2002, 200: Bebauungsplan kann erst nach 30 Jahren realisiert werden).

18 Die Erforderlichkeit bezieht sich nicht nur auf den Bebauungsplan als solchen, sondern auch auf die einzelnen Festsetzungen (BVerwGE 133, 310; VGH Mannheim DVBl 2015, 442). Ein Planungskonzept kann keine Festsetzungen rechtfertigen, die von vornherein nicht geeignet sind, seine Zielsetzung zu fördern. Zu beachten ist allerdings, dass § 1 Abs. 3 BauGB die generelle Erforderlichkeit der Planung im Auge hat, während die Einzelheiten einer konkreten planerischen Lösung nach Maßgabe des Abwägungsgebots zu überprüfen sind (BVerwGE 146, 137).

19 Auch wenn die Aufstellung eines Bebauungsplans nach § 1 Abs. 3 S. 1 BauGB erforderlich ist, kann nur die Rechtsaufsichtsbehörde nach §§ 118 ff. GemO die Gemeinde zur Aufstellung eines Bebauungsplans zwingen (BVerwGE 119, 25). Den an einer Bebauung ihrer Grundstücke interessierten Grundstückseigentümern steht dagegen nach § 1 Abs. 3 S. 2 BauGB kein Anspruch auf Aufstellung oder Änderung eines Bebauungsplans zu; dieser Grundsatz gilt ausnahmslos (BVerwG BauR 2012, 627). Ebenso wenig gibt es einen Anspruch auf die Fortführung einer begonnenen Bauleitplanung oder auf den Fortbestand vorhandener Pläne (BVerwG NVwZ-RR 1997,

213; VGH Mannheim VBIBW 2012, 108). Dies ergibt sich schon aus § 1 Abs. 8 BauGB. Die Gemeinde kann unter denselben Voraussetzungen, unter denen ein Bebauungsplan aufgestellt wird, auch einen bestehenden Bebauungsplan ändern. Wenn dadurch die bauliche Nutzung von Grundstücken im Bebauungsplangebiet eingeschränkt oder aufgehoben wird, können allerdings Entschädigungsansprüche nach §§ 39 ff. BauGB entstehen.

Schließlich erkennt die Rechtsprechung auch keinen **Plangewährleistungsan-** 20 **spruch** an, d.h. keinen Anspruch auf Schaffung des durch den Bebauungsplan vorgesehenen Zustands (BVerwG NVwZ-RR 1997, 213).

Bsp. (VGH Mannheim BRS 25 Nr. 1): Wenn der Bebauungsplan eine öffentliche Grünfläche ausweist, besteht weder ein Anspruch der Bewohner des Plangebiets auf Schaffung der Grünfläche noch auf ein Einschreiten der Baurechtsbehörde gegen eine Zweckentfremdung der Grünfläche als Abstellplatz für Kraftfahrzeuge.

3. Gesetzliche Schranken der Bauleitplanung

a) Allgemeines

Die Gemeinde kann sich bei der Aufstellung der Bauleitpläne nicht auf „planerisch 21 freiem Feld" betätigen, sondern unterliegt vielfältigen tatsächlichen und rechtlichen Bindungen. Das BVerwG (BVerwGE 45, 309 – Flachglasurteil) spricht daher zu Recht davon, dass häufig mehr Bindung als Freiheit besteht. Dabei ist bei den rechtlichen Bindungen zu unterscheiden zwischen zwingenden gesetzlichen Anforderungen (strikt zu beachtenden Planungsleitsätzen), die der Planungsentscheidung zugrundegelegt werden müssen wie etwa die Ziele der Raumordnung (§ 1 Abs. 4 BauGB) oder das Verbot der Ausweisung neuer Baugebiete in festgesetzten Überschwemmungsgebieten (§ 78 Abs. 1 S. 1 Nr. 1 WHG; vgl. dazu BVerwGE 149, 373), und sog. **Abwägungsdirektiven** (Optimierungsgeboten), die hinter anderen hinreichend gewichtigen Belangen zurückgestellt werden können (BVerwGE 143, 24). Zu letzteren gehören etwa die Trennung von Wohngebieten und immissionsträchtigen Anlagen (§ 50 BImSchG; s. dazu unten Rn. 51), der sparsame Umgang mit Grund und Boden (§ 1 a Abs. 2 S. 1 BauGB „Bodenschutzklausel"; s. auch § 1 a Abs. 2 S. 3 BauGB), der Vorrang der Innenentwicklung (§ 1 Abs. 5 S. 3 BauGB) sowie der Schutz der natürlichen Lebensgrundlagen (§ 1 Abs. 5 S. 2 BauGB; s. auch § 1 Abs. 1 BNatSchG und § 1 WHG).

Während die zwingenden gesetzlichen Schranken sozusagen vor die Klammer zu ziehen sind, also außerhalb der Abwägung stehen, soll bei Abwägungsdirektiven gerade im Wege der Abwägung eine dem gesetzlichen Auftrag entsprechende Lösung gefunden werden. Sie können also anders als die gesetzlichen Schranken auch im Wege der Abwägung überwunden werden (BVerwGE 143, 24). Das BVerwG verwendet inzwischen (seit BVerwGE 108, 248) nur noch den Begriff der Abwägungsdirektive; daraus folgt in der Sache aber nichts wesentlich anderes als aus dem früher verwendeten Begriff des Optimierungsgebots (vgl. BVerwGE 108, 248 und BVerwGE 71, 163; Paetow NVwZ 2010, 1184).

b) Ziele der Raumordnung (§ 1 Abs. 4 BauGB)

Nach **§ 1 Abs. 4 BauGB** sind die Bauleitpläne den Zielen der Raumordnung anzu- 22 passen (s. dazu BVerwGE 141, 144). Ziele der Raumordnung sind nach § 3 Abs. 1 Nr. 2 ROG, § 4 Abs. 1 LPlG verbindliche Vorgaben in Raumordnungsplänen zur Entwicklung, Ordnung und Sicherung des Raums. Sie sind zu unterscheiden von den Grundsätzen der Raumordnung (§ 3 Abs. 1 Nr. 3 ROG, § 4 Abs. 2 LPlG), die nur die

Funktion von Abwägungsdirektiven haben (BVerwGE 119, 54). Ob eine raumordneri-
sche Vorgabe Ziel oder Grundsatz ist, richtet sich nach ihrem materiellen Gehalt und
nicht nach ihrer Bezeichnung (BVerwGE 119, 54). Auch eine Soll-Vorschrift kann ein
Ziel der Raumordnung sein, wenn sie neben der Regel auch die Voraussetzungen
der Ausnahme mit hinreichender Bestimmtheit festlegt (BVerwGE 138, 301; 140, 54).
Die Ziele der Raumordnung haben gemäß § 3 Abs. 1 LplG ihren Niederschlag gefunden im **Landesentwicklungsplan** 2002 (GBl. 2002, 301; vgl. § 8 Abs. 1 S. 1 Nr. 1
ROG). Sein Inhalt besteht vor allem aus der Festsetzung von Ober- und Mittelzentren, Entwicklungsachsen und Verdichtungsräumen (§ 7 Abs. 2 LplG). Neben dem
Landesentwicklungsplan sieht das LplG noch Fachentwicklungspläne und **Regionalpläne** (§ 3 Abs. 1, § 6 Abs. 1, § 11 LPlG; vgl. § 8 Abs. 1 S. 1 Nr. 2 ROG) vor. Letztere werden von den Regionalverbänden aufgestellt und weisen insbesondere Unter-
und Kleinzentren, Siedlungsbereiche und Grünzonen, Schwerpunkte für Industrie,
Gewerbe und Dienstleistungseinrichtungen, schutzbedürftige Freiräume, Hochwas-
serschutzgebiete und Standorte und Trassen für Infrastrukturvorhaben aus (§ 11
Abs. 3 LplG).

Die Ziele dieser Pläne sind bei raumbedeutsamen Planungen und Maßnahmen zu
beachten (§ 4 Abs. 1 LplG). Die Gemeinde hat sie als vorgegebene Beschränkung
ihrer Planungshoheit bei der Aufstellung ihrer Bauleitpläne zu Grunde zu legen; die
raumordnerischen Ziele sind nicht Gegenstand der Abwägung nach § 1 Abs. 7
BauGB (BVerwGE 119, 25). Die Bindung der Gemeinde an die Landesplanungen
darf allerdings nicht so weit gehen, dass ihr kein substantieller Raum für eine eigene
Planung bleibt (BVerwGE 119, 25); einzelne detaillierte Festsetzungen sind aber zulässig (VGH Mannheim VBlBW 2005, 473). Die Bindung der Gemeinde an die Landesplanung setzt ferner voraus, dass die Gemeinde bei der Festlegung der raumordnerischen Ziele beteiligt worden ist (BVerwGE 119, 25). Das bedeutet zwar nicht,
dass die Gemeinde ihre Zustimmung erteilt haben muss, sie muss aber zumindest
gehört worden sein, so dass ihre planerischen Vorstellungen in die landesplanerische Entscheidung einfließen konnten. Zudem darf die Landesplanung die kommunale Bauleitplanung nur insoweit einschränken, als dies zur Wahrung gewichtigerer
überörtlicher Belange erforderlich ist (s. dazu oben Rn. 10).

Das Gebot des § 1 Abs. 4 BauGB, die Bauleitpläne an die Ziele der Raumordnung
anzupassen, ist nicht nur bei der Aufstellung eines neuen Bauleitplans zu beachten.
Vielmehr sind die Gemeinden auch verpflichtet, bereits bestehende Bauleitpläne zu
ändern, wenn diese inhaltlich in Widerspruch zu einer später in Kraft getretenen landesplanerischen Festsetzung stehen (BVerwG 119, 25). Ferner ist die Gemeinde zur
erstmaligen Aufstellung eines Bebauungsplans verpflichtet, wenn die Bebauung der
Gemeinde sich abweichend von den landesplanerischen Festsetzungen entwickelt.

Bsp. (BVerwGE 119, 25): Die im Regionalplan als Unterzentrum ausgewiesene Stadt muss
durch Aufstellung eines Bebauungsplans verhindern, dass mehrere großflächige Einzelhandelsbetriebe (§ 11 Abs. 3 BauNVO) in einem Gewerbegebiet nach § 34 BauGB zugelassen werden
müssen, wenn nach dem Regionalplan großflächige Einzelhandelsbetriebe nur in Oberzentren
errichtet werden sollen. Das BVerwG spricht davon, zwischen der übergeordneten Landesplanung und der Bauleitplanung müsse eine „umfassende materielle Konkordanz" gewährleistet
sein.

Außerdem können sich die Gemeinden nach § 2 Abs. 2 S. 2 BauGB auf die ihnen
durch die Raumordnung (Landesentwicklungsplan, Regionalplan) zugewiesenen
Funktionen berufen und sich gegen Planungen benachbarter Gemeinden zur Wehr
setzen, die gegen landesplanerische Regelungen verstoßen (s. dazu Sparwasser
NVwZ 2006, 264; Kment NVwZ 2007, 996).

Bsp. (VGH Mannheim NVwZ-RR 2008, 369): Die im Landesentwicklungsplan als Mittelzentrum eingestufte Stadt S kann sich gegen ein in der benachbarten Gemeinde (Kleinzentrum) geplantes Einkaufszentrum zur Wehr setzen, wenn nach dem Regionalplan Einkaufszentren nur in Ober- und Mittelzentren errichtet werden dürfen (sog. Konzentrationsgebot).

c) Interkommunale Rücksichtnahme (§ 2 Abs. 2 BauGB)

Nach § 2 Abs. 2 S. 1 BauGB sind die Bauleitpläne benachbarter Gemeinden **aufein-** 23 **ander abzustimmen**. Diese Vorschrift beinhaltet die **materielle Abstimmungs-pflicht** zwischen Gemeinden bei der Aufstellung von Bauleitplänen. Die Gemeinde muss auf die Planungen, aber auch auf sonstige städtebauliche Belange der Nachbargemeinden Rücksicht nehmen. Ausdrücklich erwähnt werden in § 2 Abs. 2 S. 2 BauGB die Auswirkungen auf zentrale Versorgungsbereiche der Nachbargemeinden; gerade bei der Planung von Einkaufszentren und großflächigen Einzelhandelsbetrieben nach § 11 Abs. 3 BauNVO verlangt das Gebot der interkommunalen Rücksichtnahme eine Koordination der gemeindlichen Belange (s. dazu BVerwGE 117, 25: qualifizierter Abstimmungsbedarf; s. auch VGH Mannheim NVwZ-RR 2008, 369 und oben Rn. 22 zu § 2 Abs. 2 Satz 2 BauGB).

Die **formelle Abstimmungspflicht**, d.h. die Anhörung der Nachbargemeinde bei der Aufstellung eines Bauleitplans, ist demgegenüber in § 4 BauGB geregelt. Das BVerwG (BVerwGE 40, 323) begründet dies mit dem Hinweis auf § 7 BauGB. Wäre nämlich die Nachbargemeinde nicht beteiligte Behörde nach § 4 BauGB, dann wäre sie an den Flächennutzungsplan nicht gebunden; dieses Ergebnis kann nicht richtig sein. Wenn aber § 4 BauGB die formelle Abstimmungspflicht regelt, dann muss § 2 Abs. 2 BauGB sich auf die materielle Abstimmung beziehen.

Bsp. a) (BVerwGE 40, 323 – Krabbenkamp): Die Pflicht zur interkommunalen Rücksichtnahme ist verletzt, wenn eine Gemeinde unmittelbar an der Gemeindegrenze im Anschluss an die Bebauung auf der Nachbargemarkung ein neues Wohngebiet ausweist, obwohl dieses Wohngebiet von dem bebauten Gebiet der planenden Gemeinde mehrere Kilometer entfernt liegt. Das BVerwG verlangt, dass vor einer entsprechenden Bauleitplanung gesichert wird, dass die Nachbargemeinde keine unzumutbaren Folgelasten (Schule, kulturelle und soziale Einrichtungen, Erschließungsanlagen) treffen, weil die Bewohner des neuen Baugebiets erfahrungsgemäß die Einrichtungen der Nachbargemeinde benutzen werden. Die Nachbargemeinde wird aber nicht deshalb in ihren Rechten verletzt, weil durch die Planung eine Grün- und Erholungsfläche an ihrer Grenze wegfällt.

b) (OVG Greifswald NVwZ 2000, 826): Die Planung eines Sondergebietes für einen Möbelmarkt verpflichtet die Gemeinde nicht deshalb zur Abstimmung mit der Nachbargemeinde, weil dort ein Möbelhaus besteht und die Nachbargemeinde dessen Niedergang, den Verlust von Arbeitsplätzen und eine Einbuße an Gewerbesteuern befürchtet. § 2 Abs. 2 BauGB schützt die Nachbargemeinde nicht vor Veränderungen ihrer wirtschaftlichen und finanziellen Situation.

c) (BVerwGE 84, 209): Es verstößt gegen § 2 Abs. 2 BauGB, wenn die Gemeinde unmittelbar an der Grenze ihres Gemeindegebiets in der Nachbarschaft eines Wohngebiets der Nachbargemeinde einen Schlachthof plant (s. auch zur Abstimmungspflicht bei Planung eines Windparks – OVG Lüneburg NVwZ 2001, 452).

Die Pflicht zur interkommunalen Rücksichtnahme setzt nicht voraus, dass die Nachbargemeinde bereits ihre Planungsvorstellungen verwirklicht hat oder aber diese Planungsabsichten zumindest hinreichend konkretisiert worden sind oder gemeindliche Einrichtungen erheblich beeinträchtigt werden (BVerwGE 84, 209; 117, 25; VGH Mannheim VBlBW 2007, 310). Materieller Abstimmungsbedarf besteht bereits dann, wenn „unmittelbare Auswirkungen gewichtiger Art" auf städtebauliche Belange der Nachbargemeinde in Betracht kommen (sog. „Krabbenkamp-Formel" BVerwGE 40, 323). Mit zunehmender Konkretisierung der Planung der Nachbargemeinde steigt aber ihre Schutzwürdigkeit (BVerwG NVwZ 2010, 1026).

Auch wenn nach § 2 Abs. 2 BauGB eine Verpflichtung zur interkommunalen Rücksichtnahme besteht, bedeutet dies keineswegs einen Vorrang der Belange der Nachbargemeinden. Dies ist erst dann der Fall, wenn es zu einer unzumutbaren Beeinträchtigung der Nachbargemeinde kommt.

Bsp. (BVerwG BauR 2010, 740): Eine unzumutbare Beeinträchtigung durch die Planung eines Einzelhandelsgroßprojekts kann bei einem Kaufkraftabfluss aus der Nachbargemeinde von mehr als 10 % vorliegen. Bei derartigen Prozentzahlen handelt es sich allerdings immer nur um Faustformeln, letztlich kommt es auf den konkreten Einzelfall an (VGH Mannheim VBlBW 2011, 233; s. auch Uechtritz DVBl 2006, 799; Bunzel ZfBR 2008, 132).

d) Fachplanerische Vorgaben

24 Die Bauleitplanung der Gemeinde kann sich schließlich auch nicht über die Fachplanungen anderer Planungsträger (Straßenbau, Wasserschutz, Naturschutz, Abfallbeseitigung u. a.) einfach hinwegsetzen. Das Verhältnis der Bauleitplanung zur Fachplanung bereitet erhebliche rechtliche Schwierigkeiten (s. dazu BVerwGE 100, 388; 79, 318; 70, 244; BRS 81 Nr. 203; VGH Mannheim VBlBW 2008, 143; Schmidt-Eichstaedt NVwZ 2003, 129); die normativen Regelungen zur Lösung von Konflikten zwischen Bauleitplanung und Fachplanung sind unzureichend (s. dazu Rn. 9 u. 90).

e) Naturschutzrechtliche Eingriffsregelung (§ 1 a Abs. 3 BauGB); Natura 2000-Gebiete

25 Nach § 1 a Abs. 3 BauGB, § 18 Abs. 1 BNatSchG ist bei der Bauleitplanung auch die Vermeidung und der Ausgleich der zu erwartenden Eingriffe in Natur und Landschaft (Eingriffsregelung nach §§ 13 ff. BNatSchG) zu berücksichtigen (s. dazu Mitschang BauR 2011, 33; Scheidler ZfBR 2011, 228; Engel/Ketterer VBlBW 2010, 293). Ein **Eingriff in Natur und Landschaft** nach § 14 Abs. 1 BNatSchG ist bei allen erheblichen Beeinträchtigungen des Naturhaushalts oder des Landschaftsbilds gegeben, was praktisch bei allen größeren Bauvorhaben in einem bisher baulich nicht genutzten Bereich der Fall ist (BVerwGE 112, 41).

Bsp. a) (VGH Mannheim RdL 2013, 332): Sport- und Freizeitanlage.

b) (VGH Mannheim NVwZ-RR 2005, 773): Hochregallager.

c) (BVerwG BauR 2002, 751): Windkraftanlage.

In all diesen Fällen erfolgt der Eingriff eigentlich nicht durch den Bauleitplan, sondern erst durch die Verwirklichung des Bebauungsplans. Gleichwohl schreibt § 1 a Abs. 3 S. 1 BauGB vor, dass die naturschutzrechtliche Eingriffsregelung bereits bei der Aufstellung der Bauleitpläne im Rahmen der Abwägung „abzuarbeiten" ist. Denn der Grundstückseigentümer hat nach Inkrafttreten des Bebauungsplans gem. § 30 BauGB einen Anspruch auf Erteilung einer Baugenehmigung, wobei §§ 14 ff. BNatSchG nicht mehr zu prüfen sind (§ 18 Abs. 2 S. 1 BNatSchG).

26 § 15 Abs. 1 BNatSchG verlangt, dass eine vermeidbare Beeinträchtigung von Natur und Landschaft unterlassen wird. Die Vorschrift spricht von der **Vermeidbarkeit der Beeinträchtigung**, nicht etwa der Vermeidbarkeit der eingreifenden Maßnahme. Letztlich kann nämlich jeder Eingriff dadurch vermieden werden, dass er unterlassen wird (BVerwG NVwZ 1997, 914; VGH Mannheim VBlBW 2001, 362). Es kommt nach der zitierten Rechtsprechung darauf an, ob die Maßnahme an der vorgesehenen Stelle auch ohne eine Beeinträchtigung von Natur und Landschaft verwirklicht werden kann oder ob die Beeinträchtigung zumindest minimiert werden kann. Ist eine Beeinträchtigung in diesem Sinne unvermeidbar, schreibt § 15 Abs. 2 BNatSchG einen Ausgleich oder einen Ersatz durch Maßnahmen zugunsten der Natur vor.

Bsp. a) (BVerwG NVwZ 2002, 1103): 50 m breite Wildbrücke über eine Autobahn.

b) (OVG Schleswig NuR 2004, 56): Ersetzung einer alten Feldhecke durch eine doppelt so große neue Feldhecke.

c) (VGH Mannheim BRS 44 Nr. 227): Renaturierung einer Kiesgrube.

Ein Ausgleich ist allerdings nicht erforderlich, soweit die Beeinträchtigung nicht Folge der Planung ist, sondern der Eingriff bereits vorher erfolgt ist oder jedenfalls zulässig war (§ 1 a Abs. 3 Satz 6 BauGB). Das kommt insbesondere in Betracht, wenn
vor der Planung schon Baurechte bestanden, und wird bei kleineren Bebauungsplänen der Innenentwicklung (s. dazu Rn. 73) unterstellt (§ 13 a Abs. 2 Nr. 4 BauGB).

Ein **Ausgleich** verlangt nach § 15 Abs. 2 S. 2 BNatSchG die Wiederherstellung der
Funktionen des Naturhaushalts in gleichartiger Weise, ein Ersatz ihre Herstellung in
gleichwertiger Weise (§ 15 Abs. 2 S. 3 BNatSchG). Die Abgrenzung ist im Detail außerordentlich schwierig, aber wegen § 200 a BauGB praktisch nicht von Bedeutung.
Ist ein Ausgleich oder ein Ersatz nicht möglich, kann das Vorhaben gleichwohl verwirklicht werden, wenn dafür überwiegende sonstige öffentliche Belange sprechen
(§ 15 Abs. 5 BNatSchG).

§ 1 a Abs. 3 S. 1 BauGB verlangt, dass die Eingriffsregelung in der Abwägung „be- **27**
rücksichtigt" wird. Dies bedeutet, dass die Gemeinde die zu erwartenden Eingriffe
bewerten und sich Gedanken über einen Ausgleich machen muss (BVerwGE 104,
68; BVerwG NVwZ 2008, 216). Sie kann sich auch für einen Verzicht auf einen Ausgleich entscheiden, wenn dieser sehr kostenaufwendig ist oder ökologisch nur eine
geringfügige Verbesserung bringt. Es stellt sogar einen Abwägungsfehler dar, wenn
die Gemeinde sich zu einem 100 %igen Ausgleich verpflichtet fühlt, obwohl eine
ökologisch relevante Verbesserung nicht zu erreichen ist (VGH Mannheim NVwZ-RR
2002, 9).

§ 1 a Abs. 3 S. 3 BauGB sieht vor, dass **Kompensationsmaßnahmen** auch an ande- **28**
rer Stelle als der des Eingriffs vorgesehen werden können; die Festsetzung solcher
Maßnahmen kann nach § 9 Abs. 1 a BauGB auch in einem eigenständigen Bebauungsplan außerhalb des Plangebiets des Bebauungsplans, der den Eingriff vorsieht,
enthalten sein (s. dazu BVerwG BauR 2004, 40). Außerdem kann nach § 1 a Abs. 3
S. 4, § 11 Abs. 1 Nr. 2 BauGB der Ausgleich für Eingriffe in Natur und Landschaft
auch in einem städtebaulichen Vertrag geregelt werden (s. dazu BVerwGE 104, 353;
NVwZ-RR 1999, 426).

Die im Bebauungsplan vorgesehenen Ausgleichs- und Ersatzmaßnahmen sind nach **29**
§ 135 a BauGB entweder vom Bauherrn selbst oder aber – was i. d. R. sinnvoller ist
– von der Gemeinde im Wege des sog. **Sammelausgleichs** zu verwirklichen. Die
Gemeinde kann die ihr entstandenen Kosten nach § 135 a Abs. 2–4 BauGB auf die
Grundstückseigentümer umlegen (s. dazu BVerwG NVwZ 2007, 223; VGH Mannheim VBlBW 2008, 302; Mitschang ZfBR 2005, 644).

Außerdem müssen nach § 1 a Abs. 4, 1 Abs. 6 Nr. 7 b BauGB, §§ 31 ff. BNatSchG **30**
auch die Natura 2000-Gebiete, also die Schutzgebiete nach der **Fauna-Flora-Habi-
tat-Richtlinie** (FFH-RL 92/43/EWG) und der **Vogelschutzrichtlinie**
(RL 2009/147/EG, bis 15.2.2010 RL 79/409/EWG) berücksichtigt werden (s. dazu
Reidt NVwZ 2010, 9). Ihre Vorgaben sind bindend und können, anders als bei der
Eingriffsregelung, nicht weggewogen werden, da die europarechtlichen Anforderungen nicht zur Disposition des bundesdeutschen Gesetzgebers stehen. Dementsprechend bestimmt § 33 Abs. 1 BNatSchG, dass erhebliche Beeinträchtigungen von
FFH-Gebieten und Vogelschutzgebieten grundsätzlich unzulässig sind. Ausnahmen

hiervon können nur unter den engen Voraussetzungen des § 34 Abs. 3 und 4 BNatSchG zugelassen werden (s. dazu BVerwGE 149, 229). Bebauungspläne, die diese Vorgaben missachten, sind vollzugsunfähig und wegen Verstoßes gegen § 1 Abs. 3 S. 1 BauGB unwirksam (s. o. Rn. 17). Schließlich enthalten auch die Vorschriften über den **Artenschutz** (§§ 37 ff BNatSchG) bindende Vorgaben für die Bauleitplanung (s. dazu Mitschang/Wagner DVBl 2010, 1457).

f) Umweltprüfung (§ 2 Abs. 4, § 2 a BauGB)

31 Nach § 2 Abs. 4 BauGB ist bei der Aufstellung eines Bauleitplans grundsätzlich eine Umweltprüfung (UP) durchzuführen. Die durch das EAG-Bau 2004 eingeführte Regelung setzt europarechtliche Vorgaben um (vgl. insbesondere die sog. Plan-UP-Richtlinie – RL 2001/42/EG) und verlangt eine systematische Erfassung aller Umweltauswirkungen. Die UP stellt kein eigenständiges Verfahren dar, sie erfolgt vielmehr im Rahmen des Verfahrens zur Aufstellung der Bauleitpläne (s. dazu Rn. 59 ff.). Ihr Ergebnis ist in einem Umweltbericht zusammenzufassen, der Teil der Begründung des Bauleitplans ist (§ 2 a S. 2 Nr. 2, S. 3 BauGB). Das Programm der UP und der notwendige Inhalt des Umweltberichts ergeben sich aus der Anlage 1 zu § 2 Abs. 4 und § 2 a BauGB (s. auch § 1 Abs. 6 Nr. 7, § 1 a BauGB). Das Ergebnis der UP ist in der Abwägung zu berücksichtigen (§ 2 Abs. 4 S. 4 BauGB).

Die UP tritt an die Stelle der Umweltverträglichkeitsprüfung (UVP; vgl. § 17 Abs. 1 UVPG), die sonst bei der Aufstellung bestimmter Bebauungspläne für Großprojekte im bisherigen Außenbereich durchzuführen wäre, wie etwa für Feriendörfer, Hotelkomplexe, Einkaufszentren und großflächige Einzelhandelsbetriebe ab 5000 m² Verkaufsfläche.

Ausgenommen von der UP-Pflicht sind nach § 13 Abs. 3 BauGB allerdings Bebauungspläne, die im vereinfachten Verfahren erstellt werden, also vor allem solche, die die Grundzüge der Planung nicht berühren (s. dazu Rn. 72). Dasselbe gilt für Bebauungspläne der Innenentwicklung, die im beschleunigten Verfahren nach § 13 a Abs. 1 BauGB aufgestellt werden (§ 13 a Abs. 2 Nr. 1, § 13 Abs. 3 BauGB).

Ein fehlender oder in wesentlichen Punkten unvollständiger Umweltbericht ist stets beachtlich (§ 214 Abs. 1 S. 1 Nr. 3 BauGB). Welche Punkte wesentlich sind, hängt von den Umständen des Einzelfalls ab; auch Angaben zu den Maßnahmen nach § 4 c BauGB zur Überwachung der Auswirkungen des Bebauungsplans auf die Umwelt (sog. Monitoring; vgl. dazu Uechtritz BauR 2005, 1859; Rautenberg NVwZ 2005, 1009) können wesentlich sein (BVerwG BauR 2010, 569).

g) Die Abhängigkeit des Bebauungsplans vom Flächennutzungsplan

aa) Entwicklungsgebot (§ 8 Abs. 2 S. 1 BauGB)

32 Nach **§ 1 Abs. 2 BauGB** unterteilt sich der Oberbegriff „Bauleitplan" in den Flächennutzungsplan (vorbereitender Bauleitplan) und den Bebauungsplan (verbindlicher Bauleitplan).

Während der Bebauungsplan nach § 10 BauGB als Satzung beschlossen wird, enthält das BauGB keine Aussage über die **Rechtsnatur des Flächennutzungsplans**. Der Flächennutzungsplan ist nach der Ausgestaltung, die er in §§ 5 ff. BauGB gefunden hat, keine Satzung (BVerwGE 128, 382; 124, 132), sondern eine hoheitliche Maßnahme eigener Art. Denn er wirkt nach § 7 BauGB nur gegenüber Behörden (s. dazu Rn. 9 a.E.), nicht aber gegenüber dem Bürger. Eine mittelbare Außenwirkung entfaltet der Flächennutzungsplan allerdings über § 35 Abs. 3 S. 3 BauGB (s. dazu BVerwGE 146, 40; 128, 382; Decker JA 2015, 1 sowie Rn. 150).

Der Flächennutzungsplan erstreckt sich nach § 5 Abs. 1 S. 1 BauGB über das gesamte Gemeindegebiet. Er enthält ein **grobmaschiges Raster** und darf bei der Darstellung der Art der Bodennutzung nicht über Grundzüge hinausgehen (BVerwGE 124, 132). Im Flächennutzungsplan werden deshalb nach § 5 Abs. 2 BauGB, § 1 Abs. 1 BauNVO i. d. R. nur Bauflächen, nicht bereits einzelne Baugebiete dargestellt, ferner finden nur die überörtlichen Verkehrswege sowie die innerörtlichen Hauptverkehrszüge, nicht dagegen sonstige Straßen Berücksichtigung.

Eine Besonderheit stellt der sachliche Teilflächennutzungsplan nach § 5 Abs. 2 b BauGB dar, der für die Zwecke des § 35 Abs. 3 S. 3 BauGB, also zur Steuerung nach § 35 Abs. 1 Nr. 2 bis 6 BauGB privilegierter Vorhaben im Außenbereich, auch für Teile des Gemeindegebiets aufgestellt werden kann.

Auf der Basis der grobmaschigen Planung des Flächennutzungsplans ist nach § 8 **33** Abs. 2 S. 1 BauGB der Bebauungsplan aufzustellen. Der Bebauungsplan muss allerdings dem Flächennutzungsplan nicht in allen Einzelheiten entsprechen, vielmehr ist der Bebauungsplan aus dem Flächennutzungsplan zu **entwickeln**, d.h. die Planungskonzeption des Flächennutzungsplans ist **fortzuschreiben**, darf aber in den Grundentscheidungen nicht verändert werden (BVerwGE 48, 70; BauR 2004, 1264).

Bsp. a) Wenn der Flächennutzungsplan Gelände als Grünland ausweist, darf die Gemeinde keinen Bebauungsplan für Wohnbaugebiete oder Gewerbegebiete aufstellen (BVerwGE 48, 70).

b) Wenn der Flächennutzungsplan Wohnbauflächen vorsieht, dann können im Bebauungsplan ein Mischgebiet (VGH Kassel NVwZ-RR 1989, 346; s. auch OVG Koblenz BauR 2012, 1753: allgemeines Wohngebiet auf Mischbaufläche) oder private Grünflächen (OVG Koblenz BauR 2012, 175) ausgewiesen werden, nicht aber eine Gemeinbedarfsfläche (VGH Kassel NVwZ-RR 1989, 609) oder eine Hauptverkehrsstraße (VGH Kassel DÖV 2005, 968).

c) Unbedeutende Änderungen der Grenzen des bebauten Gebiets gegenüber dem Außenbereich verstoßen nicht gegen § 8 Abs. 2 BauGB (BVerwG NVwZ 2000, 197); das gleiche gilt für unbedeutende Abweichungen vom Flächennutzungsplan im Innenbereich (BVerwG BRS 35 Nr. 20; VGH Mannheim, Urt. v. 2.4.2014 – 3 S 41/13 -, juris: kleines Sondergebiet für kerngebietstypische Vergnügungsstätte auf gewerblicher Baufläche; VGH Mannheim BauR 2003, 1001: geringfügige Erweiterung einer Grünfläche). Eine Fläche von 2,2 ha kann aber nicht mehr als unbedeutend angesehen werden (BVerwG NVwZ 2000, 197).

Freilich können, soweit es erforderlich ist, auch im Flächennutzungsplan bereits gemäß § 1 Abs. 2 BauNVO konkrete Baugebiete dargestellt werden. Der Flächennutzungsplan darf die Art der Bodennutzung jedoch nicht insgesamt mit einer Detailliert- und Konkretheit darstellen, wie sie für einen Bebauungsplan typisch ist; solche Darstellungen dürfen nur einzelne Aspekte der Art der Bodennutzung betreffen (BVerwGE 124, 132). Soweit der Flächennutzungsplan bereits derartig konkrete Festsetzungen enthält, bleibt für den Bebauungsplan kaum noch ein eigener Gestaltungsspielraum.

Ein Verstoß gegen das Entwicklungsgebot ist nach **§ 214 Abs. 2 Nr. 2 BauGB** unbe- **34** achtlich, wenn der Bebauungsplan die sich aus dem Flächennutzungsplan ergebende geordnete städtebauliche Entwicklung nicht beeinträchtigt. Dabei ist das gesamte Gemeindegebiet zu betrachten (BVerwG NVwZ 2000, 197).

Will die Gemeinde einen Bebauungsplan erlassen, der vom Flächennutzungsplan **35** abweicht, dann kann sie nach § 8 Abs. 3 BauGB im sog. **Parallelverfahren** gleichzeitig mit der Aufstellung des Bebauungsplans den Flächennutzungsplan ändern.

Parallelverfahren bedeutet eine zeitliche und inhaltliche Übereinstimmung zwischen Bebauungsplan und Flächennutzungsplan (BVerwGE 70, 171). Der Bebauungsplan darf allerdings vor dem geänderten Flächennutzungsplan in Kraft gesetzt werden, wenn abzusehen ist, dass die Übereinstimmung zwischen Flächennutzungsplan und Bebauungsplan gewahrt wird (§ 8 Abs. 3 S. 2 BauGB). Ein Parallelverfahren liegt nicht mehr vor, wenn mit dem Verfahren zur Änderung des Flächennutzungsplans erst begonnen wird, nachdem der Bebauungsplan bereits in Kraft getreten ist (BVerwGE 70, 171). Ein Verstoß gegen § 8 Abs. 3 BauGB berührt nach § 214 Abs. 2 Nr. 4 BauGB nicht die Wirksamkeit des Bebauungsplans, sofern die geordnete städtebauliche Entwicklung nicht beeinträchtigt wird.

Der Grundsatz, dass der Bebauungsplan aus dem Flächennutzungsplan zu entwickeln ist, hat in § 8 Abs. 2 S. 2 und Abs. 4 BauGB zwei bedeutsame Ausnahmen erfahren.

bb) Selbständiger Bebauungsplan (§ 8 Abs. 2 S. 2 BauGB)

36 Ein Flächennutzungsplan ist einmal dann nicht erforderlich, wenn der Bebauungsplan ausreicht, um die bauliche Entwicklung für das gesamte Gemeindegebiet zu ordnen (abstrakte Betrachtungsweise; VGH Mannheim ESVGH 23, 38); dieses wird allenfalls in kleinen Landgemeinden der Fall sein. Zum anderen kann er nicht erforderlich sein, wenn der Bebauungsplan nur einen verhältnismäßig kleinen Teil des Gemeindegebiets betrifft und mit seinen Festsetzungen die Grundzüge der Planung, die bereits – etwa durch vorhandene Bebauung – vorgezeichnet sind, nicht berührt (konkrete Betrachtungsweise; VGH Mannheim VBlBW 1985, 21). Dies gilt auch dann, wenn der Bebauungsplan nur regionalplanerische Vorgaben konkretisiert (VGH Mannheim NVwZ-RR 2006, 522).

Bsp. a) (VGH Mannheim VBIBW 1985, 21): Der Bebauungsplan umfasst nur ein 1,6 ha großes, bereits weitgehend bebautes Gebiet.

b) (VGH Mannheim NVwZ-RR 2006, 522): Der Bebauungsplan regelt nur den Standort von 2 Windkraftanlagen im regionalplanerischen Vorranggebiet.

cc) Vorzeitiger Bebauungsplan (§ 8 Abs. 4 BauGB)

37 Hat die Gemeinde keinen wirksamen Flächennutzungsplan, kann sie nach § 8 Abs. 4 BauGB gleichwohl einen Bebauungsplan aufstellen, wenn dringende Gründe dies erfordern und der Bebauungsplan der beabsichtigten städtebaulichen Entwicklung nicht entgegensteht. Dringende Gründe sind anzunehmen, wenn die Gründe, die für eine sofortige Aufstellung des Bebauungsplans sprechen, erheblich gewichtiger sind als das Festhalten an dem in § 8 BauGB vorgesehenen Verfahren, dass nämlich der Bebauungsplan aus dem Flächennutzungsplan entwickelt werden muss; auf die Frage, ob die Gemeinde diese Umstände zu vertreten hat, kommt es nicht an (BVerwG NVwZ 1985, 745).

Bsp. a) (BVerwG NVwZ 1985, 745): Zur Beseitigung der Wohnungsnot ist dringend die Schaffung weiterer Baugebiete erforderlich.

b) (OVG Weimar BauR 2012, 611): Mit der Aufstellung des Bebauungsplans soll die zur Genehmigung gestellte Ansiedlung eines großflächigen Elektromarkts verhindert werden.

38 § 8 Abs. 4 BauGB findet auch Anwendung, wenn die Gemeinde einen Flächennutzungsplan aufgestellt hat, dieser aber nichtig ist (BVerwG DVBl 1992, 574).

Die Gemeinde ist zwar unter den in § 8 Abs. 4 BauGB angeführten Voraussetzungen berechtigt, einen Bebauungsplan aufzustellen, ohne dass ein Flächennutzungsplan besteht. Das Entwicklungsgebot des § 8 Abs. 2 BauGB verlangt jedoch, dass die Gemeinde in einem solchen Fall wenigstens nachträglich einen Flächennutzungsplan aufstellt, der die Festsetzungen des Bebauungsplans übernimmt.

Wenn die Gemeinde die Zulässigkeit eines selbstständigen oder vorzeitigen Bebau- **39** ungsplans unrichtig beurteilt, dann ist dieses nach **§ 214 Abs. 2 Nr. 1 BauGB** unbeachtlich. Diese Vorschrift findet allerdings nur Anwendung, wenn sich die Gemeinde bewusst ist, dass ein selbständiger oder vorzeitiger Bebauungsplan aufgestellt wird, aber infolge fehlerhafter Auslegung des § 8 Abs. 2 oder 4 BauGB die Voraussetzungen dieser Vorschriften für gegeben hält oder sie aus Unkenntnis nicht beachtet. Bei bewusstem Rechtsverstoß kommt § 214 Abs. 2 BauGB dagegen nicht zur Anwendung (BVerwG NVwZ 1985, 745).

h) Allgemeingültige Planungsprinzipien

Die Gemeinde muss schließlich bei der Bauleitplanung auch die allgemein gültigen **40** Planungsleitsätze beachten, die zwar nicht gesetzlich geregelt sind, aber jeder Planung immanent sind und letztlich aus dem **Rechtsstaatsprinzip** abgeleitet werden (vgl. hierzu Schmidt-Aßmann BauR 1978, 99). Verstöße dagegen führen zur Unwirksamkeit des Plans.

aa) Gebot konkreter Planung

Der Bebauungsplan wird zwar nach § 10 BauGB als **Satzung** erlassen und ist ein **41** Gesetz im materiellen Sinn, das Inhalt und Schranken des Grundeigentums bestimmt (Art. 14 Abs. 1 Satz 2 GG; vgl. dazu BVerfG NVwZ 2003, 727). Dennoch trifft er grundsätzlich keine abstrakt-generellen Regelungen, sondern muss konkrete Einzelausweisungen über die zulässige Bebauung oder sonstige Nutzung der von ihm erfassten Grundstücke enthalten (BVerwGE 50, 114).

Bsp. (BVerwGE 50, 114): Die Stadt Frankfurt erlässt einen Begrünungsplan, nach dem im ganzen bebauten Gebiet Freiflächen zu bepflanzen sind und für das Fällen großer Bäume eine Genehmigung erforderlich ist. Das BVerwG hält den Bebauungsplan für unwirksam, weil er Vorschriften aufstellt, die ohne konkret-individuelle Beziehung zu den betroffenen Plangebieten sind, sondern eine unbeschränkte Vielzahl von Fällen in einem mit fortschreitender Bebauung sich ausdehnenden Gebiet abstrakt regeln.

bb) Gebot äußerer Planungseinheit

Für ein Gebiet darf nur ein Bebauungsplan existieren (BVerwGE 50, 114); unschäd- **42** lich ist selbstverständlich, wenn ein späterer Plan einen früheren ergänzt.

cc) Gebot positiver Planung

Der Bebauungsplan muss Festsetzungen enthalten, die positiv bestimmen, welche **43** bauliche oder sonstige Nutzung zulässig ist (s. o. zu § 1 Abs. 3 S. 1 BauGB Rn. 15). Die Gemeinde darf keine reine Verhinderungsplanung betreiben (s. oben Rn. 16 sowie zur sog. „Feigenblattplanung" BVerwGE 122, 109 und Rn. 150). Eine solche **unzulässige „Negativplanung"** liegt aber nicht vor, wenn die Gemeinde durch die Aufstellung oder Änderung eines Bebauungsplans eine bauliche Fehlentwicklung verhindern will (s. o. Rn. 16).

dd) Bestimmtheitsgebot

44 Der Bebauungsplan muss inhaltlich so bestimmt sein, dass die Betroffenen wissen, welchen Beschränkungen ihr Grundstück unterworfen bzw. welchen Belastungen es – insbesondere durch Immissionen – ausgesetzt sein wird. Es genügt aber, wenn der Inhalt der Festsetzungen durch Auslegung ermittelt werden kann (BVerwG BauR 2011, 1118). Dazu kann insbesondere die Planbegründung herangezogen werden (BVerwGE 120, 239).

Bsp. a) (BVerwG NVwZ 1995, 692): Die Festsetzung einer Fläche für den Gemeinbedarf ohne jede nähere Konkretisierung ist regelmäßig zu unbestimmt.

b) (VGH Mannheim BRS 42 Nr. 14): Die Festsetzung eines Erholungsgebiets ohne weitere Konkretisierung der Zweckbestimmung ist zu unbestimmt.

c) (VGH Mannheim BRS 35 Nr. 8): Eine Festsetzung der Gebäudehöhe auf „etwa 7,5 m" ist zu unbestimmt. Gleiches gilt bei unklarem unteren Bezugspunkt (OVG Münster BauR 2015, 941).

d) (OVG Münster NVwZ 1984, 452): Eine identische Fläche wird zugleich als Gewerbegebiet und als Fläche für den Gemeinbedarf ausgewiesen; widersprüchliche Festsetzungen sind wegen fehlender Bestimmtheit unwirksam.

e) (VGH Mannheim VBlBW 1997, 383): Ein Bebauungsplan ist unwirksam, wenn in zwei ausgefertigten Planexemplaren die Grenzen des Baugebiets unterschiedlich eingezeichnet sind (s. auch zur Zulässigkeit der Verwendung von Deckblättern bei Änderung des Bebauungsplans VGH Mannheim VBlBW 1996, 184).

Für das Bestimmtheitsgebot gilt allerdings derselbe Grundsatz wie für das Gebot der Konfliktbewältigung (s. dazu Rn. 53), dass nämlich nicht alles geregelt werden muss, was geregelt werden kann (Grundsatz der planerischen Zurückhaltung – vgl. BVerwG NVwZ 1998, 1179 und unten Rn. 53).

Bsp. a) (BVerwG NVwZ 1988, 822): Ein Bebauungsplan, der ein Leitungsrecht über ein fremdes Grundstück festlegt, muss nicht bestimmen, in welcher Tiefe die Leitung zu verlegen ist.

b) (BVerwGE 42, 5): Die Festsetzung einer Grünfläche ohne nähere Konkretisierung ist hinreichend bestimmt, lässt allerdings nur die Anlage einer begrünten Fläche, nicht aber von Sportanlagen oder Kinderspielplätzen zu (s. dazu auch BVerwG NVwZ 1998, 1179; VGH Mannheim VBlBW 1986, 349).

c) (BVerwGE 81, 197): Die Festsetzung eines Sportplatzes erfüllt die Anforderungen an die Bestimmtheit, auch wenn die Sportart nicht angegeben wird.

4. Die Abwägung nach § 1 Abs. 6 u. 7 BauGB

a) Allgemeines, Eigentumsgarantie

45 Traditionell wird die **Abwägung** öffentlicher und privater Belange nach § 1 Abs. 6, 7 BauGB als Kernstück der Bauleitplanung verstanden (Stüer UPR 2010, 288; grundlegend BVerwGE 34, 30 und BVerwGE 45, 309 – Flachglasurteil). Dabei ist zu unterscheiden zwischen der Auslegung der Begriffe des nicht abschließenden Katalogs städtebaulicher Belange in § 1 Abs. 6 BauGB und der Abwägung der zutreffend erkannten privaten und öffentlichen Belange.

Die Auslegung der in § 1 Abs. 6 BauGB aufgeführten Begriffe, z.B. die allgemeinen Anforderungen an gesunde Wohn- und Arbeitsverhältnisse, soziale und kulturelle Bedürfnisse der Bevölkerung, Belange des Bildungswesens usw., ist gerichtlich voll überprüfbar, weil es sich um unbestimmte Rechtsbegriffe handelt (BVerwGE 34, 301; 45, 309).

Demgegenüber ist mit dem Abwägungsgebot zwangsläufig ein **planerischer Freiraum** verbunden (s. dazu BVerfGE 95, 1; BVerwGE 98, 339). Während nämlich verwaltungsrechtliche Normen i. d. R. dem sog. Wenn-dann-Schema folgen (wenn bestimmte Voraussetzungen gegeben sind, dann kann die Behörde bestimmte Maßnahmen ergreifen), stellt der Abwägungsvorgang ein sog. Finalprogramm dar, das durch ein Mittel-Zweck-Schema gekennzeichnet ist. Der Zweck der Planung muss die dabei eingesetzten Mittel, nämlich eine Zurücksetzung öffentlicher oder privater Belange, rechtfertigen. Ein Finalprogramm ist daher in starkem Maße abhängig von einer Bewertung des gewollten Planungsziels einerseits und der dadurch positiv oder negativ betroffenen öffentlichen oder privaten Belange andererseits.

Aus der Fassung des § 1 Abs. 7 BauGB ergibt sich eindeutig, dass der Gesetzgeber weder den öffentlichen noch den privaten Belangen den Vorrang einräumen wollte (BVerwGE 34, 301; 47, 144). Vielmehr muss die Gemeinde im Einzelfall entscheiden, welche Belange so gewichtig sind, dass andere Belange zurücktreten müssen.

Der Grundsatz der **Gleichgewichtigkeit aller Belange** erfährt allerdings eine Ausnahme durch die sog. Abwägungsdirektiven (Optimierungsgebote), die der Gemeinderat möglichst beachten soll, die aber gleichwohl im Einzelfall im Wege der Abwägung mit anderen – auch nicht zu optimierenden – öffentlichen oder privaten Belangen zurückgestellt werden können (s. dazu Rn. 21 und Finkelnburg/Ortloff/Kment Öffentl. Baurecht I § 5 Rn. 56; Hoppe/Bönker/Grotefels § 7 Rn. 29 ff.).

Das Gebot gerechter Abwägung der von der Bauleitplanung betroffenen öffentlichen **46** und privaten Belange ergibt sich nach der Rechtsprechung des BVerwG nicht nur aus § 1 Abs. 7 BauGB, es ist vielmehr Ausdruck des in Art. 20 Abs. 3 GG verankerten **Rechtsstaatsprinzips** (BVerwGE 64, 33; 41, 67). Diese verfassungsrechtliche Verankerung ist vor allem deshalb bedeutsam, weil der Gesetzgeber dadurch gehindert ist, das Abwägungsgebot einzuschränken und etwa einen regelmäßigen Vorrang öffentlicher Belange gegenüber privaten Interessen zu statuieren.

Die Abwägung zwischen den verschiedenen miteinander in Widerstreit stehenden oder sich ergänzenden öffentlichen und privaten Belangen ist das eigentliche Betätigungsfeld gemeindlicher **Planungshoheit** (s. Rn. 10).

Die Gemeinde ist bei der Abwägung der widerstreitenden öffentlichen und privaten Belange jedoch nicht völlig frei. Neben den zwingenden Planungsleitsätzen (s. dazu oben Rn. 21) hat sie vor allem der Eigentumsgarantie aus Art. 14 GG Rechnung zu tragen. Bebauungspläne sind **Inhalts- und Schrankenbestimmungen des Eigentums im Sinne von Art. 14 Abs. 1 Satz 2 GG** (BVerfG NVwZ 1999, 979; BVerwGE 47, 144). Ihre Festsetzungen haben zwar keine enteignende Vorwirkung, sondern behalten auch dann den Charakter einer Inhalts- und Schrankenbestimmung, wenn sie die bisherige Rechtslage zum Nachteil bestimmter Grundeigentümer abändern (BVerfG NVwZ 1999, 979; BVerwG BRS 74 Nr. 20). Die Gemeinde ist aber nach dem Grundsatz der Verhältnismäßigkeit gehalten, die schutzwürdigen Interessen der Eigentümer und die Belange des Gemeinwohls in einen gerechten Ausgleich und ein ausgewogenes Verhältnis bringen (BVerfGK 19, 50). Die für die Planung sprechenden Interessen müssen umso gewichtiger sein, je stärker die Festsetzungen eines Bebauungsplans die Privatnützigkeit der betroffenen Grundstücke beschränken oder gar ausschließen (BVerwG NVwZ 1988, 727).

Bsp. a) (VGH Mannheim VBlBW 2015, 37): Auf einem Privatgrundstück darf nicht auf Vorrat eine Gemeinbedarfsfläche festgesetzt werden, wenn offen ist, welche Gemeinbedarfsanlagen errichtet werden sollen.

b) (BVerfG NVwZ 1999, 979): Für ein bisher privat genutztes Innenstadtgrundstück mit Baulandqualität kann eine öffentliche Grünfläche und eine Fläche für den Gemeinbedarf festgesetzt werden, wenn ein besonderes öffentliches Interesse an der Ausweisung einer Parkanlage und einem späteren Kindergartenbau auf dieser Fläche besteht.

Darüber hinaus hat die Gemeinde die allgemein gültigen Abwägungsgrundsätze zu beachten. Es handelt sich dabei vor allem um folgende Gebote (s. dazu auch Ernst/ Zinkahn/Bielenberg/Krautzberger § 1 Rn. 186):

b) Abwägungsbereitschaft

47 Die Gemeinde muss bei der Planung für alle in Betracht kommenden Planungsvarianten offen sein, d.h. sie darf nicht von vornherein auf eine bestimmte Planung festgelegt sein. Das Gebot der Abwägungsbereitschaft wird verletzt, wenn die Gemeinde ernsthaft sich anbietende alternative Planungsmöglichkeiten nicht in ihre Erwägungen einbezieht (VGH Mannheim DÖV 2015, 388; BVerwG NVwZ 2009, 986 zum Fachplanungsrecht), etwa weil die Planung von vornherein auf ein bestimmtes Ergebnis fixiert ist.

Das Gebot der Abwägungsbereitschaft gerät allerdings in der kommunalen Praxis nicht selten in Widerstreit mit der Notwendigkeit, auf die Bedürfnisse und Wünsche derjenigen einzugehen, die im Plangebiet Gebäude errichten oder gewerbliche Anlagen schaffen wollen.

Bsp. a) (VGH Mannheim VBlBW 1983, 106): Die Gemeinde stellt einen Bebauungsplan für eine Auto-Teststrecke auf, der von der Fa. Daimler-Benz zuvor in allen Einzelheiten entsprechend den Bedürfnissen des Unternehmens entworfen worden war.

b) VGH Mannheim VBlBW 2007, 182: Die Gemeinde stellt nach Abschluss eines Rahmenvertrags mit dem Investor einen Bebauungsplan für ein Thermal- und Erlebnisbad mit Gesundheitszentrum auf.

48 Das BVerwG (BVerwGE 45, 309 – Flachglasurteil) hat hierzu festgestellt, die Vorstellung, die Bauleitplanung müsse frei von jeder Bindung erfolgen, sei lebensfremd; gerade bei größeren Objekten, etwa der Industrieansiedlung oder der Planung eines ganzen neuen Stadtteils, sei häufig mehr Bindung als planerische Freiheit vorhanden. Dem ist grundsätzlich zuzustimmen. Etwa ein Industriegebiet lässt sich häufig nur dann sinnvoll planen, wenn die Bedürfnisse der einzelnen Industrieunternehmen an die Verkehrswege oder die Notwendigkeit von immissionsschützenden Maßnahmen vorher abgesprochen werden; das gleiche gilt für andere Großobjekte wie Krankenhäuser, Universitäten oder Einkaufszentren. Es wäre in der Tat lebensfremd, in solchen Fällen jegliche Vorabentscheidung und Bindung der Gemeinde vor Aufstellung des Bebauungsplans für unzulässig zu halten.

Andererseits darf nicht verkannt werden, dass das BauGB grundsätzlich von der planerischen Freiheit der Gemeinde ausgeht und zwar bis zur Entscheidung des Gemeinderats nach Beteiligung der Öffentlichkeit (§ 3 BauGB) sowie der betroffenen Behörden und Träger öffentlicher Belange (§ 4 BauGB). Dieser Grundsatz darf nicht durch eine überflüssige Festlegung der Gemeinde in Frage gestellt werden. Das BVerwG (BVerwGE 45, 309) hat deshalb strenge Anforderungen an eine **Vorabbindung** bei der Aufstellung von Bauleitplänen gestellt:

1. muss die Vorwegnahme der Entscheidung sachlich gerechtfertigt sein.
2. muss bei der Vorwegnahme die planungsrechtliche Zuständigkeitsordnung gewahrt bleiben, d.h. es muss, soweit die Planung dem Gemeinderat obliegt, dessen Mitwirkung an den Vorentscheidungen in einer Weise gesichert werden, die es gestattet, die Vorentscheidungen auch dem Rat zuzurechnen.
3. darf die vorgezogene Entscheidung nicht inhaltlich zu beanstanden sein. Sie muss insbesondere den Anforderungen genügen, denen sie genügen müsste, wenn sie als Bestandteil des abschließenden Abwägungsvorgangs getroffen würde.

49 Diese letzte Voraussetzung ist so selbstverständlich, dass sie eigentlich keiner gesonderten Erwähnung bedurft hätte. Es liegt auf der Hand, dass ein gegen § 1 Abs. 6, 7 BauGB verstoßender Bebauungsplan auch dann unwirksam ist, wenn er auf einer Vorabbindung der Gemeinde beruht.

Aus der zitierten Entscheidung des BVerwG (BVerwGE 45, 309) darf aber nicht der Schluss gezogen werden, dass die Gemeinde sich, sofern die angeführten Voraussetzungen vorliegen, gegenüber einem Bauinteressenten durch eine Zusage oder einen öffentlich-rechtlichen **Vertrag** zur Aufstellung eines Bebauungsplans verbindlich verpflichten könne. Dem steht zunächst der allgemeine Grundsatz entgegen, dass es zwischen dem Gesetzgeber und dem der Gesetzgebung unterworfenen Bürger keine koordinationsrechtlichen Vereinbarungen gibt; Rechtsetzung ist begrifflich der einseitige Erlass von Hoheitsakten.

Für die Bauleitplanung stellt § 1 Abs. 3 S. 2 BauGB darüber hinaus ausdrücklich fest, dass ein **Anspruch** auf Aufstellung eines Bebauungsplans durch Vertrag nicht begründet werden kann (vgl. dazu auch BVerwG BauR 1982, 30; BGH NVwZ 2006, 1207). Das Gleiche gilt für eine **Zusage** der Gemeinde, einen Bebauungsplan aufzustellen (BVerwG BauR 2012, 627). Eine vertragliche Absprache mit einer anderen Gemeinde, in der eine oder beide Gemeinden sich zur Aufstellung eines Bebauungsplans verpflichten, ist ebenfalls unzulässig (BVerwG NVwZ 2006, 458).

Auch wenn somit eine Zusage bzw. ein öffentlich-rechtlicher Vertrag die Gemeinde nicht zur Aufstellung eines Bebauungsplans verpflichtet, können sich hieraus ausnahmsweise Ansprüche auf Schadensersatz aus culpa in contrahendo ergeben, wenn die Gemeinde beim Vertragspartner trotz ihrer Befugnis zur Änderung der Bauleitplanung durch ein Verhalten außerhalb der Bauleitplanung, z.B. durch den Verkauf eines Grundstücks als Baugelände, einen Vertrauenstatbestand geschaffen hat, dass ein Bebauungsplan aufgestellt werden wird (BGH NVwZ 2006, 1207).

c) Ermittlung und Bewertung des Abwägungsmaterials (§ 2 Abs. 3 BauGB)

50 Die Gemeinde kann nur dann eine dem rechtsstaatlichen Abwägungsgebot entsprechende Planungsentscheidung treffen, wenn sie alle von der Planung betroffenen öffentlichen und privaten Belange in die Abwägung einstellt. Dazu hat sie zunächst die **abwägungserheblichen** Belange zu **ermitteln** und **bewerten** (§ 2 Abs. 3 BauGB). In der Praxis bereitet gerade das Zusammenstellen des **Abwägungsmaterials** Schwierigkeiten und führt zu Fehlern mit der Folge der Unwirksamkeit des Bebauungsplans.

Grundsätzlich müssen alle Belange berücksichtigt werden, die „**nach Lage der Dinge**" (stRspr BVerwG seit BVerwGE 34, 301) betroffen sind. Dazu gehören die Belange, deren Betroffenheit offensichtlich ist und sich aufdrängt (vgl. dazu etwa BVerwG BauR 2013, 456) sowie diejenigen, die geltend gemacht werden. Die Betroffenheit muss für die Gemeinde **erkennbar** sein; was sie nicht sieht und nicht zu sehen braucht, ist nicht zu berücksichtigen (BVerwGE 59, 87; 131, 100). Es ist gerade der Zweck der Beteiligung der Bürger und der Träger öffentlicher Belange nach §§ 3, 4 BauGB, der Gemeinde die Kenntnis der betroffenen öffentlichen und privaten Belange zu vermitteln (§ 4 a Abs. 1 BauGB).

Bsp. (VGH Mannheim VBlBW 1996, 376): Die Gemeinde muss bei der Änderung eines Bebauungsplans, der eine Erhöhung der Dächer vorsieht, nicht von sich aus ohne entsprechende Stellungnahme des Grundstückseigentümers das Energiekonzept für dessen Haus berücksichtigen.

Soweit eine Fachbehörde eine Stellungnahme abgegeben hat, kann die Gemeinde grundsätzlich davon ausgehen, dass diese die ihr anvertrauten öffentlichen Belange zutreffend anführt, und braucht insoweit keine weiteren Ermittlungen mehr anzustellen (BVerwG BauR 2013, 456; DVBl 1989, 1105). Im Übrigen wird die Gemeinde oft gezwungen sein, zur Ermittlung des notwendigen Abwägungsmaterials Sachverständige einzuschalten.

Bsp. (OVG Münster BauR 2014, 1430): Zusätzlicher Verkehrslärm durch ein neues Wohngebiet ist gutachterlich zu ermitteln, wenn eine unzumutbare Beeinträchtigung für die bestehenden Wohnhäuser nicht offensichtlich ausscheidet (s. auch OVG Lüneburg NVwZ-RR 2001, 499 für ein neues Gewerbegebiet neben einem Wohngebiet).

Da § 1 Abs. 7 BauGB von privaten Belangen und nicht von privaten Rechten spricht, müssen auch Interessen in die Abwägung eingestellt werden, die kein subjektives Recht darstellen (BVerwGE 59, 87; 107, 215).

Bsp. a) (BVerwG NVwZ 1993, 468): Bei einer Planänderung ist das Interesse der Anwohner an der Beibehaltung des bisherigen Zustandes abwägungsrelevant, auch wenn eine sie nur tatsächlich begünstigende Festsetzung entfällt, so bei erstmaliger Bebaubarkeit von Gärten, die bislang als Ruhe- und Erholungszone zur Verfügung standen (s. dazu auch VGH Mannheim VBlBW 2012, 108).

b) (BVerwG BauR 2007, 2041): Eine planbedingte Zunahme des Verkehrslärms gehört auch unterhalb der Grenzwerte zum Abwägungsmaterial (s. auch VGH Mannheim VBlBW 2012, 421).

c) (OVG Münster Beschl. v. 14.7.2010 – 2 B 637/10.NE – juris): Das konkrete Interesse eines Landwirts an einer Betriebserweiterung ist abwägungsrelevant, auch wenn weder Art. 14 GG noch der Bestandsschutz einen Anspruch auf eine Betriebserweiterung einräumen (s. dazu auch BVerwG NVwZ 1989, 245 und Rn. 159).

Abwägungsrelevant können nicht nur die Interessen der betroffenen Grundstückseigentümer sein, sondern auch diejenigen von Pächtern und Mietern (BVerwG BauR 2002, 1199), etwa an dem Schutz vor Verkehrslärmbelastungen. Dies gilt auch, wenn sie außerhalb des Plangebiets wohnen.

Bsp. (BVerwGE 107, 215): Der Antragsteller ist Eigentümer eines Wohnhauses am Rande einer bewaldeten Fläche. Diese Fläche wird in einem Bebauungsplan als Kleingartenfläche mit Vereinsheim festgesetzt. Der Antragsteller befürchtet eine unzumutbare Störung durch Freizeitlärm.

Ein privater Belang ist aber dann nicht abwägungsrelevant, wenn er in der konkreten Planungssituation keinen städtebaulich relevanten Bezug hat (BVerwGE 107, 215). Rein wirtschaftliche Belange, insbes. das Interesse an der Erhaltung einer günstigen Marktlage, sind daher nicht in die Abwägung einzustellen; das Bauplanungsrecht ist wettbewerbsrechtlich neutral.

Bsp. (BVerwG NVwZ 1997, 683): Das Interesse eines vorhandenen Einzelhandelsgeschäfts an der Verhinderung der Ansiedlung eines Konkurrenten ist bei der Abwägung nicht zu berücksichtigen (s. auch VGH Mannheim VBlBW 2015, 341).

Auch objektiv geringwertige oder nicht schutzwürdige Belange sind nicht abwägungserheblich (stRspr BVerwG seit BVerwGE 59, 87; vgl. auch NVwZ 2004, 1120).

Bsp. a) (BVerwG BauR 2012, 76): Das Interesse, von planbedingtem Verkehrslärm verschont zu bleiben, ist nur dann abwägungserheblich, wenn es über die Bagatellgrenze hinaus betroffen wird.

b) (BVerwG NVwZ 2000, 1413; VGH Mannheim BWGZ 2009, 105): Das Interesse an der Erhaltung der Aussicht ist in der Regel nicht abwägungserheblich. Ausnahmen kommen bei einer außergewöhnlichen Aussichtslage in Betracht (VGH Mannheim BauR 1998, 85: Freier Blick auf den Bodensee und die Schweizer Alpen).

c) (BVerwG BauR 2007, 1711): Das Interesse, dass das eigene Grundstück in den Geltungsbereich eines Bebauungsplans einbezogen wird, ist als solches nicht schutzwürdig.

d) (VGH Mannheim BauR 2007, 1103): Ein Antragsteller kann sich nicht auf ein Abwehrrecht gegen bestimmte Festsetzungen berufen, auf das er zuvor verzichtet hat.

e) (VGH Mannheim BauR 2015, 1482): Das Interesse am Fortbestand einer privaten Grünfläche auf dem Nachbargrundstück anstelle eines Kfz-Stellplatzes für das benachbarte Wohnhaus ist nicht schutzwürdig.

d) Gebot der Rücksichtnahme

Das Gebot gerechter Abwägung beinhaltet auch das Gebot der Rücksichtnahme **51** (BVerwGE 107, 215; OVG Hamburg BauR 2013, 438; Ernst/Zinkahn/Bielenberg/ Krautzberger § 1 Rn. 210). Dieses Gebot ist von Weyreuther (BauR 1975, 1; s. auch Voßkuhle/Kaufhold JuS 2010, 497) entwickelt worden und wird vor allem im Rahmen des Nachbarschutzes herangezogen (s. dazu unten Rn. 295 ff.). Es bedeutet inhaltlich, dass jedes Bauvorhaben auf die Umgebung Rücksicht nehmen und Auswirkungen vermeiden muss, die zu einer unzumutbaren Beeinträchtigung anderer Grundstücke führen. Andererseits verlangt das Gebot der Rücksichtnahme nicht, sich aus der Grundstückssituation ergebende Nutzungsmöglichkeiten zu unterlassen oder einzuschränken, nur weil dadurch die Nachbarschaft betroffen wird; es hat vielmehr eine **Abwägung der Belange** aller betroffenen Grundstückseigentümer sowie aller sonstigen rechtlich geschützten Interessen zu erfolgen. Die Verpflichtung der Gemeinde, bei der Bauleitplanung unzumutbare Beeinträchtigungen benachbarter Grundstücke zu vermeiden (s. dazu bereits BVerwGE 45, 309 – Flachglasurteil), kommt insbesondere im **Trennungsgebot** des § 50 BImSchG (s. dazu BVerwGE 143, 24) zum Ausdruck, nach dem Flächen einander planerisch so zuzuordnen sind, dass schädliche Umwelteinwirkungen auf Wohn- und sonstige schutzbedürftige Gebiete soweit wie möglich vermieden werden. Zur Bewältigung immissionsschutzrechtlicher Nutzungskonflikte kommt nicht nur die räumliche Trennung von Gebieten in Betracht, sondern auch die Gliederung der Gewerbegebiete etwa in der Form, dass in der Nachbarschaft des Wohngebiets nur emissionsarme Betriebe errichtet werden dürfen (sog. eingeschränkte Gewerbegebiete – GEe) oder dass in einem Gewerbegebiet nach § 1 Abs. 4 S. 1 Nr. 2 BauNVO flächenbezogene Schallleistungspegel festgelegt werden (sog. Lärmemissionskontingente; s. dazu BVerwG BauR 2014, 59), oder auch die Festsetzung von Flächen oder Vorkehrungen zum Lärmschutz (vgl. § 9 Abs. 1 Nr. 24 BauGB; s. dazu unten Rn. 81). In der Praxis ergeben sich häufig besondere Schwierigkeiten bei der Überplanung bestehender Gemengelagen. Das BVerwG hat betont, dass das Trennungsgebot – ohnehin nur eine Abwägungsdirektive (s. oben Rn. 21) – in diesen Fällen keine strikte Geltung beansprucht; bewältigungsbedürftige Konflikte dürfen allerdings nicht ungelöst bleiben (BVerwG BRS 76 Nr. 23).

e) Gebot der Lastenverteilung

52 Wenn der Bebauungsplan, etwa für die Anlage von öffentlichen Verkehrsflächen oder die Schaffung öffentlicher Einrichtungen, die Inanspruchnahme oder Beeinträchtigung von Privatgrundstücken verlangt, dann müssen die dadurch entstehenden Belastungen möglichst gleichmäßig auf alle Grundstückseigentümer verteilt werden (BVerwG, NVwZ 2002, 1506; NVwZ-RR 2000, 532). Dabei reicht es aus, wenn die Lastenverteilung durch ein Umlegungsverfahren (§§ 45 ff. BauGB) erfolgt (BVerfG NVwZ 2003, 727).

Privates Gelände darf für öffentliche Zwecke nur herangezogen werden, wenn keine geeignete Fläche im Eigentum der öffentlichen Hand zur Verfügung steht (BVerfG NVwZ 2003, 727; BVerwG BauR 2002, 1660; VGH Mannheim VBlBW 2015, 37).

f) Gebot der Konfliktbewältigung

53 Der Bebauungsplan muss zumindest diejenigen Festsetzungen enthalten, die zur Bewältigung der von ihm geschaffenen oder ihm zurechenbaren städtebaulichen Konflikte notwendig sind; hierfür hat sich die Bezeichnung **„Gebot der Konfliktbewältigung"** eingebürgert (BVerwGE 147, 379 m. w. N.; Steidle VBlBW 2012, 81). Es entspricht dem Gebot der Problembewältigung, das vom BVerwG bei der Planfeststellung nach §§ 17 ff. FStrG entwickelt worden ist (BVerwGE 61, 295). Danach darf die Planung kein lösungsbedürftiges Problem wie etwa die Erschließung eines Baugebiets oder die Bewältigung immissionsschutzrechtlicher Fragen beim Nebeneinander von Wohnen und Gewerbe ausklammern.

Bsp. a) (BVerwG NVwZ-RR 1995, 130): Ein Bebauungsplan ist unwirksam, wenn er ein neues Industriegebiet vorsieht, obwohl unklar ist, ob die als Erschließungsstraße vorgesehene Landesstraße in dem erforderlichen Umfang ausgebaut wird.

b) (BVerwGE 116, 144): Drohende Kellerüberschwemmung durch Flächenversiegelung muss verhindert werden.

c) (VGH Mannheim BWGZ 2011, 94): Eine Bauleitplanung, die eine bereits vorhandene Lärmbelastung durch zusätzlichen Verkehrslärm in gesundheitsschädlichem Ausmaß erhöht, entspricht nur dann dem Gebot der Konfliktbewältigung, wenn sie den zusätzlichen Lärm durch Schallschutzmaßnahmen kompensiert.

Das BVerwG (BVerwGE 147, 379) hat aber klargestellt, dass bei der Bauleitplanung nicht bereits alle möglicherweise auftretenden Konflikte gelöst werden müssen, sondern die Konfliktbewältigung in das Baugenehmigungsverfahren oder ein anderes nachfolgendes Verwaltungsverfahren (vgl. etwa BVerwGE 69, 30: immissionsschutzrechtliches Genehmigungsverfahren) verlagert werden kann (sog. Konflikttransfer). Dies setzt allerdings voraus, dass geklärt ist, dass der Konflikt im nachgelagerten Verfahren bewältigt werden kann.

Bsp. a) (BVerwGE 143, 24): Bei der Planung eines Sondergebiets zur Ansiedlung eines Forschungs- und Produktionszentrums für die Entwicklung von Tierimpfstoffen darf zur Bewältigung möglicher Konflikte durch luftgetragene Krankheitserreger (sog. Bioaerosole) auf das Gentechnikrecht verwiesen werden, das bei der Anlagenzulassung und Genehmigung der Arbeiten zur Anwendung kommt.

b) (VGH Mannheim NVwZ-RR 2005, 157): Bautechnische Fragen müssen nicht im Bebauungsplan gelöst werden, wenn feststeht, dass sie lösbar sind.

Das BVerwG spricht in diesem Zusammenhang von **planerischer Zurückhaltung**; nicht alles, was zulässigerweise geregelt werden kann, muss auch in jedem Fall geregelt werden (BVerwGE 119, 45). Das BVerwG hat es auch ausreichen lassen, dass nachträgliche Schutzmaßnahmen verlangt werden können (so BVerwG NVwZ 1988,

351 für Lärmbelästigungen durch eine Straße). Diese Rechtsprechung führt im Ergebnis dazu, dass ein Bebauungsplan nur dann wegen unterbliebener Konfliktbewältigung unwirksam ist, wenn eine nachträgliche Problemlösung nicht mehr möglich ist, etwa die Immissionsbelastung durch eine Straße oder eine Industrieanlage so hoch ist, dass sie auch durch Schallschutzmaßnahmen nicht auf ein zumutbares Maß reduziert werden kann.

g) Die gerichtliche Überprüfung der Abwägung

Das Problem der Überprüfung von Planungsentscheidungen durch die Aufsichtsbe- **54** hörde und die Verwaltungsgerichte hat durch BVerwGE 34, 301 eine wohl abschließende Lösung erfahren. Das BVerwG hat in dieser Entscheidung ausgeführt:

"Das Gebot gerechter Abwägung ist verletzt, wenn eine sachgerechte Abwägung überhaupt nicht stattfindet. Es ist verletzt, wenn in die Abwägung an Belangen nicht eingestellt wird, was nach Lage der Dinge in sie eingestellt werden muss. Es ist ferner verletzt, wenn die Bedeutung der betroffenen privaten Belange verkannt oder wenn der Ausgleich zwischen den von der Planung berührten öffentlichen Belangen in einer Weise vorgenommen wird, die zur objektiven Gewichtigkeit einzelner Belange außer Verhältnis steht. Innerhalb des so gezogenen Rahmens wird das Abwägungsgebot jedoch nicht verletzt, wenn sich die zur Planung berufene Gemeinde in der Kollision zwischen verschiedenen Belangen für die Bevorzugung des einen und damit notwendig für die Zurückstellung des anderen entscheidet."

Diese Grundsätze werden von den Verwaltungsgerichten seitdem in ständiger Rechtsprechung bei der Überprüfung von Bebauungsplänen herangezogen. In der baurechtlichen Literatur wird eher von Abwägungsausfall, Abwägungsdefizit, Abwägungsfehleinschätzung und Abwägungsdisproportionalität gesprochen (Martini/Finkenzeller JuS 2012, 126; Hoppe/Bönker/Grotefels § 7 Rn. 90 ff.).

Nach § 214 Abs. 1 Nr. 1 und Abs. 3 S. 2, 1. Hs. BauGB werden Fehler bei der Ermittlung oder Bewertung des Abwägungsmaterials (§ 2 Abs. 3 BauGB) als Verfahrensfehler eingestuft. Die vom Gesetzgeber vorgenommene Einstufung der Fehler bei der Ermittlung und Bewertung der abwägungsrelevanten Belange als Verfahrensfehler führt zu beträchtlichen Abgrenzungsschwierigkeiten. Denn ohne eine Bewertung (Gewichtung) der verschiedenen Belange ist eine ordnungsgemäße Abwägung nicht möglich. Die Bewertung ist also einerseits eine Verfahrenshandlung, hat aber andererseits auch eine materiell-rechtliche Komponente. Die Praxis befasst sich allerdings kaum vertieft mit der Unterscheidung zwischen verfahrensrechtlichen und materiell-rechtlichen Fehlern im Abwägungsvorgang, weil die Anforderungen an ihre Beachtlichkeit inhaltlich (§ 214 Abs. 1 Nr. 1 BauGB <s. dazu BVerwGE 131, 100> und § 214 Abs. 3 S. 2, 2. Hs. BauGB) und zeitlich (§ 215 Abs. 1 S. 1 Nr. 1 und Nr. 3 BauGB) identisch sind (BVerwGE 137, 74; ausführlich dazu VGH Mannheim BauR 2009, 1870).

Maßgeblich für die Beurteilung der Abwägung ist in jedem Fall die Sach- und Rechtslage im Zeitpunkt der Beschlussfassung über den Plan (§ 214 Abs. 3 S. 1 BauGB).

Bsp. a) Abwägungsausfall

(OVG Berlin-Brandenburg, Urt. v. 17.12.2010 – OVG 2 A 1.09 – juris): Die Gemeinde sieht sich bei der Festsetzung der Standorte für Windkraftanlagen an die Vorgaben eines bestimmten Unternehmens gebunden.

b) Ermittlungsdefizit/Abwägungsdefizit

1. (VGH Kassel, Urt. v. 25.9.2014 – 4 C 1328/12.N – juris): Die Gemeinde übergeht, dass die Festsetzung einer Vegetationsfläche über den Bestand hinaus in die in bislang bestehende Möglichkeit einer baulichen Nutzung eingreift.

2. (VGH München BayVBl 2006, 601): Der Gemeinderat befasst sich bei der Planung eines neuen Wohngebiets nicht mit der Möglichkeit aktiven Lärmschutzes, obwohl die Verkehrslärmimmissionen von einer bestehenden Straße oberhalb des maßgeblichen Grenzwerts liegen.

c) Bewertungsdefizit/Abwägungsfehleinschätzung

1. (VGH Mannheim VBlBW 2002, 203): Der Gemeinderat nimmt zu Unrecht an, der betroffene Grundstückseigentümer sei mit der Ausweisung als Grünfläche einverstanden.

2. (VGH München, Urt. v. 28.7.2011 – 15 N 10.582 - juris): Die Gemeinde geht bei einem Bebauungsplan für eine Hotelerweiterung fälschlich davon aus, beim Parkplatzlärm spielten die Geräuschspitzen durch das Schließen des Kofferraums keine Rolle.

3. (OVG Münster BauR 1993, 691): Der Gemeinderat „verharmlost" die Gesundheitsgefahr durch eine Schwermetall-Verunreinigung des Erdbodens.

d) Abwägungsdisproportionalität

1. (VGH Mannheim VBlBW 2015, 343): Die Gemeinde plant zur Umsetzung ihrer Konzeption eines innerörtlichen Wegenetzes einen öffentlichen Fuß- und Radweg über ein bisher weitgehend ungestört gelegenes Wohngrundstück nur wenige Meter von dessen Terrasse entfernt, ohne dass hinreichend gewichtige Gründe für das Wegekonzept sprechen.

2. (OVG Lüneburg BRS 47 Nr. 16): Die verkehrstechnisch optimale Gestaltung eines Buswendeplatzes führt dazu, dass ein Landwirtschaftsbetrieb räumlich so eingeengt wird, dass seine Existenzfähigkeit gefährdet ist.

2. (BVerwGE 45, 309 – Flachglasurteil): Der Gemeinderat beschließt einen Bebauungsplan, der unmittelbar neben einem großen Wohngebiet in einem unter Landschaftsschutz stehenden Gelände ein Industriegebiet (Flachglasfabrik) vorsieht, um neue Arbeitsplätze zu schaffen, obwohl ein anderes, weniger schutzwürdiges Gelände für die Industrieansiedlung zur Verfügung steht.

55   Die **Bedeutung von Abwägungsfehlern** erfährt durch **§ 214 Abs. 1 Nr. 1, Abs. 3 S. 2 BauGB** eine deutliche Einschränkung. Danach sind **Mängel im Abwägungsvorgang** nur erheblich, wenn sie offensichtlich sind und auf das Abwägungsergebnis von Einfluss gewesen sind. Die Regelung in § 214 Abs. 3 S. 2, 2. Hs. BauGB ist, wie die Worte „im Übrigen" zeigen, als Auffangklausel für Fallgestaltungen zu verstehen, die von Abs. 1 Nr. 1 nicht erfasst werden. **Mängel im Abwägungsergebnis** führen demgegenüber stets zur Unwirksamkeit des Bebauungsplans. Die Regelung in § 214 Abs. 3 S. 2, 1. Hs. BauGB, wonach die in § 214 Abs. 1 Nr. 1 BauGB angeführten Mängel der Bewertung nicht als Mängel der Abwägung geltend gemacht werden können, steht dem nicht entgegen. Mängel der Abwägung i. S. d. § 214 Abs. 3 S. 2, 1. Hs. BauGB sind, wie schon der Zusammenhang zu § 214 Abs. 3 S. 2, 2. Hs. BauGB nahelegt, nur solche im Abwägungsvorgang (s. auch Gesetzesbegründung BTDrucks.15/2250 S. 65).

§ 214 Abs. 1 Nr. 1 und Abs. 3 S. 2 BauGB, die wie die gesamte Regelung der §§ 214–216 BauGB heftig kritisiert worden sind, gehen von der Unterscheidung zwischen der Abwägung als Vorgang und dem dabei herauskommenden Planungsergebnis aus. Eine exakte Abgrenzung zwischen Bewertung im Abwägungsvorgang und Gewichtung im Abwägungsergebnis ist jedoch schwierig und bisher in Rechtsprechung und Literatur noch nicht bewältigt worden. Ein Ergebnisfehler ist jedenfalls ohne einen Vorgangsfehler nicht denkbar. Entscheidend für die Praxis ist, dass das Abwägungsergebnis erst dann zu beanstanden ist, wenn eine fehlerfreie Nachholung der erforderlichen Abwägung schlechterdings nicht zum selben Ergebnis führen könnte (BVerwGE 138, 12). Das ist selten der Fall, so dass es in der Regel darauf ankommt, ob Fehler im Abwägungsvorgang nach § 214 Abs. 1 S. 1 Nr. 1, Abs. 3 S. 2, § 215 Abs. 1 S. 1 Nr. 1, Nr. 3 BauGB (noch) beachtlich sind (s. dazu Rn. 57).

Der Gesetzgeber will durch § 214 BauGB verhindern, dass Bebauungspläne, die **56** sich inhaltlich im Rahmen der Planungshoheit der Gemeinde halten, im Wege des Normenkontrollverfahrens nach § 47 VwGO oder einer verwaltungsgerichtlichen Inzidentkontrolle bei baurechtlichen Streitigkeiten für unwirksam befunden werden, weil dem Gemeinderat im Abwägungsvorgang ein unwesentlicher Fehler unterlaufen ist. Das BVerwG (BVerwGE 64, 33) hält allerdings im Hinblick darauf, dass das Abwägungsgebot verfassungsrechtlich in Art. 20 Abs. 3 GG verankert ist und Art. 19 Abs. 4 GG effektiven Rechtsschutz auch gegenüber Bebauungsplänen garantiert, eine **einschränkende Auslegung des § 214 Abs. 1 Nr. 1 und Abs. 3 S. 2 BauGB** für geboten. **Offensichtlich** sind danach nicht nur solche Abwägungsmängel, die ohne weiteres erkennbar sind (so etwa die Offensichtlichkeit in § 44 Abs. 1 VwVfG), sondern alle Mängel, die sich objektiv eindeutig, etwa mithilfe von Akten, Gemeinderatsprotokollen oder sonstigen Beweismitteln nachweisen lassen (BVerwGE 64, 33; VGH Mannheim VBlBW 2012, 108). Insoweit soll und kann § 214 Abs. 1 Nr. 1 und Abs. 3 S. 2 BauGB nach Ansicht des BVerwG lediglich verhindern, dass Beweis über die subjektiven Vorstellungen oder Motive des Gemeinderats oder einzelner Gemeinderatsmitglieder erhoben wird (BVerwG NVwZ-RR 2003, 171). Das BVerwG spricht in diesem Zusammenhang von der äußeren, d.h. objektiv nachweisbaren, und der inneren Seite des Abwägungsvorgangs, also den subjektiven Erwägungen des einzelnen Gemeinderats. Letztere sind für die Gültigkeit eines Bebauungsplans nicht von Bedeutung.

Ein Mangel bei der Abwägung ist nicht offensichtlich, wenn er nicht positiv feststellbar ist, sondern sich nur aus dem Fehlen entsprechender Erwägungen im Gemeinderatsprotokoll ergeben könnte.

Bsp. (BVerwG NVwZ 1995, 692): Es ist nicht offensichtlich, dass die privaten Belange eines Grundstückseigentümers bei der Festsetzung eines „Dorfplatzes" nicht berücksichtigt worden sind, wenn sich dazu keine Angaben in den Gemeinderatsprotokollen finden; das BVerwG verlangt insoweit den positiven Nachweis, dass abwägungsrelevante Belange außer Acht gelassen wurden.

Für die Offensichtlichkeit eines Abwägungsfehlers kommt es nur auf die tatsächlichen Verhältnisse an. Beruht die Abwägungsentscheidung der Gemeinde auf rechtlich fehlerhaften Überlegungen, ist die Offensichtlichkeit dieses Mangels nicht deshalb zu verneinen, weil die rechtliche Beurteilung Schwierigkeiten bereitet (BVerwG NVwZ 1998, 956).

Die in § 214 Abs. 1 S. 1 Nr. 1, Abs. 3 S. 2 BauGB verlangte **Kausalität** zwischen dem Fehler im Abwägungsvorgang und dem Abwägungsergebnis ist nach Ansicht des BVerwG (BVerwGE 64, 33; BauR 2004, 1130) dann gegeben, wenn die konkrete Möglichkeit besteht, dass der Gemeinderat eine andere Planungsentscheidung getroffen hätte, falls er den Fehler im Abwägungsvorgang vermieden hätte.

Bsp. a) (BVerwGE 64, 33): Der Gemeinderat nimmt zu Unrecht an, ein nach seiner Lage für eine Wohnbebauung geeignetes Grundstück liege noch im Landschaftsschutzgebiet, und weist es deshalb im Bebauungsplan nicht als Baugelände aus.

b) (BVerwGE 134, 264): Der Gemeinderat verkennt, dass für die Anlage eines Windparks eine Umweltprüfung erforderlich ist.

Diese Rechtsprechung bedeutet im Ergebnis, dass nachweisbare Fehler im Abwägungsvorgang nur dann beachtlich sind, wenn eine andere Planung ernsthaft in Betracht kam.

57 Mängel im Abwägungsvorgang, die nach § 214 Abs. 1 Nr. 1 oder nach § 214 Abs. 3 S. 2 BauGB beachtlich sind, müssen gemäß § 215 Abs. 1 Nr. 1 bzw. Nr. 3 BauGB **innerhalb eines Jahres** nach Bekanntmachung des Bebauungsplans schriftlich gegenüber der Gemeinde **gerügt werden**. Darauf ist bei der Bekanntmachung des Plans hinzuweisen (§ 215 Abs. 2 BauGB). Unterbleibt eine fristgerechte Rüge, wird der Bebauungsplan mit Ablauf der Jahresfrist trotz des Fehlers im Abwägungsvorgang wirksam, sofern der Hinweis nach § 215 Abs. 2 BauGB ordnungsgemäß erfolgt ist. Fehler im Abwägungsergebnis führen stets zur Unwirksamkeit des Bebauungsplans und können zeitlich unbegrenzt gerügt werden (BVerwG NVwZ 2010, 1246).

5. Das Verfahren bei der Aufstellung von Bauleitplänen

58 Bauleitpläne können nur nach dem Verfahren gemäß §§ 2 ff. BauGB entstehen; ein Bebauungsplan kann nicht durch **Gewohnheitsrecht** geschaffen werden (BVerwGE 55, 369). Die Ausgestaltung des Verfahrens folgt dem europarechtlichen Ansatz in der Plan-UP-RL, wonach durch umfangreiche Öffentlichkeits- und Behördenbeteiligung die inhaltliche Qualität der Planung gesichert und insbesondere ein hohes Umweltschutzniveau gewährleistet werden soll (Gesetzesbegründung zum EAG Bau, BT-Drs. 15/2250 S. 45; s. auch § 4 a Abs. 1 BauGB).

a) Aufstellungsbeschluss (§ 2 Abs. 1 BauGB)

59 Der Gemeinderat beschließt, für ein bestimmtes Gebiet einen Bauleitplan aufzustellen (§ 2 Abs. 1 BauGB). Dieser Beschluss ist nach § 2 Abs. 1 S. 2 BauGB ortsüblich bekannt zu machen. Ein Verstoß gegen § 2 Abs. 1 BauGB ist nach § 214 Abs. 1 S. 1 BauGB für die Wirksamkeit des Bauleitplans unbeachtlich. Ein Aufstellungsbeschluss für einen Bebauungsplan ist aber erforderlich, wenn die Gemeinde ihre Planung durch eine Veränderungssperre (§ 14 BauGB) oder die Zurückstellung von Baugesuchen (§ 15 BauGB) sichern will (s. dazu unten Rn. 176 ff.). Außerdem ist er Voraussetzung für die Erteilung einer Baugenehmigung nach § 33 BauGB (s. dazu unten Rn. 168).

Der Aufstellungsbeschluss hat nach § 2 Abs. 4 BauGB zur Folge, dass eine Umweltprüfung durchgeführt werden muss (s. dazu oben Rn. 31). Die UP stellt aber lediglich fest, welche Alternative unter Umweltgesichtspunkten die beste ist. Sie schließt nicht aus, dass der Gemeinderat sich nach einer Würdigung aller betroffenen Belange für eine andere Lösung entscheidet.

b) Planentwurf

60 Die Gemeinde selbst oder ein von ihr beauftragtes Planungsbüro fertigen einen Planentwurf. Diesem Planentwurf muss nach § 2 a Abs. 1 S. 1 BauGB eine Begründung beigefügt werden; die Begründung muss einen Umweltbericht (§ 2 a S. 2 Nr. 2, S. 3 BauGB) enthalten. Fehlt die Begründung bei der öffentlichen Auslegung, ist dies nach § 214 Abs. 1 S. 1 Nr. 3 BauGB beachtlich, wird aber unbeachtlich, wenn innerhalb eines Jahres nach Bekanntmachung keine entsprechende Rüge erfolgt (§ 215 Abs. 1 S. 1 Nr. 1 BauGB). Eine lediglich unvollständige Begründung ist demgegenüber nach § 214 Abs. 1 S. 1 Nr. 3 BauGB von vornherein unbeachtlich, beim Umweltbericht dürfen allerdings nur unwesentliche Punkte fehlen.

c) Frühzeitige Beteiligung der Öffentlichkeit (§ 3 Abs. 1 BauGB)

61 Das **Beteiligungsverfahren** nach § 3 Abs. 1 BauGB dient der möglichst frühzeitigen Erörterung des Planentwurfs mit der Öffentlichkeit, damit diese noch vor einer De-

facto-Festlegung des Gemeinderats Einfluss auf die Bauleitplanung nehmen kann. Auch für die Gemeinde kann die frühzeitige Beteiligung von Vorteil sein, weil sie dadurch früher notwendiges Abwägungsmaterial erhält (vgl. auch § 4 a Abs. 1 BauGB).

Zur Ausgestaltung der frühzeitigen Beteiligung gibt § 3 Abs. 1 BauGB nur vor, dass der Unterrichtung der Öffentlichkeit eine **Anhörung** zu folgen hat, in der nicht nur Gelegenheit zur Äußerung, sondern auch zur Erörterung der Planung besteht (vgl. dazu Battis/Krautzberger/Löhr § 3 Rn. 7). Sind Unterrichtung und Erörterung bereits auf anderer Grundlage erfolgt oder hat ein Bebauungsplan nur unbedeutende Auswirkungen, kann von der Beteiligung nach § 3 Abs. 1 BauGB abgesehen werden. Auch im vereinfachten und beschleunigten Verfahren kann davon abgesehen werden (§ 13 Abs. 2 S. 1 Nr. 1, § 13 a Abs. 2 Nr. 1 BauGB; s. dazu unten Rn. 72, 73).

Ein Unterlassen der Beteiligung nach § 3 Abs. 1 BauGB oder Fehler bei der Durchführung sind nach § 214 Abs. 1 S. 1 BauGB unbeachtlich.

d) Beteiligung der Behörden und Träger öffentlicher Belange (§ 4 BauGB)

Die Beteiligung der Behörden und sonstigen Träger öffentlicher Belange erfolgt nach **62** § 4 BauGB wie die Beteiligung der Öffentlichkeit nach § 3 BauGB in einem **zweistufigen Verfahren**. Nach der frühzeitigen ersten Information und Aufforderung zur Äußerung auch zu Umfang und Detaillierungsgrad der Umweltprüfung nach § 4 Abs. 1 BauGB (sog. Scoping, vgl. Art. 5 Abs. 4 Plan-UP-RL) folgt die förmliche Beteiligung nach § 4 Abs. 2 BauGB. Als Träger öffentlicher Belange kommen vor allem das Landratsamt, das Regierungspräsidium und der Regionalverband sowie die benachbarten Gemeinden in Betracht. Sie haben ihre Stellungnahme grundsätzlich innerhalb eines Monats abzugeben, die **Frist** kann aber verlängert werden (§ 4 Abs. 2 S. 2 BauGB). Bei Fristüberschreitung können die Stellungnahmen nach § 4 a Abs. 6 BauGB unberücksichtigt bleiben. Dieses gilt aber nicht, wenn die Bedenken der Gemeinde ohnehin bekannt sind bzw. hätten bekannt sein müssen oder sie für die Rechtmäßigkeit der Abwägung von Bedeutung sind. Letzteres ist geradezu kurios. Eine Präklusion, die nur eingreift, wenn die Einwendungen nicht von Bedeutung sind, ist sinnlos.

Ein Verstoß gegen § 4 Abs. 1 BauGB hat nach § 214 Abs. 1 S. 1 BauGB keine Auswirkungen auf die Wirksamkeit des Bauleitplans. Ein Verstoß gegen § 4 Abs. 2 BauGB ist dagegen beachtlich, es sei denn, nur einzelne Träger öffentlicher Belange sind nicht beteiligt worden und die entsprechenden Belange waren unerheblich oder sind berücksichtigt worden (§ 214 Abs. 1 S. 1 Nr. 2 BauGB).

e) Öffentliche Auslegung (§ 3 Abs. 2, § 4 a BauGB)

Den wichtigsten Teil der Beteiligung der Öffentlichkeit an der Bauleitplanung stellt **63** die öffentliche Auslegung nach § 3 Abs. 2 BauGB dar. Hierzu sind zunächst Ort und Dauer der Auslegung sowie Angaben zu den verfügbaren Arten umweltbezogener Informationen nach § 3 Abs. 2 S. 2 BauGB mindestens 1 Woche vorher ortsüblich bekannt zu machen. Dabei muss die Stelle, bei der die Pläne eingesehen werden können, genau bezeichnet, wenn auch nicht das konkrete Dienstzimmer angegeben werden (BVerwGE 133, 98).

Vor allem muss die **Bekanntmachung** die sog. **Anstoßfunktion** erfüllen; sie muss also geeignet sein, das Informations- und Beteiligungsinteresse der Bürger zu wecken, die an der beabsichtigten Bauleitplanung interessiert oder von ihr betroffen sind (BVerwGE 55, 369; Buchholz 406.11 § 3 BauGB Nr. 11). Sie muss auf den räumlichen Geltungsbereich des Plans hinweisen (BVerwG NVwZ 2001, 203; VGH Mannheim NVwZ-RR 2009, 953) und die Themen aller vorhandenen umweltbezogenen Stellungnahmen und Unterlagen schlagwortartig benennen; ein Auswahlrecht der Gemeinde besteht hier nicht (BVerwGE 147, 206: Zusammenfassung nach Themenblöcken und schlagwortartige Charakterisierung; BVerwG NVwZ 2015, 232; vgl. dazu Dusch BauR 2015, 433; Schink UPR 2014, 3).

Die **Auslegung** dauert einen Monat; die Frist berechnet sich nach § 187 Abs. 2 BGB (GmS-OGB 2/71, BGHZ 59, 396, BVerwGE 40, 363). Ausgelegt werden müssen der Plan mit Begründung einschließlich Umweltbericht und den nach Einschätzung der Gemeinde (vgl. dazu VGH Mannheim NuR 2011, 369) wesentlichen umweltbezogenen Stellungnahmen (§ 3 Abs. 1 S. 1 BauGB). Die Auslegung muss so erfolgen, dass die Pläne ohne Schwierigkeiten eingesehen werden können. Unzulässig ist es, die Pläne in einem Regal oder Aktenschrank zu verwahren und sie nur auf Frage herauszugeben (VGH Mannheim NuR 2006, 709); es reicht aber aus, den Planentwurf nur während der sog. Verkehrsstunden auszulegen (BVerwG NJW 1981, 594; VGH Mannheim VBlBW 2001, 58).

64 Innerhalb der Monatsfrist kann jedermann eine Stellungnahme abgeben; dies muss schriftlich oder zur Niederschrift der Gemeinde geschehen (BVerwG NVwZ-RR 1997, 514). Die fristgerecht eingebrachten Stellungnahmen müssen dem Gemeinderat bekannt gegeben und von diesem geprüft werden (hierzu im Einzelnen: BVerwGE 110, 118); über das Ergebnis ist der Einsprecher zu informieren. Bei mehr als 50 Einsprechern können diese allerdings nach § 3 Abs. 2 S. 5 BauGB auf die Einsichtnahme in den öffentlich ausgelegten Gemeinderatsbeschluss verwiesen werden.

Ein Versäumnis der Stellungnahmefrist hat zur Folge, dass die Gemeinde die Stellungnahme nicht zu prüfen und die Entscheidung hierüber nicht mitzuteilen braucht (§ 3 Abs. 2 S. 4, § 4 a Abs. 6 BauGB). Wird gleichwohl ein Normenkontrollantrag gestellt, so ist dieser nach § 47 Abs. 2 a VwGO unzulässig, sofern die Bekanntmachung der Auslegung einen entsprechenden, ordnungsgemäßen Hinweis enthielt (§ 47 Abs. 2 a VwGO a. E.; § 3 Abs. 2 S. 2 BauGB).

Der Gemeinderat muss allerdings bei der Abwägung auch verspätete Einwendungen inhaltlich berücksichtigen, soweit sie für die Rechtmäßigkeit des Bebauungsplans von Bedeutung sind (§ 4 a Abs. 6 BauGB, s. dazu auch oben Rn. 62).

Wird der **Entwurf des Bauleitplans** nach der förmlichen Öffentlichkeits- oder Behördenbeteiligung **geändert oder ergänzt** (vgl. dazu BVerwGE 133, 98; NVwZ 2010, 777), ist das Verfahren nach § 3 Abs. 2, § 4 Abs. 2 BauGB zu **wiederholen (§ 4 a Abs. 3 S. 1 BauGB)**. Eine erneute Planauslegung ist nur dann entbehrlich, wenn die Änderung nur klarstellende Bedeutung hat und eine erneute Beteiligung „bloße Förmelei" wäre (BVerwGE 133, 98; NVwZ 2010, 1026) oder wenn die Abweichung von den ausgelegten Plänen für alle Betroffenen nur günstige Auswirkungen hat bzw. nur den vorgebrachten Anregungen Rechnung trägt (BVerwG NVwZ 1988, 822).

Die Gemeinde hat bei der erneuten Auslegung verschiedene Möglichkeiten, das Verfahren zu beschleunigen (vgl. § 4 a Abs. 3 S. 2–4 BauGB). In der Praxis häufig sind die Bestimmung, dass Stellungnahmen nur zu den geänderten oder ergänzten Teilen abgegeben werden können (§ 4 a Abs. 3 S. 2 BauGB), sowie die Verkürzung der Dauer der Auslegung und der Frist zur Stellungnahme (§ 4 a Abs. 3 S. 3 BauGB). Die Verkürzung muss allerdings angemessen sein (vgl. VGH Mannheim VBlBW 2013, 143: unangemessen kurze Frist von 12 Tagen). In die Bekanntmachung der Auslegung sind entsprechende Hinweise aufzunehmen (s. dazu auch BVerwG NVwZ 2014, 1170).

Ein Verstoß gegen § 3 Abs. 2 BauGB und § 4 a Abs. 3 BauGB führt regelmäßig zur Unwirksamkeit des Bebauungsplans (§ 214 Abs. 1 S. 1 Nr. 2 BauGB). Unschädlich ist nach der sog. internen Unbeachtlichkeitsklausel in § 214 Abs. 1 S. 1 Nr. 2 BauGB allerdings, wenn einzelne Personen oder Behörden nicht beteiligt worden sind, die entsprechenden Belange jedoch unerheblich waren oder in der Entscheidung berücksichtigt worden sind, oder wenn einzelne Angaben (quantitative Betrachtungsweise, vgl. VGH Mannheim VBlBW 2012, 421) zu den verfügbaren Arten umweltbezogener Informationen gefehlt haben. Ein nach § 214 Abs. 1 S. 1 Nr. 2 BauGB beachtlicher Fehler wird unbeachtlich, wenn er trotz ordnungsgemäßen Hinweises nach § 215 Abs. 2 BauGB nicht innerhalb der Jahresfrist des § 215 Abs. 1 S. 1 Nr. 1 BauGB gerügt wird; Unionsrecht steht dem nicht entgegen (VGH Mannheim BauR 2015, 1089).

f) Übertragung auf Private (§ 4 b BauGB)

Nach § 4 b S. 1 BauGB kann die Gemeinde zur Beschleunigung des Verfahrens so- **65** wohl die Bürgerbeteiligung nach § 3 BauGB als auch die Beteiligung der Träger öffentlicher Belange nach § 4 BauGB einem Dritten übertragen. Die Möglichkeit nach § 4 b S. 2 BauGB, einem Dritten die Durchführung einer Mediation oder eines anderen Verfahrens der außergerichtlichen Konfliktbeilegung zu übertragen, dient vor allem der Akzeptanz der Planung (Battis/Krautzberger/Löhr § 4 b Rn. 5).

g) Satzungsbeschluss (§ 10 BauGB)

Nach Abschluss des Auslegungsverfahrens beschließt der Gemeinderat endgültig **66** über die Bauleitplanung. Damit wird zugleich abschließend über die noch offenen abwägungsrelevanten Stellungnahmen entschieden (vgl. § 214 Abs. 3 Satz 1 BauGB; BVerwGE 110, 118). Ein Bebauungsplan ist nach § 10 BauGB in Form einer **Satzung** zu beschließen.

h) Ausfertigung

Der Bebauungsplan muss in seiner endgültigen Fassung **ausgefertigt**, d.h. vom **67** Bürgermeister unterschrieben werden (VGH Mannheim VBlBW 2009, 466). Die **Ausfertigung** ist zwar nicht gesetzlich vorgeschrieben, ergibt sich aber aus dem Rechtsstaatsprinzip. Danach muss die Ausfertigung die Identität des vom Normgeber gewollten und des verkündeten Inhalts des Bebauungsplans gewährleisten (Authentizitätsfunktion; BVerwGE 88, 204). Die Ausfertigung muss also vor der Bekanntmachung erfolgen (BVerwG NVwZ 1999, 878). Alles Weitere richtet sich nach Landesrecht (BVerwGE 88, 204). In Baden-Württemberg muss die Ausfertigung nach stRspr des VGH Mannheim über die rechtsstaatlich gebotene Authentizitätsfunktion hinaus keine weiteren Funktionen erfüllen. Daher ist es nicht erforderlich, dass sämtliche Bestandteile des Bebauungsplans einzeln ausgefertigt werden. Vielmehr genügt es, dass das Gemeinderatsprotokoll, das den Satzungsbeschluss enthält, ordnungsgemäß ausgefertigt ist und die dazu erlassenen Pläne in der Satzung so eindeutig bezeichnet werden, dass eine Verwechslung ausgeschlossen ist (VGH Mannheim VBlBW 2009, 466: „gedankliche Schnur"). Eine unterbliebene oder fehlerhafte Ausfertigung führt zur Unwirksamkeit des Bebauungsplans, kann aber durch ein ergänzendes Verfahren nach § 214 Abs. 4 BauGB geheilt werden (s. dazu unten Rn. 87).

i) Genehmigung (§§ 6, 10 Abs. 2 BauGB)

Der **Flächennutzungsplan** bedarf für seine Wirksamkeit der Genehmigung nach § 6 **68** BauGB. Das Gleiche gilt nach § 10 Abs. 2 BauGB für **Bebauungspläne** nach § 8

Abs. 2 S. 2, Abs. 3 S. 2 und Abs. 4 BauGB, d.h. solche Bebauungspläne, die ohne vorherigen Flächennutzungsplan aufgestellt worden sind. Ein Bebauungsplan, der gemäß § 8 Abs. 2 BauGB aus dem Flächennutzungsplan entwickelt worden ist, bedarf keiner Mitwirkung der Aufsichtsbehörde, sondern kann von der Gemeinde sofort nach Satzungsbeschluss und Ausfertigung in Kraft gesetzt werden (§ 10 Abs. 3 BauGB). Die Aufsichtsbehörde kann allerdings die Bekanntmachung eines Bebauungsplans, den sie für rechtswidrig hält, im Wege der kommunalen Rechtsaufsicht (§ 121 GemO) verhindern.

Die Genehmigungsbehörde (Regierungspräsidium bzw. bei Gemeinden, die der Rechtsaufsicht des Landratsamts unterstehen, das Landratsamt nach § 1 Abs. 1 BauGB-DVO – Dürig Nr. 87 a) hat die **Genehmigung** zu erteilen, wenn der Bauleitplan ordnungsgemäß zustande gekommen und auch inhaltlich rechtmäßig ist. Die Genehmigungsbehörde ist hinsichtlich der Kontrolle des Bauleitplans ebenso beschränkt wie das Verwaltungsgericht (BVerwGE 34, 301; s. allerdings § 216 BauGB).

Die Genehmigung ist nach § 6 Abs. 4, § 10 Abs. 2 S. 2 BauGB innerhalb von 3 Monaten zu erteilen; die Frist kann aus wichtigem Grund um weitere 3 Monate verlängert werden. Wird diese Frist des § 6 Abs. 4 BauGB versäumt, gilt die Genehmigung als erteilt.

Die Genehmigung kann nach § 48 VwVfG bis zur Bekanntmachung des Plans zurückgenommen werden, wenn der Bauleitplan inhaltlich rechtswidrig ist; dies gilt auch für die fiktive Genehmigung nach § 6 Abs. 4 BauGB (VGH Mannheim VBlBW 1984, 380).

Lehnt die Genehmigungsbehörde die Genehmigung ab, kann die Gemeinde dagegen Verpflichtungsklage erheben (BVerwGE 34, 301). Denn die Genehmigung ist ihr gegenüber ein Verwaltungsakt; durch die Ablehnung wird in ihre Planungshoheit eingegriffen.

69 Die Genehmigung muss mit **„Maßgaben"** (BVerwGE 95, 123; NVwZ 2010, 1026) versehen werden, wenn damit Versagungsgründe ausgeräumt werden können. Solche Maßgaben sind unbedenklich, solange sie nur Klarstellungen oder Änderungen redaktioneller Natur enthalten (BVerwG NVwZ-RR 1990, 122). Bei materiell-rechtlichen Maßgaben muss sich die Gemeinde die entsprechenden Änderungen dagegen durch einen erneuten Satzungsbeschluss (sog. Beitrittsbeschluss) zu eigen machen (BVerwGE 75, 262). Zudem wird regelmäßig eine erneute Planauslegung und Beteiligung der Träger öffentlicher Belange erforderlich sein (BVerwGE 85, 289).

Kommt die Gemeinde der Maßgabe nach, ist eine nochmalige Genehmigung nicht erforderlich (sog. **antizipierte Genehmigung** – BVerwG NVwZ 1997, 896).

j) Bekanntmachung (§ 10 Abs. 3 BauGB)

70 Die Genehmigung des Bauleitplans bzw. beim aus dem Flächennutzungsplan entwickelten Bebauungsplan der Satzungsbeschluss sind nach § 6 Abs. 5 BauGB bzw. § 10 Abs. 3 BauGB ortsüblich bekannt zu machen. Der Bebauungsplan selbst wird, auch wenn er eine Satzung ist, nicht bekannt gemacht. Das BVerfG (BVerfGE 65, 283) hat entschieden, dass das Rechtsstaatsprinzip keine bestimmte Form der Verkündung einer Rechtsnorm vorschreibt, sondern lediglich verlangt, dass sich jeder Betroffene verlässlich Kenntnis von ihrem Inhalt verschaffen kann; dies ist für Bebauungspläne durch die Regelung des § 10 Abs. 3 BauGB gewährleistet (vgl. zum Bereithalten des Plans zu jedermanns Einsicht BVerwG BauR 2010, 1733; s. auch BVerwG BauR 2014, 503). § 10 Abs. 4 BauGB verlangt außerdem, dass dem Bebauungsplan eine Erklärung über die Berücksichtigung der Umweltbelange, die Ergebnisse der Behörden- und Öffentlichkeitsbeteiligung sowie eine Auseinandersetzung mit alternativen Planungsmöglichkeiten beigefügt wird.

Ohne die Bekanntmachung wird der Flächennutzungsplan nicht wirksam (§ 6 Abs. 5 S. 2 BauGB) bzw. tritt der Bebauungsplan nicht in Kraft (§ 10 Abs. 3 S. 4 BauGB). Verfehlt die Bekanntmachung ihren Hinweiszweck (vgl. § 10 Abs. 3 S. 3 BauGB; s. dazu BVerwG BauR 2010, 1733), ist dieser Fehler dauerhaft beachtlich (§ 214 Abs. 1 S. 1 Nr. 4, § 215 BauGB).

k) Begründung

Dem Flächennutzungsplan und dem Bebauungsplan sind jeweils eine Begründung **71** mit den Angaben nach § 2 a BauGB beizufügen (§ 5 Abs. 5 BauGB und § 9 Abs. 8 BauGB; s. dazu oben Rn. 60). Da die Begründung nur beizufügen ist, wird sie nicht Teil des Flächennutzungsplans bzw. Bebauungsplans (BVerwGE 120, 239). Sie ist lediglich Auslegungshilfe (BVerwGE 137, 74).

Bebauungspläne ohne Begründung sind unwirksam; eine unvollständige Begründung schadet nicht (§ 214 Abs. 1 S. 1 Nr. 3 BauGB). Wenn die Begründung allerdings inhaltlich völlig unergiebig ist, etwa nur gesetzliche Vorschriften wiedergegeben werden oder der Planinhalt beschrieben wird, ist dies einer fehlenden Begründung gleichzusetzen (BVerwGE 74, 47). Der Bebauungsplan ist ferner unwirksam, wenn der Umweltbericht in wesentlichen Punkten unvollständig ist (§ 214 Abs. 1 S. 1 Nr. 3 letzter Hs. BauGB). Ein Verstoß gegen die Begründungspflicht ist nur dann beachtlich, wenn er innerhalb von einem Jahr nach Bekanntmachung gerügt wird (§ 215 Abs. 1 S. 1 Nr. 1 BauGB).

l) Vereinfachtes Verfahren, beschleunigtes Verfahren (§§ 13, 13 a BauGB)

Nach **§ 13 Abs. 1 BauGB** kann die Gemeinde die Änderung und Ergänzung eines **72** Bauleitplans in einem vereinfachten Verfahren durchführen, sofern die Grundzüge der Planung nicht berührt werden, also wenn die bisherige Planungskonzeption erhalten bleibt (BVerwGE 133, 98). Die Grundzüge der Planung werden bei einem Bebauungsplan i. d. R. berührt, wenn der Baugebietstypus geändert wird (BVerwGE 134, 264). Das vereinfachte Verfahren kann auch bei der Aufstellung eines Bebauungsplans im nichtbeplanten Innenbereich (§ 34 BauGB) gewählt werden, wenn von der bestehenden baurechtlichen Situation nicht wesentlich abgewichen wird, sowie bei Bebauungsplänen nach § 9 Abs. 2 a oder 2 b BauGB (s. dazu unten Rn. 77). Voraussetzung ist in allen Fällen, dass durch die Planung keine UVP-pflichtigen Vorhaben zulässig werden und keine Anhaltspunkte für eine Beeinträchtigung von FFH-Gebieten oder Vogelschutzgebieten bestehen (§ 13 Abs. 2 BauGB).

Die Verfahrensvereinfachung besteht vor allem darin, dass nach § 13 Abs. 4 BauGB keine Umweltprüfung durchgeführt werden muss und auch eine Planauslegung entfallen kann, sofern die betroffenen Bürger und Träger öffentlicher Belange Gelegenheit zu einer Stellungnahme erhalten (§ 13 Abs. 3 BauGB). Verkennt die Gemeinde die Voraussetzungen für die Durchführung des vereinfachten Verfahrens und erstellt keinen Umweltbericht, ist dies für die Wirksamkeit des Plans dann unbeachtlich, wenn die Umweltprüfung gemeinschaftsrechtlich nicht geboten war (§ 214 Abs. 1 S. 1 Nr. 2 BauGB entspr.; BVerwGE 134, 264).

§ 13 a BauGB ermöglicht für sog. **Bebauungspläne der Innenentwicklung** die **73** Wahl des beschleunigten Verfahrens mit den Verfahrenserleichterungen des vereinfachten Verfahrens, also insbesondere ohne UP, sowie mit der Möglichkeit der Abweichung vom Flächennutzungsplan im Rahmen der geordneten städtebaulichen Entwicklung (§ 13 a Abs. 2 Nr. 1, 2 BauGB).

Die Innenentwicklung, die die Gemeinde bei ihrer städtebaulichen Entwicklung vorrangig verfolgen soll (§ 1 Abs. 5 S. 3 BauGB), erfasst nicht nur Planungen im Innenbereich nach § 34 BauGB, sondern auch im weiteren Siedlungsbereich. Dazu gehören etwa auch sog. „Außenbereichsinseln", die von allen Seiten von Bebauung umgeben sind (VGH Mannheim BauR 2015, 783; NVwZ-RR 2014, 171).

Voraussetzung für das beschleunigte Verfahren ist, dass durch den Plan keine UVP-pflichtigen Vorhaben zulässig werden (§ 13 a Abs. 1 S. 4 BauGB), keine Anhaltspunkte für eine Beeinträchtigung von FFH-Gebieten oder Vogelschutzgebieten bestehen (§ 13 a Abs. 1 S. 5 BauGB) und er voraussichtlich auch sonst keine erheblichen Umweltauswirkungen hat. Dies wird unterstellt bei Bebauungsplänen, die lediglich eine Grundfläche der zulässigen Bauvorhaben von weniger als 20.000 qm vorsehen; bei Bebauungsplänen mit einer Grundfläche zwischen 20.000 und 70.000 qm ist eine überschlägige Prüfung vorzunehmen; bei noch größeren Bebauungsplänen ist das beschleunigte Verfahren unzulässig (s. im Einzelnen § 13 a Abs. 1 S. 2 BauGB).

Das Absehen von der Umweltprüfung ist ortsüblich bekanntzumachen, in den Fällen des § 13 a Abs. 2 S. 2 Nr. 2 BauGB einschließlich der wesentlichen Gründe dafür (§ 13 a Abs. 3 S. 1 Nr. 1 BauGB). Für die Fälle des § 13 a Abs. 2 S. 2 Nr. 1 BauGB folgt aus Art. 3 Abs. 7 Plan-UP-RL, dass die Gründe für das Absehen von der Umweltprüfung der Öffentlichkeit jedenfalls zugänglich zu machen sind (BVerwG NVwZ 2015, 161).

74 Für Bebauungspläne der Innenentwicklung enthält § 214 Abs. 2 a BauGB zusätzliche Regelungen zur Unbeachtlichkeit von Verfahrensfehlern, die teilweise allerdings mit Blick auf die Vorgaben der Plan-UP-RL einschränkend ausgelegt werden müssen (vgl. zu § 214 Abs. 2 a Nr. 2 BauGB VGH Mannheim NVwZ-RR 2013, 833; s. auch BVerwG NVwZ 2015, 161 sowie EuGH DVBl 2013, 777, aufgrund dessen § 214 Abs. 2 a Nr. 1 BauGB zum 20.9.2013 aufgehoben worden ist).

6. Außer-Kraft-Treten von Bauleitplänen

75 Bauleitpläne sind grundsätzlich wirksam, solange sie nicht geändert oder aufgehoben werden; hierfür gelten die Vorschriften über die Aufstellung von Bauleitplänen (§ 1 Abs. 8 BauGB). Für Änderungen und Ergänzungen eines Bauleitplans gilt darüber hinaus § 13 BauGB.

Bebauungspläne können, wie andere Rechtsnormen auch, ausnahmsweise durch die Bildung entgegenstehenden Gewohnheitsrechts ungültig werden – **gewohnheitsrechtliche Derogation** (BVerwGE 26, 282; 54, 5). Darüber hinaus können sie – oder auch einzelne Festsetzungen – dadurch außer Kraft treten, dass sie funktionslos (obsolet) werden. Das ist dann der Fall, wenn sich die Sach- oder die Rechtslage nachträglich so verändert hat, dass ein Planvollzug auf unüberschaubare Zeit ausgeschlossen erscheint; dabei muss die Abweichung zwischen der planerischen Festsetzung und der tatsächlichen Situation so deutlich erkennbar sein, dass das Vertrauen auf die Fortgeltung der Festsetzung nicht mehr schutzwürdig ist (BVerwGE 54, 5; 122, 207). Das BVerwG stellt aber an die **Funktionslosigkeit** strenge Anforderungen. Es reicht nicht aus, dass die dem Plan zu Grunde liegende Konzeption nicht mehr im gesamten Plangebiet umgesetzt werden kann (BVerwG NVwZ-RR 1998, 415), die Verwirklichung des Bebauungsplans nur derzeit nicht möglich ist oder die andersartige Entwicklung sich auf einen Teilbereich beschränkt (BVerwG NVwZ-RR 2000, 411). Wenn der Plan oder die jeweilige Festsetzung noch geeignet sind, einen sinnvollen Beitrag zur städtebaulichen Ordnung zu leisten, sind sie wirksam (BVerwGE 108, 71).

Bsp. a) (BVerwG BauR 2010, 2060): Die Ausweisung von Verkehrsflächen in einem jahrzehnte-alten Bebauungsplan ist funktionslos, wenn der geplante Ausbau der Stadtautobahn seither nicht verwirklicht und die Ausbauabsicht aufgegeben worden ist.

b) (BVerwG NVwZ 2001, 1055): Die Festsetzung eines Dorfgebiets in einem Bebauungsplan wird wegen Funktionslosigkeit unwirksam, wenn dort nur noch Wohnhäuser vorhanden sind und es keine Fläche mehr gibt, auf der sich eine Wirtschaftsstelle eines land- oder forstwirt-schaftlichen Betriebs sinnvoll realisieren ließe (s. dazu auch VGH Mannheim NVwZ-RR 2014, 177).

c) (VGH München NVwZ-RR 2005, 776): Ein Bebauungsplan wird unwirksam, wenn er auf un-absehbare Zeit nicht verwirklicht werden kann, weil eine wirtschaftlich tragfähige Nutzung of-fensichtlich auf Dauer ausgeschlossen ist.

d) (BVerwG NVwZ-RR 2000, 411): Ein Bebauungsplan für ein Gewerbegebiet ist nicht bereits deshalb ganz oder teilweise wegen Funktionslosigkeit außer Kraft getreten, weil auf einer Teil-fläche planwidrig ein großflächiges Einrichtungshaus entstanden ist.

e) (VGH Mannheim NuR 1991, 352): Ein Bebauungsplan wird nicht durch das Inkrafttreten eines entgegenstehenden Flächennutzungsplans, wegen gewandelter Auffassungen der Gemeinde oder durch bloße Nichtverwirklichung funktionslos.

f) (OVG Lüneburg NVwZ-RR 1995, 439): In einem durch Bebauungsplan festgesetzten Sonder-gebiet Campingplatz errichtet ein Schwarzstorchenpaar ein Nest, so dass der Anlage des Campingplatzes § 44 Abs. 1 Nr. 3 BNatSchG entgegensteht; nach dieser Vorschrift dürfen die Brutstätten wild lebender Tiere der besonders geschützten Arten nicht gestört werden. Der Be-bauungsplan ist damit nicht funktionslos geworden, weil offen ist, wie lange dieses Storchen-nest bewohnt werden wird. Der Bebauungsplan kann aber aus naturschutzrechtlichen Gründen einstweilen nicht realisiert werden.

7. Inhalt der Bauleitpläne

a) Flächennutzungsplan (§ 5 BauGB)

Der Inhalt des **Flächennutzungsplans** ergibt sich aus § 5 BauGB. Danach ist die **76** städtebauliche Entwicklung der Gemeinde in den Grundzügen darzustellen; dies be-trifft insbesondere die Bauflächen (vgl. § 5 Abs. 2 Nr. 1 BauGB, § 1 Abs. 1 BauNVO), die Hauptverkehrswege (§ 5 Abs. 2 Nr. 3 BauGB), die Hauptversorgungsanlagen (§ 5 Abs. 2 Nr. 4 BauGB), die Grünflächen (§ 5 Abs. 2 Nr. 5 BauGB), die Flächen für Land-wirtschaft und Wald (§ 5 Abs. 2 Nr. 9 BauGB) sowie die Flächen für naturschutzrecht-liche Ausgleichsmaßnahmen (§ 5 Abs. 2 a BauGB). Die Einzelheiten sollen i. d. R. erst später in den Bebauungsplänen geregelt werden. Der Flächennutzungsplan ist das „grobmaschige Raster", aus dem nach § 8 Abs. 2 BauGB die Bebauungspläne zu entwickeln sind (BVerwGE 124, 132 – vgl. oben Rn. 32, 33). Dies schließt es freilich nicht aus, dass der Flächennutzungsplan im Einzelfall bereits sehr konkrete Darstel-lungen enthält (**zur Terminologie**: Der Flächennutzungsplan enthält, da er keine Rechtsnorm ist, keine Festsetzungen oder Ausweisungen wie ein Bebauungsplan, sondern lediglich Darstellungen – vgl. § 5 Abs. 1 S. 1 BauGB).

b) Bebauungsplan (§ 9 BauGB)

Der Inhalt des **Bebauungsplans** ist in § 9 BauGB geregelt. Diese Vorschrift enthält **77** eine abschließende Regelung, die Gemeinde hat also kein Festsetzungserfindungs-recht (BVerwGE 92, 56). Den Umfang der Festsetzungen gibt § 9 BauGB nicht vor.

Die Gemeinde kann einen qualifizierten Bebauungsplan mit Festsetzungen über die Art und das Maß der baulichen Nutzung, die überbaubaren Grundstücksflächen und die örtlichen Verkehrsflächen aufstellen (§ 30 Abs. 1 BauGB) oder einen einfachen Bebauungsplan, der diese Voraussetzungen nicht erfüllt (§ 30 Abs. 3 BauGB; s. dazu unten Rn. 93).

Besondere Formen des einfachen Bebauungsplans sind die in **§ 9 Abs. 2a und Abs. 2b BauGB** geregelten Pläne zur Erhaltung oder Entwicklung zentraler Versorgungsbereiche (vgl. dazu BVerwG BauR 2013, 1991; VGH Mannheim VBlBW 2013, 297) und zur Zulassung von Vergnügungsstätten, die der Gemeinde im unbeplanten Innenbereich (§ 34 BauGB) ohne Festsetzung eines Baugebiets die Steuerung der Ansiedlung von Einzelhandel und Vergnügungsstätten ermöglichen sollen.

Für den „klassischen" Bebauungsplan sind vor allem § 9 Abs. 1 Nr. 1 u. 2 BauGB bedeutsam, wonach Art und Maß der baulichen Nutzung sowie die Bauweise, die überbaubaren Grundstücksflächen und die Stellung der baulichen Anlagen festgesetzt werden können. Zur Konkretisierung dieser Regelung ist die **BauNVO** heranzuziehen; sie ist eine aufgrund von § 9a BauGB erlassene Rechtsverordnung (s. dazu oben Rn. 5).

aa) Art der baulichen Nutzung (§§ 1–15 BauNVO)

78   Die BauNVO enthält in §§ 2–9 einen Katalog von Baugebieten (s. dazu Rn. 94 ff.). Dieser Katalog ist für die Gemeinde bindend; zusätzliche Baugebiete können von ihr nicht geschaffen werden (§ 1 Abs. 3 Satz 1 BauNVO; sog. „Typenzwang", s. dazu BVerwG BauR 2012, 466); hierfür besteht aber im Hinblick auf die Variationsmöglichkeiten des § 1 Abs. 4–10 BauNVO i. d. R. auch kein Bedürfnis. Lediglich für Sondergebiete nach §§ 10, 11 BauNVO gibt es keine abschließende Typisierung, sie müssen sich aber wesentlich von den Baugebieten nach §§ 2–9 BauNVO unterscheiden (§ 11 Abs. 1 BauNVO; s. dazu BVerwGE 134, 117 und Rn. 99, 100).

Die **§§ 2–9 BauNVO** sind jeweils so aufgebaut, dass in Abs. 1 der Vorschriften die allgemeine Zweckbestimmung der Baugebiete definiert wird, während in Abs. 2 bestimmte bauliche Anlagen als regelmäßig zulässig festgesetzt werden und Abs. 3 diejenigen Anlagen anführt, die im Wege einer Ausnahme nach § 31 Abs. 1 BauGB zugelassen werden können. Diese Regelungen der BauNVO – grundsätzlich in der zum Zeitpunkt der öffentlichen Auslegung geltenden Fassung (§§ 25a ff. BauNVO) – werden nach § 1 Abs. 3 S. 2 BauNVO ohne besondere Übernahme Bestandteil des Bebauungsplans.

Die Gemeinden können aber nach § 1 Abs. 4–10 BauNVO abweichende Regelungen treffen, solange die **allgemeine Zweckbestimmung** des Baugebiets gewahrt bleibt.

Bsp. a) (BVerwGE 133, 377): Ein Baugebiet, in dem Anlagen der Land- und Forstwirtschaft nicht untergebracht werden können, kann nicht als Dorfgebiet i.S.d. § 5 BauNVO festgesetzt werden.

b) (BVerwG NVwZ 1999, 1340): Im allgemeinen Wohngebiet darf nicht jede andere Nutzung außer Wohnen ausgeschlossen werden, weil dadurch ein reines Wohngebiet entsteht.

Die Abweichung von den §§ 2 ff. BauNVO muss ferner aus städtebaulichen Gründen erfolgen.

Bsp. (BVerwGE 77, 308): Der Ausschluss von Vergnügungsstätten in einem Kerngebiet ist unzulässig, wenn dadurch der Jugend „die heile Welt" erhalten werden soll; dieses Ziel ist darf nicht mit den Mitteln der Bauleitplanung, sondern muss mit denjenigen des Jugendschutzgesetzes verfolgt werden.

Die Abweichung muss sich an das System der BauNVO halten, die bei der Art der Nutzung vorhabenbezogen typisiert (BVerwGE 131, 86).

Bsp. a) (BVerwGE 131, 86): Die Gemeinde darf zur Steuerung des Einzelhandels keine baugebietsbezogenen, vorhabenunabhängigen Verkaufsflächenobergrenzen festsetzen; dadurch würde ein „Windhundrennen" potenzieller Investoren um die Verkaufsflächen eingeleitet und es bestünde die Möglichkeit, dass Grundeigentümer im Fall der Erschöpfung des Kontingents von der kontingentierten Nutzung ausgeschlossen wären (s. auch BVerwG BauR 2013, 1812).

b) (BVerwGE 110, 193): Die Gemeinde darf für Lärmimmissionen keine Summenpegel festsetzen, die sich auf mehrere im Plangebiet ansässige Betriebe oder Anlagen beziehen (sog. Zaunwerte).

§ 1 Abs. 4 BauNVO ermöglicht die sog. **horizontale Gliederung** eines Baugebiets (Satz 1) oder mehrerer Gewerbe- oder Industriegebiete im Verhältnis zueinander (Satz 2) nach der Art der zulässigen Nutzung oder der Betriebe und Anlagen.

Bsp. (BVerwG BauR 2015, 943): Nach § 1 Abs. 4 S. 1 Nr. 2 BauNVO können zur Gliederung der in §§ 4 bis 9 BauNVO bezeichneten Baugebiete Emissionsgrenzwerte(sog. immissionswirksame flächenbezogene Schallleistungspegel; Lärmemissionskontingente) festgesetzt werden, soweit diese das Emissionsverhalten jedes einzelnen Betriebes und jeder einzelnen Anlage in dem betreffenden Gebiet verbindlich regeln (s. dazu auch BVerwG BauR 2014, 59).

Nach **§ 1 Abs. 5 BauNVO** können bestimmte allgemein zulässige Nutzungen ausgeschlossen oder nur ausnahmsweise zugelassen werden; gemäß **§ 1 Abs. 6 BauNVO** können Ausnahmen ausgeschlossen und das Regel-Ausnahme-Verhältnis geändert werden.

§ 1 Abs. 7 BauNVO ermöglicht der Gemeinde, aus besonderen städtebaulichen Gründen für einzelne Geschosse oder Etagen bestimmte Nutzungsarten vorzuschreiben– sog. **vertikale Gliederung** (BVerwGE 88, 268). Dies ist häufig in Kerngebieten der Fall, in denen das Erdgeschoss für Ladengeschäfte, das Obergeschoss für sonstige gewerbliche oder freiberufliche Nutzungen (Arztpraxen, Versicherungsbüros u. a.) und die darüber liegenden Geschosse für Wohnzwecke vorgesehen sind. Ferner kann die Gemeinde nach **§ 1 Abs. 8 BauNVO** auch für Teilbereiche eines Bebauungsplans Sonderbestimmungen treffen (vgl. dazu VGH Mannheim NVwZ-RR 2012, 11).

Schließlich kann die Gemeinde bei kombinierter Anwendung der Abs. 5–8 mit der Regelung in **§ 1 Abs. 9 BauNVO** noch feiner ausdifferenzierte Festsetzungen treffen. Voraussetzung dafür sind spezielle städtebauliche Gründe gerade für diese Ausdifferenzierung (BVerwGE 77, 317). Der Unterschied zwischen § 1 Abs. 5 BauNVO und § 1 Abs. 9 BauNVO, nach denen jeweils bestimmte Arten der baulichen Nutzung ausgeschlossen werden können, besteht darin, dass § 1 Abs. 5 BauNVO nur den Ausschluss einer der in §§ 2 ff. BauNVO ausdrücklich genannten Arten der baulichen Nutzung zulässt, also z.B. die in § 7 Abs. 2 Nr. 2 BauNVO genannten Vergnügungsstätten oder Einzelhandelsbetriebe, während § 1 Abs. 9 BauNVO auch den Ausschluss von speziellen Unterarten ermöglicht, also z.B. aus der Nutzungsart „Vergnügungsstätten" die Unterart „Diskothek" oder „Spielhalle" (BVerwGE 77, 308; VGH Mannheim NVwZ-RR 2012, 11) oder aus der Nutzungsart „Einzelhandelsbetriebe" solche mit bestimmten Sortimenten (s. zum Ausschluss zentrenrelevanten Einzelhandels BVerwGE 133, 310).

Die Vorschrift des **§ 1 Abs. 10 BauNVO** ermöglicht es der Gemeinde, bei der Überplanung eines bereits überwiegend bebauten Gebiets (s. dazu VGH Mannheim DÖV

2015, 388) zu regeln, dass bestimmte vorhandene bauliche Anlagen (s. dazu BVerwG NVwZ 2008, 214) auch dann geändert, erweitert oder erneuert werden können, wenn dies nach den Festsetzungen des Bebauungsplans sonst unzulässig wäre. Damit erhalten diese Anlagen sog. „erweiterten Bestandsschutz" (BVerwG NVwZ 2012, 318). Das bedeutet aber nicht, dass die Gemeinde bei vorhandenen Anlagen von der Möglichkeit einer Festsetzung nach § 1 Abs. 10 BauNVO Gebrauch machen muss; dies ist allein von einer ordnungsgemäßen Abwägung abhängig (VGH Mannheim, Urt. v. 29.4.2015 – 3 S 1122/14 – juris).

§§ 12–14 BauNVO regeln für alle Baugebiete die Zulässigkeit von Garagen und Stellplätzen, Gebäuden und Räumen für freie Berufe und Nebenanlagen (s. dazu Rn. 102–104).

bb) Maß der baulichen Nutzung (§§ 16–21 a BauNVO)

79 Der Gemeinderat kann ferner nach §§ 16 ff. BauNVO das Maß der baulichen Nutzung bestimmen, indem er die Grundflächen- und Geschossflächenzahl, die Geschosszahl sowie die Gebäudehöhe festlegt.

Die **Grundflächenzahl** ergibt sich nach § 19 BauNVO aus dem Verhältnis zwischen überbaubarer Grundstücksfläche (Grundriss des Gebäudes) und Grundstücksfläche. Wenn ein Bebauungsplan das Maß der baulichen Nutzung regelt, muss er nach § 16 Abs. 3 Nr. 1 BauNVO die Grundflächenzahl oder die Größe der Grundflächen der baulichen Anlagen bestimmen; sonst ist er unwirksam (BVerwG NVwZ 1996, 894).

Die **Geschossflächenzahl** ist nach § 20 Abs. 2 BauNVO das Verhältnis der Fläche aller Vollgeschosse zur Grundstücksfläche. Dabei kann nach § 20 Abs. 3 S. 2 BauNVO im Bebauungsplan bestimmt werden, dass Aufenthaltsräume im Unter- oder Dachgeschoss mitgezählt werden; dies gilt aber nicht für die Flächen von Nebenanlagen und Garagen (§ 20 Abs. 4 BauNVO).

Was ein **Vollgeschoss** ist, richtet sich gemäß § 20 Abs. 1 BauNVO nach den landesrechtlichen Bestimmungen, also § 2 Abs. 6 LBO (VGH Mannheim NVwZ-RR 1999, 558: statische Verweisung; s. zu § 2 Abs. 6 LBO unten Rn. 107).

Die **Gebäudehöhe** (§ 18 Abs. 1 BauNVO) richtet sich entweder nach der Firsthöhe (Gesamthöhe) oder der Traufhöhe (Schnittpunkt von Außenwand und Dach) als oberem Bezugspunkt.

Die Gemeinde ist an die Höchstwerte der Tabelle in § 17 Abs. 1 BauNVO gebunden; sie kann also z.B. nicht in einem Wohngebiet eine Grundflächenzahl von 0,5 festsetzen. Eine Ausnahme davon ist nach § 17 Abs. 2 BauNVO zulässig, wenn städtebauliche Gründe dies rechtfertigen. Voraussetzung hierfür ist, dass die Anforderungen an gesunde Wohn- und Arbeitsverhältnisse gewahrt bleiben und nachteilige Umweltauswirkungen vermieden werden.

cc) Bauweise und überbaubare Grundstücksfläche (§§ 22, 23 BauNVO)

80 Der Bebauungsplan kann nach § 22 Abs. 1 BauNVO die offene oder die geschlossene Bauweise festsetzen. Offene Bauweise bedeutet, dass die Gebäude einen Abstand (Bauwich) aufweisen müssen, während sie bei geschlossener Bauweise an das Nachbargebäude angebaut werden müssen (§ 22 Abs. 2, 3 BauNVO). **Offene Bauweise** bedeutet aber nicht, dass die Gebäude zur Grundstücksgrenze einen Abstand einhalten müssen. Wie § 22 Abs. 2 BauNVO zeigt, können auch Doppelhäuser und sogar Reihenhäuser bis zu 50 m Länge in offener Bauweise errichtet werden, auch wenn sich Doppelhäuser und insbesondere Reihenhäuser über mehrere Grundstücke erstrecken. Nach der Rechtsprechung des BVerwG setzt ein **Doppelhaus** begrifflich voraus, dass die beiden Haushälften auf jeweils getrennten Grundstücken stehen, aber das Gebäude gleichwohl als bauliche Einheit in Erscheinung tritt (BVerwGE 148, 290). Nach § 22 Abs. 4 BauNVO kann im Bebauungsplan auch eine andere als die offene oder geschlossene Bauweise festgesetzt werden; in der Praxis spielt vor allem die sog. halboffene Bauweise eine Rolle, bei der die Grundstücke nur einseitig bis an die Grenze bebaut werden.

Während die bauliche Nutzung der Grundstücke im Geltungsbereich eines Bebauungsplans durch die Festsetzung von Grund- und Geschossflächenzahlen nur abstrakt, d.h. nicht auf das einzelne Grundstück bezogen, geregelt wird, kann die Gemeinde durch die Festsetzung von **Baulinien und Baugrenzen (§ 23 BauNVO)** auch bis ins Detail die Bebauung jedes einzelnen Grundstücks festlegen. Baulinien (§ 23 Abs. 2 BauNVO) zwingen den Bauherrn dazu, exakt an dieser Linie zu bauen. Baugrenzen (§ 23 Abs. 3 BauNVO) dürfen nicht überschritten werden, das Bauvorhaben darf aber dahinter zurückbleiben. Durch die Festsetzung eines sog. **Baufensters** mit Baugrenzen oder sogar Baulinien auf allen 4 Seiten kann die Gemeinde den Grundriss und den Standort des Gebäudes festlegen. Demgegenüber sind die häufig im Bebauungsplan eingezeichneten Gebäudegrundrisse (sog. Bauschemata) rechtlich unbeachtlich, soweit sie nicht durch Baugrenzen oder Baulinien fixiert sind. Baulinien und Baugrenzen gelten nicht nur für Gebäude, sondern für alle baulichen Anlagen (BVerwG NVwZ 2002, 90 für eine Werbeanlage), nach **§ 23 Abs. 5 BauNVO** aber nicht für Nebenanlagen i.S.d. § 14 BauNVO (s. dazu BVerwG NVwZ 2013, 1014 sowie Rn. 104) und für die nach § 6 Abs. 1 LBO in der Abstandsfläche zulässigen Anlagen.

dd) Sonstige Festsetzungen im Bebauungsplan

Neben diesen in beinahe allen Bebauungsplänen anzutreffenden Regelungen lässt **81** § 9 Abs. 1 BauGB noch eine Vielzahl anderer Regelungen zu, die hier nicht im Einzelnen dargestellt werden können. Zu erwähnen sind vor allem folgende mögliche Festsetzungen: Flächen für den Gemeinbedarf (Nr. 5), Verkehrsflächen (Nr. 11), Versorgungsflächen (Nr. 12), öffentliche und private Grünflächen (Nr. 15), Flächen für Gemeinschaftsanlagen (Nr. 22), Flächen für Lärmschutzwälle und ähnliche Einrichtungen zum Schutz gegen Immissionen (Nr. 24). Auslegungsschwierigkeiten bereiten vor allem die Nr. 11 und 24.

§ 9 Abs. 1 Nr. 11 BauGB erlaubt nicht nur die Planung von Verkehrswegen bei der Festsetzung von Baugebieten (vgl. dazu VGH Mannheim DVBl 2015, 442), sondern auch die sog. isolierte Straßenplanung, d.h. die Aufstellung eines Bebauungsplans, der nur die Festsetzung einer Straße enthält (BVerwGE 117, 58; 72, 172; Dürr in Kodal Straßenrecht Kap. 38 Rn. 21 m.w.N.). Die Planungsbefugnis ist dabei nicht auf Gemeindestraßen beschränkt, sondern erfasst auch, wie § 17 b Abs. 2 FStrG, § 37 Abs. 3 StrG BW zeigen, klassifizierte Straßen. Ferner können nach § 9 Abs. 1 Nr. 11 BauGB auch Verkehrsflächen mit besonderer Zweckbestimmung (Fußwege, Radwege, Fußgängerzonen, Parkflächen) festgesetzt werden (s. dazu VGH Mannheim BauR 2006, 1271). Unzulässig sind dagegen rein verkehrsrechtliche Anordnungen, etwa Einbahnstraßenregelungen oder Geschwindigkeitsbegrenzungen, weil hierfür die Straßenverkehrsbehörde zuständig ist (Brügelmann/Gierke § 9 Rn. 206; s. auch BVerwGE 95, 333).

§ 9 Abs. 1 Nr. 24 BauGB lässt Anordnungen zum Schutz vor schädlichen Umwelteinwirkungen zu; in der Praxis betrifft dieses vor allem den Verkehrs- und Gewerbelärm. In Betracht kommt vor allem die Festsetzung von Lärmschutzwällen oder -wänden (aktiver Lärmschutz; vgl. etwa VGH Mannheim BRS 81 Nr. 22) oder die Verpflichtung zum Einbau von Schallschutzfenstern (passiver Lärmschutz; BVerwG NJW 1995, 2572; Dürr in Kodal Straßenrecht Kap. 38 Rn. 21.21; s. zum Kostenerstattungsanspruch BVerwGE 80, 184). Es muss sich um technische Vorkehrungen handeln, die Festsetzung von Emissions- oder Immissionsgrenzwerten ist unzulässig (BVerwG BauR 2007, 856). Nach **§ 9 Abs. 2 BauGB** (s. dazu Kuschnerus ZfBR 2005, 125) können die Festsetzungen auch zeitlich befristet werden, die sich danach anschließende Nutzung soll aber ebenfalls festgesetzt werden. Dies kann insbesondere bei befristeten Kunst- oder Sportereignissen oder einem Bebauungsplan für die Gewinnung von Bodenschätzen sinnvoll sein, wenn bereits der Zeitpunkt der Erschöpfung des Bodenschatzes vorhersehbar ist.

Ferner können nach **§ 9 Abs. 4 BauGB** auch bauordnungsrechtliche Bestimmungen in den Bebauungsplan aufgenommen werden (vgl. dazu § 74 LBO und VGH Mannheim, Urt. v. 2.4.2014 – 3 S 1564/13 – juris). Solche bauordnungsrechtlichen Regelungen werden in den meisten Bebauungsplänen getroffen, etwa nähere Bestimmungen über die Dachneigung, die Gestaltung der Außenfläche oder die Höhe der Einfriedigungen. Voraussetzung für derartige Festsetzungen ist allerdings, dass sie sich im Rahmen der LBO halten, also bauordnungsrechtlichen Zielen dienen (VGH Mannheim DVBl 2015, 442; s. dazu im Einzelnen unten Rn. 202 f., 216, 221).

Festsetzungen nach anderen Vorschriften, etwa Wasserschutz- oder Landschaftsschutzgebiete, Planfeststellungsbeschlüsse für den Bau von Straßen, Eisenbahnen oder sonstigen Verkehrsanlagen sowie eingetragene Kulturdenkmäler sollen gemäß **§ 9 Abs. 6 BauGB** nachrichtlich übernommen werden. Diese nachrichtliche Übernahme hat aber keine rechtsbegründende Wirkung, sondern dient nur der Information über sonstige Regelungen, die für die Zulässigkeit von Bauvorhaben von Bedeutung sind.

8. Der fehlerhafte Bebauungsplan

82 Rechtsfolge von formellen und materiellen Fehlern beim Erlass einer Rechtsnorm ist nach allgemeinen Grundsätzen die Nichtigkeit der Norm. Hiervon machen §§ 214–216 BauGB in beträchtlichem Umfang eine Ausnahme. Der Gesetzgeber hat im Interesse der **Planerhaltung** (so die Überschrift der §§ 214–216 BauGB) die sonst allgemein gültigen Regeln über die Rechtsfolgen von Fehlern bei Rechtsnormen durchbrochen und durch ein recht kompliziertes System von unbeachtlichen, innerhalb einer bestimmten Frist (§ 215 Abs. 1 BauGB) beachtlichen und auch ohne Rüge stets beachtlichen Fehlern ersetzt. Dieses führt dazu, dass es neben den herkömmlichen Instituten der rechtmäßigen und wirksamen Norm sowie der rechtswidrigen und unwirksamen Norm nunmehr auch die zwar rechtswidrige, aber gleichwohl wirksame Norm (bei nach § 214 Abs. 1 BauGB unbeachtlichen Fehlern und bei Verstreichen der Frist des § 215 Abs. 1 BauGB) sowie die schwebend unwirksame Norm (innerhalb der Frist des § 215 Abs. 1 BauGB) gibt.

§ 214 Abs. 4 BauGB schränkt die nachteiligen Folgen der Fehlerhaftigkeit eines Bebauungsplans weiter ein. Nach dieser Vorschrift kann der Fehler nämlich häufig durch ein Planergänzungsverfahren bereinigt werden (s. dazu unten Rn. 87).

§§ 214, 215 BauGB gelten nach **§ 216 BauGB** nicht für das Genehmigungsverfahren; die Genehmigungsbehörde muss also die Genehmigung versagen, wenn bei der Aufstellung des Bauleitplans gegen die Vorschriften des BauGB verstoßen worden ist.

a) Verfahrensfehler nach dem BauGB (§ 214 BauGB)

Nach § 214 Abs. 1 BauGB (s. dazu BVerwGE 131, 100) sind **Verfahrensfehler** nur 83 beachtlich, wenn die von der Planung berührten Belange nicht zutreffend ermittelt oder bewertet worden sind (Nr. 1; s. dazu oben Rn. 50, 55), die Vorschriften über die Öffentlichkeits- oder die Behördenbeteiligung im regulären wie auch im vereinfachten oder beschleunigten Verfahren (Nr. 2; s. dazu oben Rn. 63 f., 72) oder die Begründung des Bebauungsplans (Nr. 3; s. dazu oben Rn. 71) nicht eingehalten sind oder der (Satzungs)Beschluss, die Genehmigung oder die ordnungsgemäße Bekanntmachung fehlt (Nr. 4; s. dazu oben Rn. 70; Hinweis: § 214 Abs. 1 Nr. 2 BauGB muss mit großer Genauigkeit gelesen werden, da diese Ziffer sehr unübersichtlich gegliedert ist).

Die nach § 214 Abs. 1 Nr. 1–3 BauGB beachtlichen Form- und Verfahrensfehler werden unbeachtlich, wenn sie nicht innerhalb von einem Jahr schriftlich gegenüber der Gemeinde gerügt worden sind (§ 215 Abs. 1 S. 1 Nr. 1 BauGB) und der **Hinweis nach § 215 Abs. 2 BauGB** in der Bekanntmachung des Plans auf die Rügepflicht und die Folgen ordnungsgemäß war (vgl. dazu auch VGH Mannheim BauR 2010, 118). Die **Rüge** muss nach der Bekanntmachung des Bebauungsplans erfolgen; es reicht nicht aus, dass im Rahmen der Planauslegung nach § 3 Abs. 2 BauGB Einwendungen erhoben worden sind. Die Rüge muss **schriftlich gegenüber der Gemeinde** erfolgen; dabei ist der maßgebende Sachverhalt darzulegen. Damit ist eine nur pauschale Rüge ausgeschlossen; die Darlegung gemäß § 215 Abs. 1 S. 1 BauGB soll die Gemeinde in die Lage versetzen festzustellen, ob Anlass zur Fehlerbehebung besteht (BVerwG BauR 2013, 55). Ausreichend ist, wenn die Rüge in einem Prozess erhoben wird, an dem die Gemeinde beteiligt ist, wenn sie der Gemeinde fristgerecht zugeht (VGH Mannheim BauR 2015, 1089). Eine fristgerechte Rüge wirkt für und gegen jedermann („inter omnes", BVerwG BauR 2001, 1888).

Vor Ablauf der Jahresfrist sind alle Verfahrensfehler von Amts wegen von den Gerichten zu beachten; danach nur noch die in Nr. 4 angeführten elementaren Fehler. Sie betreffen die rechtsstaatlich unverzichtbaren Mindestanforderungen an eine Normsetzung, so dass eine Beschränkung der Fehlerfolgen nicht in Betracht kommt.

Unberührt von der Heilung nach §§ 214, 215 BauGB bleiben die kommunalrechtlichen Rügen; insoweit enthält aber § 4 GemO eine vergleichbare Heilungsregelung (vgl. dazu VGH Mannheim NuR 2007, 685).

b) Kommunalrechtliche Fehler

Einen Verstoß gegen **Vorschriften der Gemeindeordnung** stellt insbesondere die 84 Beteiligung **befangener Gemeinderäte** an dem Satzungsbeschluss nach § 10 BauGB dar. Nach § 18 Abs. 1 und 2 GemO darf ein Mitglied des Gemeinderats weder beratend noch entscheidend mitwirken, wenn die Entscheidung einer Angelegenheit ihm selbst oder bestimmten anderen Personen einen unmittelbaren Vor- oder Nachteil bringen kann. Durch diese Regelung sollen die Entscheidungen des Gemeinderats von individuellen Sonderinteressen freigehalten und der böse Schein einer Interessenkollision vermieden werden (VGH Mannheim BauR 2012, 1761; NuR 2010, 736). Für die Annahme eines individuellen Sonderinteresses ist nicht erforderlich, dass es sich um ein rechtlich geschütztes Interesse handelt. Ausreichend sind auch wirtschaftliche oder ideelle Vor- oder Nachteile (VGH Mannheim BauR 2006, 952); das allgemeine Interesse an möglichen Aufträgen genügt aber nicht (VGH Mannheim NVwZ-RR 1997, 183).

Bsp. für die Befangenheit:

a) (VGH Mannheim NVwZ-RR 1998, 63) Ein Gemeinderat ist Eigentümer eines Grundstücks im Bebauungsplangebiet; das gleiche gilt für die Mieter einer Wohnung im Plangebiet (VGH Mannheim NVwZ-RR 1997, 183).

b) (VGH Mannheim VBlBW 1987, 24): Der Inhaber des einzigen Baumarkts am Ort ist bei der Ausweisung eines Sondergebiets „Baumarkt" befangen.

Ganz entfernt liegende Möglichkeiten einer Befangenheit reichen nicht aus, weil sonst die Arbeit des Gemeinderats blockiert würde (VGH Mannheim BauR 2005, 57; BRS 35 Nr. 22). Befangenheit besteht auch dann nicht, wenn der Satzungsbeschluss nur die gemeinsamen Interessen einer Berufs- oder Bevölkerungsgruppe berührt (§ 18 Abs. 3 S. 1 GemO).

Bsp. (VGH Mannheim BauR 2012, 1761): Das Ziel eines Bebauungsplans, die Bewohner bestehender und geplanter Wohngebiete vor Geruchsbelästigung zu schützen, berührt kein Sonderinteresse der Bewohner, sondern nur ein Gruppeninteresse.

85 Die Mitwirkung eines befangenen Gemeinderates führt zur Unwirksamkeit des Bebauungsplans, wobei es gleichgültig ist, ob dieser befangene Gemeinderat Einfluss auf die Entscheidung über den Bebauungsplan genommen hat (VGH Mannheim DÖV 2015, 165). Nach ständiger Rechtsprechung des VGH Mannheim (bestätigt durch BVerwGE 79, 200; vgl. jüngst etwa ZfBR 2015, 163; VGHBW-Ls 2000, Beilage 3, B 5) kommt es auch nur darauf an, ob der befangene Gemeinderat beim Satzungsbeschluss nach § 10 BauGB mitgewirkt hat; eine Teilnahme an vorausgegangenen Gemeinderatssitzungen ist unschädlich, weil der Gemeinderat mit dem Satzungsbeschluss zugleich konkludent alle zuvor getroffenen Entscheidungen bestätigt.

Die Mitwirkung eines befangenen Gemeinderats ist aber nur dann beachtlich, wenn dieser Fehler innerhalb eines Jahres seit Inkrafttreten des Bebauungsplans geltend gemacht wird (§ 18 Abs. 6 S. 2 S. 4, § 4 Abs. 4 S. 2 Nr. 2 GemO).

Ein dauerhaft beachtlicher kommunalrechtlicher Verfahrensfehler liegt dagegen vor, wenn die Vorschriften über die **Öffentlichkeit** der Sitzung des Gemeinderats (§ 35 Abs. 1 GemO) nicht eingehalten worden ist (§ 4 Abs. 4 S. 2 Nr. 1 GemO).

c) Materiell-rechtliche Fehler

86 **§ 214 Abs. 2, § 215 Abs. 1 S. 1 Nr. 2 BauGB** enthalten Unbeachtlichkeitsregelungen wegen materiell-rechtlicher Fehler des Bebauungsplans im Hinblick auf sein Verhältnis zum Flächennutzungsplan (s. dazu oben Rn. 34, 35, 39).

Im Übrigen sind materiell-rechtliche Fehler des Bebauungsplans aber beachtlich; für sie gibt es auch keine Rügefrist (zu Abwägungsfehlern s. oben Rn. 55).

d) Fehlerbewältigung durch ergänzendes Verfahren

87 Nach § 214 Abs. 4 BauGB können Mängel des Bebauungsplans durch ein ergänzendes Verfahren behoben werden; der fehlerfreie Bebauungsplan kann auch **rückwirkend** in Kraft gesetzt werden. Die Vorschrift findet für alle Arten beachtlicher Fehler Anwendung; **Verfahrensfehler**, auch solche des Kommunalrechts, können auf diese Weise ebenso geheilt werden wie **materiell-rechtliche Fehler** (BVerwGE 119, 54).

Ist sich die Gemeinde nicht sicher, ob ihr Plan fehlerbehaftet ist, kann sie ein ergänzendes Verfahren auch vorsorglich durchführen (BVerwG BauR 2009, 1870). Der ursprüngliche Plan verliert seine rechtliche Wirkung erst dann, wenn das ergänzende Verfahren fehlerfrei beendet worden ist (BVerwGE 133, 98).

Die Heilung nach § 214 Abs. 4 BauGB geschieht durch Wiederholung des Verfahrens vom Stadium des Fehlers ab (BVerwG BauR 2010, 1554). Eine Wiederholung der dem Fehler vorangegangenen korrekten Verfahrensschritte ist nicht erforderlich. Eine unterbliebene Ausfertigung kann also vom Bürgermeister auch ohne Beteiligung des Gemeinderats nachgeholt und der Bebauungsplan dann in Kraft gesetzt werden (BVerwG NVwZ-RR 1997, 515).

Der Anwendungsbereich des ergänzenden Verfahrens ist allerdings insofern begrenzt, als die **Grundzüge der Planung** nicht modifiziert werden dürfen; die Identität des Plans muss erhalten bleiben. Es darf sich daher nur um punktuelle Änderungen und Ergänzungen des ursprünglichen Plans handeln (BVerwGE 119, 54). Auch die Gesetzesmaterialien (BT-Drucks. 13/6392 S. 74) sprechen nur von der Bereinigung von Fehlern, die das „Grundgerüst der Abwägung" nicht betreffen.

Bsp. a) (BVerwG NVwZ 2000, 1053): Anordnung von Ausgleichsmaßnahmen nach § 1 a Abs. 3, § 9 Abs. 1 a BauGB.

b) (OVG Lüneburg NVwZ-RR 2002, 172): Immissionsschutzmaßnahmen nach § 9 Abs. 1 Nr. 24 BauGB.

c) (BVerwG NVwZ 2002, 1385): Mangelnde Bestimmtheit einzelner Festsetzungen.

Die Ergänzung kann im Verfahren nach § 13 BauGB erfolgen (s. oben Rn. 72). Werden Festsetzungen geändert oder ergänzt, ist zu beachten, dass es nach § 4 a Abs. 3 BauGB regelmäßig einer erneuten öffentlichen Auslegung des Planentwurfs bedarf (s. oben Rn. 64).

Der Plan kann nach Durchführung des ergänzenden Verfahrens auch **rückwirkend** in Kraft gesetzt werden. Eine nachträgliche Änderung der tatsächlichen oder rechtlichen Verhältnisse steht dem nicht entgegen. Denn nach § 214 Abs. 3 S. 1 BauGB kommt es auf die Sach- und Rechtslage im Zeitpunkt der Beschlussfassung über den Plan an. Wenn sich allerdings die Verhältnisse ausnahmsweise so grundlegend geändert haben, dass der Bebauungsplan inzwischen insgesamt einen funktionslosen Inhalt hat oder das ursprünglich unbedenkliche Abwägungsergebnis unhaltbar geworden ist, kann der ursprüngliche Plan auch durch ein ergänzendes Verfahren nicht mehr fehlerfrei werden (BVerwG BauR 2010, 1894). Die Gemeinde muss dann einen neuen Plan aufstellen.

B. Bauplanungsrechtliche Zulässigkeit von Bauvorhaben

1. Bedeutung und System der §§ 29 ff. BauGB

§§ 29 ff. BauGB haben die bauplanungsrechtliche Zulässigkeit von Einzelbauvorhaben zum Inhalt. Die städtebauliche Ordnung wird nach den Vorstellungen des Gesetzgebers zunächst durch die Aufstellung von Bauleitplänen gewährleistet; im Geltungsbereich eines Bebauungsplans sind Bauvorhaben nur zulässig, wenn sie dem Bebauungsplan nicht widersprechen (§ 30 Abs. 1 BauGB). Es muss aber auch in Gebieten, in denen kein Bebauungsplan besteht, für eine geordnete städtebauliche Entwicklung gesorgt werden; dieses ist die Aufgabe der §§ 34 (nichtbeplanter Innenbereich) und 35 BauGB (Außenbereich). Ferner muss überall dort, wo kein Bebau- **88** ungsplan besteht oder eine Befreiung vom Bebauungsplan erforderlich ist, der Planungshoheit der Gemeinde Rechnung getragen werden (§ 36 BauGB).

Die Geltung der §§ 29 ff. BauGB hängt nicht davon ab, ob für das Bauvorhaben eine **Baugenehmigung erforderlich** ist, auch bei genehmigungsfreien Vorhaben muss der Bauherr die §§ 29–35 BauGB beachten (§ 50 Abs. 5 LBO).

89 Die §§ 30–37 BauGB finden nicht nur bei der Errichtung einer baulichen Anlage, sondern auch bei der baulichen Änderung oder Nutzungsänderung einer solchen Anlage Anwendung, sofern diese Maßnahmen eine städtebauliche Relevanz haben (BVerwGE 91, 234 = NVwZ 1993, 983). Eine **Änderung** ist der städtebaulich relevante Umbau bzw. die Erweiterung oder sonstige bauliche Veränderung einer baulichen Anlage (BVerwG NVwZ 1994, 294). Eine **städtebauliche Relevanz** ist anzunehmen, wenn die baulichen Maßnahmen Auswirkungen auf die bauplanungsrechtliche Zulässigkeit des geänderten Bauvorhabens haben können.

Bsp. (BVerwG NVwZ 1994, 1010): Der nachträgliche Einbau von Dachgauben hat keine planungsrechtliche Relevanz für ein Bauvorhaben nach § 34 BauGB, weil es insoweit nur auf die in § 34 Abs. 1 BauGB angeführten Kriterien ankommt.

Eine städtebauliche Relevanz ist jedenfalls bei einer Erhöhung des Maßes der baulichen Nutzung (§ 16 BauNVO) sowie bei Baumaßnahmen, die die Identität des Gebäudes berühren oder hinsichtlich des Aufwands an einen Neubau heran reichen, zu bejahen (BVerwG NVwZ 2000, 1047). Bei der Prüfung der Zulässigkeit einer solchen Maßnahme ist das gesamte Gebäude in der geänderten Form zu berücksichtigen, nicht nur die geänderten Teile (BVerwG NVwZ 2002, 1118; NVwZ 2011, 748).

Bsp. (BVerwG NVwZ 1987, 1076): Wird ein Ladengeschäft mit einer Verkaufsfläche von knapp 800 m^2 auf eine Verkaufsfläche von 840 m^2 erweitert, dann wird aus dem Ladengeschäft ein großflächiges Einzelhandelsgeschäft i.S.d. § 11 Abs. 3 BauNVO, auch wenn die zusätzlichen 40 m^2 Verkaufsfläche bei isolierter Betrachtungsweise sicher nicht die in § 11 Abs. 3 BauNVO angesprochenen negativen Auswirkungen haben werden (s. dazu unten Rn. 101).

Dieser Grundsatz gilt allerdings nicht, wenn die Baumaßnahme in Bezug auf ihre Zulässigkeit isoliert, also ohne Einbeziehung des gesamten Gebäudes beurteilt werden kann, weil sie keine Auswirkung auf die Zulässigkeit des gesamten Gebäudes haben kann (BVerwG NVwZ 2011, 748).

Bsp. a) (BVerwG NVwZ 2000, 1047): Bei einer nachträglichen Veränderung des Dachs ist nur die Zulässigkeit dieser Maßnahme, nicht die Zulässigkeit des bereits genehmigten Gesamtgebäudes zu prüfen.

b) (BVerwG NVwZ 2011, 748): Die Umwandlung des als Abstellraum genutzten Kellers einer Kirche in eine Krypta kann nicht isoliert beurteilt werden.

Eine **Nutzungsänderung** i.S.d. § 29 BauGB ist dann anzunehmen, wenn die Funktion der Anlage in einer Weise geändert wird, die zu einer anderen baurechtlichen Beurteilung führen kann, sich also die Genehmigungsfrage neu stellt (BVerwGE 47, 185 = DVBl 1975, 498; NVwZ 2011, 748;VGH Mannheim NVwZ-RR 2014, 753). Wird z.B. ein Schreibwarengeschäft in ein Eisenwarengeschäft umgewandelt, dann stellt dieses keine baurechtlich relevante Nutzungsänderung dar, weil für beide Geschäfte dieselben baurechtlichen Grundsätze gelten. Dagegen ist die Umwandlung eines Großhandelsbetriebs in ein Einkaufszentrum (BVerwG NJW 1984, 1771) eine Nutzungsänderung, weil Einkaufszentren nach § 11 Abs. 3 BauNVO nur in Kerngebieten und Sondergebieten zulässig sind. Ebenso ist die Änderung einer Schank- und Speisewirtschaft in eine Diskothek (VGH Kassel NVwZ 1990, 583; OVG Münster NVwZ 1983, 685), ein Nachtlokal mit Striptease (VGH München BauR 2000, 81), eine Spielhalle (VGH Mannheim VBlBW 1986, 109; 1992, 101) oder einen Swinger-Club (VGH

Mannheim BauR 2007, 669) sowie eines Kinos in eine Spielhalle (BVerwG BauR 1989, 308) eine Nutzungsänderung, selbst wenn keinerlei bauliche Veränderungen vorgenommen werden.

Bsp. (VGH Mannheim NVwZ-RR 2014, 753: Umwandlung eines Lehrlingsheims in eine Asylbewerberunterkunft)

Das Gleiche gilt, wenn ein bisher einem landwirtschaftlichen Betrieb dienendes Gebäude einem Nichtlandwirt überlassen wird (BVerwGE 47, 185 = DVBl 1975, 498), ein Wochenendhaus als Dauerwohnung genutzt wird (BVerwG NVwZ 1984, 510), eine Werkswohnung an betriebsfremde Personen vermietet wird (OVG Münster BauR 2008, 1114), ein Hotel in ein Altenheim umgewandelt wird (BVerwG BauR 1988, 569), eine Skihütte auf eine ganzjährige Bewirtung umgestellt wird (BVerwG NVwZ 2000, 678), eine Lagerhalle als Verkaufsraum dient (BVerwG BauR 1990, 569), ein Pkw-Stellplatz als Dauerabstellplatz für einen Wohnwagen genutzt wird (BVerwG BauR 1993, 300) oder ein Rinderstall in einen Schweinestall (mit wesentlich stärkeren Geruchsemissionen) umgewandelt wird (BVerwG NVwZ 1993, 445); weitere Beispiele für Nutzungsänderungen s. Brügelmann/Dürr § 29 Rn. 34, 35. Eine Nutzungsänderung liegt aber nicht vor, wenn sich ohne Mitwirkung des Eigentümers der Kreis der Benutzer ändert; eine Nutzungsintensivierung ist keine Nutzungsänderung (VGH Mannheim NVwZ-RR 2014, 753).

Bsp. (BVerwG NVwZ 1999, 417): Eine zunächst nur von Besuchern aus der Nachbarschaft aufgesuchte Gaststätte mit Kegelbahn (§ 4 Abs. 2 Nr. 2 BauNVO) wird zunehmend auch von auswärtigen Gästen aufgesucht und ist daher in einem allgemeinen Wohngebiet eigentlich nicht zulässig. Das BVerwG hat gleichwohl eine Nutzungsänderung verneint, weil der Inhaber für die Veränderung des Besucherkreises nicht verantwortlich sei.

Die Vorschriften der §§ 30 ff. BauGB gelten nach **§ 38 BauGB** nicht für Vorhaben von **90** überörtlicher Bedeutung (s. dazu BVerwG NVwZ 2001, 90; BauR 2013, 440), die der **Planfeststellung** oder einer die Planfeststellung ersetzenden Zulassung bedürfen, ferner nicht für öffentlich zugängliche Abfallbeseitigungsanlagen. Derartige Vorhaben können aufgrund der für alle Planfeststellungsverfahren erforderlichen Abwägung der öffentlichen und privaten Belange auch dann zugelassen werden, wenn sie bei isolierter baurechtlicher Betrachtungsweise unzulässig wären (BVerwGE 70, 242 = NVwZ 1985, 414; NVwZ 2004, 1240; Schmidt-Eichstaedt NVwZ 2003, 129; Breuer NVwZ 2007, 3); § 38 BauGB normiert insoweit einen Vorrang des Fachplanungsrechts (BVerwG BauR 2013, 440). Die städtebaulichen Belange sind aber im Rahmen der Abwägung angemessen zu berücksichtigen (BVerwG a.a.O.; BVerwGE 100, 388 = NVwZ 1997, 169; VGH Mannheim BauR 2003, 355; Kirchberg/Boll/Schütz NVwZ 2002, 550). Der Vorrang des Fachplanungsrechts bedeutet aber nicht, dass der Fachplanungsträger bestehende Bauleitpläne der Gemeinde einfach ignorieren oder sich zumindest im Wege der Abwägung über sie hinwegsetzen kann; dieses ergibt sich schon aus dem Verweis auf § 7 BauGB in § 38 S. 2 BauGB. Maßgeblich sind vor allem das Gewicht der beiderseitigen Belange sowie der Grundsatz der Priorität (BVerwG NVwZ-RR 1998, 290; VGH Mannheim BauR 2003, 355).

Besondere Probleme entstehen im Zusammenhang mit Bahnhöfen, nachdem die Bahn AG zunehmend dazu übergeht, im Bahnhofsbereich auch völlig bahnfremde Nutzungen zuzulassen (VGH München BauR 2011, 801; Stüer NVwZ 2006, 512; Ronellenfitsch VerwArch 1999, 467 u. 581: Warenhäuser mit Gleisanschluss). Da die **Bahnanlagen** einschließlich der Bahnhöfe aufgrund von Planfeststellungsbeschlüssen erstellt wurden, wird ein Vorrang der Fachplanung angenommen, das heißt die Bahnanlagen sind der kommunalen Bauleitplanung entzogen. Anders ist es aber, wenn die Bahnanlagen aufgegeben werden, was freilich eine förmliche „Freigabeerklärung" durch die Bahn AG voraussetzt (BVerwG NVwZ 1989, 655; BauR 1998, 993; NVwZ 2010, 1159), oder aber die Nutzung eines Teils des Bahnhofs für bahnfremde Zwecke die bestimmungsgemäße Nutzung des Bahnhofs nicht beeinträchtigt (BVerwG NVwZ-RR 1990, 292 für eine Werbeanlage; OVG Lüneburg BauR 1997, 101 für eine Bahnhofsdrogerie).

2. Der Begriff der baulichen Anlage (§ 29 BauGB)

91 § 29 S. 1 BauGB verlangt für die Anwendung der §§ 30 ff. BauGB, dass es sich um eine **bauliche Anlage** handelt. Der Begriff der baulichen Anlage ist nicht im BauGB, sondern nur in **§ 2 Abs. 1 LBO** wie folgt definiert:

Bauliche Anlagen sind mit dem Erdboden verbundene, aus Baustoffen und Bauteilen hergestellte Anlagen.

Nach § 2 Abs. 1 S. 2, 1. Altern. LBO ist jedoch eine feste Verbindung nicht erforderlich, vielmehr reicht eine Verbindung kraft eigener Schwere aus.

Bsp. (VGH Mannheim VBlBW 1993, 431): Eine im Garten aufgestellte Oldtimer-Lokomotive eines Eisenbahn-Fans ist eine bauliche Anlage.

Für fahrbare Anlagen wie Wohnwagen (vgl. BVerwGE 44, 59 = BauR 1973, 366; NVwZ 1987, 144) oder Verkaufsstände (vgl. VGH Mannheim ESVGH 24, 136; OVG Lüneburg BauR 1993, 454) ist darauf abzustellen, ob die Anlage überwiegend ortsfest benutzt wird. Dabei kommt es nicht darauf an, ob die ortsfeste Benutzung zeitlich überwiegt; maßgebend ist allein, ob die Anlage als Ersatz für ein Gebäude dient.

Bsp. a) (VGH Kassel BauR 1987, 183): Ein Schiff, das ortsfest über einen Steg zu erreichen ist und als Gaststätte benutzt wird, ist eine bauliche Anlage.

b) (OVG Münster BauR 2004, 67): Ein mit Werbeaufschriften versehener Kfz-Anhänger, der stets an demselben Standort geparkt wird, stellt einen Ersatz für ein Werbeschild dar und ist daher eine bauliche Anlage.

Der Begriff der baulichen Anlage i.S.d. § 29 BauGB ist nach BVerwGE 39, 154 und 44, 59 nicht identisch mit dem bauordnungsrechtlichen Begriff der baulichen Anlage i.S.d. § 2 Abs. 1 LBO. Denn §§ 29 ff. BauGB dienen städtebaulichen Belangen, während für § 2 LBO bauordnungsrechtliche Belange (Gefahrenabwehr) maßgebend sind (BVerwG BauR 2000, 1312; BVerwGE 114, 206 = NVwZ 2001, 1046). Es kommt hinzu, dass der Begriff der baulichen Anlage in den einzelnen Landesbauordnungen unterschiedlich definiert wird (vgl. Ernst/Zinkahn/Bielenberg/Krautzberger § 29 Rn. 2), während der bundesrechtliche Begriff der baulichen Anlage i.S.d. § 29 BauGB zwangsläufig im ganzen Bundesgebiet einheitlich ausgelegt werden muss.

Nach BVerwGE 44, 59 – Wohnfloß – (eb. BVerwG NJW 1977, 2090 – Tragluftschwimmhalle) setzt sich der Begriff der baulichen Anlage i.S.d. § 29 BauGB zusammen aus dem verhältnismäßig weiten Merkmal des Bauens und dem einengenden Merkmal bodenrechtlicher Relevanz der Anlage (s. dazu BVerwGE 91, 234 = NVwZ 1993, 983; BVerwGE 114, 206 = NVwZ 2001, 1046).

Unter **Bauen** versteht das BVerwG das Schaffen einer künstlichen Anlage, die auf Dauer mit dem Erdboden verbunden ist; auch hier reicht aber die Verbindung kraft eigener Schwere aus (BVerwG BRS 15 Nr. 87; DÖV 1971, 638). Dabei werden an das Bauen nur geringe Anforderungen gestellt (BVerwG BauR 1993, 300 – geschotterter Stellplatz = bauliche Anlage; anders aber BVerwG NVwZ 1994, 293 für eine Splittaufschüttung sowie BVerwG BauR 1996, 362 für einen unbefestigten Lagerplatz). Das **Merkmal der Dauer** ist auch erfüllt, wenn die Anlage regelmäßig auf- und abgebaut wird (BVerwG BauR 1977, 109; VGH Mannheim ESVGH 24, 136; a.M. aber OVG Münster BauR 2011, 1799 für Biergarten). Entscheidend ist auch insoweit, ob die Anlage als Ersatz für ein festes Bauwerk dienen soll (BVerwGE 44, 59 = DVBl 1974, 237; BauR 1975, 108). Auf eine unmittelbare Verbindung mit dem Erdboden kommt es nicht an (BVerwG NVwZ 1993, 983; NVwZ 1995, 897; BauR 1995, 508), so dass Werbeanlagen an Gebäuden als bauliche Anlagen gelten (Rspr.-Nachw. s. Rn. 92); das gleiche gilt für Mobilfunkanlagen auf einem Dach (OVG Münster NVwZ-RR 2003, 637; VGH Mannheim VBlBW 2002, 260; VGH Kassel BauR 2005, 983 – s. dazu Gehrken NVwZ 2006, 977).

Der demnach sehr weite Begriff des Bauens ist aber einzuschränken durch das weitere Merkmal der **bodenrechtlichen Relevanz**. Die bodenrechtliche Relevanz ist nach der Rechtsprechung des BVerwG (BVerwGE 91, 234 = NVwZ 1993, 983; NVwZ 2001, 1046) gegeben, wenn das Vorhaben „ein Bedürfnis nach Planung hervorruft". Dabei kommt es nicht auf das einzelne Vorhaben an, sondern auf eine „das einzelne Objekt verallgemeinernde Betrachtungsweise". Maßgeblich ist, ob derartige Vorhaben generell ohne Beachtung bauplanungsrechtlicher Vorschriften und damit letztlich beliebig errichtet werden können. Die Belange des § 1 Abs. 6 BauGB müssen durch die Anlage berührt werden können, was bei ganz unbedeutenden Bauwerken nicht der Fall ist (OVG Münster BauR 1986, 544 – Zigarettenautomat; OVG Koblenz NVwZ-RR 2001, 289 – Gerätehütte von 10 m³). Die bodenrechtliche (bauplanungsrechtliche) Relevanz ist jedenfalls dann nicht gegeben, wenn das Bauvorhaben gar nicht Gegenstand von Festsetzungen in einem Bebauungsplan sein könnte.

Bsp. a) (BVerwG NVwZ 1994, 1011): Die Errichtung von Dachgauben hat keine bauplanungsrechtliche Relevanz, weil die Festsetzung von Dachgauben in einem Bebauungsplan nicht vorgesehen ist (a.M. aber VGH Mannheim VBlBW 2001, 60 u. OVG Lüneburg BauR 2006, 493 für großflächige Dachgauben, die nach § 20 Abs. 3 BauNVO die Geschossfläche vergrößern können).

b) (VGH Mannheim VBlBW 1995, 69): Die Umwandlung eines Flachdachs in ein Satteldach hat keine bauplanungsrechtliche Relevanz, da weder § 9 BauGB noch §§ 16 ff. BauNVO Festsetzungen über die Dachform erlauben; derartige Festsetzungen beruhen auf der bauordnungsrechtlichen Ermächtigung des § 74 Abs. 1 Nr. 1 LBO.

Beispiele für bauliche Anlagen:

a) **Werbeanlagen** (s. dazu Friedrich BauR 1996, 504) sind bauliche Anlagen, wenn sie aus Baustoffen (Holz, Metall, Plastik, Glas o. ä.) hergestellt sind und im Hinblick auf ihre Größe planungsrechtliche Relevanz haben, weil sie sich auf die Umgebung auswirken; es kommt dabei nicht darauf an, ob sie selbst unmittelbar mit dem Erdboden verbunden sind (z.B. Anschlagtafeln) oder an bzw. auf anderen Anlagen angebracht sind (BVerwGE 91,324 = NVwZ 1993, 983; NVwZ 1995, 987; VGH Mannheim VBlBW 2009, 466). Keine baulichen Anlagen sind daher zum einen kleine Werbeanlagen z.B. das Praxisschild eines Rechtsanwalts (VGH Mannheim BauR 1992, 352; VGl I Kassel BRS 42 Nr. 152), zum anderen bloße Bemalungen, Beschriftungen u. ä. (VGH Mannheim BauR 1995, 226); die Werbung mittels sog. Himmelsstrahler ist mangels baulicher Tätigkeit keine bauliche Anlage (OVG Koblenz NuR 2003, 701; VG Stuttgart NVwZ-RR 2000, 14). Auch Werbeanlagen, die keine baulichen Anlagen sind, bedürfen aber nach §§ 49, 50 LBO einer Baugenehmigung, sofern Ziff. 9 des Anhangs zu § 50 Abs. 1 LBO nicht anwendbar ist (s. dazu Rn. 203).

b) **Automaten** sind bauliche Anlagen, wenn sie wegen ihrer Größe planungsrechtliche Bedeutung haben; es gelten insoweit die gleichen Grundsätze wie bei Werbeanlagen.

c) **Wohnwagen** und Wohnflöße werden als bauliche Anlagen angesehen, wenn sie als Ersatz für ein festes Gebäude – Wochenendhaus – dienen (BVerwGE 44, 59 = DVBl 1974, 273; NVwZ 1988, 144; VGH Mannheim ESVGH 22 Nr. 30 = BRS 23 Nr. 69; VGH Kassel NVwZ 1988, 165).

d) **Einfriedigungen** sind nur bauliche Anlagen, wenn sie aus Baustoffen – Steine, Holz, Eisen, Kunststoff – hergestellt sind (BVerwG BRS 22 Nr. 69; VGH Mannheim VBlBW 1995, 60); Hecken sind demnach keine baulichen Anlagen i.S.d. § 29 BauGB (OVG Koblenz NVwZ-RR 2005, 527),

92

auch wenn sie nach §§ 49, 50 LBO einer Baugenehmigung bedürfen, falls Nr. 7 des Anhangs zu § 50 Abs. 1 LBO keine Anwendung findet.

e) **Campingplätze** sind als solche keine baulichen Anlagen, sie werden aber hinsichtlich der gesamten Anlage zur baulichen Anlage, wenn sie feste Bauwerke (Wasch- und Toilettengebäude, Kiosk) aufweisen (BVerwG BauR 1975, 108; NJW 1975, 2114).

f) Für **Sport- und Tennisplätze** gilt das gleiche wie für Campingplätze; ausreichend für eine Qualifikation als bauliche Anlage ist bereits, dass sie über eine Einzäunung verfügen (VGH München BauR 1982, 141; VGH Kassel BauR 1982, 143; OVG Münster BauR 2000, 81) oder einen festen Bodenbelag bzw. Spielgeräte (Tore) aufweisen (VGH Mannheim VBlBW 1984, 222 und 1987, 464; OVG Saar NVwZ 1985, 770).

g) **Verkaufsstände** und Verkaufswagen sind bauliche Anlagen, wenn sie als Ersatz für eine ortsfeste Anlage dienen, auch wenn sie nicht ständig aufgestellt werden (VGH Mannheim BWVBl. 1973, 141; BRS 39 Nr. 143; OVG Lüneburg BauR 1993, 454; OVG Saar BRS 54 Nr. 141).

h) **Kfz-Abstellplätze** und **Lagerplätze** werden als bauliche Anlagen i.S. v. § 29 BauGB angesehen, soweit sie über einen betonierten, asphaltierten oder ähnlich befestigten Untergrund verfügen (BVerwG BauR 1993, 300); eine Befestigung des Untergrunds durch bloßes Walzen oder Stampfen oder Aufbringen einer Kiesaufschüttung ist demgegenüber nicht ausreichend (BVerwG BauR 1996, 362; VGH Mannheim VBlBW 1985, 457).

Weitere Beispiele für bauliche Anlagen s. Brügelmann/Dürr § 29 Rn. 17 ff.

Hinweis: Auch wenn der Begriff der baulichen Anlage i.S.d. § 29 BauGB unabhängig von der landesrechtlichen Definition dieses Begriffs ist, bleibt doch festzuhalten, dass jedenfalls Anlagen nach § 2 Abs. 1 S. 1 und 2 LBO regelmäßig unter § 29 BauGB fallen. Eine Auseinandersetzung mit dem unterschiedlichen Inhalt des Begriffs der baulichen Anlage in § 29 BauGB und § 2 Abs. 1 LBO ist deshalb nur in Ausnahmefällen erforderlich (Ortloff NVwZ 1989, 616).

Durch § 29 Abs. 1 BauGB werden ferner **Aufschüttungen und Abgrabungen** größeren Umfangs sowie Lagerstätten den §§ 30–36 BauGB unterworfen, auch soweit sie nach der obigen Definition (Rn. 91) keine baulichen Anlagen sind (VGH München NVwZ-RR 2008, 688 – Motocross-Anlage mit Sprunghügeln). Als Lagerstätten sind auch Lagerplätze anzusehen (BVerwG DÖV 1980, 175; OVG Lüneburg BauR 2006, 1442: 4,5 m hoher Stapel von Heuballen ist bauliche Anlage); hierunter fallen auch Ausstellungsflächen, da es auf den Zweck der Lagerung nicht ankommt (BVerwG NVwZ-RR 1999, 623).

3. Bauvorhaben im beplanten Innenbereich (§ 30 BauGB) – Bedeutung der Baunutzungsverordnung

93 § 30 Abs. 1 BauGB gilt nur für Bauvorhaben im Geltungsbereich sog. **qualifizierter Bebauungspläne**, d.h. Pläne, die mindestens Art und Maß der baulichen Nutzung, die überbaubare Grundstücksfläche und die örtlichen Verkehrsflächen regeln. Bebauungspläne, die diesen Mindestanforderungen nicht entsprechen, etwa nur eine Baugrenze entlang einer Straße ausweisen, sind nach § 30 Abs. 3 BauGB bei der Erteilung der Baugenehmigung allerdings ebenfalls zu beachten; die bauplanungsrechtliche Zulässigkeit bestimmt sich aber im Übrigen nicht nach § 30 BauGB, sondern nach § 34 oder § 35 BauGB.

Nach § 30 Abs. 1 BauGB ist die Genehmigung für das Bauvorhaben zu erteilen, wenn die Errichtung des Bauwerks oder die Nutzungsänderung **nicht dem Bebauungsplan widerspricht**. Ob das der Fall ist, regelt sich vor allem nach der BauNVO, die nach § 1 Abs. 3 BauNVO Bestandteil des Bebauungsplans ist; außerdem sind natürlich auch die sonstigen Festsetzungen nach § 9 Abs. 1 BauGB zu beachten.

Um das Verständnis der Festsetzungen des Bebauungsplans zu erleichtern, sind die Gemeinden verpflichtet, die in der Planzeichenverordnung vom 18.12.1990 (BGBl. I, 1991, S. 58) angeführten Symbole und Zeichen zu verwenden. Soweit der Bebauungsplan keine Legende enthält, erschließt sich der Inhalt eines Bebauungsplans also durch die Heranziehung der Planzeichenverordnung.

a) Art der baulichen Nutzung (§§ 2–14 BauNVO)

Die Baunutzungsverordnung enthält in §§ 2–15 zunächst Regelungen über die Art **94** der baulichen Nutzung. Die in einem Baugebiet generell zulässigen Vorhaben sind jeweils in Abs. 2, die nur als Ausnahme nach § 31 Abs. 1 BauGB zulässigen Vorhaben sind jeweils in Abs. 3 angeführt. Die Gemeinden haben allerdings nach § 1 Abs. 4–10 BauNVO (s. dazu oben Rn. 78) die Möglichkeit, diese **Systematik** im Bebauungsplan im Einzelnen beträchtlich zu ändern.

Hinweis: Nach § 1 Abs. 3 BauNVO sind die §§ 2 ff. BauNVO Bestandteil des Bebauungsplans. Da der Gemeinderat nur die jeweils geltende Fassung der BauNVO in seine Planungsentscheidung einbeziehen konnte, gilt die BauNVO in der Fassung, die im Zeitpunkt der öffentlichen Auslegung des Bebauungsplans in Kraft war (BVerwG BauR 1992, 472; NVwZ 2000, 1054). Bei älteren Bebauungsplänen ist also die BauNVO 1962, 1968 und 1977 heranzuziehen(§§ 25 a – c BauNVO). Die inhaltlichen Änderungen der §§ 2–11 BauNVO durch die Novellen 1968, 1977 und 1990 (s. dazu Lenz BauR 1990, 157) sind allerdings nicht sehr weitgehend.

Beispiele für zulässige Bauvorhaben in verschiedenen Baugebieten: Dabei ist regelmäßig auf die typische Erscheinungsform einer baulichen Anlage oder eines Gewerbebetriebs abzustellen (BVerwGE 68, 207 = NJW 1984, 1572; BVerwGE 68, 342 = NJW 1984, 1768). Auf den konkreten Betrieb kann nur abgestellt werden, wenn dieser durch betriebsbezogene objektive, also nicht verhaltensabhängige Besonderheiten, etwa nicht zu öffnende Fenster mit Klimaanlage, vom typischen Erscheinungsbild eines solchen Betriebs abweicht (vgl. BVerwG NVwZ 1993, 987; VGH Mannheim NVwZ 1999, 439; VBlBW 2000, 78). Das BVerwG hat ferner als **ungeschriebenes Tatbestandsmerkmal** der §§ 2 bis 9 BauNVO verlangt, dass das Vorhaben **baugebietsverträglich** ist. Das bedeutet, dass es der sich aus dem jeweiligen Abs. 1 der §§ 2–9 BauNVO ergebenden Eigenart des jeweiligen Baugebiets entsprechen muss (BVerwGE 116, 155 = NVwZ 2002, 1118; NVwZ 2008, 786).

Bsp.: (VGH Mannheim VBlBW 2010, 155): Ein Friedhof einer christlichen Sekte ist in einem Industriegebiet nicht zulässig, obwohl Anlagen für kirchliche Zwecke nach § 9 Abs. 3 Nr. 2 BauNVO im Industriegebiet als Ausnahme zugelassen werden können. Denn Friedhöfe sind in Industriegebieten grundsätzlich fehl am Platz (eb. BVerwG NVwZ 2012, 825 für Krematorium im Gewerbegebiet).

aa) Reines Wohngebiet

Zulässig: Studentenwohnheim (OVG Lüneburg BRS 47 Nr. 40), Personalheim (OVG **95** Saar BRS 27 Nr. 33), kleines Büro für eine freiberufliche Tätigkeit (BVerwG BRS 23 Nr. 36, anders aber bei größerem Büro mit zahlreichen Beschäftigten VGH Mannheim BRS 32 Nr. 64), herkömmlicher Spielplatz (BVerwG BRS 28 Nr. 138; VGH Mannheim BauR 1985, 535), Altenpflegeheime (VGH Mannheim NVwZ 1990, 1202; VGH München NVwZ-RR 2007, 653).

Unzulässig: Großes Büro einer Versicherungsgesellschaft (VGH Mannheim BRS 27 Nr. 31), Hundezwinger (OVG Münster BRS 30 Nr. 29), Gastwirtschaft (BVerwG BBau-

Bl 1964, 355; OVG Münster BRS 17 Nr. 23), Warenautomat (OVG Münster BauR 1986, 544), Einzelhandelsgeschäft mit weiterem Einzugsgebiet (VGH Mannheim ESVGH 28, 25; BRS 35 Nr. 33), Kegelbahn (OVG Münster BRS 39 Nr. 65), Bräunungsstudio (VGH Mannheim BWVPr 1986, 39), Werbeanlage für Fremdwerbung (BVerwG BauR 1993, 315), ambulanter Pflegedienst (BVerwG BauR 2009, 1556); Asylbewerberunterkünfte (VGH Mannheim NJW 1989, 2282).

bb) Allgemeines Wohngebiet

96 Zulässig: Ladengeschäfte sowie Schank- und Speisewirtschaft für die Bewohner des Gebiets. Ob diese der Versorgung des Baugebiets dienen, richtet sich nach objektiven Kriterien, nicht nach den Angaben des Bauherrn (BVerwG NVwZ 1999, 417; 1999, 186). Der Betrieb dient jedenfalls dann auch der örtlichen Versorgung, wenn ein nicht nur unerheblicher Teil der Bewohner des Ortes in diesem Ladengeschäft einkauft (BVerwG NVwZ 1993, 455; 1999, 186 u. 417; VGH Mannheim NVwZ-RR 2000, 413). Zulässig sind ferner Tankstelle mit Waschanlage (OVG Münster NVwZ-RR 1997, 16), Jugendheim (VGH München BauR 1982, 239), Aussiedler-Wohnheim (VGH Mannheim NVwZ 1992, 995), nichtstörende Kfz-Werkstatt (VGH Mannheim VBlBW 1982, 48), Lebensmittelmarkt (VGH Mannheim BauR 1982, 253; OVG Lüneburg BauR 1986, 187), Bolzplatz (BVerwG NVwZ 1992, 884; VGH Mannheim VBlBW 2015, 81), Hotel (VGH Mannheim BauR 1987, 50 – a.M. OVG Berlin NVwZ-RR 1993, 458), Hundezwinger für zwei Dackel (VGH Mannheim BauR 1991, 571), Mobilfunkanlage (VGH München BauR 2008, 1108; a.M. OVG Münster NVwZ-RR 2003, 637); große Bäckerei (VGH Mannheim BRS 62 Nr. 70); Gaststätte, soweit sie zumindest teilweise den Bewohnern des Baugebiets dient (BVerwG NVwZ-RR 1993; NVwZ 1999, 417).

Unzulässig: Hundezwinger für zwei Schäferhunde (VGH Mannheim NVwZ-RR 1990, 64), Tischlerwerkstatt (BVerwG DVBl 1971, 759), Discountladen (OVG Lüneburg DÖV 1968, 235), Minigolfanlage (OVG Münster BRS 18 Nr. 155), Speditionsunternehmen (VGH Kassel BRS 18 Nr. 19), Schwertransport- und Kranbetriebe (BVerwG NJW 1977, 1932), Kegelbahn (VGH Mannheim BRS 32 Nr. 31), Kfz-Werkstatt (VGH Mannheim Urt. v. 9.1.1979, III 1337/79), LKW-Abstellplatz (VGH Mannheim BRS 39 Nr. 61), Schnellimbiss (OVG Saar NVwZ-RR 1993, 460), Gaststätte ohne Bezug zu Baugebiet (BVerwG NVwZ 1993, 455), großer Lagerplatz (VGH Mannheim VBlBW 1996, 25), großflächiger Gartenbaubetrieb (BVerwG BauR 1996, 816), Ärztehaus (BVerwG BauR 1997, 490), Haltung von Reitpferden (OVG Saar BauR 2009, 1185; s. dazu Stüer DVBl 2010, 543); ALDI-Markt (OVG Münster NVwZ-RR 2004, 245); islamisches Gebetshaus bei nächtlichem Zufahrtsverkehr (OVG Lüneburg BauR 2010, 433); Billard-Cafe (VGH Mannheim NVwZ-RR 1990, 4); Tanzcafe (VGH Mannheim VBlBW 1991, 188); Swinger-Club (VGH Mannheim BauR 2007, 669).

cc) Mischgebiet

97 Zulässig: Autowaschanlage (VGH Mannheim NVwZ-RR 1993, 533), geräuscharme Kfz-Werkstatt (BVerwG BauR 1975, 396; ZfBR 1986, 148), SB-Waschsalon (VGH Mannheim VBlBW 1993, 61); Pizza-Dienst (VGH Mannheim VBlBW 1995, 27); kleine Kfz-Werkstatt (VGH Mannheim UPR 1990, 390); Einzelhandels-Discounter (VGH Mannheim BRS 46 Nr. 49).

Unzulässig: Anlagen nach § 4 BImSchG (BVerwG BRS 28 Nr. 27), Einkaufszentren (VGH Mannheim BRS 32 Nr. 32), lärmintensive Kfz-Werkstatt (BVerwG BauR 1975, 296), Pferdestall (OVG Lüneburg BauR 1989, 63), Wohnungsprostitution (VGH Mannheim NVwZ 1997,601); Bordell und bordellartige Betriebe (BVerwG NVwZ 2014, 69).

dd) Gewerbegebiet

Zulässig: Wohnräume für Betriebsleiter und Bereitschafts- oder Aufsichtspersonal **98** (BVerwG BauR 1983, 443; vgl. aber OVG Münster BauR 2008, 1114: bei Aufgabe des Gewerbebetriebs entfällt Baugenehmigung), Bordell (BVerwG NJW 1984, 1574 – das aber im Einzelfall nach § 15 BauNVO oder § 3 LBO unzulässig sein kann – eb. auch OVG Hamburg BauR 2009, 1867; OVG Koblenz DVBl 2009, 1395), Beherbergungsbetrieb (BVerwG VBlBW 1993, 49), nicht erheblich störende Anlagen nach § 4 BImSchG (BVerwG NVwZ 1993, 987); Go-Cart-Halle (OVG Schleswig GewArch 1997, 168); Schlachterei (BVerwG DVBl 1993, 111).

Unzulässig: Wohngebäude (OVG Schleswig BauR 1991, 731), Wohnheim für Asylbewerber (VGH Mannheim VBlBW2013, 384- s. dazu § 246 Abs. 10 BauGB), Baustoff-Recyclinganlage (VGH Mannheim VBlBW 2000, 78), Wohnung für freie Berufe (VGH München BauR 2008, 649).

ee) Industriegebiet

Unzulässig: Zwischenlager für atomare Brennstoffe (OVG Münster NJW 1985, 590), Diskothek (BVerwG NVwZ 2000, 1054), Asylbewerberunterkunft (OVG Münster NVwZ-RR 2004, 247), großflächige Einzelhandelsbetriebe (BVerwG BRS 42 Nr. 60).

ff) Sondergebiete

Die Festsetzung von Sondergebieten nach §§ 10, 11 BauNVO ist nur zulässig, wenn **99** die vorgesehene Bebauung sich so deutlich von den Baugebieten nach §§ 2 bis 9 BauNVO unterscheidet, dass die vorgesehene Bebauung in einem solchen Baugebiet nicht verwirklicht werden könnte (BVerwG NVwZ 2010, 40; NVwZ 2014, 73).

Bsp. a) (OVG Lüneburg BauR 2009, 1550): Ein Sondergebiet „Wohnen mit Pferden" ist zulässig. b) (OVG Lüneburg NVwZ 2002, 109): Sondergebiet Altenwohnheim ist unzulässig, da ein Altenwohnheim in Wohngebieten nach §§ 3, 4 BauNVO errichtet werden kann.

Als Sondergebiete, die der **Erholung** dienen (§ 10 BauNVO), können insbesondere Wochenendhausgebiete, Ferienhausgebiete oder Campingplatzgebiete ausgewiesen werden. Der Bebauungsplan muss aber nach § 10 Abs. 2 BauNVO die Art der Nutzung genau festlegen; eine Ausweisung als „Erholungsgebiet" ist mangels Bestimmtheit nichtig (BVerwG BauR 1983, 433; VGH Mannheim BWVPr 1984, 83).

Nach **§ 11 BauNVO** können auch **sonstige Sondergebiete** festgesetzt werden. Abs. 2 nennt als Beispiele Kurgebiete, Ladengebiete, Einkaufszentren und großflächige Handelsbetriebe, Ausstellungsgebiete, Hochschulgebiete, Klinikgebiete; auch insoweit muss aber die Zweckbestimmung eindeutig festgesetzt sein (BVerwG NJW 1983, 2713; VGH Mannheim NVwZ-RR 2001, 716 – Sondergebiet Technologie-Park).

Eine sehr empfehlenswerte Übersicht über die Zulässigkeit einzelner Nutzungen in den verschiedenen Baugebieten findet sich bei Birkl/Geiger, Praxishandbuch Kap. E Rn. 73 ff.

gg) Einkaufszentren

100 § 11 Abs. 3 BauNVO enthält eine Sonderregelung für **Einkaufszentren** (s. dazu BVerwGE 117, 25 = NVwZ 2003, 86; BauR 2014, 58) sowie **großflächige Einzelhandelsbetriebe** (s. dazu BVerwGE 68, 243 ff. = NJW 1984, 1768 ff. – insgesamt 4 Entscheidungen – sowie Birk VBlBW 2006, 289; Schröer NJW 2009, 1729; Schmidt-Eichstaedt BauR 2009, 41). Großflächig ist ein Betrieb bei mehr als 800 m² Verkaufsfläche (BVerwG NVwZ 2006, 452). Solche Betriebe sind nach § 11 Abs. 3 BauNVO nur in Sondergebieten oder Kerngebieten zulässig, wenn sie Auswirkungen auf die Ziele der Raumordnung (s. dazu VGH Mannheim VBlBW 2010, 357), die Infrastruktur des Ortes oder der Nachbargemeinden, den Verkehr auf den Zufahrtsstraßen sowie auf die Immissionssituation der Umgebung haben können (zum Rechtsschutz der Nachbargemeinden s. BVerwG BauR 2010, 268; VGH Mannheim NVwZ-RR 2008, 369; Hoffmann NVwZ 2010, 738). Derartige Auswirkungen werden nach § 11 Abs. 3 S. 3 BauNVO vermutet, wenn die Geschossfläche mehr als 1200 m² beträgt (BVerwGE 68, 243 ff. = NJW 1984, 1768; BVerwGE 124, 364 = NVwZ 2006, 452).

Ein in den letzten Jahren viel diskutiertes Problem stellen die sog. Factory-Outlet-Center (**FOC**) dar (s. dazu BVerwGE 117, 25 = NVwZ 2003, 86; NVwZ 2006, 932; Otting DVBl 1999, 595; Erbguth NVwZ 2000, 969). Es handelt sich dabei um außerordentlich großflächige Verkaufsstellen von mehreren Produzenten, die Waren mit geringfügigen Fehlern oder aus der auslaufenden Kollektion zu äußerst günstigen Preisen direkt an die Verbraucher abgeben und dadurch Käufer aus einem größeren Umkreis anlocken. Die FOC stellen eine besondere Form der Einkaufszentren dar, deren Zulässigkeit sich nach § 11 Abs. 3 BauNVO richtet (BVerwG a.a.O.; Dolde/Menke NJW 1999, 2152; Reidt NVwZ 1999, 45).

Die Vermutung des § 11 Abs. 3 BauNVO, dass großflächige Einzelhandelsbetriebe die angeführten Auswirkungen haben, ist freilich bei besonderer Geschäftsgestaltung widerlegbar, etwa bei einer Beschränkung auf wenige flächenbeanspruchende Produkte wie Möbel, Baumaterialien, Kraftfahrzeuge u. ä.; in derartigen Ausnahmefällen können großflächige Einzelhandelsbetriebe auch in Gewerbe- und Industriegebieten errichtet werden (so BVerwGE 68, 360 = NJW 1984, 1768; BVerwGE 124, 364 = NVwZ 2006, 452; OVG Münster NVwZ-RR 2014, 453).

hh) Vergnügungsstätten

101 Die BauNVO 1990 hat eine sehr differenzierte Regelung für die Zulässigkeit von Vergnügungsstätten eingeführt (Fickert/Fieseler vor §§ 2 ff., Rn. 4.4; § 4 a Rn. 22 ff.; Stüer DVBl 2010, 544; Stühler BauR 2013, 685); die frühere Rechtsprechung ist damit z.T. gegenstandslos geworden.

§ 4 a Abs. 3 Nr. 2 BauNVO begründet den Typus der sog. kerngebietstypischen Vergnügungsstätte. Dabei handelt es sich um Einrichtungen, die für ein allgemeines Publikum aus einem größeren Einzugsbereich vorgesehen sind und daher regelmäßig nur in Kerngebieten (§ 7 Abs. 2 Nr. 2 BauNVO) sowie ausnahmsweise in Gewerbegebieten (§ 8 Abs. 3 Nr. 3 BauNVO) zulässig sind. Als kerngebietstypisch werden z.B.

Spielhallen mit mehr als 100 m² Nutzfläche (BVerwG NVwZ 1991, 264; VGH Mannheim VBlBW 1992, 101; Lieber VBlBW 2011, 6; Worms NVwZ 2012, 280), großflächige Diskotheken, Nachtlokale und ähnliche Einrichtungen angesehen. Sonstige – also nicht kerngebietstypische – Vergnügungsstätten können außerdem in Mischgebieten (§ 6 Abs. 2 Nr. 8 und Abs. 3 BauNVO) und besonderen Wohngebieten (§ 4 a Abs. 3 Nr. 2 BauNVO) eingerichtet werden. In allen anderen Baugebieten sind Vergnügungsstätten generell unzulässig und zwar auch dann, wenn von ihnen keine Störung der Nachtruhe ausgeht (BVerwG NVwZ 1991, 266; BauR 2000, 1306 – Diskothek in Industriegebiet).

Der durch die BauGB-Novelle 2013 eingeführte § 9 Abs. 2 b BauGB ermächtigt die Gemeinde zur Aufstellung von Bebauungsplänen, die für den bisher nicht beplanten Bereich (§ 34 BauGB) die Zulässigkeit von Vergnügungsstätten generell oder auch nur bestimmter Arten von Vergnügungsstätten regeln. Die Vorschrift soll vor allem dazu dienen, die Zulässigkeit von Spielhallen einzuschränken.

ii) Stellplätze und Garagen

In allen Baugebieten dürfen nach § 12 BauNVO Stellplätze und Garagen angelegt **102** werden; in Wohngebieten beschränkt § 12 Abs. 2 BauNVO die Zahl der Stellplätze und Garagen im Interesse der Wohnruhe auf den durch die zugelassene Nutzung verursachten Bedarf (s. dazu Dürr BauR 1997, 7).

jj) Gebäude und Räume für freie Berufe

Nach § 13 BauNVO dürfen freiberuflich Tätige auch in Wohngebieten Räume – nicht **103** aber ganze Gebäude – zur Ausübung ihres Berufs nutzen; in anderen Baugebieten können auch ganze Gebäude für diesen Zweck verwandt werden. Diese Vorschrift trägt dem Umstand Rechnung, dass durch eine freiberufliche Tätigkeit i. d. R. keine wesentliche Störung des Wohnens verursacht wird. Freiberuflich tätig i.S.d. § 13 BauNVO sind Personen, welche persönliche Dienstleistungen erbringen, die auf individueller geistiger Leistung oder sonstiger vergleichbarer persönlicher Fertigkeit beruhen (BVerwGE 68, 324 = NVwZ 1984, 236: NVwZ 2001, 1284), z.B. Ärzte, Rechtsanwälte, Architekten, Krankengymnasten, Handels- und Versicherungsvertreter, Makler u. ä. Nach Ansicht des BVerwG fällt eine handwerkliche oder kaufmännische Tätigkeit grundsätzlich nicht unter § 13 BauNVO, selbst wenn sie keine Störungen der Umgebung bewirkt, wie dieses bei einer Schneiderwerkstatt der Fall wäre (eb. VGH Mannheim BauR 1986, 39 – Bräunungsstudio; OVG Lüneburg NVwZ-RR 1994, 487 – Herstellung von Software; OVG Münster BauR 2012, 59 – Fußpfleger). Damit der Wohncharakter von Wohngebieten nicht beeinträchtigt wird, verlangt das BVerwG (BVerwGE 68, 324 = NVwZ 1984, 236; NVwZ 2001, 1284) aber, dass weniger als die Hälfte des Gebäudes für freiberufliche Zwecke genutzt wird; zu berücksichtigen sind dabei aber nur die Flächen von Räumen, die als Aufenthaltsräume (§ 2 Abs. 7 LBO – s. dazu Rn. 235) genutzt werden können (OVG Lüneburg NVwZ-RR 2008, 22).

Daraus folgt, dass ein „Ärztehaus" in einem allgemeinen Wohngebiet nicht nach § 13 BauNVO zugelassen werden kann (BVerwG VBlBW 1997, 215 mit Anm. Dürr).

kk) Nebenanlagen

104 Nach § 14 BauNVO dürfen in allen Baugebieten außer den jeweils zulässigen Bauvorhaben auch Nebenanlagen errichtet werden; dieses sind Anlagen, die gegenüber
dem Hauptgebäude sowohl im Hinblick auf die Größenverhältnisse als auch im Hinblick auf ihre Funktion eine untergeordnete Bedeutung haben (BVerwG VBlBW 2000,
146; NVwZ 2004, 1244).

Bsp. a) (BVerwG NJW 1977, 2090): Eine Traglufthalle für ein privates Schwimmbad ist eine Nebenanlage zu einem Wohnhaus (eb. OVG Lüneburg BauR 2003, 218 für eine Schwimmhalle).

b) (BVerwG NJW 1986, 393): Ein privater Tennisplatz ist eine Nebenanlage zu einer großen Villa – s. aber auch VGH Mannheim NVwZ 1985, 767: Privatsportplatz ist keine Nebenanlage zu
Wohnhaus.

c) (BVerwG BauR 2000, 73): Ein kleines Gebäude zur Unterbringung von Brieftauben ist eine
Nebenanlage zum Wohnhaus.

Die Nebenanlage darf aber dem Charakter des Baugebiets nicht widersprechen (s.
dazu BVerwG NJW 1983, 2713 – Windenergieanlage in Wohngebieten; BVerwG
NVwZ-RR 1994, 309 – Ozelot-Haltung in Wohngebiet; VGH Mannheim BauR 1989,
697 – Hundezwinger im Wohngebiet).

Soweit eine Nebenanlage nicht die Voraussetzungen des § 14 BauNVO erfüllt, ist zu
prüfen, ob sie nach der für das Baugebiet maßgeblichen Vorschrift zugelassen werden kann (BVerwG BauR 1993, 315 – Werbeanlage an Wohnhaus).

b) § 15 BauNVO

105 Die BauNVO bedient sich bei der Bestimmung der Nutzungen, die nach §§ 2–9
BauNVO in den verschiedenen Baugebieten zulässig sind, zwangsläufig einer typi-
sierenden Betrachtungsweise, da in einer Rechtsnorm nicht auf die Besonderheiten
des Einzelfalls abgestellt werden kann (BVerwGE 68, 207 = NJW 1984, 572 und
BVerwGE 68, 342 = NJW 1984, 1768; NVwZ 2008, 786). Dies kann bei atypischer
Fallgestaltung zu unangemessenen Ergebnissen führen, die ein Abweichen von den
Bestimmungen der BauNVO verlangen. Zugunsten des Bauherrn kommt in einem
solchen Fall eine Befreiung nach § 31 Abs. 2 BauGB in Betracht. Zum Schutz der
Umgebung oder sonstiger öffentlicher Belange schreibt **§ 15 Abs. 1 S. 1 BauNVO**
vor, dass nach §§ 2–14 BauNVO grundsätzlich zulässige Anlagen im Einzelfall unzu-
lässig sind, wenn sie der **Eigenart des Baugebiets widersprechen. Sie sind ferner
nach § 15 Abs. 1 S. 2 BauNVO unzulässig, wenn sie unzumutbare Störungen der
Umgebung** hervorrufen bzw. selbst solchen Störungen ausgesetzt sind.

§ 15 Abs. 1 S. 1 BauNVO normiert damit den sich bereits aus §§ 2–9 BauNVO (jeweils Abs. 1) ergebenden **Baugebietswahrungs- bzw. Baugebietserhaltungsanspruch** (BVerwGE 116, 155; NVwZ 2012, 825; VGH Mannheim NVwZ 2010, 45;
Stühler BauR 2011, 1576).Die Eigenart des Baugebiets ergibt sich dabei aus der vorhandenen Bebauung im Baugebiet (BVerwGE 79, 308 = BauR 1988, 440; VGH
Mannheim NVwZ-RR 2010, 45; OVG Hamburg BauR 2009, 1556), insbesondere der
Größe der Gebäude (VGH München BauR 2008, 1556: großes Hotel in einem durch
kleine Wohngebäude und Fremdenbeherbergungsbetriebe geprägten Mischgebiet).

Bsp. a) (BVerwG NJW 1985, 1575): Ein Bordell kann wegen § 15 BauNVO im Gewerbegebiet
unzulässig sein.

b) (BVerwG NJW 1988, 3168): Ein Einzelhandelsgeschäft kann nach § 15 BauNVO in einem
Mischgebiet unzulässig sein, wenn dadurch der Anteil der gewerblichen Nutzung in dem Baugebiet auf 85 % erhöht wird und damit der Gebietscharakter als Mischgebiet in Frage gestellt
ist.

c) (BVerwG NVwZ 2012, 825): Ein Krematorium ist in einem Gewerbegebiet unzulässig.

Zur Ermittlung der nicht mehr zumutbaren Störungen nach § 15 Abs. 1 S. 2 BauNVO kann auf die immissionsschutzrechtlichen Regelungen, insbesondere die TA Lärm, zurückgegriffen werden (BVerwG BauR 2000, 234), die als normkonkretisierende Vorschriften für Behörden und Gerichte verbindlich sind (BVerwGE 145,145= NVwZ 2013,372). § 15 BauNVO ist letztlich eine gesetzliche Ausgestaltung des baurechtlichen Rücksichtnahmegebots (BVerwGE 98, 235 = NVwZ 1996, 379; BauR 2000, 234; VGH Mannheim VBlBW 2008, 273 – zum Rücksichtnahmegebot s. Rn. 295 ff.).

Bsp. (BVerwG NVwZ 1999, 298): Ein in einem allgemeinen Wohngebiet als Nebenanlage nach § 14 BauNVO grundsätzlich zulässiger Altglas-Container kann im Einzelfall wegen der Störung der Wohnruhe unzulässig sein.

§ 15 BauNVO ist als **Feinkorrektur des Bebauungsplans** bestimmt, kann also die Festsetzungen nur ergänzen. Dagegen ist die Vorschrift kein Mittel, um eine planerische Fehlentscheidung zu korrigieren (BVerwG NVwZ 1993, 987).

Bsp. (BVerwG BauR 1989,306): Ein Bebauungsplan, der unter Missachtung des Rücksichtnahmegebots neben einer vorhandenen Wohnbebauung einen großen Hotelkomplex mit Parkhaus vorsieht, kann nicht dadurch „gerettet" werden, dass die Genehmigung des Parkhauses wegen § 15 BauNVO abgelehnt wird.

§ 15 BauNVO bezieht sich nur auf §§ 2 ff. BauNVO, nicht auf §§ 16 ff. BauNVO, auch wenn in Abs. 1 vom Umfang des Bauvorhabens die Rede ist (BVerwG NVwZ 1995, 899). Damit wird lediglich darauf abgestellt, dass bei einigen Vorhaben, z.B. Vergnügungsstätten (vgl. oben Rn. 101) auch die Größe für die Zulässigkeit in bestimmten Baugebieten maßgeblich ist. Der VGH München (NVwZ-RR 2014,509) hat allerdings § 15 Abs. 1 BauNVO auch bei § 22 BauNVO herangezogen, ohne dies näher zu begründen.

c) Maß der baulichen Nutzung (§§ 16–21 a BauNVO)

Während die §§ 2 ff. BauNVO durch die Festsetzung von Baugebieten die Art der **106** baulichen Nutzung unmittelbar bestimmen, wenden sich die §§ 16 ff. BauNVO (s. dazu Heintz BauR 1990, 166) mit ihren Regelungen über das zulässige Maß der baulichen Nutzung zunächst an den Bebauungsplan-Normgeber, d.h. den Gemeinderat. Dieser kann nach § 16 Abs. 2 BauNVO durch die Festsetzung der Gebäudehöhe, der Zahl der Vollgeschosse, der Grundflächenzahl und der Geschossflächenzahl sowie – nur in Industriegebieten – der Baumassenzahl die bauliche Nutzung der Grundstücke im Geltungsbereich eines Bebauungsplans beschränken. Dabei schreibt § 16 Abs. 3 Nr. 1 BauNVO zwingend vor, dass die Grundfläche des Gebäudes festgelegt werden muss (BVerwG NVwZ 1996, 894; VGH München NVwZ 1997, 1016). Das Gleiche gilt nach Nr. 2 für die Gebäudehöhe, soweit ohne eine solche Festsetzung das Orts- oder Landschaftsbild beeinträchtigt wird (s. dazu Fickert/Fieseler BauNVO § 16 Rn. 42 ff.).

Die **Gebäudehöhe** kann als Firsthöhe (Höhe des Daches) oder Traufhöhe (Schnitt- **107** punkt der Außenwand mit dem Dach) festgesetzt werden. Wann ein Geschoss als Vollgeschoss gilt, ergibt sich nach § 20 Abs. 1 BauNVO aus den landesrechtlichen Vorschriften, in Baden-Württemberg aus § 2 Abs. 6 LBO. Danach sind **Vollgeschosse** solche Geschosse, die mehr als 1,40 m aus der im Mittel gemessenen Geländeoberfläche hinausragen und mindestens 2,30 m hoch sind. Für die Höhe ist maßgeblich die Distanz zwischen Oberkante Fußboden des unteren und des darüber liegenden Geschosses. Die im Mittel gemessene Geländeoberfläche ergibt sich aus der Höhenlage des Geländes an den Gebäudeecken (§ 2 Abs. 6 S. 2 LBO).

108 **Untergeschosse** zählen nur dann als Vollgeschosse, wenn sie mehr als 1,40 m über die Geländeoberfläche hinausragen. **Dachgeschosse** sind nach § 2 Abs. 6 S. 4 LBO nur Vollgeschosse, wenn sie über mehr als 3/4 der Grundfläche des darunter liegenden Vollgeschosses eine Höhe von 2,30 m aufweisen. Diese Regelung gestattet es einem geschickten Bauherrn – bzw. Architekten – auch bei einer Beschränkung der Zahl der Vollgeschosse im Bebauungsplan auf nur ein Geschoss praktisch drei zu Wohnzwecken nutzbare Geschosse anzulegen: Das Untergeschoss ragt nur 1,30 m aus der Geländeoberfläche auf; das Dachgeschoss wird nur mit einer Höhe von 2,20 m ausgestattet, was nach § 34 Abs. 1 LBO zur Anlage von Aufenthaltsräumen im Dachgeschoss ausreicht.

Bitte beachten: Die obigen Ausführungen zu den Anforderungen an ein Vollgeschoss gelten nach Ansicht des VGH Mannheim (VBlBW 1985, 99; NVwZ-RR 1999, 558; eb. OVG Berlin DVBl 1989, 1065; Sauter, LBO § 2 Rn. 83) nur für Bebauungspläne, die nach dem 1.1.1996, d.h. nach dem Inkrafttreten der neuen LBO (vgl. Rn. 5) erlassen worden sind; für ältere Bebauungspläne ist auf die Anforderungen des § 2 Abs. 5 LBO a.F. an Vollgeschosse abzustellen (a.M. allerdings VGH Kassel BauR 1985, 293). Es gelten insoweit dieselben Grundsätze wie bei § 1 Abs. 3 BauNVO (s. oben Rn. 94).

109 Das Bauvorhaben muss ferner die im Bebauungsplan festgesetzte **Grund- und Geschossflächenzahl** beachten; zur Bedeutung dieser Begriffe s. oben Rn. 79.

d) Bauweise und überbaubare Grundstücksfläche (§§ 22, 23 BauNVO)

110 Außerdem muss das Bauvorhaben der im Bebauungsplan festgesetzten **Bauweise** (s. dazu oben Rn. 80) entsprechen. Dabei bedeutet offene Bauweise allerdings nicht nur die Errichtung von Einzelhäusern. Auch Doppelhäuser und Hausgruppen bis 50 m Länge fallen nach § 22 Abs. 2 BauNVO noch unter den Begriff der offenen Bauweise. Ein Doppelhaus setzt begrifflich voraus, dass die beiden Haushälften durch eine Grundstücksgrenze getrennt werden (BVerwG NVwZ 2000, 1055). Ein nur auf einem Grundstück stehendes Gebäude mit zwei Haushälften ist daher kein Doppelhaus, sondern ein Einzelhaus. Ferner müssen die beiden Haushälften baulich so zusammenhängen und größenmäßig übereinstimmen, dass sie als Einheit in Erscheinung treten (BVerwG BauR 2012, 1218; NVwZ 2014, 370).

111 Schließlich kann das Bauvorhaben nur innerhalb der im Bebauungsplan festgesetzten **Baugrenzen** oder **Baulinien** (s. dazu oben Rn. 80) errichtet werden; dabei müssen auch unterirdische Bauteile innerhalb der Baugrenzen/Baulinien bleiben (so VGH München BRS 49 Nr. 172; Fickert/Fieseler BauNVO § 23 Rn. 12). Eine Ausnahme gilt allerdings nach § 23 Abs. 5 BauNVO für Nebenanlagen (s. oben Rn. 104) sowie für Anlagen, die in den Abstandsflächen zulässig sind (s. dazu Rn. 217). Diese können auch außerhalb der überbaubaren Flächen zugelassen werden.

112 Der Bebauungsplan enthält ferner i. d. R. neben den bauplanungsrechtlichen Festsetzungen auch noch eine Vielzahl gestalterischer Bestimmungen, die aufgrund von § 74 LBO in den Bebauungsplan aufgenommen werden (s. oben Rn. 81).

4. Ausnahmen und Befreiungen (§ 31 BauGB)

113 Nach § 31 Abs. 1 BauGB kann die Baurechtsbehörde im Einvernehmen mit der Gemeinde (§ 36 BauGB) **Ausnahmen** von den Festsetzungen des Bebauungsplans zulassen. Wenn § 31 Abs. 1 verlangt, dass die Ausnahme ausdrücklich im Bebauungsplan vorgesehen sein muss, so ist das missverständlich. Ausdrücklich vorgesehen sind auch die in dem jeweiligen Abs. 3 der §§ 2–9 BauNVO genannten Bauvorhaben, da diese Ausnahmeregelungen wegen § 1 Abs. 3 BauNVO automatisch Bestandteil des Bebauungsplans sind (BVerwG NVwZ 2000, 680; VGH München BauR 2008, 1108).

Im Bebauungsplan kann aber festgesetzt werden, dass nach §§ 2–9 BauNVO zulässige Ausnahmen ganz oder teilweise nicht Bestandteil des Bebauungsplans sind, d.h. nicht zulässig sind (§ 1 Abs. 6 Nr. 1 BauNVO). Ferner können ausnahmsweise zulässige Bauvorhaben für allgemein zulässig erklärt werden (§ 1 Abs. 6 Nr. 2 BauNVO).

Eine Ausnahme nach § 31 Abs. 1 BauGB ist noch von der Planungshoheit der Gemeinde erfasst und stellt damit eine Verwirklichung der Planungsvorstellungen der Gemeinde dar (BVerwGE 108, 190 = NVwZ 1999, 981; VGH Mannheim VBlBW 1995, 402; 1996, 24). Durch Entscheidungen nach § 31 Abs. 1 BauGB darf aber die Grundsatzentscheidung der Gemeinde über die zulässige Bebauung in dem maßgeblichen Gebiet nicht in Frage gestellt werden, d.h. die Ausnahme muss auch wirklich eine Ausnahme bleiben und nicht der Regelfall werden; § 31 Abs. 1 BauGB darf nicht dazu benutzt werden, de facto eine Bebauungsplanänderung vorzunehmen (BVerwG NVwZ 2002, 1118 u. 1384; VGH Mannheim a.a.O.; OVG Koblenz NVwZ-RR 2011, 849). Eine Ausnahme ist ferner nicht möglich, wenn das Bauvorhaben trotz formaler Ausnahmemöglichkeit mit der Eigenart des Baugebiets nicht zu vereinbaren ist – sog. Baugebietsunverträglichkeit.

Bsp. (BVerwG NVwZ 2012, 825): In einem Gewerbegebiet sind zwar nach § 8 Abs. 3 Nr. 2 BauGB Anlagen für kirchliche Zwecke als Ausnahme zulässig; ein Krematorium mit Abschiedsraum kann aber gleichwohl nicht genehmigt werden.

Eine **Befreiung** (s. dazu Schmidt-Eichstaedt NVwZ 1998, 571; Claus DVBl 2000, **114** 241) stellt nach § 31 Abs. 2 BauGB eine Abweichung von den Planungsvorstellungen der Gemeinde, wie sie im Bebauungsplan ihren Niederschlag gefunden haben, dar. Sinn dieser Vorschrift ist es, eine Einhaltung des Bebauungsplans nicht auch dort zu erzwingen, wo dieses wegen der besonderen Situation sinnlos wäre. Eine Befreiung ist nach § 31 Abs. 2 Halbs. 1 BauGB grundsätzlich nicht zulässig, wenn die **Grundzüge der Planung** berührt werden. Dieses ist der Fall, wenn von den die Planung tragenden Festsetzungen abgewichen werden soll (BVerwGE 133, 98 = NVwZ 2009, 1103; NVwZ 2011, 821; 2012, 821), das Bauvorhaben städtebauliche Spannungen verursachen würde (BVerwGE 117, 50 = NVwZ 2003, 478; NVwZ 2012, 825: Krematorium mit Abschiedsraum im Gewerbegebiet) oder bei einer Vielzahl anderer Grundstücke mit derselben Begründung eine Befreiung verlangt werden könnte (BVerwG NVwZ 1999, 1110; NVwZ 2000, 679). In diesem Fall ist zur Verwirklichung des Bauvorhabens eine Änderung des Bebauungsplans erforderlich (BVerwG NVwZ 1990, 556; BVerwG NVwZ 2012, 825). Mit den Grundzügen der Planung ist die dem Bebauungsplan zugrunde liegende städtebauliche Konzeption gemeint, nicht etwa die Planungskonzeption für die ganze Gemeinde (Ernst/Zinkahn/Bielenberg/Krautzberger § 31 Rn. 35; s. dazu im einzelnen Brügelmann/Gierke §§ 13 Rn. 27 ff.).

Während § 31 Abs. 2 BauGB 1987 noch ausdrücklich vorschrieb, dass die Befreiung nur im **Einzelfall** zulässig ist, enthält § 31 Abs. 2 BauGB 1998 diese Einschränkung nicht mehr. Nach den Gesetzesmaterialien (BT-Drucks. 13/6392 S. 56) soll dadurch erreicht werden, dass auch in mehreren Fällen eine Befreiung möglich ist; die Grenze für regelmäßige Befreiungen soll erst dann erreicht werden, wenn § 1 Abs. 3 BauGB eine förmliche Bebauungsplanänderung erforderlich macht (BVerwG BauR 2012, 900). Umstritten ist, ob eine Befreiung eine atypische Sondersituation voraussetzt, die nur bei einem oder wenigen Grundstücken vorliegt (s. dazu Hermann NVwZ 2004, 309; Dolderer NVwZ 1998, 568). Das BVerwG lässt dies bisher offen. Es stellt darauf ab, ob durch die Abweichung vom Bebauungsplan die Grundzüge der Planung berührt werden, was regelmäßig der Fall sein soll, wenn die Planungskonzeption des Bebauungsplans verlassen wird, insbesondere bei wesentlichen Festsetzungen in vielen anderen Fällen mit derselben Begründung eine Abweichung vom Bebauungsplan begehrt werden könnte (BVerwG NVwZ 1999, 1110; NVwZ 2000, 679; VGH Mannheim VBlBW 2007, 267);einzelne Festsetzungen des Bebauungsplans durch die Vielzahl möglicher Befreiungen faktisch außer kraft gesetzt würden (VGH Mannheim NVwZ-RR 2013,912), die Abweichung das „Grundgerüst" der Planung in erheblicher Weise berührt (BVerwG NVwZ 2011, 821) oder die Frage einer anderen Nutzung bereits bei der Aufstellung des Bebauungsplans erörtert und verneint wurde (VGH Mannheim NVwZ-RR 2013, 912).

Bsp. a) (VGH Mannheim VBlBW 2000, 78): Grundzüge der Planung werden berührt, wenn in einem Gewerbegebiet, das an ein Wohngebiet grenzt, eine Anlage zum Recycling von Bauschutt genehmigt wird, die eigentlich nur in einem Industriegebiet zugelassen werden kann.

b) (BVerwG BauR 2009, 78): Mobilfunkanlage in WR-Gebiet berührt Grundzüge der Planung, wenn der Gemeinderat ein „kompromissloses" WR-Gebiet wollte.

c) (OVG Hamburg BauR 2009, 1556): Grundzüge der Planung werden berührt, wenn statt der zulässigen 2 Wohnungen pro Gebäude ein Haus mit 5 Wohnungen errichtet werden soll.

115 Nach § 31 Abs. 2 Nr. 1 BauGB kann eine Befreiung gewährt werden, wenn **Gründe des Wohls der Allgemeinheit** dieses erfordern. Ein „Erfordern" ist nach der Rechtsprechung des BVerwG (BVerwGE 56, 71 = NJW 1979, 993; BVerwGE 138, 166 = NVwZ 2011, 748) dann zu bejahen, wenn aus Gründen des Allgemeinwohls vernünftigerweise eine Abweichung vom Bebauungsplan geboten ist; eine unabweisbare Notwendigkeit ist nicht erforderlich.

Bsp. a) (BVerwGE 56, 71 = NJW 1979, 989): Für den Betrieb eines Volksbildungsheims in Freiburg, das ein- bis zweiwöchige Veranstaltungen kultureller Art durchführt, kann eine Befreiung nach § 31 Abs. 2 Nr. 1 BauGB für die Einrichtung eines Bettentrakts im Anschluss an das Veranstaltungsgebäude erteilt werden, wenn die Kursteilnehmer in der Fremdenverkehrssaison Schwierigkeiten haben, eine Unterkunft zu angemessenen Preisen zu finden und der Bebauungsplan die Errichtung eines Anbaus nicht zulässt.

b) (BVerwG BauR 2004, 1124): Eine Mobilfunkanlage, die zur Gewährleistung des Telefonverkehrs erforderlich ist, dient dem öffentlichen Wohl.

Für eine Befreiung nach § 31 Abs. 2 Nr. 1 BauGB reicht es allerdings nicht aus, dass das Vorhaben dem öffentlichen Wohl dient. Es muss hinzukommen, dass gerade die Abweichung vom Bebauungsplan aus Gründen des öffentlichen Wohls geboten ist (Jäde/Dirnberger/Weiß § 31 Rn. 19). § 31 Abs. 2 BauGB begünstigt nicht nur Baumaßnahmen der öffentlichen Hand, sondern auch Vorhaben privater Träger, die dem Wohl der Allgemeinheit dienen (VGH Mannheim BRS 36 Nr. 182).

116 Die Befreiungsregelung des § 31 Abs. 2 Nr. 2 BauGB, wonach eine Befreiung zulässig ist, wenn ein Abweichen vom Bebauungsplan **städtebaulich vertretbar ist**, soll nach dem Willen des Gesetzgebers (BT-Drucks. 10/4630, 85) „Einengungen bei den Befreiungsmöglichkeiten beseitigen, die durch die bisherige Rechtsprechung entstanden sind". Vertretbar ist grundsätzlich jede Bebauung, die gemäß den Grundsätzen des § 1 Abs. 5–7 BauGB im Bebauungsplan hätte festgesetzt werden können (BVerwGE 108, 190 = NVwZ 1999, 981; BVerwGE 117, 50 = NVwZ 2003, 478; VGH Mannheim VBlBW 2007, 267 u. 385). Die Regelung ist heftig kritisiert worden (v. Feldmann/Groth DVBl 1986, 652; Dolderer NVwZ 1998, 567). In der Tat würde eine Regelung, bei der bereits die Vertretbarkeit der Abweichung eine Befreiung zulässt (so Krautzberger NVwZ 1987, 452; Lenz BauR 1987, 1; Schmidt-Eichstaedt DVBl 1989, 1), den Bebauungsplan in vielen Fällen praktisch zur Disposition der Verwaltung stellen. Es ist z.b. häufig vertretbar, wenn statt der vorgesehenen zwei Geschosse ein dreigeschossiges Bauwerk zugelassen, der vorgesehene Standort der Garage verlegt oder die festgesetzte Baugrenze überschritten wird; ebenso sind zahlreiche vertretbare Abweichungen von der Art der baulichen Nutzung denkbar.

Die erforderliche Einschränkung der Befreiungsmöglichkeit wird nach der Rechtsprechung des BVerwG (BVerwGE 117, 50 = NVwZ 2003, 478; VGH Mannheim VBlBW 2007, 385) durch das unter Rn. 114 dargestellte Erfordernis, dass die Grundzüge der Planung nicht berührt werden dürfen, in einer im Ergebnis durchaus praktikablen Weise erreicht. Diese Rechtsprechung führt allerdings dazu, dass nur die wesentlichen Festsetzungen des Bebauungsplans eingehalten werden müssen, während die weniger gewichtigen Festsetzungen weitgehend zur Disposition der Baurechtsbehörde stehen, wobei eine exakte Grenzziehung zwischen wesentlichen und unwesentlichen Festsetzungen kaum möglich ist.

Bsp. (VGH Mannheim NVwZ-RR 2014, 548): Kfz-Handel im WA-Gebiet ist städtebaulich vertretbar, wenn jährlich nur etwa 12 Fahrzeuge verkauft werden.

Eine Befreiung wegen **offensichtlich nicht beabsichtigter Härte** nach § 31 Abs. 2 **117** Nr. 3 BauGB ist zulässig, wenn das Grundstück wegen seiner besonderen Verhältnisse bei Einhaltung des Bebauungsplans nicht oder nur schwer bebaut werden kann und diese Beschränkung nicht durch die Zielsetzung des Bebauungsplans gefordert wird (BVerwGE 56, 71 = NJW 1979, 939; NVwZ 1991, 264; BauR 1990, 582; NJW 1991, 2783).

Bsp. (BVerwG BRS 22 Nr. 185): Ein Gewerbebetrieb befindet sich in einem reinen Wohngebiet; der Gewerbebetrieb war schon vor Aufstellung des Bebauungsplans vorhanden. Der Gewerbebetrieb ist zwingend auf die Errichtung eines weiteren Betriebsgebäudes angewiesen. Nach § 3 BauNVO ist aber der Bau von gewerblich genutzten Gebäuden unzulässig; hier ist eine Befreiung nach § 31 Abs. 2 Nr. 3 BauGB geboten, denn der Satzungsgeber wollte und konnte bei Aufstellung des Bebauungsplans nicht die Existenz des vorhandenen Gewerbebetriebs in Frage stellen (eb. OVG Lüneburg BauR 1987, 74 für die Aufstockung eines Wohngebäudes).

Eine Befreiung ist nicht möglich, wenn die Härte vom Gemeinderat beabsichtigt ist, etwa eine vom Grundstückseigentümer gewünschte Festsetzung ausdrücklich abgelehnt wurde (OVG Lüneburg NVwZ 1995, 914; OVG Münster NVwZ-RR 2005, 388).

Bsp. (OVG Lüneburg NVwZ 1995, 914): Wenn der Gemeinderat bei der Aufstellung eines Bebauungsplans für ein allgemeines Wohngebiet ausdrücklich die Fortführung einer Tankstelle auf den vorhandenen Gebäudebestand beschränkt, kann nicht im Wege einer Befreiung die Errichtung eines zusätzlichen Autopavillons zum Verkauf von Kraftfahrzeugen zugelassen werden.

Für die Zulässigkeit einer Befreiung sind jedoch nur objektive, grundstücksbezogene Umstände bedeutungsvoll, nicht dagegen die persönlichen oder wirtschaftlichen Verhältnisse des jeweiligen Bauherrn (BVerwG BauR 1988, 335; NVwZ 1991, 265; NJW 1991, 2783; BauR 1990, 582).

Ob eine offensichtlich nicht beabsichtigte Härte vorliegt, unterliegt voller verwaltungsgerichtlicher Kontrolle (BVerwGE 56, 71 = NJW 1979, 939).

Alle drei Alternativen des § 31 Abs. 2 BauGB erlauben nur dann eine Befreiung, **118** wenn die Abweichung auch unter Würdigung nachbarlicher Interessen mit den öffentlichen Belangen vereinbar ist. Eine Beeinträchtigung **öffentlicher Belange** durch das geplante Vorhaben kann nur im Rahmen einer Bebauungsplanänderung durch Abwägung aller betroffener Belange gelöst werden, nicht durch eine Einzelentscheidung nach § 31 Abs. 2 BauGB (BVerwGE 56, 71 = NJW 1979, 939). Soweit eine Bebauungsplanänderung zur Lösung städtebaulicher Konflikte erforderlich ist, scheidet also eine Befreiung nach § 31 Abs. 2 BauGB aus (BVerwGE 138, 166 = NVwZ 2011, 748).

Als „Faustregel" kann darauf abgestellt werden, ob das Vorhaben sich bei unterstellter Ungültigkeit des Bebauungsplans gemäß § 34 Abs. 1 BauGB in die nähere Umgebung einfügen würde (BVerwGE 117, 50 = NVwZ 2003, 478 – zur Frage des Einfügens s. Rn. 127 ff.). Öffentliche Belange werden außerdem beeinträchtigt, wenn das Vorhaben Planungsabsichten der Gemeinde oder anderer Planungsträger erschwert oder sogar vereitelt (BVerwGE 117, 50 = NVwZ 2003, 478; VGH Mannheim BauR 2007, 1687; OVG Münster BauR 2007, 1198).

Ferner sind die **nachbarlichen Interessen** zu würdigen; sie stehen aber einer Befreiung nicht von vornherein entgegen. Daher kommt eine Befreiung auch dann in Betracht, wenn der Nachbar durch die Abweichung stärker beeinträchtigt wird als durch ein dem Bebauungsplan entsprechendes Bauvorhaben (BVerwGE 56, 71). Der Interessenausgleich zwischen Bauherrn und Nachbarn hat unter Berücksichtigung der Grundsätze zum Gebot der Rücksichtnahme zu erfolgen (BVerwG BauR 1987, 70; VGH Mannheim NVwZ-RR 2014, 548 – s. dazu Rn. 295 ff.).

119 Auch wenn die Voraussetzungen des § 31 BauGB für eine Ausnahme oder eine Befreiung vorliegen, besteht nach der allgemein vertretenen Ansicht kein Rechtsanspruch auf eine Ausnahme oder Befreiung, vielmehr steht diese Entscheidung im **Ermessen** der Baurechtsbehörde und der Gemeinde (so für die Ausnahme: BVerwGE 26, 282 und 40, 268; NJW 1987, 969; OVG Koblenz NVwZ-RR 2011, 849; VGH München BauR 2008, 1108; NVwZ-RR 2007, 736; für die Befreiung: BVerwGE 56, 71 = NJW 1979, 939; BVerwGE 88, 191 = NJW 1991, 3293; BVerwGE 117, 50 = NVwZ 2003, 478; s. dazu im einzelnen Brügelmann/Dürr § 31 Rn. 21 und 55). Für die Einräumung einer Ermessensermächtigung spricht der Wortlaut des § 31 BauGB, wonach eine Ausnahme bzw. Befreiung erteilt werden „kann". Da die Festsetzungen eines Bebauungsplans eine Eigentumsbindung i.S. v. Art. 14 Abs. 1 S. 2 GG darstellen, ist es – anders als bei § 35 Abs. 2 BauGB (s. dazu unten Rn. 152) – auch aus verfassungsrechtlichen Gründen nicht geboten, das „kann" in ein „muss" umzudeuten.

Die Frage, ob bei § 31 BauGB ein Ermessen der Baurechtsbehörde gegeben ist, hat aber im Regelfall keine praktische Bedeutung, denn es lassen sich kaum sachgerechte Ermessenserwägungen für eine Versagung der Ausnahme oder Befreiung denken, wenn die Tatbestandsvoraussetzungen des § 31 BauGB vorliegen und weder der Normzweck noch Belange der Allgemeinheit oder der Nachbarn eine Einhaltung der Norm erfordern (BVerwGE 117, 50 = NVwZ 2003, 478; VGH Mannheim BauR 2003, 1526; BauR 2007, 1546).

Eine Ermessensreduzierung auf Null nimmt das BVerwG (BauR 1993, 51) an, wenn früher ein Bauantrag zu Unrecht abgelehnt wurde und er nunmehr wegen eines zwischenzeitlich in Kraft getretenen Bebauungsplans nicht mehr genehmigt werden kann; in diesem Fall soll unter dem Aspekt des Folgenbeseitigungsanspruchs ein Anspruch auf Befreiung bestehen, sofern eine Befreiung überhaupt rechtlich zulässig ist.

120 Über die Befreiung wird i. d. R. in der Baugenehmigung entschieden; die Befreiung kann jedoch auch nachträglich erteilt werden (VGH Mannheim NVwZ-RR 2014, 549). Nach § 58 **Abs. 1 S. 2 LBO** müssen Ausnahmen und Befreiungen ausdrücklich ausgesprochen werden. Dagegen ist ein ausdrücklicher Antrag des Bauherrn auf Befreiung nicht erforderlich (BVerwG NVwZ-RR 1990, 529; NVwZ 1993, 170).

5. Bauvorhaben im nichtbeplanten Innenbereich (§ 34 BauGB)

a) Abgrenzung Innenbereich – Außenbereich

Der Bereich des Gemeindegebiets, für den kein qualifizierter Bebauungsplan vor- **121** handen ist, wird von § 34 BauGB (Innenbereich) oder § 35 BauGB (Außenbereich) erfasst. Dabei ist der Außenbereich nicht unbedingt identisch mit der freien Landschaft, vielmehr umfasst der Außenbereich den gesamten nichtbeplanten Bereich, der nicht im Zusammenhang bebaut ist, d.h. wo die vorhandene Bebauung nicht als Ordnungs- und Regelungsfaktor für die Bebauung bisher nicht bebauter Grundstücke in Betracht kommt (BVerwGE 41, 227; BauR 1977, 403).

Bsp. (BVerwGE 41, 227): Die Bebauung eines etwa 7 ha großen, unbebauten Geländes in Köln, das auf allen Seiten von bebauten Gebieten bzw. Verkehrsanlagen umgeben ist, richtet sich nach § 35 BauGB, weil die umgebende Bebauung wegen der räumlichen Entfernung nicht in der Lage ist, prägend auf ein Bauvorhaben in der Mitte der freien Fläche zu wirken (sog. Außenbereich im Innenbereich; eb. BVerwG NJW 1977, 1978 für eine 6,5 ha große Freifläche inmitten des bebauten Gebiets; VGH Mannheim VBlBW 2006, 433 für eine aufgegebene Kasernenanlage im Stadtgebiet von Rastatt – s. dazu Manssen BauR 2008, 31; OVG Münster BauR 2010, 1543).

§ 34 BauGB kann demnach nur dort Anwendung finden, wo die vorhandene Bebauung einen **städtebaulichen Ordnungsfaktor** für zukünftige Bauvorhaben darstellt, so dass die städtebaulichen Belange des § 1 Abs. 5–7 BauGB gewahrt bleiben. Eine Bebauung nach § 34 BauGB scheidet dagegen aus, wenn die städtebauliche Ordnung wegen der Größe der freien Fläche nur durch Aufstellung eines Bebauungsplans gewahrt werden kann. § 34 BauGB ist kein Ersatzplan anstelle eines Bebauungsplans, sondern lediglich ein Planersatz, solange ein Bebauungsplan noch nicht aufgestellt worden ist (BVerwGE 62, 151 = NJW 1981, 2720; NVwZ2014, 515).

Ein im Zusammenhang bebauter **Ortsteil** i.S.d. § 34 BauGB setzt voraus, dass die **122** vorhandene Bebauung den **Eindruck der Geschlossenheit und Zusammengehörigkeit** erweckt und Ausdruck einer organischen Siedlungsstruktur ist (BVerwGE 31, 20; 75, 34 = NVwZ 1987, 406; NVwZ 2012, 1631; VGH Mannheim VBlBW 2007, 305; VBlBW 2011, 308; Urt. v. 20.3.2015 – 5 S 1047/14 – alle Entscheidungen sind lesenswert); die Ansiedlung muss nach der Zahl der vorhandenen Gebäude ein gewisses Gewicht haben. Zu letzterem Punkt lassen sich allerdings kaum feste Zahlenangaben machen, es kommt vielmehr auf die jeweiligen Verhältnisse in der betreffenden Landschaft an (BVerwG ZfBR 1984, 151; VGH Mannheim VBlBW 2007, 305).

Das **städtebauliche Gewicht** eines Ortsteils muss nach der Zahl der Gebäude und der Bebauungsdichte jedenfalls über das einer Splittersiedlung gemäß § 35 Abs. 3 Nr. 7 BauGB hinausgehen (BVerwG NVwZ-RR 2001, 83; VGH Mannheim VBlBW 2007, 305; VBlBW 2011, 308). Maßgeblich sind dabei nur die vorhandenen Gebäude; das gilt auch für materiell-rechtswidrige oder sogar ungenehmigte Bauten, sofern die Baurechtsbehörde diesen Zustand duldet (OVG Münster NVwZ-RR 1993, 400).

Das BVerwG hat bei 4 Gebäuden einen im Zusammenhang bebauten Ortsteil verneint (BauR 1977, 396; 1994, 495), ebenso bei 6 Gebäuden in einem dünn besiedelten Gebiet (NVwZ-RR 1994, 371; a.M. aber VGH Mannheim VBlBW 2011, 308: 5–6 Gebäude können ausreichen). Der VGH Mannheim hat bei 7 teils für Wohnzwecke, teils für landwirtschaftliche Zwecke genutzten Gebäuden eine Anwendung des § 34 BauGB abgelehnt (VGH Mannheim NuR 1993, 322); bei 5 Wohn- und 5 landwirtschaftlichen Gebäuden sowie einem Gasthaus dagegen bejaht (VGH Mannheim BauR 1984, 496), ebenso bei 9 Wohngebäuden mit Nebengebäuden und einer

Straußenwirtschaft (VGH Mannheim BauR 2004, 1914) sowie bei 12 Wohngebäuden (VGH Mannheim BauR 1987, 59); andererseits aber bei 11 Wohngebäuden einen Ortsteil verneint (VGH Mannheim VBlBW 1997, 342). Die angeführten Beispiele zeigen, dass die „quantitative Schwelle" für einen Ortsteil bei etwa 8 Gebäuden liegt, wobei dieser Wert lediglich einen groben Anhaltspunkt darstellen kann. Unberücksichtigt bleiben Gebäude, die nicht für einen ständigen Aufenthalt bestimmt sind, z.B. Scheunen oder Ställe sowie Freizeitanlagen (BVerwG BauR 2000, 1310; NVwZ 2001, 70; VGH Mannheim VBlBW 2011, 308).

123 In jedem Fall ist aber Voraussetzung für § 34 BauGB, dass die Bebauung nicht völlig regel- und systemlos erfolgt sein darf, sondern eine **funktionsbedingte organische Siedlungsstruktur** vorhanden ist; das BVerwG hat 30 wahllos in die Landschaft gestreute Gebäude nicht als im Zusammenhang bebauten Ortsteil angesehen (BVerwG BauR 1976, 185). Eine homogene Bebauung ist aber nicht erforderlich, auch eine bandartige einzeilige Bebauung entlang einer Straße kann ein Ortsteil sein (VGH Mannheim VBlBW 2011, 308).

124 Auch wenn ein im Zusammenhang bebauter Ortsteil vorliegt, bleibt häufig zweifelhaft, wo dieser endet, wenn die Bebauung nach außen hin allmählich ausläuft. Um derartige Zweifel zu beseitigen, können die Gemeinden nach § 34 Abs. 4 Nr. 1 BauGB die Abgrenzung Innenbereich – Außenbereich durch Satzung regeln (s. dazu Hansen DVBl 1986, 1044; Dyong ZfBR 1982, 109).

Eine solche **Klarstellungssatzung** (früher auch als Abgrenzungssatzung bezeichnet) hat nach einer viel vertretenen Rechtsansicht (BVerwG BauR 2011, 226; VGH Mannheim VBlBW 1993, 379; OVG Bautzen NVwZ-RR 2001, 1070; OVG Berlin NVwZ-RR 2012, 152; Battis/Krautzberger/Löhr § 34 Rn. 64) nur deklaratorische Bedeutung, begründet also nicht die Innen- bzw. Außenbereichsqualität eines Grundstücks; maßgeblich soll letztlich die jeweilige tatsächliche Grundstückssituation sein. Dem kann nicht zugestimmt werden. Eine reine deklaratorische Abgrenzungssatzung wäre überflüssig, außerdem gibt es keine rein deklaratorisch wirkende Rechtsnorm (VGH München BayVBl. 1993, 573; Jeand'Heur NVwZ 1995, 1174; Schink DVBl 1999, 367). Mit einer nur deklaratorischen Wirkung ist die Annahme, die Klarstellungssatzung lege die Abgrenzung Innenbereich/Außenbereich verbindlich fest (so BVerwG BauR 2011, 226; OVG Berlin NVwZ-RR 2012, 152), nicht zu vereinbaren – wegen der in § 34 Abs. 4 genannten Entwicklungs- und Ergänzungssatzungen s. unten Rn. 134 ff.

125 Solange eine solche Satzung nicht ergangen ist, **endet der Innenbereich** unabhängig vom Verlauf der Grundstücksgrenzen (BVerwGE 35, 256; BauR 1989, 60) unmittelbar hinter dem letzten Haus des im Zusammenhang bebauten Ortsteils (BVerwG NVwZ-RR 1992, 227; BauR 2000, 1310; VGH Mannheim VBlBW 2014, 183); dies gilt auch bei landwirtschaftlich (§ 201 BauGB) genutzten Gebäuden am Ortsrand (BVerwG BauR 2007, 1383). Der Innenbereich erstreckt sich dabei auch noch auf die hinter dem Haus gelegene Hof- und Gartenfläche; dort sind allerdings keine Hauptgebäude, sondern nur noch Nebenanlagen zulässig (BVerwG BauR 1989, 60; VGH Kassel NVwZ-RR 2005, 686; OVG Koblenz NVwZ-RR 2005, 603). Maßgebend sind dabei nur tatsächlich vorhandene Gebäude, nicht dagegen zwar genehmigte, aber noch nicht errichtete Bauvorhaben (BVerwGE 35, 256; BauR 1993, 445; BauR 2000, 1171). Der Bebauungszusammenhang endet aber stets an der **Gemeindegrenze**, bebaute Grundstücke auf der Nachbargemarkung bleiben unberücksichtigt (BVerwGE 27, 137 und 28, 268; NVwZ-RR 2001, 83 – s. dazu Seibel BauR 2006, 1242). Unberücksichtigt bleiben ferner bauliche Anlagen, die optisch praktisch nicht

in Erscheinung treten (BVerwG NVwZ 2012, 1631 – Stellplatz; BauR 1993, 303 – befestigter Reitplatz; BauR 2000, 1171 – Tennisplatz; NVwZ 2001, 70 – Sportplatz; NVwZ 2012, 1631 – Lagerplatz; VGH Mannheim VBlBW 1996, 381 – kleiner Schuppen; NVwZ-RR 2000, 481 – Bocciabahn).

Eine Fläche, die unmittelbar an das letzte vorhandene Gebäude des Innenbereichs anschließt, zählt bereits zum Außenbereich (BVerwG NVwZ-RR 1998, 156). Etwas anderes gilt nur, wenn das Grundstück bebaut war und das neue Bauvorhaben als Ersatz für das frühere Gebäude anzusehen ist; dabei muss allerdings ein gewisser zeitlicher Zusammenhang zwischen dem Untergang des alten Bauwerks und dem Neubau bestehen (BVerwG BauR 2000, 1171; NVwZ 1999, 524; OVG Münster BauR 2006, 959). Dieser zeitliche Zusammenhang kann sogar nach zwölf Jahren noch gegeben sein, wenn die Wiederbebauung sich wegen Verhandlungen mit der Gemeinde über die zukünftige bauliche Nutzung des Grundstücks verzögert (so BVerwGE 75, 34 = NVwZ 1987, 406).

Der Bebauungszusammenhang wird durch sog. **Baulücken**, d.h. einzelne unbebaute oder der Bebauung entzogene Grundstücke (Sportplatz, Parkanlage, Felsen) nicht unterbrochen, soweit der Eindruck der Geschlossenheit und Zusammengehörigkeit erhalten bleibt (BVerwGE 31, 20 und 35, 256; NVwZ 1997, 899; VGH Mannheim NVwZ 2012, 1631). Etwas anderes gilt aber dann, wenn die Baulücke so groß ist, dass die vorhandene Bebauung keinen prägenden Einfluss auf die Bebauung der Baulücke ausüben kann (BVerwGE 41, 227; VGH Mannheim NVwZ-RR 2014, 931). Für die Ausnahme einer Baulücke gibt es keine festen Werte, es kommt insoweit auf die konkreten Verhältnisse im Einzelfall an (VGH Mannheim NVwZ-RR 2014, 931: Keine Faustregel, dass bei 3–4 Bauplätzen noch eine Baulücke vorliegt). Bei einer Distanz von 100 m wurde eine Baulücke verneint (VGH Mannheim NVwZ-RR 2014, 931), bei 90 m demgegenüber bejaht (VGH Mannheim BauR 1987, 59; BauR 1992, 45; BauR 2004, 548). **126**

Das BVerwG (BVerwGE 55, 369 = BauR 1978, 276; NVwZ 2012, 1631) macht jedoch eine Ausnahme von dem Grundsatz, dass der Außenbereich unmittelbar hinter dem letzten Haus des Innenbereichs beginnt, für den Fall, dass sich hinter dem letzten Haus bzw. der Häuserreihe noch eine unbebaute Fläche anschließt, die ihrerseits deutlich durch natürliche Hindernisse, etwa eine Böschung (BVerwG BauR 2009, 216; VGH Mannheim BauR 1990, 576), einen Fluss (BVerwG BauR 2000, 1310), Eisenbahn oder Weg von der freien Landschaft abgegrenzt ist, so dass diese freie Fläche bei natürlicher Betrachtungsweise noch als Teil des Innenbereichs erscheint.

b) Das Einfügen in die nähere Umgebung

Die Zulässigkeit eines innerhalb des Bebauungszusammenhangs gelegenen Bauvorhabens bestimmt sich nach § 34 Abs. 1 u. 2 BauGB. Dabei ist § 34 Abs. 2 BauGB zuerst zu prüfen, sofern sich die Umgebung des Bauvorhabens in den Baugebietskatalog der §§ 2 ff. BauNVO einordnen lässt (BVerwG NVwZ 1995, 897; 2000, 1050) – s. dazu Rn. 133. **127**

Nach § 34 Abs. 1 BauGB ist ein Vorhaben zulässig, wenn es sich nach Art und Maß der baulichen Nutzung, Bauweise und überbauter Grundstücksfläche in die Eigenart der näheren Umgebung einfügt (vgl. BVerwG BauR 2007, 514), die Erschließung gesichert ist, die Anforderungen an gesunde Wohn- und Arbeitsverhältnisse gewahrt bleiben und das Ortsbild nicht beeinträchtigt wird.

Wie weit der Bereich der für eine Beurteilung maßgeblichen **näheren Umgebung** zu ziehen ist, richtet sich jeweils nach dem Einwirkungsbereich des Vorhabens auf seine Umgebung (BVerwGE 55, 369 = BauR 1978, 276; BVerwGE 62, 151 = NJW 1981, 2770; BVerwGE 84, 322 = NVwZ 1990, 755); demnach ist der maßgebliche Bereich bei einem immissionsträchtigen Gewerbebetrieb wesentlich größer als bei einem Wohngebäude (Ernst/Zinkahn/Bielenberg/Krautzberger § 34 Rn. 46).

128 § 34 Abs. 1 BauGB lässt ein Bauvorhaben nur zu, wenn es sich in die vorhandene Bebauung einfügt. Das Einfügungsgebot beschränkt sich auf die in § 34 Abs. 1 BauGB genannten Kriterien (vgl. Rn. 127). Auf sonstige in § 34 Abs. 1 BauGB nicht genannte Kriterien kommt es nicht an (z.B. Dachform, Firstrichtung).

Bsp. a) (OVG Koblenz NVwZ 1994, 699): Die Zahl der Wohnungen ist für § 34 Abs. 1 BauGB irrelevant.

b) (VGH Mannheim VBlBW 2001, 60): Der Ausbau des Dachgeschosses spielt für das Einfügen keine Rolle. Anders ist es aber, wenn durch Dachaufbauten (Dachgiebel) das Maß der baulichen Nutzung in einer nach außen sichtbaren Weise erhöht wird (BVerwG NVwZ 1994, 1006; OVG Lüneburg NVwZ-RR 2006, 526; VGH Mannheim VBlBW 2001, 60).

Einfügen bedeutet nach der grundlegenden Entscheidung des BVerwG (BVerwGE 55, 369 = NJW 1978, 2564; eb. BVerwGE 67, 23 = NJW 1983, 2713; NVwZ 2014, 1246), dass das Bauvorhaben den durch die vorhandene Bebauung gebildeten **Rahmen nicht überschreiten** darf.

Bsp. (BVerwGE 55, 369): Ist in der Umgebung eine zwei- bis viergeschossige Bebauung vorhanden, dann kann das zu errichtende Bauwerk 2, 3 oder 4 Geschosse aufweisen, ein eingeschossiges oder fünfgeschossiges Gebäude ist demgegenüber unzulässig.

Ein Überschreiten des Rahmens ist ausnahmsweise unschädlich, wenn dadurch die „städtebauliche Harmonie" nicht beeinträchtigt wird, d.h. **keine städtebaulichen Spannungen** begründet oder vorhandene Spannungen verstärkt werden (BVerwG NVwZ 1999, 524; NVwZ-RR 1996, 275). So kann sich ein fünfgeschossiges Gebäude noch in eine zwei- bis viergeschossig bebaute Umgebung einfügen, wenn es in einer Bodensenke errichtet werden soll. Eine in der näheren Umgebung nicht noch einmal vorhandene bauliche Anlage kann sich gleichwohl einfügen i.S.d. § 34 Abs. 1 BauGB, wenn sie keine städtebaulichen Spannungen hervorruft (BVerwGE 67, 23 = NJW 1983, 2713 – Windenergieanlage; BauR 1994, 81; NVwZ 1995, 698; BauR 1999, 373 – Kurhaus). Umgekehrt kann trotz des Einhaltens des Rahmens die städtebauliche Harmonie gestört werden – das BVerwG spricht von „Unruhe stiften" bzw. „die vorgegebene Situation belasten, stören oder verschlechtern" –, wenn etwa bei zwei- bis viergeschossiger Bauweise ein viergeschossiges Gebäude errichtet wird, das statt der üblichen 2,70 m pro Geschoss eine Geschosshöhe von 3,5 m aufweist. Das Gleiche gilt, wenn das Vorhaben sich – noch – einfügt, aber eine sog. **negative Vorbildwirkung** entfaltet, indem es andere gleichartige Vorhaben nach sich zieht und so die Situation „zum Umkippen" bringt (BVerwGE 44, 302; NJW 1980, 605; 1981, 473).

Bsp. a) (BVerwG NJW 1981, 139): Die Errichtung einer Schweinemastanstalt kann in einem Dorfgebiet unzulässig sein, wenn zu erwarten ist, dass weitere Landwirte diesem Beispiel folgen werden.

b) (BVerwG NVwZ 1995, 698): Eine Spielhalle fügt sich in einen bisher mit Wohn- und Geschäftshäusern bebauten Bereich nicht ein, wenn mit der Ansiedlung weiterer Spielhallen und damit dem sog. trading-down-Effekt zu rechnen ist.

Zur Auslegung des Begriffs des Einfügens kann auch auf die **BauNVO** als sachverständige Konkretisierung städtebaulicher Planungsgrundsätze abgestellt werden (so BVerwGE 32, 31; NVwZ 1987, 884; BauR 2011, 222). Dieses bezieht sich aber vor allem auf die §§ 2 ff. BauNVO, während die Höchstwerte des § 17 BauNVO nicht maßgeblich sind (BVerwG BauR 2014, 1126). Es kommt nämlich für das Einfügen nicht auf die Grundstücksgrenzen an; maßgeblich ist der tatsächliche Gesamteindruck (BVerwG BauR 1989, 60; 2014, 1126). Dem abstrakten Maß der baulichen Nutzung (Geschossflächenzahl, Grundflächenzahl) kommt daher keine Bedeutung zu; letztlich entscheidend sind die optisch wahrnehmbaren Umstände, insbes. die Größe des Gebäudes im Verhältnis zur umgebenden Bebauung (BVerwGE 95, 277 = NVwZ 1994, 1006; BauR 2007, 514, 2014, 1126).

Bei der Ermittlung der Eigenart der näheren Umgebung bleiben sog. „**Fremdkörper**" außer Betracht. Hierunter versteht man ein Gebäude, das völlig aus dem Rahmen der sonst vorhandenen Bebauung fällt (BVerwGE 84, 322 = NVwZ 1990, 755; BVerwG BauR 2007, 672 –Bauunternehmen im Wohngebiet; OVG Koblenz NVwZ-RR 2013, 1627: große Eisdiele in Wohnbebauung). Diese Einschränkung ist aber nur bei Extremfällen anwendbar. Ein Fremdkörper ist auch bei einem nur vereinzelt vorkommenden Vorhaben nicht anzunehmen, wenn dieses infolge seiner Größe die Eigenart des Baugebiets mitprägt (BVerwGE 84, 322).

Im Rahmen des Einfügens kommt dem **Gebot der Rücksichtnahme** (s. dazu Rn. **129** 301) eine besondere Bedeutung zu. Ein Bauvorhaben, das auf die vorhandene Umgebung nicht die gebotene Rücksicht nimmt, fügt sich nicht gemäß § 34 Abs. 1 BauGB ein, auch wenn im Übrigen alle oben angegebenen Merkmale des Einfügens gegeben sind (BVerwG NVwZ-RR 1997, 516; NVwZ 1999, 524). Das Gebot der Rücksichtnahme soll vor allem die unmittelbare Nachbarschaft schützen (BVerwG NJW 1981, 139; BauR 2011, 222).

Bsp. a) (BVerwG DÖV 1981, 673): Zwölfgeschossiges Gebäude verletzt wegen seiner „erdrückenden" Wirkung das Gebot der Rücksichtnahme gegenüber benachbarten Gebäuden mit nur zwei bis drei Geschossen (eb. VGH Mannheim NVwZ-RR 2008, 159).

b) (BVerwG BauR 1986, 61): Kegelbahn verletzt das Gebot der Rücksichtnahme in einem reinen Wohngebiet.

c) (BVerwG DVBl 1986, 1172): Eine zwölf Meter hohe Siloanlage unmittelbar an der Grenze verstößt gegen das Gebot der Rücksichtnahme.

d) (VGH Kassel NVwZ-RR 1996, 306): Das Überschreiten der faktischen hinteren Baulinie einer Reihenhausanlage durch Errichtung eines Anbaus ist wegen des „Scheuklappeneffekts" rücksichtslos gegenüber den Bewohnern des benachbarten Reihenhauses; insoweit wird auch von „Einmauerung" oder „Gefängnishofsituation" gesprochen (VGH Mannheim NVwZ-RR 2005, 89).

e) (VGH Mannheim BauR 2011, 1464): Die Errichtung einer kirchlichen Aussegnungshalle neben einem Wohngebiet verstößt gegen das Rücksichtnahmegebot.

Das Gebot der Rücksichtnahme schützt aber nicht nur die Wohnbevölkerung vor Immissionen und sonstigen Beeinträchtigungen, sondern schützt umgekehrt auch den Inhaber eines Gewerbebetriebs davor, dass er infolge heran rückender Wohnbebauung immissionsschutzrechtlichen Einschränkungen ausgesetzt sein könnte (BVerwG NVwZ 1993, 1184; BauR 2002, 432; OVG Münster NVwZ-RR 1998, 357).

Bsp. (BVerwG ZfBR 1986, 45): Die Errichtung von Wohnhäusern in der Nachbarschaft einer Schwermetall-Gießerei ist rücksichtslos.

Dabei ist auf eine Erweiterungsabsicht des Gewerbebetriebs nur dann Rücksicht zu nehmen, wenn diese bereits im vorhandenen Baubestand angelegt ist; auf lediglich genehmigte, aber noch nicht ausgeführte Vorhaben braucht nicht Rücksicht genommen zu werden (BVerwG DVBl 1993, 445).

Dem Gebot der Rücksichtnahme kommt vor allem in sog. **Gemengelagen** Bedeu- **130** tung zu (zur Gemengelage s. Dolde DVBl 1983, 732; Ziegert BauR 1984, 15 u. 138).

Gemengelagen sind gekennzeichnet durch das Nebeneinander bzw. sogar Durcheinander von Nutzungsarten, die nicht miteinander harmonisieren, insbesondere Wohnbebauung einerseits, gewerbliche Nutzung andererseits. Die Pflicht zur Rücksichtnahme bedeutet hier, dass der Inhaber eines Wohnhauses einerseits höhere Immissionen und sonstige Beeinträchtigungen hinnehmen muss als in Wohngebieten, andererseits der Gewerbetreibende sich weiter gehende Einschränkungen gefallen lassen muss als in einem Gewerbe- oder sogar Industriegebiet (BVerwG NVwZ 1984, 511 und 646). Das BVerwG hält wegen des Gebots der Rücksichtnahme bei der Festsetzung der zulässigen Immissionswerte eine Mittelwertbildung für geboten, d.h. Grenzwerte, die zwischen denen für Wohn- bzw. Gewerbegebiete liegen (BVerwGE 50, 49; NVwZ 1983, 609; VGH München NVwZ-RR 1990, 549).

Vergleichbare Probleme, die durch eine Heranziehung des Rücksichtnahmegebots gelöst werden müssen, entstehen auch bei der Nachbarschaft von Wohnbebauung und **Sportanlagen** (s. dazu BVerwGE 81, 197 = NJW 1989, 1291; BVerwGE 109, 246 = NVwZ 2000, 1050;VGH Mannheim VBlBW 2013,61; Uechtritz NVwZ 2000, 1006; Stühler BauR 2006, 1671) sowie bei der Nachbarschaft von Wohnbebauung und **Intensiv-Tierhaltung** (s. dazu BVerwG NJW 1981, 319; NVwZ 1987, 884; DVBl 1993, 652; VGH Mannheim NVwZ-RR 1996, 2); weitere Nachweise bei Brügelmann/ Dürr § 34 Rn. 57 ff..

131 § 34 Abs. 1 BauGB verlangt ferner, dass die Anforderungen an **gesunde Wohn- und Arbeitsverhältnisse** (s. dazu § 136 Abs. 3 BauGB) gewahrt bleiben und das **Ortsbild** nicht beeinträchtigt wird. Diese Anforderungen haben eine eigenständige Bedeutung neben dem Einfügen in die vorhandene Bebauung (BVerwG NVwZ 1991, 51; VGH Mannheim DÖV 1990, 160; VGH Kassel BauR 2009, 1260). Eine Beeinträchtigung des Ortsbilds ist insbesondere gegeben, wenn ein Gebäude sich hinsichtlich seiner äußeren Gestaltung deutlich von der Umgebung unterscheidet und deren Erscheinungsbild negativ beeinflusst, wobei der maßgebliche Bereich weiter reicht als beim Einfügen (BVerwG NVwZ 2000, 1169). Gesunde Wohn- und Arbeitsverhältnisse sind nicht mehr gegeben, wenn das Gebäude städtebauliche Missstände aufweist, wobei nur Mindestanforderungen verlangt werden können; das Überschreiten der Immissionsgrenzwerte reicht dafür nicht aus (VGH Kassel BauR 2009, 1260).

Zur Wahrung gesunder Wohn- und Arbeitsverhältnisse soll auch die Einhaltung der nach der **SEVESO II-RL** der EU erforderlichen Abstände zu Betrieben mit einem hohen Störfallpotential gehören (so OVG Münster BauR 2012, 1090; Schmitt/Kreutz NVwZ 2012, 484; Reidt UPR 2011, 448). Der EuGH (BauR 2012, 1937) hat entschieden, dass die SEVESO II-RL nicht nur bei der Bauleitplanung, sondern auch bei rechtlich gebundenen Entscheidungen nach §§ 34, 35 BauGB zu beachten ist. Die rechtliche Einordnung der SEVESO II-RL in § 34 Abs. 1 BauGB bereitet Schwierigkeiten, weil der nach der SEVESO II-RL bestehende Beurteilungsspielraum der Behörde (vgl. auch § 50 S. 1 BImSchG) mit der rechtlichen Bindung der Baurechtsbehörde nach §§ 34, 35 BauGB eigentlich nicht zu vereinbaren ist (s. dazu Uechtritz BauR 2012, 1039). Das BVerwG (NVwZ 2013, 719 mit Anm. Uechtritz; Koch/Wells NVwZ 2015,633) leitet die Verpflichtung zur Beachtung der SEVESO II-RL aus dem Gebot der Rücksichtnahme ab, wobei der Baurechtsbehörde bei der Bemessung des „angemessenen Abstands" kein Beurteilungsspielraum eingeräumt wird.

132 Durch das EAG Bau 2004 wurde **§ 34 Abs. 3 BauGB** neu geschaffen. Die Vorschrift untersagt die Errichtung von Vorhaben, die **schädliche Auswirkungen auf zentrale Versorgungsbereiche** in der Gemeinde selbst oder in Nachbargemeinden erwarten

lassen (s. dazu BVerwGE 129, 307 = NVwZ 2008, 308; NVwZ 2010, 587 u. 590; VGH Mannheim BauR 2012, 905; VBlBW 2012, 381; Uechtritz NVwZ 2007, 660; Terwiesche NVwZ 2010, 553). Sie hat vor allem Bedeutung für Einkaufszentren und großflächige Einzelhandelsbetriebe und stellt eine § 11 Abs. 3 BauNVO (s. dazu oben Rn. 100) vergleichbare Regelung dar. § 11 Abs. 3 BauGB ist allerdings nach der Rechtsprechung des BVerwG (NVwZ 2010, 590; NVwZ 2009, 779) bei § 34 Abs. 3 BauGB weder direkt noch mittelbar anwendbar. Zweck der Vorschrift ist es, die sog. Fernwirkungen von Einkaufszentren und großen Einzelhandelsbetrieben auf die Infrastruktur der Gemeinde selbst oder der Nachbargemeinden zu berücksichtigen. Diese Belange werden durch das Einfügungsgebot des § 34 Abs. 1 BauGB nicht erfasst, weil diese Vorschrift nur auf die nähere Umgebung abstellt. Unter den Begriff des zentralen Versorgungsbereichs fallen nicht nur tatsächlich vorhandene Bereiche dieser Art, sondern auch solche, die in Bauleitplänen als solche Bereiche ausgewiesen sind (BVerwGE 129, 307 = NVwZ 2008; NVwZ 2009, 781). Nach den Gesetzesmaterialien (BT-Drucks. 15/2250 S. 33) soll ein zentraler Versorgungsbereich auch dann vorliegen, wenn er in einem Entwicklungskonzept oder einer sonstigen städtebaulichen Planung (vgl. § 1 Abs. 6 Nr. 11 BauGB – i. d. R. als Marktkonzept oder Zentrenkonzept bezeichnet) ausgewiesen ist. Dies wird jedoch überwiegend abgelehnt (BVerwG BauR 2012, 760; zum Meinungsstand s. Terwiesche NVwZ 2010, 552). Denn ein Markt- oder Zentrenkonzept ist keine Satzung und daher für den Bürger nicht rechtsverbindlich.

Ein **zentraler Versorgungsbereich** ist ein räumlich abgegrenzter Bereich mit Einzelhandelsbetrieben, Dienstleistungsbetrieben und Gaststätten mit einer über den unmittelbaren Nahbereich hinausgehenden Versorgungsfunktion (BVerwGE 129, 307 = BauR 2008, 315; NVwZ 2010, 590). Eine Beeinträchtigung eines zentralen Versorgungsbereichs ist anzunehmen, wenn die Versorgungsfunktion nicht oder nur noch eingeschränkt wahrgenommen werden kann (BVerwGE 129, 307 = NVwZ 2008, 308; NVwZ 2010, 587 und 590). Ob dies der Fall ist, wird i. d. R. durch ein Marktgutachten, in dem der Kaufkraftverlust prognostiziert wird, ermittelt (BVerwGE 129, 307 = NVwZ 2008, 308; NVwZ 2010, 587 und 590). Daneben kann auch ein Vergleich der Verkaufsfläche im zentralen Versorgungsbereich mit der Verkaufsfläche des geplanten Einzelhandelsbetriebs ein Indiz für schädliche Auswirkungen sein; ferner kann auf die räumliche Entfernung, die Preisgestaltung und sogar auf die Parkmöglichkeiten abgestellt werden (so BVerwG BauR 2012, 760; VGH München BauR 2012, 911; VGH Mannheim VBlBW 2012, 381).

c) § 34 Abs. 2 BauGB i. V. m. §§ 2–11 BauNVO

Soweit die nähere Umgebung einem der in §§ 2–10 BauNVO angeführten Baugebiete entspricht, kommt es hinsichtlich der Art der baulichen Nutzung nach § 34 Abs. 2 BauGB allein darauf an, dass das Vorhaben nach §§ 2–15 BauNVO in dem jeweiligen Baugebiet zulässig ist (BVerwG NVwZ 1990, 557; 2000, 1050). Die Verweisung in § 34 Abs. 2 BauGB auf die BauNVO ist eine sog. dynamische Verweisung, d.h. es ist die jeweils gültige Fassung der BauNVO heranzuziehen (BVerwG NVwZ 2000, 1050). Ausgenommen von der Heranziehung der §§ 2 ff. BauNVO wird allerdings § 4 a BauNVO, da die Festsetzung eines besonderen Wohngebiets eine planerische Entscheidung der Gemeinde voraussetzt, die nicht durch die vorhandene Bebauung ersetzt werden kann (BVerwG NVwZ 1993, 1100). Das Gleiche gilt für $ 11 BauNVO, da diese Vorschrift die Art der baulichen Nutzung nicht selbst festlegt, sondern dies dem Bebauungsplan überlässt (BVerwG NVwZ 2011, 436).

133

Neben der Vereinbarkeit mit §§ 2 ff. BauNVO ist im Rahmen des § 34 Abs. 2 BauGB hinsichtlich der Art der baulichen Nutzung nicht mehr zu prüfen, ob das Vorhaben sich in die nähere Umgebung im Sinne des § 34 Abs. 1 BauGB einfügt (BVerwG NVwZ 1990, 557; NVwZ 1995, 897; NVwZ 2000, 1050).

Soweit ein Vorhaben nach §§ 2–9 BauNVO nur als **Ausnahme** zulässig ist, findet § 31 Abs. 1 BauGB (s. dazu Rn. 113) entsprechende Anwendung.

Für das **Maß der baulichen Nutzung**, die zulässige Bauweise und die überbaubare Grundstücksfläche ist dagegen nicht auf §§ 16 ff. BauNVO, sondern allein auf die nähere Umgebung abzustellen (s. dazu oben Rn. 128). § 34 Abs. 2 BauGB verweist nur bezüglich der Art der baulichen Nutzung auf die BauNVO (BVerwG a.a.O.).

Soweit durch die schematisierende und typisierende Betrachtungsweise der BauNVO im Einzelfall eine unangemessene Beschränkung der Bebaubarkeit eines Grundstücks eintritt, kann dem durch eine **Befreiung** nach §§ 34 Abs. 2, 31 Abs. 2 BauGB Rechnung getragen werden (s. dazu Brügelmann/Dürr § 34 Rn. 100). § 34 Abs. 2 BauGB bewirkt somit eine starke Angleichung der Zulässigkeit von Bauvorhaben im nichtbeplanten Innenbereich an den beplanten Innenbereich (BVerwG NVwZ-RR 1997, 463).

d) Sonderregelung für bestehende Gewerbebetriebe und Wohngebäude (§ 34 Abs. 3 a BauGB)

134 § 34 Abs. 3 a BauGB 2004 hat eine Sondervorschrift für Gewerbebetriebe wieder in Kraft gesetzt, die bereits durch § 34 Abs. 3 BauGB 1987 geschaffen und durch das BauROG 1998 abgeschafft worden ist. Die Vorschrift gestattet die **Erweiterung, Änderung, Nutzungsänderung oder Erneuerung von vorhandenen Gewerbebetrieben** oder Handwerksbetrieben, auch wenn diese sich nicht im Sinne des § 34 Abs. 1 BauGB in die nähere Umgebung einfügen. Durch die BauGB-Novellen 2007, 2013 und 2014 wurde der Anwendungsbereich auf die Erweiterung, Änderung und Erneuerung von Wohngebäuden bzw. auf die Umwandlung von gewerblich genutzten Gebäuden in Wohngebäude oder Flüchtlingsunterkünfte ausgedehnt.

§ 34 Abs. 3 a BauGB (s. dazu Schidlowski/Baluch BauR 2006, 784) stellt materiell-rechtlich einen **Befreiungstatbestand** dar (Ernst/Zinkahn/Bielenberg/Krautzberger § 34 Rn. 88 e; Berl. Komm. § 34 Rn. 72 h; eb. BVerwGE 84, 322 = NVwZ 1990, 755 zu § 34 Abs. 3 BauGB 1987) und trägt dem Umstand Rechnung, dass der Bestandsschutz nur bestehende Anlagen erfasst, aber keine Veränderungen erlaubt, die über eine Instandhaltung hinausgehen (s. dazu Rn. 158). § 34 Abs. 3 a BauGB ermöglicht es insbesondere, bestehende Gewerbe- oder Handwerksbetriebe zu erweitern oder auf sonstige Weise zu verändern, wenn dieses sowohl mit den nachbarlichen Interessen als auch mit den öffentlichen Belangen vereinbar ist; die Parallele zu § 31 Abs. 2 BauGB ist offensichtlich (s. dazu Rn. 118). Die Befreiungsmöglichkeit nach § 34 Abs. 3 a BauGB kommt vor allem Gewerbebetrieben in Gemengelagen zugute (so zu § 34 Abs. 3 BauGB 1987 BVerwGE 84, 322 = NVwZ 1990, 755).

e) Entwicklungs- und Ergänzungssatzungen (§ 34 Abs. 4 u. 5 BauGB)

135 § 34 Abs. 4 BauGB ermächtigt die Gemeinde zum Erlass von Klarstellungssatzungen (Nr. 1 – s. Rn. 125), Entwicklungssatzungen (Nr. 2) und Ergänzungssatzungen (Nr. 3 – s. dazu Greiving VerwArch 1998, 585; Schink DVBl 1999, 367). Während durch eine Klarstellungssatzung lediglich die Grenze zwischen Innenbereich und Außenbereich festgelegt wird, aber kein neues Baugelände entsteht (s. dazu oben Rn. 125), wird

durch eine Entwicklungs- und Ergänzungssatzung ein bisher zum Außenbereich zäh-
lendes Gelände dem Innenbereich zugeordnet und erhält damit Baulandqualität.

Entwicklungssatzungen nach § 34 Abs. 4 Nr. 2 BauGB können bereits bebaute Bereiche im Außenbereich zum Innenbereich erklären, sofern die von der Satzung erfasste Fläche im Flächennutzungsplan als Baufläche ausgewiesen ist. Die Gemeinde
erhält damit die Möglichkeit, vorhandene Bebauungsansätze im Außenbereich (Splittersiedlungen gemäß § 35 Abs. 3 BauGB) zu Ortsteilen gemäß § 34 Abs. 1 BauGB zu
entwickeln (OVG Schleswig NVwZ-RR 2002, 485).

Ergänzungssatzungen nach § 34 Abs. 4 Nr. 3 BauGB ermöglichen es, den Verlauf
des Ortsrands bei Erlass einer Satzung nach § 34 Abs. 4 Nr. 1 od. 2 BauGB durch
Einbeziehung bisher unbebauter Flächen in den im Zusammenhang bebauten Ortsteil abzurunden bzw. zu begradigen. Anders als bei den sog. Abrundungssatzungen
nach § 34 Abs. 4 Nr. 3 BauGB 1987 ist eine Ergänzungssatzung nach § 34 Abs. 4
Nr. 3 BauGB 1998 nicht darauf beschränkt, die vorhandene Bebauung abzurunden,
sondern kann auch außerhalb der bisherigen Bebauung liegende Flächen in den Innenbereich einbeziehen (OVG Münster BauR 2003, 665), z.B. bei einer nur einseiti-
gen Bebauung einer Straße auch die Grundstücke auf der anderen Seite der Straße
zum Innenbereich erklären, sofern diese Flächen durch die angrenzende Bebauung
im Innenbereich geprägt werden (BVerwG BauR 2009, 617; VGH Mannheim BauR
2007, 1851; Dolde/Menke NJW 1999, 2155). Eine Ergänzungssatzung erlaubt aber
nur die Ergänzung der bisherigen Bauflächen, nicht die Schaffung neuer Baugebiete;
hierfür bedarf es eines Bebauungsplans (ebenso OVG Münster a.a.O.; Jäde/Dirnber-
ger/Weiß § 34 Rn. 48 ff.).

§ 34 Abs. 5 S. 2 BauGB erlaubt ferner, **einzelne Festsetzungen nach § 9 BauGB** in
die Satzung aufzunehmen; in Betracht kommen insoweit vor allem Bestimmungen
über die Art der baulichen Nutzung und die überbaubare Grundstücksfläche. Wie die
Worte „einzelne Festsetzungen" zeigen, kann in der Satzung aber keine umfassende
Regelung der zulässigen baulichen Nutzung getroffen werden; wenn die Gemeinde
dieses für nötig hält, muss sie einen Bebauungsplan aufstellen (VGH Mannheim
BauR 2007, 1851; VGH Kassel BauR 2011, 234). Eine Satzung nach § 34 Abs. 4
BauGB stellt also keinen Bebauungsplan-Ersatz dar.

Satzungen nach § 34 Abs. 4 Nr. 2 u. 3 BauGB müssen gemäß § 34 Abs. 5 Nr. 1 mit   **136**
der **geordneten städtebaulichen Entwicklung vereinbar** sein (VGH Mannheim
BWVPr 1991, 116; VGH Kassel a.a.O.). Dieses ist insbesondere dann der Fall, wenn
die Satzung nicht im Widerspruch zum Flächennutzungsplan steht (Dyong ZfBR
1982, 110; Lenz BauR 1987, 8). Ferner darf weder eine Umweltverträglichkeitsprüfung erforderlich sein, noch ein FFH-Gebiet beeinträchtigt werden (§ 34 Abs. 5
Nr. 2 u. 3 BauGB). Wenn durch die Schaffung neuer Bauplätze städtebauliche Spannungen ausgelöst oder verstärkt werden, muss der Ausgleich der widerstreitenden
Interessen durch die Aufstellung eines Bebauungsplans bewirkt werden (VGH Kassel
BauR 2011, 234; VGH München BauR 1989, 309).

Bsp. (OVG Saar NVwZ 1982, 125): Das bisher nur mit wenigen Gebäuden bebaute Gelände
zwischen dem Ortsrand und einem großen Bauhof einer Straßenbaufirma wird durch eine Satzung nach § 34 Abs. 4 BauGB zum Innenbereich erklärt; das OVG Saar hält diese Satzung für
nichtig, weil die Abwägung der Belange der Wohnbebauung und der gewerblichen Nutzung
durch einen Bebauungsplan zu erfolgen habe.

Das **Verfahren** zum Erlass von Satzungen nach § 34 Abs. 4 BauGB ist in § 34 Abs. 6
BauGB geregelt; diese Vorschrift verweist im Wesentlichen auf das vereinfachte Verfahren nach § 13 BauGB.

Für den Rechtsschutz gegen Satzungen nach § 34 Abs. 4 BauGB gilt das für Bebauungspläne Gesagte entsprechend (s. dazu unten Rn. 324 ff.).

6. Bauvorhaben im Außenbereich (§ 35 BauGB)

137   Bei der Zulässigkeit von Bauvorhaben im Außenbereich (zur Abgrenzung Innenbereich – Außenbereich s. Rn. 124) ist zu unterscheiden zwischen den privilegierten Vorhaben des § 35 Abs. 1 BauGB und den nichtprivilegierten Vorhaben des § 35 Abs. 2 BauGB. **Privilegierte Vorhaben** sind im Außenbereich generell zulässig, wenn öffentliche Belange nach § 35 Abs. 3 BauGB nicht entgegenstehen; **nichtprivilegierte Vorhaben** können dagegen nur im Einzelfall genehmigt werden, wenn sie öffentliche Belange nicht beeinträchtigen.

Dieser Unterschied bezüglich der Berücksichtigung öffentlicher Belange bedeutet nach der Rechtsprechung des BVerwG (BVerwGE 28, 148; 48, 109 = NJW 1975, 2114; BVerwGE 68, 311 = NVwZ 1984, 367), dass bei der **Abwägung** zwischen dem Bauvorhaben und den davon betroffenen öffentlichen Belangen die gesetzliche Privilegierung des § 35 Abs. 1 BauGB besonders berücksichtigt werden muss. Ein an sich privilegiertes Vorhaben ist nur dann unzulässig, wenn ihm höherwertige Belange der Allgemeinheit entgegenstehen.

Bsp. VGH Mannheim (ESVGH 29, 102): Ablehnung der Erteilung einer Baugenehmigung für eine nach § 35 Abs. 1 Nr. 3 BauGB privilegierte Kiesgewinnungsanlage in einem als Naherholungsgebiet von Ulm dienenden Wald (vgl. auch BVerwG NVwZ 1986, 203 – Reithalle im Landschaftsschutzgebiet; OVG Münster BauR 2001, 222 – Schweinemastanstalt in einem reizvollen Tal).

Ein nichtprivilegiertes Vorhaben ist dagegen stets unzulässig, wenn es öffentliche Belange beeinträchtigt; es wird nicht verlangt, dass sie dem Vorhaben entgegenstehen.

In der Praxis läuft die Unterscheidung zwischen privilegierten und nichtprivilegierten Vorhaben darauf hinaus, dass privilegierte Vorhaben im Außenbereich grundsätzlich zulässig sind, weil der Gesetzgeber für derartige Vorhaben anstelle eines Bebauungsplans eine generelle Zuweisung in den Außenbereich vorgenommen hat (BVerwGE 28, 148 = NJW 1968, 1105; BVerwGE 68, 311 = NJW 1984, 367; BVerwGE 48, 109 = NJW 1975, 2114). Nichtprivilegierte Bauvorhaben sind dagegen grundsätzlich im Außenbereich unzulässig (std. Rspr. seit BVerwGE 27, 137; vgl. BauR 2006, 1103).

a) Privilegierte Vorhaben

138   Von den acht in § 35 Abs. 1 BauGB genannten Fallgruppen sind vor allem vier Fälle von praktischer Relevanz: land- und forstwirtschaftliche Vorhaben (§ 35 Abs. 1 Nr. 1 BauGB), einem ortsgebundenen Betrieb dienende Vorhaben (§ 35 Abs. 1 Nr. 3 BauGB), Vorhaben, die wegen ihrer besonderen Zweckbestimmung oder ihrer Eigenart nur im Außenbereich ausgeführt werden sollen (§ 35 Abs. 1 Nr. 4 BauGB) sowie Windkraftanlagen (§ 35 Abs. 1 Nr. 5 BauGB).

139   Bei den einem **land- oder forstwirtschaftlichen Betrieb** (s. dazu BVerwGE 122, 308 = NVwZ 2005, 587; NVwZ 2013, 155; Ziegler DVBl 1990, 629) dienenden Vorhaben liegt in der Praxis das Hauptproblem darin, solche landwirtschaftlichen „Betriebe" von der Privilegierung auszuscheiden, die nur zum Schein unterhalten werden, um ein sonst nach § 35 Abs. 2, 3 BauGB nicht zulässiges Bauvorhaben im Außenbereich zu verwirklichen (BVerwG NVwZ 2013, 155). Der **Begriff der Landwirtschaft**

ist in § 201 BauGB gesetzlich definiert, diese Begriffsbestimmung ist auch für § 35 Abs. 1 Nr. 1 BauGB maßgebend. Zu beachten ist, dass nach § 201 BauGB nicht nur Ackerbau und Viehzucht sowie Erwerbsgartenbau und Erwerbsobstbau, sondern auch die berufsmäßige Imkerei und Fischerei privilegiert sind; der Begriff der Landwirtschaft i.S.d. § 201 BauGB geht also weit über den sonstigen Sprachgebrauch hinaus. Die Viehzucht ist allerdings nur dann zur Landwirtschaft zu zählen, wenn sie überwiegend auf einer eigenen Futtergrundlage beruht (BVerwG NVwZ 1986, 203; NVwZ 1990, 64); eine Schweinemastanstalt ist daher kein landwirtschaftlicher Betrieb (BVerwG NJW 1981, 139). Durch das BauGB 1987 eingeführt wurde die Privilegierung der Pensionstierhaltung (vgl. dazu BVerwG NVwZ 1986, 200).

140 Nach der Rechtsprechung der Verwaltungsgerichte stellt aber nicht jede landwirtschaftliche Betätigung einen landwirtschaftlichen Betrieb gemäß § 35 Abs. 1 Nr. 1 BauGB dar. Vielmehr ist Voraussetzung, dass es sich um einen ernsthaften, **auf Dauer angelegten Betrieb** handelt, der dazu bestimmt ist, mit seinem Ertrag einen Beitrag zum Lebensunterhalt des Betriebsinhabers zu leisten (BVerwGE 122, 308 = NVwZ 2005, 587; NVwZ 2013, 155; VGH Mannheim BauR 2003, 219; Ziegler NVwZ 2010, 748). Das BVerwG hält es dabei nicht für entscheidend, ob tatsächlich ein Gewinn erwirtschaftet wird. Maßgeblich für die Privilegierung ist vielmehr die Absicht der **Gewinnerzielung**, sofern diese nicht unrealistisch ist. Zur Gewinnerzielung zählt es auch, wenn die erzeugten Produkte im Haushalt des Grundstückseigentümers verbraucht werden, weil dadurch der Kauf entsprechender Produkte erspart wird (VGH Mannheim VBlBW 2010, 111). Dabei kommt allerdings – insbesondere bei Nebenerwerbsbetrieben – der tatsächlichen Gewinnerzielung eine erhebliche indizielle Bedeutung für einen Betrieb gemäß § 35 Abs. 1 Nr. 1 BauGB zu (BVerwGE 122, 308 = NVwZ 2005, 587); daneben spielen aber auch die Betriebsgröße, die Ausstattung mit Maschinen und die landwirtschaftliche Erfahrung des Betriebsinhabers eine maßgebliche Rolle (BVerwGE 26, 121; VGH Mannheim BauR 2003, 219). Entscheidend ist, ob bei einer Gesamtwürdigung aller Umstände davon auszugehen ist, dass die landwirtschaftliche Betätigung zu Erwerbszwecken und nicht etwa aus sonstigen Gründen, insbesondere zur Errichtung eines Wohngebäudes im Außenbereich oder aus Liebhaberei erfolgt. Das bedeutet, dass eine landwirtschaftliche Betätigung, die nur aus Liebhaberei (BVerwG NVwZ-RR 1996, 373 – Fischteich eines Naturfreundes; VGH Mannheim BRS 25 Nr. 62 – Pferdezucht eines Industriekaufmanns, VBlBW 1982, 295 – Pferdezucht eines Kraftfahrers) betrieben wird, nicht privilegiert ist.

141 Die Qualifikation als landwirtschaftlicher Betrieb hängt ferner nach der Rechtsprechung des BVerwG davon ab, ob der Landwirtschaftsbetrieb auf **Eigenfläche** oder **Pachtland** geführt wird, weil nur bei einer hinreichenden Eigenfläche die Dauerhaftigkeit des Betriebs gesichert sei (BVerwGE 41, 138; VGH Kassel NVwZ-RR 2009, 750: mehr als 50 % Eigenfläche). Hieran soll sich durch die Einführung eines Kündigungsschutzes in § 595 BGB nichts geändert haben (so BVerwG BauR 1989, 182). Jedenfalls bei langfristigen Pachtverträgen muss ein Landwirtschaftsbetrieb anerkannt werden (BVerwG BauR 2012, 207).

142 Nicht erforderlich ist dagegen, dass die Landwirtschaft hauptberuflich betrieben wird; auch der Betrieb des **Nebenerwerbslandwirts** ist privilegiert (BVerwGE 26, 121; NVwZ 2013, 155), soweit er überhaupt einen nennenswerten Umfang erreicht – verneint bei 2 Pferden (BVerwG NVwZ-RR 1990, 63; BauR 2005, 1136); Weihnachtsbaumkultur von 2000 m^2 (VGH Kassel BRS 36 Nr. 81) – bejaht bei Wanderschäferei mit 280 Schafen (BVerwG DÖV 1983, 816); Champignonzucht (OVG Lüneburg BauR 1983, 348); 100 ha Wald (BVerwG BRS 52 Nr. 70); 40 Mutterschafe (BVerwG NVwZ 2013, 155).

143 Schließlich muss das Bauvorhaben für eine Privilegierung nach § 35 Abs. 1 Nr. 1 BauGB dem Landwirtschaftsbetrieb **dienen**, d.h. es muss nach Größe und Funktion dem Betrieb zugeordnet sein. Dabei wird einerseits nicht verlangt, dass das Bauvorhaben für den Betrieb unbedingt erforderlich ist, andererseits reicht bloße Nützlichkeit nicht aus; maßgebend ist, ob ein vernünftiger Landwirt ein derartiges Gebäude unter Berücksichtigung des Gebots größtmöglicher Schonung des Außenbereichs errichtet hätte (BVerwGE 19, 75 und 41, 138; NVwZ 2009, 918; VGH Mannheim BauR 2012, 619). Ein Vorhaben, das primär dazu bestimmt ist, dem Eigentümer ein Wohnen im Außenbereich unter dem Deckmantel der Landwirtschaft zu ermöglichen, dient nicht der Landwirtschaft (BVerwG NVwZ 1986, 644). Das Erfordernis des Dienens soll nämlich insbesondere Missbrauchsversuchen begegnen (BVerwG NVwZ 2009,918).

144 Nach § 35 Abs. 1 Nr. 1 BauGB sind auch solche Vorhaben privilegiert, die zwar selbst keine landwirtschaftliche Nutzung darstellen, aber mit dieser Nutzung in unmittelbarem Zusammenhang stehen – sog. **mitgezogener Betriebsteil** (BVerwG NVwZ 1986, 200 ff.); dieses ist bei einer Winzerstube eines Weinbaubetriebs (BVerwG NJW 1989, 576), der sog. Straußenwirtschaft (VG Karlsruhe VBlBW 2000, 372), der Vermietung von Fremdenzimmern – Ferien auf dem Bauernhof (VGH München BayVBl. 1984, 567) oder dem Selbstverkauf landwirtschaftlicher Produkte (OVG Münster BauR 2000, 245), nicht aber bei einem Camping-Platz (VGH München BauR 2006, 2021) der Fall.

Ein nach § 35 Abs. 1 Nr. 1 BauGB als „Anhängsel" privilegiert mitgezogener Betriebsteil liegt aber nicht vor, wenn es sich um einen zweiten Betrieb neben dem Landwirtschaftsbetrieb handelt, der nach Umfang und Einkommen dem Landwirtschaftsbetrieb in etwa gleichkommt (BVerwG BRS 57 Nr. 102 für eine ganzjährig betriebene „Straußenwirtschaft"; VGH München BauR 2006, 2021 für Camping-Platz).

145 **§ 35 Abs. 1 Nr. 3 BauGB** privilegiert zum einen **öffentliche Versorgungsbetriebe**, wobei es nicht darauf ankommt, dass der Betreiber ein Unternehmen der öffentlichen Hand ist. Entscheidend ist, dass die Versorgungsleistung der Allgemeinheit zugute kommt, was auch bei einem privaten Elektrizitätswerk der Fall sein kann, wenn der erzeugte Strom in das öffentliche Netz eingespeist wird (BVerwGE 96, 95 = NVwZ 1995, 64). Auch Mobilfunkanlagen sind nach § 35 Abs. 1 Nr. 3 BauGB privilegiert (BVerwG NVwZ 2013, 1289; VGH Mannheim VBlBW 2012, 270).

Nach der Rechtsprechung des BVerwG (BVerwGE 96,95 = NVwZ 1995, 64; NVwZ 2012, 1631; 2013, 1289) ist auch bei den in § 35 Abs. 1 Nr. 3 BauGB genannten Fernmelde- und öffentlichen Versorgungseinrichtungen Voraussetzung für eine Privilegierung, dass die Anlage ortsgebunden ist. Dieses steht zwar in einem gewissen Widerspruch zum Wortlaut, wird aber durch den in Abs. 5 verankerten Grundsatz der Schonung des Außenbereichs gerechtfertigt.

Ortsgebundenheit bedeutet, dass die Anlage auf einen bestimmten Standort im Außenbereich angewiesen ist; es reicht nicht aus, dass sie irgendwo im Außenbereich errichtet werden muss BVerwG NVwZ 2012, 1631).

Ferner privilegiert § 35 Abs. 1 Nr. 3 BauGB **ortsgebundene Betriebe**. Bei den ortsgebundenen Betrieben i.S.d. § 35 Abs. 1 Nr. 3 BauGB handelt es sich i. d. R. um Anlagen zur Gewinnung von Bodenschätzen. Dabei sind selbstverständlich die reinen Produktions- und Transportanlagen privilegiert, z.B. eine Kiesgrube (BVerwGE 51, 346 = NJW 1977, 119; BVerwGE 77, 300 = NVwZ 1988, 54), ein Steinbruch (BVerwG DVBl 1983, 893; VGH Mannheim BRS 24 Nr. 63) oder ein Gipsabbau (BVerwG ZfBR 1990, 41). Zweifelhaft ist dagegen, in welchem Umfang auch Verarbeitungsanlagen in den Genuss der Privilegierung nach § 35 Abs. 1 Nr. 3 BauGB kommen. Das BVerwG (BVerwGE 51, 346 = NJW 1977, 119 – Transportbetonanlage im Zusammenhang mit einer bestehenden Kiesgrube) hat ausgeführt, es komme nicht auf die wirtschaftliche Zweckmäßigkeit, sondern auf die typische funktionelle Verbundenheit an; für den Fall des BVerwG war maßgeblich, ob eine Kiesgrube und eine Transportbetonanlage sachlich-funktionell zusammengehören und deshalb typischerweise zusammen erstellt werden. Hinsichtlich des Merkmals des „Dienens" hat das BVerwG unter Bezugnahme auf die Rechtsprechung zum Landwirtschaftsbetrieb festgestellt, das Vorhaben müsse dem ortsgebundenen Betrieb zu- und untergeordnet sein.

Bsp. a) (BVerwGE 77, 300 = NJW 1977, 119): Eine Kiesgrube ist ein ortsgebundener Gewerbebetrieb, da sie nur am Ort des Kiesvorkommens errichtet werden kann.

b) (BVerwG NVwZ 2013, 1289): Eine Mobilfunkanlage ist nach § 35 Abs. 1 Nr. 3 privilegiert, wenn sie im Außenbereich erstellt werden muss, wobei anders als bei sonstigen Anlagen (vgl. oben a)) nur eine Raum- oder Gebietsbezogenheit verlangt wird.

c) (BVerwG BauR 1996, 362): Ein Holzlagerplatz für ein Sägewerk ist nicht deswegen ortsgebunden, weil er auf eine Berieselung mit Wasser aus einem Bach angewiesen ist; hierfür kommt praktisch jeder Bach in Betracht.

Besonders schwer zu erfassen sind die nach **§ 35 Abs. 1 Nr. 4 BauGB privilegierten** 146 **Vorhaben**, also Anlagen, die wegen ihrer Eigenart, insbesondere wegen ihrer der Allgemeinheit dienenden Funktion oder wegen immissionsschutzrechtlicher Probleme, nur im Außenbereich errichtet werden sollen (s. dazu BVerwGE 96,95 = NVwZ 1995, 64). Denn anders als bei § 35 Abs. 1 Nr. 1–3 BauGB handelt es sich dabei um die verschiedensten Anlagen mit den unterschiedlichsten Funktionen. Für eine Privilegierung nach § 35 Abs. 1 Nr. 4 BauGB ist nach der Rechtsprechung des BVerwG (BVerwGE 34, 1; 48, 109 = NJW 1975, 2114 – Zeltplatz) nicht erforderlich, dass das Vorhaben – wie z.B. eine Munitionsfabrik – schlechterdings nur im Außenbereich errichtet werden kann, was bei einer Hühnermastanstalt (BVerwG NVwZ 1984, 60) nicht der Fall ist, da derartige Anlagen gelegentlich auch im oder am Rande des Innenbereichs zu finden sind. Maßgebend ist vielmehr, ob nach den konkreten Verhältnissen nur eine Errichtung im Außenbereich in Betracht kommt (BVerwG BauR 1976, 347 = DVBl 1977, 916 – CVJM-Heim; BVerwGE 48, 109 = NJW 1975, 2114 – Campingplatz). Anlagen zur Tierhaltung sind allerdings nach § 35 Abs. 1 Nr. 4 BauGB nur privilegiert, wenn keine Umweltverträglichkeitsprüfung erforderlich ist (vgl. Anlage 1 zu § 3 UVPG Rn. 7.1 – 11). Dies hat zur Folge, dass nur kleine Anlagen zur Tierhaltung privilegiert sind, während die großen Anlagen nur auf Grund eines Bebauungsplans errichtet werden können.

Selbst wenn ein Vorhaben nur im Außenbereich errichtet werden kann, bleibt zu prüfen, ob es im Außenbereich errichtet werden **soll**; die Weite des Tatbestands des § 35 Abs. 1 Nr. 4 BauGB muss durch eine einschränkende Auslegung dieses Tatbestandsmerkmals ausgeglichen werden (BVerwGE 96, 95 = NVwZ 1995, 64). Das BVerwG weist zu Recht darauf hin, dass nicht alles, was wegen seiner Anforderungen oder Belastungen in Bezug auf die Umwelt nicht im Innenbereich verwirklicht werden kann, allein deshalb im Außenbereich gebaut werden soll; sonst wäre der Außenbereich weniger geschützt als der Innenbereich. Es muss geboten sein, ein derartiges Vorhaben gerade im Außenbereich zu errichten (BVerwGE 67, 33 = NJW 1983, 2716; BauR 1992, 52; NVwZ 2000, 678). Dieses setzt voraus, dass die Errichtung im Außenbereich bauplanungsrechtlich billigenswert ist und dieses es auch unter Berücksichtigung der städtebaulichen Funktion des Außenbereichs rechtfertigt, es bevorzugt im Außenbereich zuzulassen (so BVerwG NVwZ 1984, 169 für eine Hühnermastanstalt; BVerwG NJW 1976, 2226 – Jugendherberge; VGH Mannheim

NVwZ 1986, 63 – öffentl. Grillplatz). Nicht billigenswert sind zunächst Bauvorhaben, auf deren Errichtung im Außenbereich verzichtet werden kann.

Bsp. (BVerwG NVwZ 1986, 645): Dem Inhaber eines Jagdreviers in fußläufiger Entfernung zum nächsten Ort (max. 6 km) ist es zuzumuten, auf eine Jagdhütte im Jagdrevier zu verzichten und sich im Ort eine Unterkunft zu suchen.

Ferner sind solche Anlagen nicht billigenswert, deren Errichtung im Außenbereich im Hinblick auf den Gleichheitssatz nicht wünschenswert ist, weil sie lediglich der individuellen Erholung dienen und damit im Widerspruch zur Funktion des Außenbereichs als Erholungsgebiet für die Allgemeinheit stehen (BVerwG BauR 1992, 52).

Bsp. a) (BVerwGE 48, 109 = NJW 1975, 2114; VGH Mannheim VBlBW 1990, 134): Ein Zeltplatz für Dauercamping soll im Außenbereich nicht errichtet werden, weil er nur der Erholung derjenigen dient, die dort einen Standplatz für ihren Wohnwagen bzw. ihr Zelt haben – das BVerwG hat mit derselben Erwägung auch einen Zeltplatz für regelmäßig wechselnde Besucher für nichtprivilegiert gehalten; dieses erscheint wenig überzeugend (s. dazu Otto BauR 1978, 109).

b) (BVerwG BauR 1992, 52; BRS 52 Nr. 77): Ein Golfplatz ist nicht privilegiert, da er nur für Vereinsmitglieder zur Verfügung steht.

Schließlich „sollen" nach § 35 Abs. 1 Nr. 4 BauGB nicht Anlagen im Außenbereich errichtet werden, die jedenfalls in einer gedachten Vielzahl den Außenbereich belasten, weil sie bei einer Privilegierung grundsätzlich überall im Außenbereich errichtet werden könnten (NVwZ 2000, 678). § 35 Abs. 1 Nr. 4 BauGB erfasst keine Vorhaben, die in größerer Zahl zu erwarten sind und damit eine „**Vorbildwirkung**" für gleichartige Bauvorhaben hätten. Nicht privilegiert sind ferner **Großvorhaben**, die nur auf Grund einer vorherigen Bauleitplanung errichtet werden sollen (OVG Münster BauR 2012, 1883).

Bsp. (BVerwGE 96, 95 = NVwZ 1995, 64): Die Errichtung einer gewerblichen Windkraftanlage auf einer Nordseeinsel ist nicht nach § 35 Abs. 1 Nr. 4 BauGB privilegiert, weil im gesamten norddeutschen Küstenbereich günstige Verhältnisse für die Ausnutzung der Windkraft bestehen und jedenfalls eine größere Zahl von Windkraftanlagen das Landschaftsbild erheblich beeinträchtigen können. Die durch § 35 Abs. 1 Nr. 6 BauGB 1998 eingeführte Privilegierung von Windkraftanlagen gab es im Zeitpunkt der Entscheidung des BVerwG noch nicht (s. dazu Rn. 148).

147 Diese Rechtsprechung hat das BVerwG bei einem **CVJM-Heimes** im Außenbereich (BauR 1976, 347 = DVBl 1977, 196) im Wesentlichen bestätigt (eb. BVerwG BauR 1974, 328 u. BauR 1980, 49 für Jugend- und Erwachsenenbildungsheime einer Religionsgemeinschaft; BVerwG DÖV 1979, 213 für FKK-Anlage; BVerwG 1988, 455 für Altenheim); derartige Gebäude sind nicht privilegiert.

Wochenendhäuser sind nicht nach § 35 Abs. 1 Nr. 4 BauGB privilegiert, denn sie sollen wegen ihrer Zweckbestimmung, nämlich der Erholung Einzelner zu dienen, nicht ungeplant im Außenbereich errichtet werden, sondern im Innenbereich, insbesondere in hierfür nach § 10 Abs. 1 BauNVO ausgewiesenen Wochenendhausgebieten (std. Rspr. seit BVerwGE 18, 247 = NJW 1964, 1973; eb. NVwZ 2000, 1048; BauR 2001, 227).

Diese Rechtsprechung des BVerwG führt im Ergebnis dazu, dass praktisch nur noch Gartenhäuschen für Schrebergärten (VGH Mannheim VerwRspr. 20, 346; OVG Münster BRS 22 Nr. 69), Fischerhütten für Hobbyfischer (BVerwG BauR 1978, 121; VGH Mannheim BRS 24 Nr. 69), Jagdhütten, soweit sie im Jagdbezirk liegen und sich größenmäßig auf die Bedürfnisse der Jagdausübung beschränken (BVerwGE 58, 124 = NJW 1980, 1063; BauR 1996, 374 u. 829), Schutzhütten (NVwZ 2000, 678; VGH Mannheim NVwZ 1986, 63), Bienenhäuser (BVerwG BauR 1975, 104) und ähnliche kleinere Anlagen (VGH Mannheim VBlBW 1982, 295; NJW 1984, 1576), der Erholung der Allgemeinheit dienende Anlagen (VGH Mannheim VBlBW 1994, 920 – gemeindlicher Grillplatz) sowie besonders immissionsträchtige Anlagen, die auch nicht in einem Gewerbe- oder Industriegebiet untergebracht werden können, z.B. ein Schießstand (BVerwG NVwZ 2012, 1631), eine Kabelabbrennanlage (BVerwGE 55, 118) sowie eine Hundezucht (BVerwGE 67, 41 = NJW 1983, 2718; OVG Münster BauR 2008, 956) unter das Privileg des § 35 Abs. 1 Nr. 4 BauGB fallen.

§ 35 Abs. 1 Nr. 5 BauGB privilegiert Wasser- und **Windkraftanlagen** (s. dazu Middeke DVBl 2008, 292; Rectanus NVwZ 2009, 871; Scheidler BayVBl 2011, 161). Dieser Privilegierungstatbestand wurde eingeführt, weil derartige Anlagen nicht standortgebunden sind und damit nicht von § 35 Abs. 1 Nr. 3 BauGB erfasst werden (BVerwGE 90, 95 = NVwZ 1995, 64). Die Privilegierung bedeutet aber nicht, dass Windkraftanlagen überall in der freien Landschaft errichtet werden können. Eine Errichtung in Natur- oder Landschaftsschutzgebieten scheitert i. d. R. an den Bestimmungen der naturschutzrechtlichen Verordnungen (BVerwG BauR 2000, 1311; OVG Münster BauR 2006, 1715). Aber auch in anderen Gebieten, die nicht unter Schutz gestellt sind, kann die Genehmigung abgelehnt werden, wenn es sich um besonders reizvolle Landschaften handelt, so dass die Windkraftanlage einen Eingriff in Natur und Landschaft gemäß § 14 BNatSchG darstellt (BVerwG BauR 2002, 1059; BauR 2003, 829; VGH Mannheim NVwZ 2000, 1063), gegen den Artenschutz (BVerwG NVwZ 2013, 1411) oder das Rücksichtnahmegebot (OVG Lüneburg NVwZ 2005, 233: Schattenwurf; OVG Koblenz NVwZ-RR 2011, 759: Eisabwurf im Winter) verstößt, weil sie eine „optisch bedrängende Wirkung" auf die Nachbarschaft hat (BVerwG BauR 2007, 674), der Abstand zu Wohngebieten zu gering ist (OVG Bautzen Sächs-VBl 2005, 225: mindestens 750 m, OVG Lüneburg ZfBR 2009, 150: mindestens 1000 m), die Immissionsbelastung der Nachbarschaft unzumutbar ist (OVG Münster NVwZ 2003, 756) oder gemäß § 35 Abs. 3 S. 3 BauGB der Regionalplan oder der Flächennutzungsplan entgegensteht (s. dazu unten Rn. 150, 151). **148**

Nach **§ 35 Abs. 1 Nr. 6 BauGB** privilegiert sind Biogasanlagen (s. dazu Mantler BauR 2007, 50; Bierwanger NVwZ 2013, 116). Die Anlage muss von einem oder mehreren benachbarten Landwirten betrieben werden (BVerwGE 132, 372 = NVwZ 2009, 585; OVG Lüneburg NVwZ-RR 2013, 595 u. 597; Kruschinski BauR 2009, 1234). Je Hof darf nur eine Biogasanlage betrieben werden. Die Zulässigkeit von Biogasanlagen kann nach § 35 Abs. 3 S. 3 im Regionalplan oder im Flächennutzungsplan geregelt werden (s. dazu Kremer NVwZ 2013, 1321). Die in der Biogasanlage eingesetzte Biomasse muss überwiegend aus dem Betrieb des Betreibers der Anlage oder aus einem nahe gelegenen Betrieb stammen. Durch diese Regelung soll insbesondere der sog. Gülletourismus (Transport von Gülle aus der Massentierhaltung) verhindert werden (BVerwGE 132, 372 = NVwZ 2009, 585).

§ 35 Abs. 1 Nr. 7 BauGB privilegiert kerntechnische Anlagen. Dies gilt allerdings nicht für die Neuerrichtung von Kernkraftwerken, da dies in Widerspruch zur Energiewende stehen würde.

§ 35 Abs. 1 Nr. 8 BauGB privilegiert die Nutzung der Solarenergie, soweit die Anlage auf bzw. an einem Gebäude angebracht ist (vgl. OVG Münster BauR 2011, 240).

Die nach § 35 Abs. 1 BauGB privilegierten Vorhaben sind grundsätzlich im Außenbereich zulässig, sofern ihnen nicht im Einzelfall **öffentliche Belange** entgegenstehen. Eine Kollision zwischen dem Privilegierungstatbestand und öffentlichen Belangen muss durch eine Abwägung der betroffenen privaten und öffentlichen Interessen bewältigt werden (BVerwGE 48, 109 = NJW 1975, 214; BVerwGE 77, 300 = NVwZ **149**

1988, 54; BVerwGE 124, 132 = NVwZ 2006, 87). Dabei handelt es sich um eine sog. nachvollziehende Abwägung, die es Behörden und Gerichten aufgibt, die gesetzliche Bewertung der betroffenen Belange nachzuvollziehen, und den Behörden **keinen** gerichtlich nicht nachprüfbaren **Abwägungsspielraum** überlässt. Zu den öffentlichen Belangen zählen insbesondere die in § 35 Abs. 3 BauGB angeführten Belange (BVerwG BauR 1997, 444; OVG Münster BauR 2007, 677 – Verunstaltung der Landschaft) – s. dazu Rn. 153 ff.

Das BVerwG hat früher (BVerwGE 28, 148 = NJW 1968, 1105) angenommen, die Festsetzungen eines **Flächennutzungsplans** könnten einem privilegierten Vorhaben nicht als öffentlicher Belang entgegenstehen, weil § 35 Abs. 1 BauGB nach Art eines Ersatzbebauungsplans die privilegierten Vorhaben im Außenbereich generell für zulässig erkläre. Diese Ansicht hat es später (BVerwGE 67, 33 u. 68, 311 = NVwZ 1984, 367; NVwZ 2006, 87; s. dazu Hoppe DVBl 1991, 1277) dahin gehend modifiziert, dass der Flächennutzungsplan ein privilegiertes Vorhaben dann verhindern kann, wenn er eine konkrete, standortbezogene Aussage über die Nutzungsmöglichkeit des Baugrundstücks enthält, etwa eine Verkehrsanlage vorsieht (BVerwG NVwZ 1997, 899). Die pauschale Ausweisung des Außenbereichs als land- und forstwirtschaftliche Nutzfläche ist dagegen zu unbestimmt und kann daher einem privilegierten Vorhaben nicht entgegenstehen.

150 Nach **§ 35 Abs. 3 S. 3 BauGB** hat der Flächennutzungsplan ferner insoweit Bedeutung, als privilegierte Vorhaben nach Abs. 1 Nr. 2–6 i. d. R. nicht errichtet werden dürfen, wenn hierfür im Flächennutzungsplan besondere Standorte (sog. **Konzentrationszonen**) dargestellt sind (s. dazu BVerwG NVwZ 2010, 1561; Gatz DVBl. 2009, 737; Ehlers/Böhme NuR 2011, 323).

Bsp. (BVerwGE 77, 300 = NVwZ 1988, 54): Die Darstellung einer Auskiesungskonzentrationszone im Flächennutzungsplan hat zur Folge, dass der Anlage von Kiesgruben außerhalb dieser Zone öffentliche Belange entgegenstehen (eb. für Windkraftanlagen BVerwG E 117, 287 = NVwZ 2003, 733; BVerwGE 118, 33 = NVwZ 2003, 738; BVerwGE 122, 109 = NVwZ 2005, 211; NVwZ 2013, 1011).

Der Ausschluss nach § 35 Abs. 3 S. 3 BauGB tritt nur i. d. R. ein. Bei besonderen Verhältnissen kann daher eine privilegierte Anlage auch außerhalb einer Konzentrationszone errichtet werden (BVerwGE 117, 287 = NVwZ 2003, 733). Allerdings muss der Ausschluss bestimmter Nutzungen auf einem Gesamtkonzept beruhen, das auch Raum für diese Nutzungen lässt (BVerwGE 122, 109 = NVwZ 2005, 211; NVwZ 2013, 1011; VGH Mannheim VBlBW 2013, 65). Ein genereller Ausschluss von Windkraftanlagen im Flächennutzungsplan ist daher unzulässig (BVerwGE 122, 109 = NVwZ 2005, 211; BVerwGE 118, 33 = NVwZ 2003, 733; zu Windkraftanlagen s. Sydow NVwZ 2010, 1534; Mitschang BauR 2013, 29).

Bsp. (VGH Mannheim VBlBW 2007, 178): Ein Standort für Windkraftanlagen darf nicht so klein bemessen werden, dass eine wirtschaftlich sinnvolle Nutzung der Windenergie praktisch nicht möglich ist; der VGH Mannheim spricht insoweit von einer Verhinderungs- bzw. Feigenblattplanung (eb. BVerwG NVwZ 2011, 813).

Bei der Festlegung der Konzentrationszonen müssen zunächst die sog. **harten Tabuzonen** ermittelt werden, bei denen aus rechtlichen oder tatsächlichen Gründen (mangelnde Windhöffigkeit) eine Nutzung der Windkraft ausscheidet (BVerwGE 117, 287 = NVwZ 2003, 733; NVwZ 2013, 1017; VGH Mannheim VBlBW 2014, 64). Anschließend sind die sog. **weichen Tabuzonen** zu ermitteln, also Bereiche, in denen höher zu gewichtende öffentliche Belange einer Windkraftnutzung entgegenstehen (BVerwGE 145,231 = NVwZ 2013,519). Für die verbleibenden sog. Potentialflächen, die für eine Windkraftnutzung grundsätzlich in Betracht kommen, muss die Gemeinde im Wege der Abwägung mit den berührten öffentlichen und privaten Belangen entscheiden, wo Windkraftanlagen errichtet werden können (BVerwG a.a.O.; VGH Mannheim a.a.O.)

Zur Sicherung erst geplanter Darstellungen eines Flächennutzungsplans nach § 35 Abs. 3 S. 3 BauGB kann ein Bauantrag gemäß § 15 Abs. 3 BauGB maximal 1 Jahr lang zurückgestellt werden.

Vergleichbare Grundsätze gelten gemäß § 35 Abs. 3 S. 2 BauGB auch für die Ziele **151** der **Raumordnung** (Mitschang BauR 2013, 29). Die Festsetzungen des **Landesentwicklungsplans** und der **Regionalpläne** können privilegierte Vorhaben nur dann verhindern, wenn sie sachlich und räumlich hinreichend konkretisiert sind (BVerwGE 68, 319 = NJW 1984, 1367; Hager BauR 2011, 1086; Nonnenmacher VBlBW 2012, 256). Nach § 35 Abs. 3 S. 2 Halbs. 1 BauGB dürfen raumbedeutsame Vorhaben den Zielen der Raumordnung (§ 3 Abs. 1 Nr. 2 ROG) nicht widersprechen. Die Vorschrift normiert also einen generellen Vorrang der Ziele der Raumordnung gegenüber der Privilegierung eines Vorhabens nach § 35 Abs. 1 BauGB (VGH Mannheim UPR 2000, 79; VBlBW 2007, 178; Sparwasser VBlBW 2008, 171).

Soweit raumbedeutsame Vorhaben (§ 3 Abs. 1 ROG; vgl. auch BVerwGE 45, 47 = NJW 1987, 2389; NVwZ 2003, 738; VGH Mannheim VBlBW 2007, 178) in einem solchen Plan enthalten sind, steht damit zugleich nach § 35 Abs. 3 S. 2 Halbs. 2 BauGB fest, dass öffentliche Belange dem Vorhaben nicht entgegenstehen. Diese Regelung beruht auf der Erwägung, dass die betroffenen öffentlichen Belange bereits bei der Aufstellung des Plans zu berücksichtigen waren (BVerwG NVwZ 2003, 1261; VGH Mannheim NVwZ 1990, 983).

Andererseits können die Ziele der Raumordnung, also in Baden-Württemberg der Regionalplan, die Errichtung privilegierter Vorhaben gemäß § 35 Abs. 3 S. 3 BauGB auch dadurch verhindern, dass im Regionalplan an bestimmten Stellen eine spezielle Ausweisung erfolgt mit dem Ziel, dass nur an dieser Stelle und nicht auch woanders diese Bodennutzung erfolgen soll (BVerwGE 77, 300 = NVwZ 1988, 54; NVwZ 2003, 1261).In § 11 Abs. 7 LplG wird insoweit unterschieden zwischen Vorrang-, Vorbehalts- und Eignungsgebieten (s. dazu VGH Mannheim VBlBW 2013, 65;2014, 64; Nonnenmacher VBlBW 2012, 256). Bei Vorranggebieten müssen in diesem Bereich bestimmte Nutzungen verwirklicht werden mit der Folge, dass andere Nutzungen ausgeschlossen sind. In Vorbehaltsgebieten werden bestimmten Nutzungen ein besonders Gewicht eingeräumt, ohne dass andere Nutzungen von vornherein zurücktreten müssen. Die Festsetzung von Eignungsgebieten bedeutet, dass der Bereich für bestimmte Nutzungen geeignet ist, diese Nutzungen aber damit an anderer Stelle nicht zulässig sind (VGH Mannheim VBlBW 2007, 178).

Durch das **LPlanÄndG** Vom 22.5.2012 (GBl. S. 285) wurden **Sonderregelungen für Windkraftanlagen** eingeführt (s. dazu Schlarmann/Conrad VBlBW 2014, 164), die im Ergebnis darauf hinauslaufen, dass eine Steuerung der Windkraftnutzung nur durch den Flächennutzungsplan möglich ist (vgl. § 11 Abs. 2 S. 3 LPlanG). Standorte für Windkraftanlagen können nach § 11 Abs. 7 S. 1 LplG nur als Vorranggebiete festgelegt werden. Ein Ausschluss der Windkraftnutzung kann somit nicht mehr durch die Landesplanung, sondern nur noch durch die Darstellung von Konzentrationsflächen im Flächennutzungsplan erreicht werden (Schlarmann/Conrad VBlBW 2014, 164). Hiervon abweichende Festsetzungen in früheren Regionalplänen sind seit 1.1.2013 unwirksam (Art. 2 des LPlanÄndG vom 22.5.2012 – GBl. S. 285).

b) Nichtprivilegierte Vorhaben

152 **Nichtprivilegierte Vorhaben** können nach § 35 Abs. 2 BauGB zugelassen werden, wenn ihre Ausführung oder Benutzung öffentliche Belange nicht beeinträchtigt. Trotz des Wortes „können" besteht nach allgemeiner Ansicht (BVerwGE 18, 247) wegen des auch im Außenbereich geltenden Grundsatzes der Baufreiheit ein **Rechtsanspruch** auf eine Baugenehmigung, sofern öffentliche Belange nicht beeinträchtigt werden, was allerdings wegen § 35 Abs. 3 Nr. 1, 5 u. 7 BauGB nur in Ausnahmefällen in Betracht kommt.

§ 35 Abs. 3 BauGB enthält eine allerdings nicht erschöpfende Aufzählung der öffentlichen Belange, bei deren Beeinträchtigung ein nichtprivilegiertes Vorhaben nicht errichtet werden darf. Folgende **öffentliche Belange** sind in der Praxis am bedeutsamsten:

153 aa) Das Bauvorhaben widerspricht den Darstellungen des **Flächennutzungsplans**. Der Flächennutzungsplan reicht zwar nicht aus, um die Zulässigkeit eines ihm entsprechenden Bauvorhabens im Außenbereich zu begründen, solange kein aus dem Flächennutzungsplan entwickelter (§ 8 Abs. 2 BauGB) Bebauungsplan aufgestellt worden ist (BVerwG BauR 2000, 1171; 1991, 51; VGH Mannheim NVwZ-RR 2000, 481). Dagegen stellt ein Widerspruch des Bauvorhabens zum Flächennutzungsplan regelmäßig eine Beeinträchtigung öffentlicher Belange dar, weil im Flächennutzungsplan die Planungskonzeption der Gemeinde zum Ausdruck kommt (BVerwG BauR 1991, 179). Das BVerwG hat allerdings § 35 Abs. 3 Nr. 1 BauGB dahin gehend eingeschränkt, dass der Flächennutzungsplan nur insoweit ein Vorhaben im Außenbereich verhindern kann, als seine Festsetzungen den tatsächlichen Verhältnissen entsprechen (BVerwGE 68, 311 = NVwZ 1984, 367; BVerwGE 77, 300 = NVwZ 1988, 54; NVwZ 2000, 1048). Denn der Flächennutzungsplan ist kein Rechtssatz; es gibt keine Rechtfertigung für eine Verhinderung von dem Flächennutzungsplan zuwiderlaufenden Bauvorhaben, wenn der Flächennutzungsplan nicht mehr der tatsächlichen Situation entspricht.

154 bb) Das Bauvorhaben ruft **schädliche Umwelteinwirkungen** hervor oder ist ihnen ausgesetzt. Die Definition des Begriffs der schädlichen Umwelteinwirkungen in § 3 Abs. 1 BImSchG gilt auch für § 35 Abs. 3 BauGB (BVerwGE 52, 122 = NJW 1978, 62; BVerwGE 129, 209 = NVwZ 2008, 76). Diese Bestimmung soll verhindern, dass der Außenbereich mit Immissionen belastet wird, soweit ein Vorhaben nicht nach § 35 Abs. 1 Nr. 3 oder 4 BauGB privilegiert ist (BVerwGE 55, 118 = BauR 1978, 124), andererseits aber auch die Inhaber privilegierter Betriebe vor immissionsschutzrechtlichen Abwehransprüchen schützen. § 35 Abs. 3 Nr. 3 BauGB ist eine Kodifizierung des Gebots der Rücksichtnahme (BVerwG BauR 1983, 143; NVwZ 1991, 64).

Bsp. a) (VGH München NVwZ-RR 1995, 430): Errichtung eines großen Schafstalls neben dem Wohngebäude eines anderen Landwirtschaftsbetriebs.

b) (BVerwG NVwZ 2008, 76): Windkraftanlage in 340 m Abstand zum Wohngebäude eines landwirtschaftlichen Betriebs.

Soweit es um eine Beeinträchtigung durch Tierhaltung geht, greift die baurechtliche Praxis auf die dazu ergangenen technischen Regelwerke, insbesondere die VDI-Richtlinien sowie die Geruchsimmissionsrichtlinie GIRL zurück (s. dazu BVerwG BauR 2013, 561; Brügelmann/Dürr BauGB § 35 Rn. 85 u. 101).

cc) **Belange des Naturschutzes** und der Landschaftspflege werden durch das Bauvorhaben beeinträchtigt. § 35 Abs. 3 Nr. 5 Alt. 1 BauGB dient dem optischen Naturschutz. Insofern ist zu differenzieren zwischen Natur- und Landschaftsschutzgebieten einerseits, sonstigen Außenbereichsgebieten andererseits (BVerwG NVwZ 1998, 58; BauR 2008, 1420). Bei festgesetzten Schutzgebieten ist bereits eine Beeinträchtigung naturschutzrechtlicher Belange unzulässig. Bei sonstigen Gebieten werden öffentliche Belange erst bei einer **Verunstaltung des Landschaftsbilds** berührt; dieses ist der Fall bei einer Bebauung, die von dem Betrachter als grob unangemessen empfunden wird (BVerwG NVwZ 1991, 64; VGH Mannheim BauR 2012, 619).

Bsp. a) (BVerwG NJW 1995, 2648): Eine 13 m hohe Monumentalfigur mitten im Wald kann wegen Verunstaltung des Landschaftsbildes unzulässig sein, auch wenn sie ein Kunstwerk im Sinne des Art. 5 GG darstellt (s. zur Verunstaltung des Landschaftsbilds auch BVerwG NVwZ 1998, 58).

b) (OVG Münster BauR 2001, 223): Die Errichtung einer Schweinemastanstalt in einer bisher unberührten Tallandschaft (Ems) stellt eine Verunstaltung dar.

c) (BVerwGE 147,118= NVwZ 2013,1411): Die Baurechtsbehörde hat gemäß § 35 Abs. 3 Nr. 5 auch die naturschutzrechtliche und artenschutzrechtliche Zulässigkeit des Vorhabens zu prüfen

dd) Demgegenüber dient § 35 Abs. 3 Nr. 5 Alt. 4 BauGB, also das Verbot einer Beeinträchtigung der **natürlichen Eigenart der Landschaft** oder ihrer Aufgabe als **Erholungsgebiet für die Allgemeinheit,** dem funktionellen Naturschutz, bei dem es nicht auf das Maß der optischen Beeinträchtigung ankommt. Die natürliche Eigenart der Landschaft wird gekennzeichnet durch die dort vorhandene Bodennutzung, i. d. R. also Land- und Forstwirtschaft. Bauliche Vorhaben, deren Zweckbestimmung in keinem Zusammenhang mit dieser Funktion der Außenbereichslandschaft steht und auch nicht der allgemeinen Erholung dient, stellen deshalb eine Beeinträchtigung der natürlichen Eigenart der Landschaft dar (BVerwGE 26, 111 = NJW 1967, 1099; NVwZ 2000, 1048). **155**

Dabei ist für die Beurteilung der Beeinträchtigung der natürlichen Eigenart der Landschaft nur auf die **objektive Nutzungsmöglichkeit** des Gebäudes, nicht auf seine augenblickliche Verwendung abzustellen (VGH Mannheim VBlBW 1987, 274; OVG Lüneburg NVwZ-RR 1994, 493). Ein als Wochenendhaus geeignetes Gebäude wird daher nicht dadurch zulässig, dass es nur zur Aufbewahrung von landwirtschaftlichen Geräten genutzt wird. Es kommt auch nicht darauf an, ob das Gebäude deutlich sichtbar oder – etwa durch Bepflanzung – verborgen ist. Maßgebend ist allein der Widerspruch zwischen der objektiven Zweckbestimmung des Gebäudes und der in seiner Umgebung vorhandenen Bodennutzung (BVerwG NJW 1970, 346; VGH Mannheim VBlBW 1988, 111).

Der Erholungswert einer Landschaft wird insbesondere beeinträchtigt durch Erholungs- und Freizeitanlagen, die nur von einem beschränkten Personenkreis genutzt werden können (s. dazu Rn. 146).

ee) § 35 Abs. 3 Nr. 7 BauGB will verhindern, dass der Außenbereich durch die Entstehung, Verfestigung oder Erweiterung einer **Splittersiedlung** planlos zersiedelt wird (BVerwGE 27, 137 und 54, 74 = BauR 1977, 399; NVwZ 2012, 1631; OVG Münster NVwZ-RR 2008, 682 – lesenswert). Eine Bebauung des Außenbereichs mit Wohngebäuden oder Wochenendhäusern stellt i. d. R. eine Zersiedelung des Außenbereichs dar und beeinträchtigt damit öffentliche Belange nach § 35 Abs. 3 S. 1 Nr. 7 BauGB, weil zu befürchten ist, dass ein solches Bauvorhaben weitere gleichartige Bauwünsche nach sich zieht und damit „Vorbildwirkung" entfaltet (BVerwGE 54, 74 = BauR 1977, 398; BauR 2000, 1173; NVwZ 2012, 1631). **156**

Etwas anderes gilt aber, wenn eine bereits vorhandene Splittersiedlung abgerundet, d.h. eine Baulücke zwischen den vorhandenen Gebäuden bebaut wird (BVerwGE 54,

74 = BauR 1977, 399; NVwZ 2006, 1289). Es muss sich aber um die Schließung einer Baulücke innerhalb einer Splittersiedlung handeln. Dagegen werden öffentliche Belange berührt, wenn eine Splittersiedlung so erweitert wird, dass sie zu einem Ortsteil gemäß § 34 Abs. 1 BauGB wird, weil eine derartige Ausweitung der Bebauung im Außenbereich eine planerische Entscheidung der Gemeinde (Bebauungsplan, Entwicklungssatzung nach § 34 Abs. 4 Nr. 2 BauGB) voraussetzt (BVerwG BauR 2000, 1175).

Eine ungeplante Zersiedelung des Außenbereichs ist auch bei der sog. Anschlussbebauung zu befürchten, wenn nämlich im Anschluss an den Ortsrand weitere bauliche Anlagen errichtet werden, was dazu führt, dass die Ortschaft sich planlos in den Außenbereich ausdehnt (BVerwGE 27, 139; BauR 1991, 55; NVwZ 1985, 747).

ff) Öffentliche Belange werden ferner beeinträchtigt, wenn raumbedeutsame Vorhaben gegen die **Ziele der Raumordnung** verstoßen; insoweit gelten für nichtprivilegierte Vorhaben dieselben Grundsätze wie für privilegierte Vorhaben (s. dazu oben Rn. 151).

157 gg) Die Aufzählung öffentlicher Belange in § 35 Abs. 3 BauGB ist nicht abschließend, wie das Wort „insbesondere" zeigt (BVerwG NVwZ 1998, 58; BauR 2007, 781). So stellt das **Gebot der Rücksichtnahme** einen **sonstigen öffentlichen Belang** gemäß § 35 Abs. 3 BauGB dar (BVerwG BauR 1990, 689; NVwZ 2007, 336).

Bsp. (BVerwGE 52, 122 = NJW 1978, 62): Das Gebot der Rücksichtnahme ist verletzt, wenn ein Landwirt im Außenbereich einen Schweinestall in unmittelbarer Nachbarschaft zu einem Wohnhaus anlegt, obwohl er auch einen anderen Standort wählen könnte, bei dem der Nachbar nicht gestört würde.

Später hat das BVerwG allerdings das Gebot der Rücksichtnahme vor allem in § 35 Abs. 3 S. 1 Nr. 3 BauGB (schädliche Umwelteinwirkungen) verankert. Zum Inhalt des Gebots der Rücksichtnahme s. Rn. 51 u. Rn. 301.

Ferner erkennt das BVerwG (BVerwGE 117,25 = NVwZ 2003, 86; eb. OVG Münster BauR 2012, 1883) das Bedürfnis nach vorheriger **Planung** als ungeschriebenen öffentlichen Belang an.

Bsp. (BVerwGE 117, 25): Der Bau eines FOC – s. Rn. 101 – von 21.000 m² mit 61 Geschäften und 2 Gaststätten setzt wegen der erforderlichen Koordination der verschiedenen öffentlichen und privaten Belange, insbesondere der Zufahrtsstraße, der Parkplätze, der Abfallbeseitigung, einen vorherigen Bebauungsplan voraus, so dass eine solche Anlage nicht „planlos" errichtet werden kann.

c) Bestandsschutz

158 Das Problem des Bestandsschutzes (s. dazu Aichele/Herr NVwZ 2003, 415; Appel DVBl 2005, 340; Hauth BauR 2015, 774) ist nicht spezifisch auf den Außenbereich bezogen, es entsteht vielmehr überall dort, wo vorhandene bauliche Anlagen umgebaut, durch andere Anlagen ersetzt oder wenigstens ihre Nutzung geändert werden soll und dieses nach den nunmehr für das jeweilige Gebiet maßgeblichen baurechtlichen Vorschriften unzulässig ist. Dennoch hat die Rechtsprechung der Verwaltungsgerichte die Grundsätze zum Bestandsschutz im Wesentlichen an Außenbereichsfällen entwickelt, weil gerade im Außenbereich die Erhaltung und sinnvolle Nutzung eines funktionslos gewordenen Gebäudes nur möglich war, wenn dieses durch den Bestandsschutz gedeckt war. Eine gewisse Erleichterung ist allerdings seit 1.1.1977 durch die Neuregelung des § 35 Abs. 4–6 BBauG eingetreten, die jedenfalls die größten Mängel der früheren Rechtslage und Rechtsprechung beseitigt hat; § 35 Abs. 4 BauGB hat hieran im Wesentlichen festgehalten.

Voraussetzung für den Bestandsschutz ist zunächst, dass überhaupt eine **funktionsfähige bauliche Anlage** vorhanden ist. Ein Trümmerhaufen oder eine Ruine eines Bauwerks genießen keinen Bestandsschutz (BVerwGE 61, 112 = NJW 1981, 2140; NJW 1986, 2126; BauR 1991, 55), auch wenn dieser Zustand unabhängig vom Willen des Eigentümers, etwa durch Brand oder Naturkatastrophe eingetreten ist (BVerwGE 47, 126; 72, 363 = NJW 1986, 2126; VGH München NVwZ-RR 2007, 513). Der Bestandsschutz deckt auch nicht den Abbruch eines Bauwerks und die Errichtung eines Ersatzbaus (BVerwGE 62, 32 = NJW 1981, 2143; BVerwGE 72, 362 = NJW 1986, 2126).

Ferner dient der Bestandsschutz nur dazu, das Gebäude bzw. die gewerbliche Anlage in seinem **bisherigen Bestand** zu erhalten, eine Erweiterung oder Funktionsänderung fällt dagegen nicht unter den Bestandsschutz (BVerwGE 50, 49 = DVBl 1976, 214; BVerwGE 61, 285 = NJW 1981, 1224; BVerwGE 68, 360 = NJW 1984, 1771; BVerwGE 72, 363 = NJW 1986, 2126). Auf die wirtschaftliche Zweckmäßigkeit oder sogar Notwendigkeit solcher Maßnahmen kommt es dabei nicht an (BVerwGE 61, 295 = NJW 1981, 1225). **159**

Stets ist dabei erforderlich, dass zwischen dem früheren und dem jetzigen Zustand hinsichtlich des Standorts, des Bauvolumens und der Nutzung eine **Identität** besteht (BVerwGE 47, 126 = BauR 1975, 114; NVwZ 2002, 92), so dass das Gebäude zwar als restauriertes oder modernisiertes Gebäude, nicht aber als Ersatzbau oder gar als aliud anzusehen ist. Wenn bauliche Veränderungen die Kosten eines Neubaus erreichen oder eine statische Neuberechnung des Gebäudes erforderlich ist, entfällt der Bestandsschutz (BVerwG NVwZ 2002, 92). Die Umwandlung eines landwirtschaftlich genutzten Gebäudes in eine Metallschleiferei (BVerwGE 47, 185), eines Speditionsunternehmens in einen Kranbetrieb (BVerwG NJW 1977, 1932), eines Großhandelsunternehmens in einen Verbrauchermarkt (BVerwG NJW 1984, 1771), einer Diskothek in eine Spielhalle (BVerwG BauR 1990, 582), die Verdoppelung der Produktion einer Ziegelei durch Installation eines neuen Brennofens (BVerwGE 50, 49), die Umwandlung eines Bahnwärterhauses in ein Wochenendhaus (VGH Mannheim VBlBW 1992, 218), die Nutzung eines Jagdhauses als Wohnhaus (BVerwG BauR 1994, 737) sowie die Erweiterung eines Kurhauses (BVerwG NVwZ 1999, 524) fallen nicht unter den Bestandsschutz.

Beim Bestandsschutz ist zunächst zu unterscheiden zwischen dem aktiven und dem passiven Bestandsschutz (s. dazu Brügelmann/Dürr § 35 Rn. 117 b.; Dürr VBlBW 2000, 457). Aktiver Bestandsschutz bedeutet einen Anspruch auf Genehmigung eines Bauvorhabens wegen des Bestandsschutzes. Der passive Bestandsschutz schützt nur vor der Verpflichtung zur Beseitigung eines baurechtswidrigen Vorhabens. Das BVerwG hat den aktiven Bestandsschutz früher unmittelbar aus Art. 14 GG abgeleitet (BVerwGE 47, 158; 50, 49; 61, 285). Diese Rechtsprechung hat es aber aufgegeben, da der Inhalt des Eigentums durch die Gesetze festgelegt werden muss und ein unmittelbar aus Art. 14 GG abgeleiteter Bestandsschutz daher entfällt (BVerwG NVwZ 1999, 524; BauR 2010, 2060; VGH Mannheim NVwZ-RR 2012, 919). Das BVerwG beruft sich dabei auf die Rechtsprechung des BVerfG (BVerfGE 58, 300 – Nassauskiesung). Danach scheidet ein **aktiver Bestandsschutz** von vornherein aus. Der Bestandsschutz kann also keinen Anspruch auf Genehmigung eines Bauvorhabens begründen (VGH Mannheim NVwZ-RR 2012, 919). **160**

Bsp. (BVerwGE 106, 228 = NJW 1998, 842): Die Errichtung einer Garage neben einem Wohnhaus im Außenbereich wird nicht durch den Bestandsschutz zugelassen (a.M. noch BVerwGE 72, 362 = NJW 1986, 2126).

Ein **passiver Bestandsschutz** ist zunächst unbestritten gegeben, wenn das Bauwerk baurechtlich genehmigt wurde. Durch die Feststellungswirkung der Baugenehmigung wird verbindlich festgestellt, dass es mit den baurechtlichen Vorschriften übereinstimmt; dieses gilt auch dann, wenn dieses in Wirklichkeit nicht der Fall ist (s. Rn. 247). Ein Bestandsschutz besteht auch, wenn das Bauwerk zwar nicht genehmigt wurde, aber bei seiner Errichtung oder auch danach den baurechtlichen Vorschriften entsprach. Insoweit besteht weitgehend Einigkeit, dass auch die nur materielle Rechtmäßigkeit in irgendeinem nicht nur ganz kurzen Zeitraum ausreicht, um einem Bauvorhaben Bestandsschutz zu vermitteln (BVerwGE 47, 158 = BauR 1975, 44; BVerwGE 61, 285 = NJW 1981, 1224; BauR 2007, 1697).

Der passive Bestandsschutz entfällt, wenn das Gebäude nicht mehr besteht (BVerwG NVwZ 1991, 1076) oder in völlig anderer Weise genutzt wird. Noch nicht abschließend geklärt ist dagegen, ob und ggf. wann der durch eine Baugenehmigung vermittelte Bestandsschutz entfällt, wenn die bisherige Nutzung für längere Zeit aufgegeben wurde, ohne dass eine anderweitige Nutzung erfolgt ist (s. dazu OVG Bautzen BauR 2013, 79: 18-jähriger Leerstand eines Kinderferienlagers; s. auch unten Rn. 249).

d) § 35 Abs. 4–6 BauGB (begünstigte Vorhaben)

161 Die einschränkende Rechtsprechung zum Bestandsschutz (s. oben Rn. 158 ff.) führte früher allerdings in vielen Fällen zu unbefriedigenden Ergebnissen, insbesondere bei dem Umbau oder der Nutzungsänderung ehemals landwirtschaftlich genutzter Gebäude im Außenbereich. So hätte der Landwirt, der seinen landwirtschaftlichen Betrieb aufgab und einer sonstigen Beschäftigung nachging, bei konsequenter Anwendung der Bestandsschutzregeln eigentlich sofort seinen Bauernhof im Außenbereich abreißen und sich in dem nächsten Dorf eine Wohnung nehmen müssen (so in der Tat BVerwGE 47, 185). Dieses unangemessene Ergebnis ist durch § 35 Abs. 4 BBauG 1976 (nun § 35 Abs. 4 BauGB) beseitigt worden.

Den in **§ 35 Abs. 4 BauGB** angeführten Nutzungsänderungen, Wiederaufbau- oder Erweiterungsmaßnahmen kann nicht entgegengehalten werden, dass sie dem Flächennutzungsplan widersprechen, die natürliche Eigenart der Landschaft beeinträchtigen oder die Entstehung bzw. Verfestigung einer Splittersiedlung zu befürchten sei. Damit sind die wesentlichsten Hindernisgründe für ein nichtprivilegiertes Vorhaben im Außenbereich ausgeräumt, so dass i. d. R. die Genehmigung zu erteilen ist. Die sonstigen öffentlichen Belange des § 35 Abs. 3 BauGB werden dagegen von § 35 Abs. 4 BauGB nicht berührt; falls sie beeinträchtigt werden, kann auch ein nach § 35 Abs. 4 BauGB begünstigtes Vorhaben nicht zugelassen werden (BVerwG NVwZ-RR 1994, 372 – Belange des Naturschutzes). Die einzelnen Tatbestände des § 35 Abs. 4 BauGB sollen nur isoliert angewandt werden können, eine kombinierte Anwendung soll unzulässig sein.

Bsp. (BVerwG NJW 1998, 842): Ein durch einen Sturm zerstörtes Gebäude darf nicht nach Nr. 3 neu errichtet und zugleich nach Nr. 5 erweitert werden. Dieses überzeugt nicht. Der Bauherr wird dadurch gezwungen, zunächst das Gebäude in der früheren Größe wieder zu errichten und es dann aufgrund einer zweiten Baugenehmigung zu erweitern.

Die Begünstigungstatbestände des § 35 Abs. 4 BauGB gelten sowohl für privilegierte als auch für nichtprivilegierte Bauvorhaben (BVerwG NVwZ 2011, 884).

Unter den in § 35 Abs. 4 S. 2 BauGB genannten engen Voraussetzungen ist statt der in Satz 1 angeführten Maßnahmen auch die Beseitigung eines vorhandenen Gebäudes und die Neuerrichtung eines neuen vergleichbaren Gebäudes zulässig.

Nach **§ 35 Abs. 4 Nr. 1 BauGB** kann einer Änderung der Nutzung eines vor mehr als **162**
7 Jahren zulässigerweise errichteten und nach § 35 Abs. 1 Nr. 1 BauGB privilegierten
Gebäudes ohne wesentliche Änderung der äußeren Gestalt des Gebäudes nicht entgegengehalten werden, dass sie die angeführten öffentlichen Belange beeinträchti-
ge. Sinn und Zweck dieser Regelung ist es, dass landwirtschaftliche Gebäude, die
wegen Aufgabe oder Einschränkung der Landwirtschaft nicht mehr in der bisherigen
Weise genutzt werden können, einer sinnvollen Nutzung zugeführt werden. Zulässigerweise errichtet worden ist ein Gebäude, wenn es entweder baurechtlich genehmigt worden ist oder aber materiell-rechtlich den maßgeblichen Vorschriften, insbesondere § 35 BauGB/BBauG entsprach (BVerwGE 58, 124 = NJW 1980, 1010;
BVerwGE 62, 32 = NJW 1981, 2143; BauR 2007, 1697)

Das Verbot einer wesentlichen Änderung ist beschränkt auf das Äußere des Gebäudes; im Inneren ist dagegen sogar die sog. Entkernung, also die vollständige Änderung des Gebäudeinneren bei Erhaltung der Außenwände, zulässig (VGH München
NVwZ-RR 2002, 713; Battis/Krautzberger/Löhr § 35 Rn. 135; Jäde/Dirnberger/Weiß
§ 35 Rn. 108; a.M. Schrödter § 35 Rn. 175). In begründeten Einzelfällen kann nach
§ 35 Abs. 4 S. 2 BauGB auch eine Neuerrichtung zugelassen werden.

§ 35 Abs. 4 Nr. 1 BauGB verlangt ferner einen räumlich-funktionalen Zusammenhang
des Gebäudes mit der Hofstelle eines landwirtschaftlichen Betriebs (BVerwG BauR
2006, 1103); eine von der Hofstelle 300 m entfernt gelegene Feldscheune kann daher nicht unter Berufung auf § 35 Abs. 4 Nr. 1 BauGB umgenutzt werden (BVerwG
DÖV 2001, 959). Soweit ein bisher landwirtschaftlichen Zwecken dienendes Gebäude in ein Wohngebäude umgewandelt wird, dürfen maximal drei Wohnungen pro
Hofstelle (ohne die nach § 35 Abs. 1 Nr. 1 BauGB privilegierten Wohnungen) entstehen. Die Anforderung des § 35 Abs. 4 Nr. 1 c BauGB, dass die Aufgabe der bisherigen (landwirtschaftlichen) Nutzung nicht länger als 7 Jahre zurück liegen dürfe, ist
für Baden-Württemberg durch § 1 AGBauGB (Dürig Nr. 87 b) aufgrund der Ermächtigung des § 245 b Abs. 2 BauGB außer Kraft gesetzt worden.

Nach **§ 35 Abs. 4 Nr. 2 BauGB** kann ein irgendwann einmal (BVerwGE 58, 124 = **163**
NJW 1980, 1010; BVerwGE 62, 32 = NJW 1981, 2143) zulässigerweise errichtetes (s.
oben Rn. 162), aber nunmehr Missstände oder Mängel (§ 177 Abs. 3 BauGB) aufwei-
sendes (sog. abgängiges) Wohngebäude abgerissen und an seiner Stelle ein gleich-
artiges Wohngebäude (BVerwG NVwZ-RR 2004, 982) errichtet werden. Das alte
Haus muss seit längerer Zeit vom Eigentümer selbst bewohnt worden sein (OVG
Münster NVwZ-RR 2004, 480) und das neue Haus ebenfalls dem Eigentümer und
seiner Familie als Wohnung dienen sollen (VGH Mannheim BauR 2006, 975). Es soll
verhindert werden, dass wohlhabende Personen baufällige Wohngebäude im Außenbereich aufkaufen und sich damit die Möglichkeit verschaffen, im Außenbereich
nach dem Abbruch des alten Hauses ein modernes Wohngebäude zu errichten. § 35
Abs. 4 Nr. 2 BauGB gestattet lediglich den Wiederaufbau zum Zweck der Nutzung
des Neubaus als Dauerwohnung, nicht dagegen für Freizeitzwecke als Wochenendhaus (BVerwG NVwZ 1995, 700; VGH Mannheim BauR 2006, 975) oder als Ferien-
wohnung (BVerwG BauR 2002, 1059).

Vergleichbar ist das neue Wohngebäude, wenn es hinsichtlich des Standorts, des
Bauvolumens und der Funktion ungefähr dem früheren Bauwerk entspricht; § 35
Abs. 4 Nr. 2 BauGB verlangt keine vollständige Identität zwischen altem und neuem
Haus (BVerwGE 58, 124 = NJW 1980, 1010; BVerwGE 61, 290 = NJW 1981, 2828).
§ 35 Abs. 4 S. 3 BauGB erlaubt auch eine geringfügige Erweiterung des Bauvolu-
mens (BVerwG NVwZ 1991, 1076).

164 **§ 35 Abs. 4 Nr. 3 BauGB** erlaubt den alsbaldigen Wiederaufbau eines im Außenbereich zulässigerweise errichteten (s. dazu Rn. 162), durch Brand, Naturkatastrophe oder andere außergewöhnliche Ereignisse zerstörten Gebäudes. Die Zerstörung muss durch ein außergewöhnliches Ereignis (hierzu zählt auch die mutwillige Zerstörung von Menschenhand – BVerwG BauR 1983, 55) erfolgt sein; eine Zerstörung durch natürlichen Verfall infolge mangelhafter Pflege reicht nicht aus (BVerwGE 62, 32 = NJW 1981, 2143).

Der Wiederaufbau muss „alsbald" erfolgen, also zu einem Zeitpunkt, in dem man noch allgemein mit dem Wiederaufbau rechnet (BVerwGE 58, 124 = NJW 1980, 1010). Das BVerwG (NJW 1982, 400) hat hierfür folgende Zeitspanne zwischen der Vernichtung des alten Gebäudes und der eindeutigen Offenbarung der Absicht des Wiederaufbaus – i. d. R. durch Stellung eines Antrags auf Baugenehmigung – angenommen: bei einem Zeitraum bis zu einem Jahr ist stets ein alsbaldiger Aufbau zu bejahen; bei 1–2 Jahren ist dieses i. d. R. der Fall; bei mehr als 2 Jahren kann dagegen nur bei besonderer Fallgestaltung noch von einem alsbaldigen Wiederaufbau gesprochen werden – wegen § 35 Abs. 4 S. 3 BauGB s. oben Rn. 163 a.E.

165 Nach **§ 35 Abs. 4 Nr. 5 BauGB** kann ein zulässigerweise (s. dazu oben Rn. 162) errichtetes **Wohngebäude** angemessen (s. dazu BVerwG NVwZ 2004, 982) erweitert werden, soweit dieses zur Befriedigung der Wohnbedürfnisse angemessen ist; das Gebäude darf aber nach der Erweiterung nur maximal 2 Wohnungen aufweisen (s. dazu BVerwG NVwZ-RR 1995, 295). Eine Errichtung eines neuen Gebäudes wird dagegen, soweit § 35 Abs. 4 S. 2 BauGB nicht eingreift (vgl. dazu Rn. 161 a.E.), von der Vorschrift nicht erfasst (BVerwGE 106, 228 = NVwZ 1998, 842); das gleiche gilt für den Anbau eines Gebäudes an ein bereits bestehendes Haus (BVerwGE 120, 130 = NVwZ 2004, 982; ZfBR 2008, 593). Die Vorschrift gilt nicht für Ferienhäuser (BVerwG NVwZ 1995, 700). Allerdings darf eine zweite Wohnung nur eingerichtet werden, wenn das gesamte Gebäude vom Eigentümer und seiner Familie bewohnt wird (s. dazu BVerwG NVwZ 1989, 355); damit soll das sozialpolitisch erwünschte Zusammenleben von zwei Generationen unter einem Dach ermöglicht werden. Die Erweiterung darf aber die bauliche Identität des Altbaus nicht in Frage stellen, dieser muss „die Hauptsache bleiben" (OVG Lüneburg NVwZ-RR 1996, 6).

§ 35 Abs. 4 Nr. 6 BauGB (s. dazu Hoppe DVBl 1990, 1009; Guldi NVwZ 1996, 849) erlaubt schließlich die angemessene Erweiterung eines bestehenden, zulässigerweise errichteten (s. Rn. 162) **Gewerbebetriebs**. Dabei darf der Betrieb aber nicht im Wege der Salamitaktik mehrmals angemessen erweitert werden, wenn dadurch eine insgesamt nicht mehr angemessene Vergrößerung erreicht wird (BVerwG NVwZ-RR 1993, 176; 1994, 371). Unter § 35 Abs. 4 Nr. 6 BauGB fällt nicht die Erweiterung eines Innenbereichsbetriebs in den Außenbereich (BVerwG NVwZ 1994, 293). Die Erweiterung muss in zweifacher Hinsicht angemessen sein: zum einen in Bezug auf das vorhandene Gebäude, zum anderen in Bezug auf den vorhandenen Betrieb (BVerwG NVwZ-RR 1994, 371; Brügelmann/Dürr § 35 Rn. 161 ff.).

166 Die nach § 35 Abs. 1–4 BauGB zulässigen Vorhaben müssen nach **§ 35 Abs. 5 BauGB** in flächensparender und den Außenbereich schonender Weise ausgeführt werden (zum sog. Schonungsgebot s. BVerwG BauR 1991, 579; OVG Lüneburg NVwZ-RR 1996,6 – Dachausbau statt Errichtung eines Anbaus; OVG Koblenz NVwZ-RR 2007, 581 – Betonmauer um Pferdekoppel). Ferner soll die Baurechtsbehörde nach § 35 Abs. 5 S. 2 BauGB eine Sicherung dafür verlangen, dass die Beschränkungen des § 35 Abs. 4 BauGB auch tatsächlich eingehalten werden. Diese

Sicherung erfolgt durch Eintragung einer Baulast oder durch eine Sicherheitsleistung des Bauherrn (BVerwG NVwZ 2013, 805).

e) Außenbereichssatzung

Durch § 35 Abs. 6 BauGB wird die Möglichkeit geschaffen, dass die Gemeinde **167** durch eine Satzung für vorhandene Splittersiedlungen im Außenbereich eine Bebauung mit Wohngebäuden sowie mit kleinen Handwerks- oder Gewerbebetrieben vorsehen kann (s. dazu BVerwGE 126, 233 = NVwZ 2006, 1289; VGH Mannheim BWGZ 2003, 535; Schink DVBl 1999, 367). Die Außenbereichssatzung unterscheidet sich von einer Innenbereichssatzung nach § 34 Abs. 4 BauGB vor allem dadurch, dass nicht die Schaffung bzw. Erweiterung eines Ortsteils i.S.d. § 34 Abs. 1 BauGB bezweckt wird, sondern die von der Außenbereichssatzung erfasste Fläche weiterhin zum Außenbereich gehört; sie erlaubt auch nicht die Erweiterung einer Splittersiedlung zu einem Ortsteil i.S.d. § 34 BauGB (BVerwG BauR 2000, 1175; OVG Lüneburg NVwZ-RR 2001, 368). Die Außenbereichssatzung hat nur eine Lückenschließungsfunktion (BVerwG NVwZ 2006, 1289).

7. Bauen im Vorgriff auf einen Bebauungsplan (§ 33 BauGB)

§ 33 BauGB (s. dazu Scheidler BauR 2006, 310) stellt insofern einen Sonderfall dar, **168** als diese Vorschrift für alle Fälle der §§ 30, 34 und 35 BauGB Anwendung findet, sofern sich ein Bebauungsplan in der Aufstellung befindet. Die Vorschrift bezweckt, eine Bebauung gemäß einem Bebauungsplan bereits in dem Zeitraum zwischen dessen endgültiger Konzeption und dem Inkrafttreten nach § 10 BauGB zuzulassen; der bauwillige Bürger soll nicht darunter leiden, dass sich das Bebauungsplanverfahren noch eine gewisse Zeit hinzieht (BVerwG NVwZ 1986, 647; BauR 2003, 55).

Voraussetzung für eine Genehmigung nach § 33 BauGB ist deshalb, dass das Verfahren zur Aufstellung eines Bebauungsplans bereits so weit fortgeschritten ist, dass mit der Realisierung der vorliegenden Plankonzeption konkret zu rechnen ist – **materielle Planreife** (BVerwGE 117, 25 = NVwZ 2003, 86; VGH Mannheim VBlBW 2008, 385; OVG Münster NVwZ-RR 2001, 568). Zumindest die Auslegung nach § 3 BauGB und die Beteiligung der Träger öffentlicher Belange nach § 4 BauGB muss i. d. R. abgeschlossen sein – **formelle Planreife** (§ 33 Abs. 1 Nr. 1 BauGB) –; hiervon ist aber nach § 33 Abs. 2 BauGB eine Ausnahme möglich, wenn wegen einer Änderung des Bebauungsplan-Entwurfs gemäß § 4 a Abs. 3 BauGB eine erneute Beteiligung der Öffentlichkeit und der Träger öffentlicher Belange erfolgt. Eine Genehmigung nach § 33 BauGB scheidet aus, wenn die Baurechtsbehörde oder auch andere Behörden Bedenken gegen den Bebauungsplan erheben (VGH Mannheim VBlBW 2008, 385), wenn beachtliche Bürgereinwendungen vorliegen (BVerwG NVwZ 1993, 1205; VGH Mannheim NVwZ-RR 1998, 96) oder wenn der Bebauungsplan inhaltliche Mängel aufweist, insbesondere im Hinblick auf § 1 Abs. 5–7 BauGB bedenklich ist (VGH Kassel BRS 27 Nr. 20 und 28 Nr. 25). Eine Genehmigung nach § 33 Abs. 1 BauGB setzt ferner voraus, dass das Verfahren zur Aufstellung des Bebauungsplans nicht „stecken geblieben ist", also kontinuierlich weiter betrieben wird (BVerwG 117, 25 = NVwZ 2003, 86).

Zu beachten ist, dass § 33 BauGB nur eine Genehmigung eines Bauvorhabens ermöglicht, das sonst vor Inkrafttreten des Bebauungsplans nicht genehmigt werden könnte. § 33 BauGB kann dagegen nicht die Errichtung eines Bauvorhabens verhindern, das nach der derzeitigen Rechtslage zulässig, nach dem zukünftigen Bebauungsplan aber unzulässig wäre. Denn § 33 BauGB dient nicht der Sicherung der

Bauleitplanung während der Planaufstellung, hierfür sieht das BauGB vielmehr eine Veränderungssperre nach §§ 14 ff. BauGB vor. Diese Vorschriften wären überflüssig, wenn ein Bauvorhaben wegen eines in Aufstellung befindlichen Bebauungsplans bereits nach § 33 BauGB verhindert werden könnte (std. Rspr. seit BVerwGE 20, 127).

8. Einvernehmen nach § 36 BauGB

169 Da durch die Genehmigung von Bauvorhaben, die nicht auf einem Bebauungsplan beruhen, die Planungshoheit der Gemeinde beeinträchtigt werden kann, dürfen Baugenehmigungen nach §§ 31, 33, 34 und 35 BauGB nur im **Einvernehmen** mit der Gemeinde erteilt werden (s. dazu Dippel NVwZ 2011, 769; Schoch NVwZ 2012, 777). Das Einvernehmen wird nur verwaltungsintern erklärt, nach außen hin ergeht gegenüber dem Bauherrn nur eine Entscheidung der Baurechtsbehörde (BVerwGE 22, 342; NVwZ-RR 1992, 529; BGHZ 187, 51 = NVwZ 2011, 249).

Die Gemeinde muss über die Erteilung des Einvernehmens innerhalb von zwei Monaten entscheiden, sonst gilt das Einvernehmen als erteilt (§ 36 Abs. 2 S. 2 BauGB); die **Frist** beginnt aber erst nach Vorlage der vollständigen Planunterlagen (VGH Mannheim BauR 2003, 1534). Allerdings muss die Gemeinde die Unvollständigkeit der Unterlagen rügen; andernfalls läuft die 2-Monatsfrist auch bei unvollständigen Unterlagen ab (BVerwG NVwZ 2005, 213; VGH Mannheim VBlBW 2009, 61). Die Frist kann die Gemeinde dazu nutzen, ein nicht erwünschtes Bauvorhaben, das aber nach der bestehenden Rechtslage zugelassen werden müsste, durch einen Beschluss zur Aufstellung eines Bebauungsplans nach § 2 Abs. 1 BauGB sowie eine Veränderungssperre nach § 14 Abs. 1 BauGB zur Sicherung dieser Planung zu verhindern (BVerwG NVwZ 1986, 566; BauR 1988, 695; VGH Mannheim NVwZ 1994, 797).

Über die Erteilung des Einvernehmens entscheidet der **Gemeinderat** (bzw. ein Gemeinderatsausschuss) und nicht der Bürgermeister, da der Gemeinderat Inhaber der Planungshoheit ist (VGH Mannheim VBlBW 1984, 115). Eine Übertragung dieser Kompetenz auf den Ortschaftsrat ist unzulässig, weil die Auswirkungen eines Bauvorhabens auf das gesamte Gemeindegebiet zu berücksichtigen sind (VGH Mannheim a.a.O.). Ist die Gemeinde selbst Baurechtsbehörde, bedarf es keines Einvernehmens der Gemeinde, auch wenn verschiedene Gemeindeorgane, nämlich der Bürgermeister bzw. der Gemeinderat über die Baugenehmigung bzw. das Einvernehmen zu entscheiden haben (BVerwGE 121, 339 = NVwZ 2005, 83; VGH Mannheim ESVGH 60, 123; a.M. noch VGH Mannheim VBlBW 2004, 56). Die Annahme des BVerwG, ein innergemeindlicher Konflikt müsse mithilfe der kommunalrechtlichen Vorschriften bewältigt werden, findet allerdings in der GemO BW keine Stütze. Wie ein derartiger Konflikt bewältigt werden kann, ist nicht geregelt worden.

170 Wird das **Einvernehmen** der Gemeinde **nicht erteilt**, dann kann die Baurechtsbehörde das Einvernehmen ersetzen, wenn das Einvernehmen zu Unrecht verweigert wurde (§ 36 Abs. 2 S. 3 BauGB, s. dazu Schoch NVwZ 2012, 777; Jeromin BauR 2011, 456). Von der durch § 36 Abs. 2 S. 3 BauGB eröffneten Möglichkeit, dass eine durch Landesrecht zu bestimmende Behörde das Einvernehmen ersetzen kann, hat das Land Baden-Württemberg erst durch die LBO-Novelle 2010 Gebrauch gemacht. Nach § 54 Abs. 4 LBO kann die Baugenehmigungsbehörde das rechtswidrig verweigerte Einvernehmen ersetzen. Durch die Erteilung einer Baugenehmigung wird nach § 54 Abs. 4 S. 3 LBO zugleich das Einvernehmen der Gemeinde ersetzt (VGH Mannheim BauR 2011, 1955). Die Ersetzung ist ein Verwaltungsakt, der von der Gemeinde wegen der Verletzung ihrer Planungshoheit mit Rechtsmittel angegriffen werden kann (OVG Lüneburg NVwZ-RR 2009, 866; Beutling/Pauli BauR 2010, 418). Strittig ist allerdings, ob die Ersetzung des Einvernehmens eine Ermessensentscheidung ist (so OVG Lüneburg NVwZ-RR 2009, 866; VGH München BauR 2006, 2022; Wortha VBlBW 2010, 219; Battis/Krautzberger/Löhr § 36 Rn. 13; a.M. BGHZ 187, 51 = NVwZ 2011, 249; OVG Koblenz NVwZ-RR 2000, 85; Horn NVwZ 2002, 406; Dolderer BauR 2000, 491; offen gelassen vom VGH Mannheim BauR 2011, 1955). Die Frage hat keine größere Bedeutung. Wenn fest steht, dass die Verweigerung des Einvernehmens rechtswidrig war, reduziert sich das Ermessen auf Null (so VGH Kassel NVwZ-RR 2011, 248; VGH Mannheim BauR 2011, 1955; Schoch NVwZ 2012, 777). Denn es wäre mit Art. 14 GG nicht zu vereinbaren, den Bauherrn gleichwohl an der Ausübung seiner Baufreiheit zu hindern. Die Ersetzungsmöglichkeit dient vor allem dem Interesse des Bauherrn an einer schnellen Erteilung der Baugenehmigung (BT-Drucks. 13/6392 S. 10).

Lehnt die Baugenehmigungsbehörde es ab, das Einvernehmen zu ersetzen, steht dem Bauherrn ein Schadensersatzanspruch wegen Amtspflichtverletzung gegen die Baugenehmigungsbehörde, nicht aber gegen die Gemeinde zu (so BGHZ 187, 51 = NVwZ 2011, 249, bspr. von Schlarmann/Krappel NVwZ 2011, 215; BGH NVwZ 2013, 167). Der BGH begründet dies damit, dass die Entscheidung über das Einvernehmen nur verwaltungsintern wirke (s. oben Rn. 169) und daher keine Amtspflicht gegenüber dem Bauherrn verletzt werde. Dies gilt nach Ansicht des BGH aber nur für Fälle, bei denen die Möglichkeit der Ersetzung des Einvernehmens bestand, was vor Inkrafttreten der LBO-Novelle 2010 nicht der Fall war. Für Altfälle gilt also die frühere Rechtsprechung, dass die Gemeinde wegen einer rechtswidrigen Verweigerung des Einvernehmens Schadensersatz nach Art. 34 GG, § 839 BGB zu leisten habe, weiter (vgl. BGHZ 65, 182 = NJW 1976, 184; NJW 2006, 117).

Verfahrensrechtlich bestimmt § 54 Abs. 4 S. 3 LBO, dass Rechtsmittel der Gemeinde (vgl. Rn. 172) keine aufschiebende Wirkung haben.

Die Baugenehmigungsbehörde ist an eine Erteilung des Einvernehmens nicht gebunden, sondern kann den Bauantrag gleichwohl ablehnen (BVerwG NVwZ-RR 1993, 529; NVwZ 1997, 700). Da das Einvernehmen ein verwaltungsinterner Vorgang und damit kein Verwaltungsakt ist, muss bei einem versagten Einvernehmen auf Erteilung der Baugenehmigung und nicht etwa auf Erteilung des Einvernehmens geklagt werden (BVerwGE 28, 145). Beklagter ist demnach die Baurechtsbehörde; die Gemeinde ist aber beizuladen (BVerwG NVwZ 1986, 556; DVBl 1974, 235).

Das Einvernehmen darf nach **§ 36 Abs. 2 S. 1 BauGB** nur aus den sich aus §§ 31–35 **171** BauGB ergebenden Gründen **versagt** werden (BVerwG NVwZ 1990, 657). Daraus folgt, dass nur in den Fällen der §§ 31, 33 Abs. 2 und 34 Abs. 2 Halbs. 2 und Abs. 3a BauGB ein Ermessen besteht; im Übrigen muss das Einvernehmen dagegen erteilt werden, wenn das Bauvorhaben planungsrechtlich zulässig ist. Die Gemeinde kann sich bei der Versagung des Einvernehmens auf alle in §§ 31 bis 35 BauGB genannten Versagungsgründe stützen, also auch auf solche, die nicht dem Schutz ihrer Planungshoheit dienen, z.B. die in § 35 Abs. 3 Nr. 5 BauGB angeführten Belange des Naturschutzes und der Landschaftspflege (BVerwG NVwZ 2010, 1561; VGH Mannheim DVBl. 1998, 909; a.M. VGH Kassel NVwZ-RR 2009, 750). Nach dem eindeutigen Wortlaut des § 36 Abs. 2 S. 1 BauGB hat die Gemeinde bauplanungsrechtlich eine umfassende Prüfungskompetenz.

In § 36 Abs. 2 BauGB wird § 14 BauGB nicht als Versagungsgrund angeführt. Hierbei handelt es sich um ein Redaktionsversehen, da das Erfordernis des Einvernehmens gerade dazu dient, der Gemeinde die Möglichkeit zu eröffnen, zur Verhinderung des

Vorhabens eine Veränderungssperre zu erlassen (s. oben Rn. 169) und eine Ausnahme von der Veränderungssperre nach § 14 Abs. 2 S. 2 BauGB nur im Einvernehmen mit der Gemeinde erteilt werden darf.

Die Erklärung des Einvernehmens kann nach der Rechtsprechung des BVerwG (NVwZ 1997, 900) von der Gemeinde nicht zurückgenommen werden, da die Frist des § 36 Abs. 2 S. 2 BauGB erkennen lasse, dass dem Bauherrn eine längere Ungewissheit nicht zugemutet werden soll. Dieses überzeugt nicht, weil sogar eine Baugenehmigung zurückgenommen werden kann. Dem BVerwG (a.a.O.) ist aber darin zuzustimmen, dass die Frist nicht verlängert werden kann.

172 Erteilt die Baurechtsbehörde trotz fehlenden Einvernehmens der Gemeinde die Baugenehmigung oder ersetzt sie das Einvernehmen, dann kann die Gemeinde hiergegen wegen Verletzung ihrer Planungshoheit **Klage** erheben (BVerwGE 22, 248; BauR 2010, 1737; NVwZ 1994, 265). Ebenso kann die Gemeinde klagen, wenn die Baurechtsbehörde eine Baugenehmigung unter Missachtung eines Bebauungsplans erteilt, ohne eine einvernehmensbedürftige Befreiung zu erteilen (BVerwG NVwZ 1982, 310; VGH Mannheim NVwZ 1999, 442) oder gegen ein Bauvorhaben, das gegen einen Bebauungsplan verstößt, keine Abbruchanordnung erlassen wird (BVerwG NVwZ 2000, 1048).

9. öffentliche Bauten (§ 37 BauGB)

173 Bauvorhaben des Bundes oder der Länder mit **besonderer öffentlicher Zweckbestimmung** können nach § 37 BauGB auch abweichend von §§ 30–36 BauGB errichtet werden (s. dazu Ritgen DÖV 1997, 1034; Pfeffer NVwZ 2012, 796). Der Sinn dieser Vorschrift liegt darin, dass notwendige öffentliche Bauten, insbesondere technische Anlagen wie Fernsehtürme, Fernmeldeeinrichtungen, Forschungsvorhaben, aber auch Strafanstalten, psychiatrische Landeskrankenhäuser u. ä., die wegen ihrer besonderen Eigenarten und Auswirkungen nicht nach §§ 30, 34, 35 BauGB genehmigungsfähig sind, gleichwohl errichtet werden können und zwar auch **gegen den Willen der Gemeinde**, da § 36 BauGB nicht anwendbar ist; § 37 BauGB stellt somit materiell-rechtlich eine Befreiungsregelung dar (BVerwG ZfBR 1981, 243; NVwZ 1993, 892; OVG Münster BauR 2004, 463). Für derartige Vorhaben ist nach § 70 Abs. 1 LBO keine Baugenehmigung, sondern nur eine Zustimmung der Baurechtsbehörde erforderlich.

Die Zustimmung stellt einen **Verwaltungsakt** dar, bei dem zwischen den Belangen des öffentlichen Bauherrn und den städtebaulichen Interessen an der Einhaltung der §§ 30 ff. BauGB abzuwägen ist und die Zulässigkeit des öffentlichen Bauvorhabens verbindlich festgestellt wird (BVerwG NVwZ 1993, 892; VGH Kassel NVwZ 2001, 823).

Erteilt die Gemeinde ihr nach § 36 BauGB erforderliches Einvernehmen zu einem Bauvorhaben des Bundes oder Landes nicht, dann wird dieses nach § 37 Abs. 1 BauGB bei Vorhaben mit besonderer öffentlicher Zweckbestimmung durch eine Entscheidung der höheren Verwaltungsbehörde ersetzt.

Für **Vorhaben der Landesverteidigung**, die nach § 70 Abs. 3 LBO weder einer Genehmigung noch einer Zustimmung bedürfen, enthält § 37 Abs. 2 BauGB eine Sonderregelung; derartige Vorhaben können sogar gegen den Willen der Gemeinde und der höheren Verwaltungsbehörde errichtet werden (s. dazu BVerwG NVwZ 1993, 892; OVG Lüneburg NuR 2000, 527).

Gegen eine Zustimmung kann der Nachbar ebenso wie gegen eine Baugenehmigung Rechtsmittel einlegen (VGH Kassel NVwZ 1995, 1010; OVG Münster NVwZ-RR 2004, 175).

10. Erschließung des Bauvorhabens

Nach allen Tatbeständen der §§ 30 ff. BauGB darf eine Baugenehmigung nur erteilt **174** werden, wenn die **Erschließung gesichert** ist (s. dazu Sarnighausen NVwZ 1993, 424; Wilhelm DNotZ 2004, 33). Eine gesicherte Erschließung setzt voraus, dass im Zeitpunkt der Bezugsfertigkeit des Hauses die erforderlichen Erschließungsanlagen hergestellt und benutzbar sind (BVerwGE 64, 186 = NVwZ 1982, 377; NVwZ 2010, 1561). Unter Erschließung ist der Anschluss an die Straße, die Abwasserbeseitigung sowie die Wasserversorgung zu sehen (BVerwG BauR 1974, 398; NJW 1975, 402; VGH Mannheim NVwZ-RR 1998, 13).

Eine gesicherte **Wasserversorgung** verlangt nicht nur die Versorgung mit Trinkwasser, sondern auch mit Brandwasser einschließlich des erforderlichen Löschwassers im Fall eines Brands (OVG Koblenz NVwZ-RR 2015, 179).

Die **wegemäßige Erschließung** ist als gesichert anzusehen, wenn das Bauvorhaben mit öffentlichen Fahrzeugen (Müllabfuhr, Feuerwehr, Krankenwagen, Post) erreicht werden kann und der zu erwartende Verkehr nicht zu einer Überbelastung der Straße führt (BVerwGE 64, 186 = NVwZ 1982, 377; BVerwGE 92, 304 = NVwZ 1994, 299; BauR 2000, 1173). Hierfür reicht es bei Wohngebäuden aus, dass Großfahrzeuge (Feuerwehr, Müllabfuhr) in die Nähe des Gebäudes gelangen können und kleinere Fahrzeuge (Krankenwagen) über einen kurzen Wohnweg (vgl. BVerwG NVwZ 1994, 1910; VGH Mannheim NVwZ 1997, 89; NVwZ-RR 1998, 13) notfalls unmittelbar bis zum Grundstück fahren können (BVerwG VBlBW 2007, 141); ein Stichweg von nur knapp 3 m Breite kann daher ausreichen (BVerwGE 92, 304 = NVwZ 1994, 299; einschränkend aber BVerwG BauR 2000, 1173). Die Erschließung ist aber nicht gesichert, wenn das Grundstück nur über eine Straße zu erreichen ist, deren Anbindung an das Verkehrsnetz unzureichend ist (BVerwGE 68, 352 = NJW 1984, 1773 – Einkaufszentrum; BVerwGE 75, 34 = NVwZ 1987, 406; NVwZ 1997, 389). Die baurechtliche Praxis stellt hinsichtlich der straßenmäßigen Erschließung auf die RASt 2006 ab (s. dazu Brügelmann/Dürr § 30 Rn. 23). Liegt das Baugrundstück nicht an einer öffentlichen Straße, muss die Zufahrt zu einer öffentlichen Straße durch Baulast gesichert sein (§ 4 Abs. 1 LBO).

Eine ordnungsgemäße **Abwasserbeseitigung** ist i. d. R. nur durch einen Anschluss an eine Kanalisation gewährleistet (VGH Mannheim VBlBW 1981, 52). Ist dies nicht möglich, kann eine gesicherte Erschließung nur angenommen werden, wenn eine anderweitige Abwasserbeseitigung wasserrechtlich zugelassen worden ist (VGH Mannheim a.a.O.). Zu den Anforderungen an die Erschließung s. im einzelnen Brügelmann/Dürr § 30 Rn. 13 ff.

In den Fällen der **§§ 30, 34 BauGB** muss gewährleistet sein, dass die Erschließungs- **175** anlagen jedenfalls bei Fertigstellung des Bauvorhabens vorhanden sind (BVerwG NJW 1977, 405; NVwZ 1986, 38 u. 646; 1994, 281). Dieses ist der Fall, wenn die Gemeinde sich selbst zur Durchführung der **Erschließung** bereit erklärt hat oder aber einen Erschließungsvertrag mit einem Dritten geschlossen hat (BVerwG NJW 1977, 405; NVwZ 1986, 36).

Ferner hat die Rechtsprechung trotz der Regelung des § 123 Abs. 3 BauGB, wonach **kein Anspruch auf die Erschließung** besteht, in bestimmten Fällen einen solchen

Anspruch angenommen, wenn nämlich das Erschließungsermessen der Gemeinde auf Null reduziert ist (BVerwG NVwZ 1993, 1102; OVG Lüneburg NVwZ-RR 2000, 486; Gloria NVwZ 1991, 720; Hofmann-Hoeppel BauR 1993, 520). So kann aus der Aufstellung eines Bebauungsplans ein Anspruch des Eigentümers eines vom Bebauungsplan erfassten Grundstücks auf den Bau der Erschließungsanlagen innerhalb eines angemessenen Zeitraums folgen (BVerwGE 93, 8 = NVwZ 1993, 1102; OVG Münster BauR 2011, 230). Dies ist insbesondere dann der Fall, wenn das Grundstück durch den Bebauungsplan eine zuvor vorhandene Erschließung verliert (BVerwGE 92, 8 = NVwZ 1993, 1102; BVerwGE 88, 166 = NVwZ 1991, 1087; BauR 2000, 247). Das Gleiche gilt, wenn das Grundstück mit Zustimmung der Gemeinde bereits bebaut wurde (BVerwGE 88, 166 = NVwZ 1991, 1087; BVerwGE 92, 8 = NVwZ 1993, 1102). Schließlich muss die Gemeinde i. d. R. auf das Angebot eines Dritten eingehen, die notwendigen Erschließungsanlagen auf eigene Kosten zu bauen (BVerwGE 92, 8 = NVwZ 1993, 1103; BauR 2000, 247; NVwZ 2010, 1561). Dieser Grundsatz gilt aber nur bei Angeboten, deren Verwirklichung zu erwarten ist (BVerwG NVwZ-RR 2002, 413).

Schwierigkeiten entstehen vor allem in den Fällen des **§ 35 BauGB**. Man kann hier bei privilegierten Vorhaben natürlich nicht dieselben Anforderungen stellen wie im Innenbereich (BVerwGE 74, 19 = NJW 1986, 2775; NVwZ 2009, 232); der Anschluss eines nach § 35 Abs. 1 Nr. 1 BauGB zulässigen landwirtschaftlichen Gebäudes an die Kanalisation und Wasserversorgung ist häufig gar nicht möglich. Hier ist es ausreichend, wenn die bauordnungsrechtlichen Anforderungen an die Abwasserbeseitigung und die Wasserversorgung (§ 33 LBO) erfüllt sind und eine den jeweiligen Anforderungen entsprechende Zufahrt vorhanden ist (BVerwG a.a.O.). Die Privilegierung eines Vorhabens nach § 35 Abs. 1 BauGB darf jedenfalls nicht an übertriebenen Erschließungsanforderungen scheitern (BVerwG DÖV 1983, 816 – ein vier Meter breiter Kiesweg reicht als Zufahrt zu einem Bauernhof aus; VG Meiningen BauR 2006, 1267 – Feldweg als ausreichende Erschließung für eine Windkraftanlage). Demgemäß kann bei Jagdhäusern, Gartenhäusern und ähnlichen Bauvorhaben eine Erschließung durch eine befestigte Straße nicht verlangt werden (VGH Mannheim BRS 15 Nr. 70). Bei nichtprivilegierten Wohngebäuden sind dagegen an die Erschließung keine geringeren Anforderungen zu stellen als im Innenbereich (BVerwGE 74, 19; VGH Mannheim VBlBW 1988, 23: Fahrbahnbreite von 2,5 m nicht ausreichend; VGH Mannheim NVwZ-RR 1994, 562: Kleinkläranlage oder geschlossene Grube reicht zur Abwasserbeseitigung nicht aus).

C. Sicherung der Bauleitplanung

1. Veränderungssperre (§§ 14 ff. BauGB)

176 Zur Sicherung der Bauleitplanung vor tatsächlichen Veränderungen während des Verfahrens zur Aufstellung eines Bebauungsplans hat das BauGB den Gemeinden die Möglichkeit eingeräumt, eine förmliche Veränderungssperre zu erlassen (§ 14 BauGB) oder bei der Baurechtsbehörde die Zurückstellung eines Baugesuchs um max. ein Jahr (§ 15 BauGB) zu beantragen.

Voraussetzung ist in beiden Fällen, dass die Gemeinde ausdrücklich die **Aufstellung oder Änderung eines Bebauungsplans beschlossen** und den Beschluss öffentlich bekannt gemacht hat (BVerwG NVwZ 1993, 471; VGH Mannheim VBlBW 1993, 349). Die Beschlüsse über die Aufstellung des Bebauungsplans und den Erlass der Veränderungssperre können in derselben Gemeinderatssitzung gefasst (s. dazu auch VGH

Mannheim NVwZ-RR 2014, 931) und gemeinsam bekannt gegeben werden (vgl. etwa BVerwGE 120, 138).

Die Gemeinde darf ihre Planung nur dann durch eine Veränderungssperre sichern, wenn sie eine **positive Planungskonzeption** entwickelt hat und ein Mindestmaß des Inhalts des zukünftigen Bebauungsplans zu erkennen ist (stRspr BVerwG, vgl. etwa BVerwGE 144, 82). In jedem Fall müssen planerische Vorstellungen über die angestrebte Art der baulichen Nutzung der betroffenen Grundflächen ersichtlich sein (BVerwG NVwZ 2004, 984; VGH Mannheim ZfBR 2015, 163). Ein detailliertes Planungskonzept ist dagegen nicht erforderlich; die Veränderungssperre soll die Erarbeitung einer tragfähigen Planung erst ermöglichen (VGH Mannheim VBlBW 2010, 475).

Eine Veränderungssperre ist unwirksam, wenn sie eine unzulässige Negativplanung (s. oben Rn. 43) sichern soll oder die Planung an sonstigen, nicht behebbaren Rechtsmängeln leidet. Da die Rechtmäßigkeit eines Bebauungsplans vor Beendigung des Aufstellungsverfahrens aber regelmäßig nicht abschließend beurteilt werden kann, führen potentielle Mängel nur ausnahmsweise zur Unwirksamkeit der Veränderungssperre, nämlich nur dann, wenn bereits sicher ist, dass sie dem Plan anhaften werden (BVerwGE 120, 138).

Bsp. a) (VGH Mannheim VBlBW 1998, 310): Die Gemeinde erlässt eine Veränderungssperre zur Sicherung eines zukünftigen Gewerbegebiets, um eine geplante Grastrocknungsanlage eines Landwirts zu verhindern; mit der baulichen Nutzung des Gewerbegebiets ist jedoch in den nächsten 50 Jahren nicht zu rechnen.

b) (VGH Mannheim VBlBW 2003, 68): Die Überplanung eines Kernkraftwerksgeländes, das frühestens in 27 Jahren für eine andere Nutzung frei wird, ist nicht erforderlich im Sinne des § 1 Abs. 3 BauGB und kann deshalb nicht durch eine Veränderungssperre gesichert werden.

Dagegen ist eine Veränderungssperre unbedenklich, wenn der Bebauungsplan zur Verfolgung positiver städtebaulicher Zielsetzungen bestimmte Vorhaben verhindern soll.

Bsp. a) (VGH Mannheim VBlBW 2006, 142): Die Veränderungssperre dient der Sicherung eines Bebauungsplans, der Sex-Shops und Vergnügungsstätten in der Innenstadt von Mannheim ausschließen und damit auch die Einrichtung eines konkreten Sex-Shops verhindern soll (Vermeidung des sog. trading-down-effects).

b) (VGH Mannheim VBlBW 2010, 475): Eine Veränderungssperre kann die Erweiterung eines Steinbruchs unterbinden, die in eine besonders schutzwürdige Bergkuppe eingreifen würde – Wachenberg in Weinheim mit Wachenburg als die Stadt prägendes Landschaftsbild.

Die Veränderungssperre wird nach § 16 BauGB als **Satzung** beschlossen und ist **177** ortsüblich bekannt zu machen (§ 16 Abs. 2 BauGB).

Rechtsfolge einer Veränderungssperre ist nach § 14 Abs. 1 BauGB, dass die Errichtung, Änderung, Beseitigung oder Nutzungsänderung baulicher Anlagen, Ausschachtungen, Ablagerungen und größere Aufschüttungen und Abgrabungen (Nr. 1; vgl. dazu BVerwG NVwZ 1991, 62) sowie sonstige wesentliche Veränderungen von Grundstücken oder baulichen Anlagen unzulässig sind (Nr. 2).

Ausgenommen von diesem Veränderungsverbot sind nach **§ 14 Abs. 3 BauGB** be- **178** reits vor Inkrafttreten der Veränderungssperre **genehmigte Bauvorhaben**, ferner Unterhaltungsarbeiten sowie die Fortführung der bisherigen Nutzung (§ 14 Abs. 3 BauGB). Ein Bauvorhaben ist auch dann i. S. d. § 14 Abs. 3 BauGB genehmigt, wenn eine sog. Bebauungsgenehmigung im Wege des Bauvorbescheids erteilt worden ist (BVerwGE 69, 1 – bspr. von Dürr JuS 1984, 770).

Die Ausnahmeregelung des § 14 Abs. 3 BauGB findet ebenfalls Anwendung, wenn das Kenntnisgabeverfahren (Rn. 267) durchlaufen wurde; § 15 Abs. 1 S. 2 BauGB ist insoweit einschränkend auszulegen. Verfahrensfreie Vorhaben werden dagegen von einer Veränderungssperre erfasst, selbst wenn mit ihrer Errichtung beim Inkrafttreten der Veränderungssperre bereits begonnen worden ist. Aus Gründen der Verhältnismäßigkeit (Art. 14 Abs. 1 S. 2 GG) kann es allerdings im Einzelfall geboten sein, bereits begonnene Vorhaben schon von der künftigen Bauleitplanung auszunehmen oder jedenfalls eine Ausnahme nach § 14 Abs. 2 BauGB von der Veränderungssperre zuzulassen (BVerwGE 144, 82).

179 Nach § 14 Abs. 2 BauGB kann die Baurechtsbehörde im Einvernehmen mit der Gemeinde eine **Ausnahme** von der Veränderungssperre zulassen, wenn öffentliche Belange nicht entgegenstehen. Das wird i. d. R. der Fall sein, wenn das Bauvorhaben mit dem Sicherungszweck der Veränderungssperre vereinbar ist, also die Verwirklichung des geplanten Bebauungsplans nicht beeinträchtigt (BVerwG BauR 1989, 432; VGH Mannheim BauR 2003, 68). Bei rechtswidriger Ablehnung eines Bauantrages kann bei einer späteren Veränderungssperre sogar ein Rechtsanspruch auf eine Ausnahme bestehen (BVerwG NVwZ 1990, 58).

180 Die **Dauer der Veränderungssperre** beträgt nach § 17 Abs. 1 S. 1 BauGB zwei Jahre, die Gemeinde kann die Veränderungssperre nach § 17 Abs. 1 S. 3 BauGB um ein weiteres Jahr verlängern. Nach Ablauf der 3-Jahres-Frist kann die Sperre nach § 17 Abs. 2 BauGB nochmals um ein weiteres Jahr auf maximal vier Jahre verlängert werden. Dies setzt jedoch das Vorliegen besonderer Umstände voraus.

Das BauGB geht im Anschluss an die Rechtsprechung des BGH (stRspr seit BGHZ 30, 338 – Freiburger Bausperre) davon aus, dass auch eine umfangreiche Planung in drei Jahren abgeschlossen sein kann. Besondere Umstände nach § 17 Abs. 2 BauGB sind deshalb nur anzunehmen, wenn der Gemeinde wegen einer außergewöhnlichen Sachlage aus von ihr nicht zu vertretenden Umständen die Aufstellung des Bebauungsplans innerhalb von drei Jahren unmöglich war (BVerwGE 51, 121; NVwZ 1993, 475; VGH Mannheim VBlBW 2010, 475). Eine verzögerliche Planung infolge unzureichender Personalausstattung (VGH Mannheim BauR 2005, 1895), eines zu umfangreichen Zuschnitts des Plangebietes (BVerwGE 51, 121), unnötig langer Abstimmung mit einer beteiligten Fachbehörde (OVG Münster NJW 1975, 1751) oder Entscheidungsschwächen des Gemeinderats (OVG Lüneburg BauR 2002, 594) stellen demnach keine besonderen Umstände dar, die ein Überschreiten der 3-Jahres-Frist rechtfertigen können.

Bsp. a) (VGH Mannheim BauR 2005, 1895): Infolge von Erkrankungen und Todesfällen bei den Mitarbeitern verzögert sich die Aufstellung des Bebauungsplans. Der VGH Mannheim hat angenommen, die Verzögerung sei von der Gemeinde zu vertreten, weil die maßgeblichen Umstände aus ihrer Sphäre stammen und letztlich auf Entscheidungsschwäche beruhen (wohl bezogen auf den Einsatz von Vertretern).

b) (VGH Mannheim VBlBW 2010, 475): Besondere Umstände können sich aus den Schwierigkeiten ergeben, einen qualifizierten Sachverständigen zu finden.

181 Eine abgelaufene Veränderungssperre kann nach § 17 Abs. 3 BauGB **erneut beschlossen** werden, sofern das Bedürfnis zur Sicherung der Planungsabsichten weiter besteht. Sonstige Voraussetzungen für eine erneute Veränderungssperre nach Ablauf einer früheren Veränderungssperre sieht § 17 Abs. 3 BauGB nicht vor. Es bietet sich deshalb für eine zögerlich planende Gemeinde geradezu an, nach Ablauf von drei Jahren nicht etwa die bestehende Veränderungssperre nach § 17 Abs. 2 BauGB zu verlängern, sondern stattdessen nach § 17 Abs. 3 BauGB eine erneute

Veränderungssperre zu erlassen. Das BVerwG (BVerwGE 51, 121) hat dazu entschieden, dass die Gemeinde grundsätzlich die Wahl zwischen der Verlängerung der bestehenden Veränderungssperre und dem Erlass einer erneuten Veränderungssperre habe. Unabhängig davon, welche Möglichkeit die Gemeinde wähle, müssten aber bei einer Bausperre von mehr als drei Jahren stets die besonderen Umstände des § 17 Abs. 2 BauGB gegeben sein; andernfalls sei sowohl die verlängerte als auch die erneute Veränderungssperre unwirksam. Diese Ansicht überzeugt; sie vermeidet das kuriose Ergebnis, dass eine Bausperre im 4. Jahr nur bei Vorliegen besonderer Umstände, nach dem 4. Jahr dagegen auch ohne diese besonderen Umstände verhängt werden kann. Die Gesamtdauer von Veränderungssperre und erneuter Veränderungssperre kann über 4 Jahre hinausgehen, wenn hierfür besondere Umstände vorliegen (BVerwGE 51, 121; VGH Mannheim NVwZ-RR 1995, 135). Dies kann der Fall sein, wenn ein anderer Planungsträger, auf dessen Planungen die Gemeinde Rücksicht nehmen muss, seine Planung nicht innerhalb der 4-Jahres-Frist abschließen kann, z.B. die Bahn sich nicht festlegt, ob sie eine die Ortschaft durchschneidende Bahnlinie oberirdisch oder in Tunnellage führen will.

182 Die Regelung des § 17 Abs. 1 BauGB über die Geltungsdauer einer Veränderungssperre stellt insofern eine rechtliche Besonderheit dar, als die Geltungsdauer nach der Rechtsprechung des BVerwG nicht für alle Normadressaten gleich ist. Denn nach **§ 17 Abs. 1 S. 2 BauGB** ist auf die 2-Jahres-Frist einer Veränderungssperre die Dauer der erstmaligen Zurückstellung eines Baugesuchs nach § 15 BauGB anzurechnen. Diese **Anrechnung** bezieht sich aber nur auf den jeweiligen Baubewerber, dessen Bauantrag zurückgestellt worden ist, während für alle übrigen Grundstückseigentümer im Bereich der Veränderungssperre die volle 2-Jahres-Frist des § 17 Abs. 1 S. 1 BauGB gilt (so BVerwGE 51, 121; BRS 70 Nr. 114).

Auf die Geltungsdauer der Veränderungssperre ist nach BVerwG eine sog. **faktische Zurückstellung** anzurechnen (grundlegend NJW 1971, 445; BauR 2013, 1254; kritisch dazu Sennekamp BauR 2014, 640), d.h. der Zeitraum, der dadurch vergeht, dass ein Bauantrag oder eine Bauvoranfrage (vgl. VGH Mannheim VBlBW 1993, 348) verzögerlich behandelt oder rechtswidrig abgelehnt werden. Sonst hätte es die Baurechtsbehörde in der Hand, die zeitliche Begrenzung des § 17 BauGB dadurch zu unterlaufen, dass sie über einen Bauantrag entweder nicht entscheidet oder ihn rechtswidrig ablehnt; für den Baubewerber hat die faktische Zurückstellung die gleiche Folge wie eine förmliche Zurückstellung nach § 15 BauGB. Als Beginn des Anrechnungszeitraums ist der Termin anzusetzen, zu dem bei sachgerechter Behandlung des Bauantrags eine Baugenehmigung erteilt worden wäre. Hier wird man von der Frist des § 54 Abs. 5 LBO ausgehen müssen (vgl. dazu auch VGH Mannheim VBlBW 2013, 140).

Die Anrechnung einer faktischen Zurückstellung kann dazu führen, dass eine Veränderungssperre für einzelne Grundstücke überhaupt nicht in Kraft tritt, wenn nämlich seit der faktischen Zurückstellung mehr als 3 Jahre vergangen sind und die besonderen Umstände des § 17 Abs. 2 BauGB für eine Erstreckung des Bauverbots über drei Jahre hinaus nicht vorliegen.

183 Die Veränderungssperre tritt nach § 17 Abs. 5 BauGB von selbst **außer Kraft**, sobald und soweit die Bauleitplanung rechtsverbindlich abgeschlossen ist, also mit Bekanntmachung des Plans. Dies gilt auch dann, wenn der Bebauungsplan fehlerhaft und daher unwirksam ist (BVerwG NVwZ 1990, 656). Ferner ist die Veränderungssperre nach § 17 Abs. 4 BauGB außer Kraft zu setzen, wenn die Voraussetzungen des § 14 BauGB entfallen sind, z.B. die Gemeinde ihre Planungsabsichten aufgegeben hat (VGH Mannheim VBlBW 2008, 143) oder der Bauleitplanung unüberwindliche Hindernisse, z.B. die Festsetzungen eines neuen Regionalplans, entgegenstehen (VGH München BauR 1991, 60).

184 Wenn die Veränderungssperre länger als vier Jahre dauert, ist nach § 18 BauGB eine **Entschädigung** zu leisten. Der betroffene Grundstückseigentümer muss also eine Veränderungssperre vier Jahre lang entschädigungslos hinnehmen; auf diese Frist ist jedoch die Dauer einer förmlichen oder faktischen Zurückstellung anzurechnen (BGHZ 73, 161; 78, 152). Dies gilt aber nur bei rechtmäßigen Veränderungssperren. Bei einer Veränderungssperre, die rechtswidrig ist, weil die Voraussetzungen des § 14 Abs. 1 BauGB nicht vorlagen, ist nach der Rechtsprechung des BGH von Anfang an eine Entschädigung wegen enteignungsgleichen Eingriffs zu zahlen; ebenso besteht eine Entschädigungspflicht, wenn die Voraussetzungen für eine Veränderungssperre, etwa infolge einer Änderung der Planung, nachträglich weggefallen sind (vgl. dazu BGHZ 73, 161; 134, 316; Battis/Krautzberger/Löhr § 18 Rn. 3 ff. m. w. N.). Ein Entschädigungsanspruch scheidet allerdings aus, wenn der Betroffene zumutbaren verwaltungsgerichtlichen Rechtsschutz nicht in Anspruch genommen hat (Battis/Krautzberger/Löhr, a. a. O.).

185 Zur Verhinderung eines unerwünschten Bauvorhabens kann die Gemeinde bei Vorliegen der Voraussetzungen für den Erlass einer Veränderungssperre auch nach **§ 15 Abs. 1 S. 1 BauGB** beantragen, dass die Baurechtsbehörde die Entscheidung über den Bauantrag um maximal ein Jahr **zurückstellt**. Die Baurechtsbehörde muss dem Antrag der Gemeinde entsprechen (Battis/Krautzberger/Löhr § 15 Rn. 4).

Eine entsprechende Möglichkeit besteht für nach § 35 Abs. 1 Nr. 2 bis 6 BauGB privilegierte Außenbereichsvorhaben. Nach § 15 Abs. 3 S. 1 BauGB ist auf Antrag der Gemeinde ein Baugesuch für ein solches Vorhaben bis zu einem Jahr zurückzustellen, wenn die Gemeinde beschlossen hat, einen Flächennutzungsplan mit Konzentrationszonen (s. Rn. 150) für privilegierte Vorhaben aufzustellen oder einen bestehenden Flächennutzungsplan entsprechend zu ändern (zur entspr. Anwendung auf immissionsschutzrechtliche Genehmigungsanträge für Windenergieanlagen s. OVG Münster ZfBR 2015, 394). Anders als nach § 15 Abs. 1 BauGB kann die Zurückstellung hier bei besonderen Umständen (s. dazu Rieger ZfBR 2014, 535) auch ein zweites Jahr erfolgen (§ 15 Abs. 4 S. 4 BauGB).

Umstritten ist, ob der von einer **Zurückstellung** betroffene Bauherr den Zurückstellungsbescheid mit der Anfechtungsklage angreifen kann (so etwa OVG Münster BauR 2007, 684; VGH Mannheim NVwZ-RR 2011, 932 zu einem Antrag nach § 80 Abs. 5 VwGO; Ernst/Zinkahn/Bielenberg/Krautzberger § 15 Rn. 72 m. w. N.) oder ob er nur eine Verpflichtungsklage auf Erteilung der begehrten Baugenehmigung bzw. des Bauvorbescheids erheben kann, da die isolierte Anfechtung des Zurückstellungsbescheids für den Bauherrn keinen Nutzen habe (so Lemmel in Berliner Komm. zum BauGB, § 15 Rn. 21 f.; ebenso noch VGH Mannheim NVwZ-RR 2003, 333).

Die **Gemeinde** kann gegen die Erteilung der Baugenehmigung ohne die von ihr beantragte Zurückstellung Anfechtungsklage wegen Verletzung ihrer Planungshoheit erheben (vgl. dazu etwa Ernst/Zinkahn/Bielenberg/Krautzberger § 15 Rn. 76).

Nach der Rechtsprechung des VGH Mannheim (VBlBW 1985, 185) ist die Zeit einer faktischen Zurückstellung eines Bauantrags auch auf die Jahresfrist für eine Zurückstellung nach § 15 BauGB anzurechnen.

2. Teilungsgenehmigung (§§ 19, 22 BauGB)

Das früher geltende Genehmigungserfordernis für alle Teilungen eines Grundstücks **186**
im beplanten oder nichtbeplanten Innenbereich sowie für Grundstücksteilungen bebauter oder zu bebauender Grundstücke im Außenbereich (§ 19 BBauG/BauGB
1987) ist durch die BauGB-Novellen 1998 und 2004 beseitigt worden. Geblieben ist
lediglich die Teilungsgenehmigung nach § 22 BauGB für Fremdenverkehrsgemein-
den (s. unten Rn. 188).

§ 19 Abs. 2 BauGB schreibt für die Teilung von Grundstücken nur vor, dass dadurch **187**
keine Verhältnisse entstehen dürfen, die den **Festsetzungen des Bebauungsplans
widersprechen**. Dies ist der Fall, wenn durch eine Teilung (§ 19 Abs. 1 BauGB) das
Grundstück so parzelliert wird, dass die im Bebauungsplan festgesetzte Bebauung
nicht mehr realisiert werden kann (VGH Mannheim BRS 40 Nr. 102 – Zerschneidung
eines Baufensters). Nicht geregelt ist allerdings, welche Rechtsfolgen ein Verstoß
gegen § 19 Abs. 2 BauGB hat (s. dazu Brügelmann/Dürr § 19 Rn. 20 ff.). Da eine Genehmigungspflicht nicht besteht, kann eine gegen den Bebauungsplan verstoßende
Grundstücksteilung kaum verhindert werden. Man könnte allenfalls daran denken,
dass die Teilung wegen § 134 BauGB nichtig ist. Dieses wäre aber mit dem Grundsatz der Rechtssicherheit, der gerade im Grundstücksverkehr wichtig ist, kaum zu
vereinbaren (BGHZ 125, 218; Spannowsky/Uechtritz § 22 Rn. 13 m. w. N.).

Die Annahme des OVG Berlin (BRS 65 Nr. 204), die Baurechtsbehörde könne nach
der bauaufsichtlichen Generalklausel (in Bad.-Württ. § 47 LBO) ein Rückgängigma-
chen der Teilung anordnen, trifft jedenfalls für Bad.-Württ. nicht zu. Denn § 47 LBO
setzt rechtswidrige Anlagen oder Einrichtungen voraus und kann daher bei rechtswidrigen Grundstücksverhältnissen nicht herangezogen werden.

Durch die LBO 2010 wurde in **§ 8 Abs. 1 LBO** eine § 19 Abs. 2 BauGB entsprechen-
de bauordnungsrechtliche Teilungsbestimmung für bebaute Grundstücke eingeführt.
Die Vollzugsprobleme dieser Vorschrift sind vergleichbar. In Betracht kämen allen-
falls ein Widerruf der Baugenehmigung nach § 49 Abs. 2 S. 1 Nr. 3 VwVfG (vgl. dazu
VGH München NVwZ-RR 2014, 213) oder Auflagen zur Vermeidung von Gefahren in
Folge der Grundstücksteilung (Fischer VBlBW 2010, 213; Sauter § 8 Rn. 10).

Die ungewöhnlich kompliziert gefasste Regelung des **§ 22 BauGB** ermächtigt die **188**
Gemeinden, zur Sicherung von Gebieten mit Fremdenverkehrsfunktionen einen Ge-
nehmigungsvorbehalt für die Begründung von **Wohnungseigentum** und die Teilung
von Eigentumswohnungen vorzusehen (s. dazu Greiving DVBl 2001, 336). Sinn der
Regelung ist nach den Gesetzesmaterialien (BT-Drucks. 10/6166, 143), die Umwandlung von Beherbergungsbetrieben und Wohngebäuden in Zweitwohnungsanlagen zu verhindern, weil durch sog. Rollladensiedlungen das Ortsbild beeinträchtigt
wird und außerdem ein Mangel an Unterkunftsmöglichkeiten für Feriengäste entstehen kann (BVerwGE 99, 237 und 242).

§ 22 Abs. 1 BauGB sieht vor, dass durch den Fremdenverkehr geprägte Gemeinden
durch Bebauungsplan oder eine besondere Satzung eine **Genehmigungspflicht** für
die Begründung von Wohnungseigentum einführen können, sofern die Fremdenver-
kehrsfunktion des Baugebiets (bei einem Bebauungsplan) oder auch eines größeren
Gebiets wie etwa eines Ortsteils (bei einer Satzung) durch Zweitwohnungsanlagen
beeinträchtigt wird (s. dazu BVerwGE 99, 237 und 242). § 22 Abs. 1 S. 4 BauGB führt
Regelbeispiele für Gebiete mit einer solchen Funktion auf (vgl. dazu auch BVerwGE
105, 1). Die Gemeinde muss den Geltungsbereich ihrer Satzung auf den durch den

Fremdenverkehr geprägten Bereich beschränken; sie kann daher nur ausnahmsweise den ganzen Ort einbeziehen (BVerwGE 96, 217).

Ist eine Genehmigungspflicht nach § 22 Abs. 1 BauGB begründet worden, darf die
Genehmigung für die Schaffung von Wohnungseigentum gleichwohl nur untersagt
werden, wenn im konkreten Fall eine Beeinträchtigung der Belange des Fremdenver-
kehrs zu befürchten ist (§ 22 Abs. 4 BauGB).

189 Für die Erteilung der Genehmigung ist die Baurechtsbehörde zuständig, die im Einvernehmen mit der Gemeinde entscheidet. Die Entscheidung muss innerhalb eines
Monats ergehen; die Frist kann verlängert werden. Wird die Frist versäumt, gilt die
Genehmigung als erteilt (s. im Einzelnen § 22 Abs. 5 BauGB). Zur verfahrensmäßigen
Absicherung der Genehmigungspflicht sieht § 22 Abs. 6 BauGB vor, dass bei einem
von § 22 Abs. 1 BauGB erfassten Grundstück die Begründung von Wohnungseigentum durch Eintragung in das Grundbuch erst erfolgen darf, wenn dem Grundbuchamt ein Genehmigungsbescheid oder ein Negativattest vorgelegt worden ist.

3. Vorkaufsrecht (§§ 24 ff. BauGB)

190 § 24 Abs. 1 BauGB begründet beim Kauf bestimmter Grundstücke ein gesetzliches
Vorkaufsrecht für die Gemeinde. Erfasst werden Grundstücke, die im Bebauungsplan als öffentliche Bedarfsfläche (OVG Berlin NVwZ-RR 2012, 793) oder als Fläche
für Ausgleichsmaßnahmen nach § 1 a Abs. 3 BauGB ausgewiesen sind (Nr. 1), die in
einem Umlegungsgebiet (Nr. 2), städtebaulichen Entwicklungsbereich (s. dazu insbes. § 166 Abs. 3 BauGB) oder Sanierungsgebiet (Nr. 3) oder im Geltungsbereich
einer Erhaltungssatzung (Nr. 4) liegen, bei denen es sich um Wohnbauerwartungs-
land im Außenbereich (Nr. 5; s. dazu BVerwG BauR 2010, 874) oder um unbebaute
Wohnbaugrundstücke im Innenbereich (Nr. 6) handelt oder die sich in einem Über-
schwemmungsgebiet befinden (Nr. 7). Das Vorkaufsrecht kann auch lediglich für eine
Teilfläche eines Grundstücks ausgeübt werden (BGH BauR 1990, 697).

Nach § 25 Abs. 1 BauGB kann die Gemeinde außerdem durch besondere Satzung
das Vorkaufsrecht auch für sonstige unbebaute Grundstücke im Geltungsbereich eines Bebauungsplans sowie für Gebiete einführen, in denen sie städtebauliche Ent-
wicklungsmaßnahmen beabsichtigt (vgl. BVerwG NVwZ 2000, 1044). Die Vorkaufs-
satzung nach § 25 BauGB dient der langfristigen städtebaulichen Bodenpolitik der
Gemeinde bereits vor einer förmlichen Konkretisierung ihrer Planung. Die Satzung
muss allerdings objektiv geeignet sein, zur Sicherung der städtebaulichen Entwicklung und Ordnung i.S.d. § 1 Abs. 3 S. 1 BauGB beizutragen (BVerwG BauR 2010, 81
und 871).

Die Gemeinde darf das Vorkaufsrecht nur ausüben, wenn das **Wohl der Allgemeinheit** dies rechtfertigt (§ 24 Abs. 3 S. 1, § 25 Abs. 2 S. 1 BauGB – s. dazu BVerwG
NJW 1990, 2703; NVwZ 2010, 593). Ihr ist es daher verwehrt, sich aus anderen
Gründen durch Ausübung des Vorkaufsrechts Grundstücke zu beschaffen, insbesondere darf sie das Vorkaufsrecht nicht dazu nutzen, sich einen Vorrat an Bau-
grundstücken zuzulegen (BVerwG NVwZ 2010, 593).

Nach § 27 a BauGB kann das in §§ 24, 25 geregelte Vorkaufsrecht auch zugunsten
Dritter ausgeübt werden. Diese ursprünglich auf Sonderfälle beschränkte Regelung
ist durch die Innenentwicklungsnovelle 2013 erweitert worden und nach § 27 a
Abs. 1 S. 1 Nr. 1 BauGB nur noch davon abhängig, dass der Dritte zu der mit der
Ausübung des Vorkaufsrechts bezweckten Verwendung des Grundstücks innerhalb

angemessener Frist in der Lage ist und sich hierzu verpflichtet (vgl. Brügelmann/ Kronisch § 27 a Rn. 5 ff.).

§ 26 BauGB schließt das Vorkaufsrecht in bestimmten Fällen aus, insbesondere bei Grundstücksgeschäften innerhalb der Familie (§ 26 Nr. 1 BauGB). Wird das Grundstück entsprechend den städtebaulichen Zielsetzungen der Gemeinde genutzt, scheidet die Ausübung des Vorkaufsrechts ebenfalls aus (§ 26 Nr. 4 BauGB; vgl. BVerwG NVwZ 1994, 284; NVwZ 2010, 593). Dementsprechend kann der Käufer eines Grundstücks die Ausübung des Vorkaufsrechts nach § 27 BauGB dadurch abwenden, dass er sich verpflichtet, das Grundstück entsprechend den Festsetzungen des Bebauungsplans oder den Entwicklungszielen der Gemeinde zu nutzen.

Der Verkäufer eines Grundstücks, bei dem der Gemeinde das Vorkaufsrecht nach **191** §§ 24, 25 BauGB zusteht, hat ihr nach § 28 Abs. 1 S. 1 BauGB den Kaufvertrag anzuzeigen. Die Gemeinde kann dann innerhalb von 2 Monaten das Vorkaufsrecht ausüben (§ 28 Abs. 2 BauGB); die **Ausübung des Vorkaufsrechts** erfolgt durch einen von beiden Vertragsparteien anfechtbaren Verwaltungsakt (BVerwG BRS 74 Nr. 130). Innerhalb der Gemeinde ist i. d. R. der Gemeinderat und nicht der Bürgermeister für die Entscheidung über die Ausübung des Vorkaufsrechts zuständig (§ 24 Abs. 1 S. 2, § 44 Abs. 2 S. 3, § 39 Abs. 2 Nr. 10 GemO); anders kann es aber bei großen Städten sein, soweit es sich um ein Geschäft der laufenden Verwaltung handelt (§ 44 Abs. 2 S. 1 GemO; s. dazu auch VGH Mannheim VBlBW 2009, 344).

Die Ausübung des Vorkaufsrechts steht im Ermessen der Gemeinde; bei der Ermessensbetätigung sind auch die Interessen des Käufers zu berücksichtigen (BVerwG NVwZ 1994, 282).

Damit der Verkäufer seiner Verpflichtung zur Anzeige des Kaufvertrags nachkommt, darf das Grundbuchamt den Erwerber erst ins Grundbuch eintragen, wenn der Verkäufer oder der Käufer eine Bescheinigung der Gemeinde vorlegt, dass sie das Vorkaufsrecht nicht ausübt oder dass es durch Ablauf der 2-Monats-Frist erloschen ist (§ 28 Abs. 1 S. 2 BauGB).

Übt die Gemeinde das Vorkaufsrecht nach §§ 24, 25 BauGB aus, tritt sie nach § 28 Abs. 2 BauGB i. V. m. § 464 Abs. 2 BGB in den Kaufvertrag als Erwerber ein. Beim Vorkaufsrecht nach § 27 a BauGB wird dagegen der begünstigte Dritte der Vertragspartner des Verkäufers (§ 27 a Abs. 2 S. 1 BauGB).

Hinsichtlich des **Kaufpreises** ist zunächst der im Kaufvertrag vereinbarte Preis maß- **192** geblich (§ 28 Abs. 2 BauGB i. V. m. § 464 Abs. 2 BGB). Liegt dieser allerdings deutlich über dem Verkehrswert, kann die Gemeinde nach § 28 Abs. 3 S. 1 BauGB als Kaufpreis den Verkehrswert bestimmen (sog. preislimitiertes Vorkaufsrecht). Da dies dazu führen könnte, dass der Verkäufer das Grundstück zu einem Preis verkaufen muss, zu dem er es eigentlich gar nicht verkaufen wollte, kann er in diesem Fall nach § 28 Abs. 3 S. 2 BauGB innerhalb eines Monats vom Kaufvertrag zurücktreten. Eine Sonderregelung gilt für die Ausübung des Vorkaufsrechts bei öffentlichen Bedarfsflächen und Ausgleichsflächen (§ 24 Abs. 1 Nr. 1 BauGB). Da die Gemeinde sich diese Flächen notfalls im Wege der Enteignung beschaffen könnte, schreibt § 28 Abs. 4 S. 1 BauGB vor, dass der bei einer Enteignung zu zahlende Betrag der maßgebliche Kaufpreis ist.

Der **Rechtsschutz** gegen die Ausübung des Vorkaufsrechts erfolgt durch Widerspruch und Anfechtungsklage beim Verwaltungsgericht, wenn das Vorkaufsrecht zum vereinbarten Preis ausgeübt wird. Das Rechtsmittel kann sowohl vom Verkäufer als auch vom Käufer eingelegt werden. Bei Bestimmung des Kaufpreises nach § 28

Abs. 3 und 4 BauG ist dagegen gemäß § 217 Abs. 1 S. 1 BauGB Antrag auf gerichtliche Entscheidung durch die Kammer für Baulandsachen beim Landgericht (§ 220 Abs. 1 BauGB) zu stellen.

D. Zusammenarbeit mit Privaten (§§ 11, 12 BauGB)

1. Städtebauliche Verträge (§ 11 BauGB)

193 § 11 BauGB ermächtigt die Gemeinden zum Abschluss von privatrechtlichen oder öffentlich-rechtlichen Verträgen zur **Vorbereitung der Bauleitplanung** (städtebauliche Verträge – s. dazu Decker JA 2012, 286; Busse KommJur 2009, 241). Die Regelung stellt ebenso wie die Vorgängervorschrift des § 6 BauGB-MaßnG inhaltlich im Wesentlichen eine Kodifizierung der bereits zuvor anerkannten Rechtsgrundsätze dar.

194 Ein städtebaulicher Vertrag ist nach **§ 11 Abs. 1 Nr. 1 BauGB** insbesondere zulässig, wenn die Gemeinde mithilfe eines Bauträgers ein neues Baugebiet schaffen will. Die Gemeinde kann ihm die Vorbereitung der Aufstellung des Bebauungsplans (insbes. die Ausarbeitung der Planunterlagen sowie die Anhörung von Grundstückseigentümern und Fachbehörden) und die eventuell notwendige Bodenordnung durch Umlegung übertragen. Der Bauträger erhält dadurch aber keine hoheitlichen Befugnisse gegenüber den Grundstückseigentümern. Die Aufstellung des Bebauungsplans durch eine Satzung nach § 10 BauGB bleibt weiterhin allein Sache der Gemeinde.

195 **§ 11 Abs. 1 Nr. 2 BauGB** hat die Zulässigkeit von privatrechtlichen Verträgen mit den Grundstückseigentümern im Vorfeld der Aufstellung eines Bebauungsplans bestätigt. Insoweit wird unterschieden zwischen dem sog. Ankaufmodell (die Gemeinde kauft vor der Aufstellung des Bebauungsplans die erfassten Grundstücke als Bauerwartungsland) und der vertraglich vereinbarten Grundstücksneuordnung (freiwillige Umlegung – s. dazu Brügelmann/Bank, BauGB § 11 Rn. 27 ff.; Burmeister, Städtebauliche Verträge Rn. 79 ff.). In der Praxis spielen vor allem die sog. **Einheimischen-Modelle** (s. dazu VGH München NVwZ 1999, 1008; VGH Mannheim NVwZ 2001, 694) eine Rolle. Dabei verpflichten sich die Grundstückseigentümer vertraglich gegenüber der Gemeinde oder dem von dieser eingeschalteten Bauträger, die zukünftigen Baugrundstücke nur bzw. zumindest bevorzugt an Ortsansässige zu verkaufen; zur Absicherung dieser Verpflichtung geben die Grundstückseigentümer vorab ein Verkaufsangebot an die Gemeinde ab (sog. Weilheimer Modell). Das BVerwG (BVerwGE 92, 56) hat eine derartige Vereinbarung auch schon früher für zulässig gehalten. Die Vertragsfreiheit der Grundstückseigentümer wird dadurch zwar beträchtlich eingeschränkt; dieses ist aber zumutbar, da die Gemeinde den Bebauungsplan, der den Grundstücken überhaupt erst Baulandqualität verleiht, sonst nicht aufgestellt hätte. Zulässig sind ferner auch Vereinbarungen, wonach ein Einheimischer ein Baugrundstück (i. d. R. von der Gemeinde) zu einem verbilligten Kaufpreis erwerben kann, aber im Fall des Weiterverkaufs an einen Ortsfremden innerhalb einer bestimmten Frist (i. d. R. 10–15 Jahre) den Mehrerlös an die Gemeinde herausgeben muss (BGH NVwZ 2003, 371).

Bsp. (BGH NJW 2010, 3508): Bei einem Verkauf zu einem um 50 % ermäßigten Kaufpreis eines Gemeindegrundstücks ist eine Verpflichtung zur Selbstnutzung durch einen Einheimischen für die nächsten 20 Jahre zulässig.

Das BVerwG (NVwZ 2009, 1109) hat es ferner für zulässig gehalten, dass durch einen städtebaulichen Vertrag die Höhe des Verkaufspreises der zukünftigen Baugrundstücke begrenzt wird, damit auch Einheimische die Möglichkeit haben, ein Baugrundstück zu erwerben. Dies darf allerdings nicht so weit gehen, dass für den Grundstückseigentümer kein Planungsgewinn mehr verbleibt, also kein finanzieller Vorteil in Folge der Festsetzungen als Baugelände übrig bleibt (s. dazu Grziwotz BayVBl 2008, 759).

§ 1 Abs. 3 BauGB stellt klar, dass sich aus städtebaulichen Verträgen **kein Anspruch auf Aufstellung eines Bebauungsplans** ergibt, weil ein solcher Anspruch auch nicht vertraglich begründet werden kann (s. Rn. 48 ff.).

§ 11 Abs. 1 Nr. 3 BauGB regelt die sog. **Folgekostenvereinbarungen** (s. dazu **196** BVerwGE 133, 85; BVerwGE 139, 262; Griwowitz KommJur 2009, 293; Bunzel DVBl 2011, 796). Hierunter sind vertragliche Vereinbarungen zwischen Gemeinde und Bauträger über einen Zuschuss des Bauträgers zu den durch die Bebauung aufgrund des Bebauungsplans bedingten Aufwendungen der Gemeinde für Infrastrukturmaßnahmen (Schule, Kinderspielplatz, Kindergarten, Sportanlagen, öffentlicher Personennahverkehr) zu verstehen. Das BVerwG (BVerwGE 42, 333; 90, 310) hatte bereits früher solche Verträge für zulässig gehalten, soweit zwischen der übernommenen Zahlungsverpflichtung und den Mehraufwendungen der Gemeinde ein unmittelbarer sachlicher Zusammenhang besteht. Es durfte also nur „eine Art Aufwendungsersatz" vereinbart werden. Die infrastrukturellen Maßnahmen müssen nicht unbedingt im Bebauungsplangebiet liegen. Ferner können auch bereits erfolgte Maßnahmen Gegenstand einer Folgekostenvereinbarung sein (BVerwG NVwZ 2009, 1109). Die Gemeinde kann jedoch nur einen Ersatz solcher Aufwendungen vereinbaren, die durch die vereinbarte neue Bebauung hervorgerufen werden (BVerwGE 139, 262; BVerwGE 133, 85).

§ 11 Abs. 2 BauGB verlangt neben der Kausalität zwischen Zahlungsverpflichtung und Aufwendungen der Gemeinde, dass die vertraglich übernommene Verpflichtung angemessen ist (BVerwGE 43, 331; BVerwGE 133, 85). Es darf also nicht zu einer finanziellen Ausnutzung des Mangels an Bauplätzen durch die Gemeinde kommen, sodass diese etwa mit der Aufstellung von Bebauungsplänen Gewinn machen könnte. § 11 Abs. 2 BauGB verbietet daher, dass die Gemeinde sich finanzielle Leistungen für Maßnahmen zusagen lässt, auf die ein Rechtsanspruch besteht.

Städtebauliche Verträge bedürfen nach § 11 Abs. 3 BauGB der **Schriftform**, soweit **197** nicht eine andere Form vorgeschrieben ist. Daraus folgt, dass Verträge, in denen Grundstücke übereignet oder belastet werden, in der Form des § 311b BGB abgeschlossen werden müssen (BGHZ 58, 392; 70, 247; VGH Mannheim NVwZ 1997, 699).

2. Vorhabenbezogener Bebauungsplan (§ 12 BauGB)

Der vorhabenbezogene Bebauungsplan (s. dazu Oerder BauR 2009, 744; Busse **198** KommJur 2008, 1 und 2009, 241) ist ausgerichtet auf die **Einschaltung einer Bauträgerfirma als Investor** und muss sich auf ein **konkretes Bauvorhaben**, nicht nur auf die Schaffung eines neuen Baugebiets beziehen (BVerwG NVwZ 2004, 329). Die Besonderheit des vorhabenbezogenen Bebauungsplans besteht in einer „Paketlösung" (so Brügelmann/Bank BauGB § 12 Rn. 3), nämlich dem **Vorhaben- und Erschließungsplans** des Investors, der gemeindlichen **Satzung** und dem **Durchführungsvertrag** zwischen Gemeinde und Investor (OVG Münster BauR 2006,1275). Ein Investor, der in der Lage ist, die Aufschließung des Baugebiets einschließlich der Erschließungsmaßnahmen auf seine Kosten durchzuführen, kann der Gemeinde einen Vorhaben- und Erschließungsplan über die bauliche Nutzung des in Aussicht genommenen Baugebiets vorlegen. Das Instrument des vorhabenbezogenen Bebauungsplans hängt daher von der finanziellen Leistungsfähigkeit des Investors ab (OVG Bautzen NVwZ 1995, 181; OVG Greifswald BauR 2006, 1432; VGH München BRS 78 Nr. 4).

199 Die Gemeinde entscheidet nach § 12 Abs. 2 BauGB auf **Antrag des Investors** über die Einleitung des **Verfahrens** zur Aufstellung des vorhabenbezogenen Bebauungsplans. Die Entscheidung steht nach § 12 Abs. 2 BauGB im Ermessen der Gemeinde; ein Rechtsanspruch besteht also nicht (VGH Mannheim NVwZ 2000, 1060; Reidt BauR 1998, 909). Fällt die Entscheidung positiv aus, wird zwischen dem Investor und der Gemeinde ein sog. **Durchführungsvertrag** abgeschlossen, in dem sich der Investor zur Durchführung der Planung und Erschließung sowie zur Tragung der dadurch entstehenden Kosten verpflichtet. Der Durchführungsvertrag muss jedenfalls noch vor dem Satzungsbeschluss des Gemeinderats nach § 10 Abs. 1 BauGB vom Vorhabenträger verbindlich abgeschlossen werden. Ist dieses nicht geschehen, ist der Bebauungsplan nichtig (OVG Münster BauR 2006, 1275; VGH Mannheim NVwZ-RR 2003, 407). Es genügt allerdings, wenn im Zeitpunkt des Satzungsbeschlusses ein verbindliches Angebot des Vorhabenträgers vorliegt (BVerwG BRS Nr. 223; VGH Mannheim VBlBW 2009, 348). Die Gemeinde ist trotz eines abgeschlossenen Durchführungsvertrags berechtigt, das Verfahren zur Aufstellung des Bebauungsplans aus sachlichen Gründen abzubrechen, ohne dass der Vorhabenträger Schadensersatzansprüche für seine bisherigen Aufwendungen verlangen kann (OVG Münster BauR 2009, 777). Bei einer „grundlosen" Einstellung des Verfahrens kann sich die Gemeinde aber schadensersatzpflichtig machen wegen Verletzung der Amtspflicht zu konsequentem Verhalten (BGH NVwZ 2006, 1207; Fischer DVBl. 2001, 258; Uechtritz ZfBR 2006, 773).

Für den **vorhabenbezogenen Bebauungsplan** nach § 12 BauGB gelten grundsätzlich dieselben Vorschriften wie für einen normalen Bebauungsplan. Allerdings enthält § 12 Abs. 3–6 BauGB einige Sonderbestimmungen. So ist die Gemeinde nach § 12 Abs. 3 S. 2 BauGB nicht an den numerus clausus der Festsetzungen nach § 9 BauGB und §§ 2 ff. BauNVO gebunden, sodass ein vorhabenbezogener Bebauungsplan auch sehr spezielle Regelungen enthalten kann (VGH Mannheim NVwZ 1997, 699; Reidt BauR 1998, 909). Die §§ 14–28 BauGB kommen nicht zur Anwendung, weil der Vorhabenträger ohnehin die Verfügungsgewalt über die vom Vorhaben- und Erschließungsplan erfassten Flächen haben muss. Andernfalls wäre er zur Verwirklichung des Vorhaben- und Erschließungsplans gar nicht in der Lage (vgl. § 12 Abs. 1 BauGB sowie Birk NVwZ 1995, 625). Der Vorhabenträger kann nach § 12 Abs. 5 BauGB nur mit Zustimmung der Gemeinde ausgetauscht werden, wobei die Zustimmung nur verweigert werden darf, wenn zu befürchten ist, dass der neue Vorhabenträger den Vorhaben- und Erschließungsplan nicht ordnungsgemäß – insbesondere nicht termingerecht – durchführen wird. Wird der im Durchführungsvertrag vereinbarte **Termin für die Verwirklichung** des Vorhaben- und Erschließungsplans nicht eingehalten, soll die Gemeinde den Bebauungsplan nach § 12 Abs. 6 BauGB aufheben, wobei Schadensersatzansprüche des Vorhabenträgers ausdrücklich ausgeschlossen werden. Der vorhabenbezogene Bebauungsplan ist nach § 30 Abs. 2 BauGB die Grundlage für die Erteilung von Baugenehmigungen.

III. Bauordnungsrecht

A. Funktion des Bauordnungsrechts

Das Bauordnungsrecht soll, wie die frühere Bezeichnung als Baupolizeirecht zum **200** Ausdruck bringt, sicherstellen, dass durch die Errichtung und Nutzung baulicher Anlagen keine Gefährdung oder Beeinträchtigung der Bewohner des Hauses und der näheren Umgebung eintritt. Es dient damit der präventiven **Gefahrenabwehr** (§§ 3-40 LBO).

Der zweite wesentliche Teil des Bauordnungsrechts befasst sich mit dem **formellen Baurecht**, d.h. dem Verfahren zur Erteilung von Baugenehmigungen sowie der Ermächtigung der Baurechtsbehörden, baurechtliche Bestimmungen durch geeignete Maßnahmen durchzusetzen (§§ 41–79 LBO).

B. Materiell-rechtliche Regelungen des Bauordnungsrechts

Die LBO enthält eine Vielzahl von Anforderungen an bauliche Anlagen, die allerdings **201** zu einem erheblichen Teil keine rechtlichen Probleme aufwerfen. Wenn § 13 Abs. 1 LBO vorschreibt, dass eine bauliche Anlage standsicher sein muss, so ist das weniger ein juristisches als vielmehr ein technisches Problem. Über die Forderung des § 34 LBO, dass Aufenthaltsräume eine Höhe von 2,30 m aufweisen müssen, sind weder juristische noch technische Streitigkeiten denkbar. Im Folgenden sollen deshalb vor allem diejenigen Regelungen des Bauordnungsrechts behandelt werden, die in der Praxis – und damit auch im Examen – die meisten Schwierigkeiten bereiten.

1. Verunstaltungsverbot (§ 11 Abs. 1 und 2 LBO)

Bauliche Anlagen dürfen nach § 11 Abs. 1 und 2 LBO **weder selbst verunstaltet** **202** wirken,

Bsp. (VGH Mannheim ESVGH 16, 127): Mit hell glänzenden Aluminiumplatten gedecktes Dach einer Scheune.

noch darf die **Umgebung verunstaltet werden**.

Bsp. a) (VGH München, Urt. v. 11.11.2014, 15 B 12.2765): Großflächige Werbetafel in reinem Wohngebiet, die die Hauswand in einen Werbeträger umfunktioniert.

b) (VGH Mannheim Urt. v. 12.10.1983, 3 S 1525/83, juris (Leitsatz): Wellblechgarage in gepflegtem Wohnviertel.

c) (VGH München, Urt. v. 16.11.2010, 9 B 10.481): Zur Ruine zerfallenes Gebäude; eb. VGH Kassel, BRS 73 Nr. 138).

d) (OVG Berlin LKV 2015, 138): 30 m lange und 1,90 m hohe Grundstückseinfriedung aus schwarzen Metallplatten.

Eine Verunstaltung setzt voraus, dass der gebildete Durchschnittsmensch die bauliche Anlage nicht nur unschön, sondern hässlich findet. Die bauliche Anlage muss das Gesamtbild ihrer Umgebung in solcher Weise stören, dass der für ästhetische Eindrücke offene Betrachter in seinem ästhetischen Empfinden nicht bloß beeinträchtigt, sondern verletzt wird (so die std. Rspr. der Verwaltungsgerichte seit BVerwGE 2, 172; eb. BVerwG NVwZ 1998, 58; VGH Mannheim VBlBW 2009, 466;

OVG Münster NVwZ-RR 2003, 823). Das Verunstaltungsverbot gestattet es der Baurechtsbehörde nicht, dem Bauherrn ästhetische Vorstellungen aufzuzwingen. Sie kann nur hässliche, „nachhaltigen Protest auslösende" Gebäude verhindern (so BVerwG NJW 1995, 2648). Ein nach Ansicht der Baurechtsbehörde nur unschönes Gebäude muss sie dagegen genehmigen. Die Verwendung neuer Baumaterialien stellt als solche noch keine Verunstaltung dar (VGH Mannheim ESVGH 16, 127). Oft stellt sich die Frage der Verunstaltung bei Werbeanlagen (s. Rn. 203), wobei eine verunstaltende Wirkung auch durch eine Häufung von Werbeanlagen entstehen kann, d.h. bei einem dichten räumlichen Nebeneinander von mindestens drei Werbeanlagen (OVG Münster BauR 2014, 537).

Bei der Beurteilung, ob ein Bauvorhaben verunstaltend wirkt, steht der Baurechtsbehörde kein Beurteilungsspielraum zu, vielmehr unterliegt diese Frage voller verwaltungsgerichtlicher Kontrolle (BVerwGE 2, 172).

Die Gemeinden können allerdings durch Ortsbausatzungen nach § 74 Abs. 1 Nr. 1 LBO unter den dort genannten Voraussetzungen die äußere Gestaltung von Anlagen regeln. Dabei sind sie nicht darauf beschränkt, verunstaltende Anlagen abzuwehren, sondern können auch Gestaltungspflege betreiben (VGH München NVwZ-RR 2015, 195; OVG Münster BauR 2012, 1742 – s. auch Rn. 204).

2. Werbeanlagen (§ 2 Abs. 9, § 11 Abs. 3 und 4 LBO)

203 § 2 Abs. 9 LBO enthält eine **Legaldefinition** der Werbeanlage. Danach sind nicht nur Werbeschilder und Werbetafeln, sondern auch Beschriftungen und Bemalungen (OVG Münster BRS 60 Nr. 129) sowie Lichtwerbungen Werbeanlagen. Dagegen fällt die Wahlwerbung nicht unter die Vorschriften der LBO.

Bsp. (OVG Koblenz BauR 2003, 868): Ein Himmelsstrahler (Skybeamer) ist eine Werbeanlage.

Werbeanlagen, die keine baulichen Anlagen sind (z.B. Dia-Projektionswerbeanlage – OVG Münster NVwZ-RR 2003, 823; Werbefolie – VGH Mannheim BRS 56 Nr. 134), sind nach § 49 LBO dennoch genehmigungspflichtig, weil sie in Nr. 9 des Anhangs zu § 50 LBO aufgeführt sind (s. dazu Rn. 241).

204 Die Gemeinden können nach § 74 Abs. 1 Nr. 2 LBO besondere Regelungen über Werbeanlagen treffen, die allerdings auf bestimmte Gebiete beschränkt sein müssen. Diese **Ortsbausatzungen** oder **Werbeanlagensatzungen** müssen sich „im Rahmen dieses Gesetzes" halten, d.h. sie müssen bauordnungsrechtlichen Zielen dienen (BVerwG NVwZ-RR 1998, 486; VGH Mannheim VBIBW 2011, 352) und es bedarf einer angemessenen Abwägung des öffentlichen Gestaltungsinteresses mit den privaten Eigentümerinteressen. Zu den bauordnungsrechtlichen Zielen zählt nicht nur die Gefahrenabwehr, wie z.B. die Abwehr von Verunstaltungen, sondern auch die positive Gestaltungspflege (BVerwG NVwZ-RR 1998, 486). Dadurch soll verhindert werden, dass der vorhandene oder durch Planung erstrebte Charakter eines Baugebiets durch funktionswidrige Anlagen beeinträchtigt wird. Bei großflächigen Werbeanlagen in **Wohngebieten** ist eine solche Beeinträchtigung der Eigenart des Baugebiets zu befürchten, da sie dort einen ausgesprochenen Fremdkörper darstellen. Anders ist dies in **Gewerbe- oder Industriegebieten** (VGH Mannheim VBIBW 2011, 352). Auch in **Misch-, Dorf- und Kerngebieten** ist ein generalisierendes Verbot von Werbeanlagen in der Regel nicht zulässig, denn dort fehlt das erforderliche Mindestmaß an Einheitlichkeit des Baugebiets (VGH Mannheim VBIBW 2011, 352; VGH München NVwZ-RR 2015, 471). Eine solche Einheitlichkeit kann – selbst in Misch-, Dorf- und Kerngebieten – im Einzelfall auch durch eine städtebaulich bedeutsame

Prägung eines bestimmten Teilgebiets bewirkt werden, so z.B. in einem historischen Altstadtgebiet (BVerwG BauR 1980, 452; VGH Mannheim VBlBW 2011, 352; OVG Koblenz NVwZ-RR 2013, 525), sodass für solche Teile ein Verbot für Werbeanlagen zulässig sein kann. Die Beschränkung des durch die Baufreiheit (Art. 14 Abs. 1 GG) geschützten Aufstellens von Werbetafeln ist deshalb auch in diesem Fall durch überwiegende öffentliche Belange gerechtfertigt. Übereinstimmend mit diesen Grundsätzen lässt § 11 Abs. 4 LBO in Wohngebieten nur Plakatsäulen und -tafeln sowie Werbung an der Stätte der eigenen Leistung zu, nicht dagegen Fremdwerbung. Werbung an der Stätte der eigenen Leistung liegt nur vor, wenn ein Funktionszusammenhang zwischen der Nutzung des Grundstücks und der Außenwerbung besteht (BVerwG BVerwGE 91, 234; OVG Münster BRS 57 Nr. 178).

Bauplanungsrechtlich können Werbeanlagen **Nebenanlagen** gemäß § 14 BauNVO sein, wenn sie in einem funktionellen Zusammenhang mit einer gewerblichen oder sonstigen Nutzung auf dem Grundstück stehen, d.h. keine Fremdwerbeanlagen darstellen (BVerwG BRS 57 Nr. 176; VGH Mannheim BRS 60 Nr. 132; s. dazu auch oben Rn. 104). Andernfalls stellen sie eine selbstständige gewerbliche Hauptnutzung dar, deren Zulässigkeit sich nach §§ 2 ff. BauNVO richtet.

Werbeanlagen werfen nicht nur baurechtliche, sondern auch naturschutzrechtliche, 205 straßenverkehrsrechtliche und straßenrechtliche Probleme auf. Nach **§ 21 Abs. 1 NatSchG** sind Werbeanlagen im Außenbereich grundsätzlich unzulässig. Ausnahmen sind nach § 21 Abs. 2 NatSchG u.a. zulässig für Werbeanlagen an der Stätte der eigenen Leistung (vgl. dazu VGH Mannheim ESVGH 27, 94 und 20, 75) sowie Hinweisschilder auf abgelegene Gaststätten und landwirtschaftliche Selbstvermarktungsbetriebe; im Übrigen kann die Naturschutzbehörde im Einzelfall Ausnahmen bewilligen, wenn ein wichtiger Grund vorliegt.

§ 33 Abs. 1 Nr. 3 StVO verbietet ferner jede Werbung außerhalb geschlossener Ortschaften, wenn dadurch der Verkehr abgelenkt oder belästigt werden könnte; auch durch innerörtliche Werbung darf der Verkehr außerhalb geschlossener Ortschaften nicht gestört werden. Schließlich unterfallen Werbeanlagen nach **§ 9 Abs. 6 FStrG** dem Anbauverbot entlang der Bundesfernstraßen und Bundesautobahnen sowie nach **§ 22 Abs. 5 StrG** dem Anbauverbot entlang der Landes- und Kreisstraßen.

3. Abstandsregelungen (§§ 5– 7 LBO)

a) Abstandsfläche (§§ 5, 6 LBO)

Vor den Außenwänden eines Gebäudes müssen nach § 5 Abs. 1 S. 1 LBO um das 206 ganze Haus herum **Abstandsflächen** liegen, die von oberirdischen baulichen Anlagen freizuhalten sind. Das gleiche gilt für sonstige bauliche Anlagen, die keine Gebäude sind, wie z.B. Mauern oder Aufschüttungen, sofern sie eine bestimmte Größe oder Höhe nicht überschreiten (s. dazu im Einzelnen Rn. 217 ff.). Voraussetzung ist jedoch, dass sie eine Außenwand haben oder dass die bauliche Anlage oder deren Teile eine mit Außenwänden vergleichbare Wirkung erzielt (sog. fiktive Außenwand).

Bsp.: (VGH Mannheim, Beschl. v. 15.01.2013, 3 S 2259/12, NVwZ-RR 2013, 300 (Leitsatz)): Bei einer Mobilfunkanlage bestehend aus einem Gitternetzturm und einer darauf befestigten Antennenanlage ist der Gitternetzturm eine bauliche Anlage und löst eine Abstandsfläche aus, die Antenne dagegen nicht.

In der Abstandsfläche dürfen nur die in § 6 Abs. 1 LBO genannten Kleinbauten errichtet werden. Dazu zählen insbesondere auch Grenzgaragen (§ 6 Abs. 1 S. 1 Nr. 2 LBO – s. Rn. 218). Die Abstandsfläche dient, wie § 6 Abs. 3 S. 1 Nr. 2 LBO zeigt, zum einen dem **Schutz der Nachbarn** vor dem **Entzug von Licht, Luft und Sonne**, zum anderen aber auch dem **Schutz der Bewohner** des Hauses selbst, denn ihre Wohn- und Aufenthaltsräume sollen **ausreichend belüftet, belichtet und besonnt** werden (VGH Mannheim VBlBW 1991, 474). Hierfür besteht insbesondere bei Gebäuden, die nicht vom Eigentümer selbst bewohnt werden, durchaus ein Bedürfnis. Für den Brandschutz spielen die Abstandsflächen dagegen keine Rolle. Die Anforderungen des Brandschutzes richten sich nach den §§ 15 und 26 ff. LBO sowie den hierzu ergangenen Vorschriften der LBOAVO (Sauter § 5 Rn. 5; wohl dahin tendierend, aber offen lassend: VGH Mannheim VBlBW 2014, 454). Die Abstandsvorschriften schützen ebenfalls **nicht die nachbarliche Wohnruhe** (sog. Sozialabstand) bzw. den **Wohnfrieden**, da es für den einzuhaltenden Abstand nicht auf die Nutzung eines Gebäudes ankommt (VGH Mannheim VBlBW 2014, 454; a.M. VGH München, Beschl. v. 05.05.2015, 1 ZB 13.2010, KommunalPraxis BY 2015, 267 (Leitsatz); OVG Schleswig, NordÖR 2015, 127; OVG Münster, Beschl. v. 19.07.2013, 2 A 2056/12, juris).

207   Durch § 5 Abs. 1 S. 2 Nr. 1 LBO soll eine Divergenz zwischen Bauplanungs- und Bauordnungsrecht vermieden werden (BVerwG NVwZ-RR 1995, 310). Deshalb ist eine Abstandsfläche nach § 5 Abs. 1 S. 2 Nr. 1 LBO nicht notwendig, soweit nach bauplanungsrechtlichen Vorschriften an die Grenze gebaut werden **muss** (s. dazu VGH Mannheim VBlBW 2000, 116). Das ist der Fall, wenn ein Bebauungsplan eine **geschlossene Bauweise** gemäß § 22 Abs. 1 BauNVO festsetzt, oder wenn in einem unbeplanten Innenbereich im Sinne des § 34 BauGB die nähere Umgebung des Bauvorhabens durch eine geschlossene Bauweise geprägt wird. Auch bei einer durch Bebauungsplan festgesetzten **offenen Bauweise** (§ 22 Abs. 2 BauNVO) kann der Bauherr gezwungen sein, an die Grenze zu bauen, sofern es sich z.B. um ein Grundstück für ein **Reihenmittelhaus** handelt. Anders liegt der Fall allerdings, wenn auch Einzelhäuser zulässig sind oder ein Reihenendhausgrundstück betroffen ist.

208   Das Gleiche gilt, wenn nach bauplanungsrechtlichen Vorschriften an der Grenze gebaut werden **darf** und öffentlich-rechtlich gesichert ist, dass der Nachbar ebenfalls einen **Grenzbau** errichtet. Die erforderliche Sicherung, dass beidseitig ein Grenzbau errichtet wird, ist auch dann gegeben, wenn auf dem Nachbargrundstück bereits ein genehmigter Grenzbau vorhanden ist (VGH Mannheim VBlBW 2007, 383). Eine Grenzgarage oder ein Nebengebäude reicht allerdings nicht aus (VGH Mannheim NVwZ-RR 1999, 491). § 5 Abs. 1 S. 2 Nr. 2 LBO verlangt nicht, dass der Nachbar einen Anbau an das Grenzgebäude errichtet, der exakt dem bereits vorhandenen Gebäude entspricht. Es reicht aus, dass er im Bereich des vorhandenen Grenzbaus an die Grenze baut. Dadurch wird vermieden, dass der zuerst errichtete Grenzbau festlegt, wo und in welcher Größe ein Grenzbau errichtet werden darf (Sauter § 5 Rn. 51). Es ist daher auch eine versetzte Grenzbebauung möglich. Nach Auffassung des 3. Senats des VGH Mannheim (NVwZ-RR 2015, 288) genügt eine Überdeckung von 50 % jedoch nicht. Diese Sichtweise erscheint angesichts des Gesetzeswortlauts zu eng, denn danach muss nur gesichert sein, dass auf dem Nachbargrundstück ebenfalls „an die Grenze" gebaut wird.

209   Da die Abstandsflächen nach § 5 Abs. 2 LBO **auf dem Baugrundstück selbst** liegen müssen, ist damit zwangsläufig auch ein entsprechender Abstand zur Grundstücksgrenze gewährleistet. Die Abstandsfläche kann nach § 7 Abs. 1 LBO ganz oder teilweise auf das Nachbargrundstück verlagert werden, sofern der Nachbar sich durch Baulast (s. dazu Rn. 270) verpflichtet, diesen Teil seines Grundstücks nicht zu bebauen (vgl. dazu VGH Mannheim NVwZ-RR 2002, 263). Die Abstandsfläche kann nach § 5 Abs. 2 S. 2 LBO auch **auf angrenzenden öffentlichen Verkehrs-**

flächen, Grün- und Wasserflächen liegen, bei beidseitig anbaubaren Flächen jedoch nur bis zur Mitte. Daraus folgt zwangsläufig, dass auch gegenüber öffentlichen Verkehrsflächen ein Abstand einzuhalten ist, soweit die Abstandsfläche nicht vollständig auf diese Verkehrsfläche gelegt werden kann.

Bei **Nutzungsänderungen** sind die §§ 5 und 6 LBO grundsätzlich nicht zu prüfen **210** (OVG Münster NVwZ-RR 2006, 309; Sauter § 5 Rn. 29). Eine Ausnahme besteht nur dann, wenn Gebäude oder Gebäudeteile betroffen sind, die gerade wegen ihres besonderen Verwendungszwecks ohne Einhaltung von Abstandsflächen an der Nachbargrenze oder mit geringerer Abstandsflächentiefe zulässig sind und diese Privilegierung aufgrund der beantragten Nutzungsänderung verlieren. Brandschutzgesichtspunkte sind jedoch nicht relevant (VGH Mannheim VBlBW 2014, 454). Eine Nutzungsänderung kann danach abstandsflächenrechtlich von Bedeutung sein, wenn beispielsweise eine Grenzgarage zukünftig als Wohnraum genutzt werden soll.

Die **Tiefe der Abstandsfläche** beträgt nach § 5 Abs. 4 und 7 LBO 40 % der Höhe **211** der Außenwand. In Baugebieten mit intensiver baulicher Nutzung genügt eine geringere Abstandsflächentiefe. So sind in Kern- und Dorfgebieten sowie besonderen Wohngebieten nur 20 % der Wandhöhe als Abstandsfläche erforderlich, in Gewerbegebieten, Industriegebieten und Sondergebieten, die nicht der Erholung dienen, nur 12,5 % der Wandhöhe (§ 5 Abs. 7 LBO). Die Regelung gilt sowohl für solche Baugebiete, die durch Bebauungsplan festgesetzt worden sind, als auch für Baugebiete, die faktisch einem der Baugebiete der BauNVO entsprechen.

Die Abstandsfläche muss nach § 5 Abs. 7 S. 2 LBO in jedem Fall mindestens 2,5 m, **212** bei Wänden bis 5 m Breite 2 m, betragen. Das sog. Schmalseitenprivileg nach § 5 Abs. 8 LBO a.F. für Außenwände mit weniger als 16 m Länge ist durch die LBO-Novelle 2010 entfallen.

Die Höhe der Außenwand bemisst sich nach der Differenz zwischen der Geländeoberfläche und dem Schnittpunkt der Außenwand mit der Dachhaut (§ 5 Abs. 4 S. 2 LBO – s. dazu VGH Mannheim VBlBW 2001, 62). Maßgebend ist seit der LBO-Novelle 2014 die tatsächliche Geländeoberfläche nach Ausführung des Bauvorhabens, soweit sie nicht zur Verringerung der Abstandsflächen angelegt wird oder wurde. Zuvor war nach der ständigen Rechtsprechung des VGH Mannheim regelmäßig vom natürlichen Geländeverlauf auszugehen. Geländeaufschüttungen waren nur zu berücksichtigen, sofern es für sie einen sachlichen Grund gab und die Aufschüttung nicht nur deswegen erfolgte, um die Außenwandhöhe und damit auch die Abstandsfläche zu verkleinern (VGH Mannheim NVwZ-RR 2011 272; Beschl. v. 08.10.2014, 3 S 1279/14, BauR 2015, 307 (Leitsatz)).

§ 6 Abs. 3 LBO sieht **Ausnahmen** von der nach § 5 LBO erforderlichen Abstandsflä- **213** che vor; der Abstand kann bis auf Null reduziert werden (VGH Mannheim VBlBW 1986, 24). Zunächst muss nach Nr. 1 dieser Vorschrift eine geringere Abstandsfläche zugelassen werden, wenn die Gestaltung des Straßenbilds oder besondere örtliche Verhältnisse dieses erfordern. Unter „erfordern" ist im Anschluss an BVerwGE 56, 71 (zu § 31 Abs. 2 Nr. 1 BauGB, s. dazu oben Rn. 115) nicht eine zwingende Notwendigkeit zu verstehen. Vielmehr reicht es aus, wenn vernünftigerweise mit geringerem Abstand gebaut wird. Das kann z.B. bei dicht bebauten Gebieten im Stadtkern der Fall sein (so Sauter § 6 Rn. 32).

Nach **§ 6 Abs. 3 S. 1 Nr. 2 LBO** muss eine geringere Abstandsfläche ferner zugelas- **214** sen werden, wenn eine ausreichende Belichtung, Belüftung und Brandschutz gewährleistet ist und nachbarliche Belange nicht erheblich beeinträchtigt werden.

Der VGH Mannheim (NVwZ-RR 2010, 631; BauR 2015, 1314) nimmt in ständiger Rechtsprechung an, dass bei einem Unterschreiten der Abstandsfläche i. d. R. eine **erhebliche Beeinträchtigung des Nachbarn** gegeben ist. Das soll auch bei einem Unterschreiten um nur wenige cm der Fall sein (VGH Mannheim BauR 1997, 92: 7,5 cm). Nur in Ausnahmefällen kann eine erhebliche Beeinträchtigung des Nachbarn verneint werden, z.B. bei besonderen topographischen Verhältnissen, etwa bei einem größeren Höhenunterschied zwischen den beiden Grundstücken oder bei einem besonderen Zuschnitt des Nachbargrundstücks, sodass die Nutzung des Nachbargrundstücks auch bei einem geringeren Abstand nicht betroffen wird. Eine Sondersituation, die eine Ausnahme nach § 6 Abs. 3 S. 1 Nr. 2 LBO rechtfertigt, kann sich aber auch aus den Verhältnissen auf dem Baugrundstück oder den Besonderheiten des Bauvorhabens ergeben, die die Beeinträchtigung des Nachbarn als zumutbar erscheinen lassen (VGH Mannheim VBlBW 2009, 65; BRS 74 Nr. 89). Wird ein bestehendes grenznahes Gebäude umgebaut, kann es auch auf einen einzelfallbezogenen konkreten Vergleich zwischen vorhandenen und künftigen Beeinträchtigungen der nachbarlichen Belage ankommen (VGH Mannheim BauR 2014, 533)

Liegen die Voraussetzungen des § 6 Abs. 3 LBO vor, hat der Bauherr einen Rechtsanspruch auf eine geringere Abstandsfläche (VGH Mannheim BauR 1997, 92).

Zum Nachbarschutz der §§ 5, 6 LBO s. unten Rn. 307.

215 Die Zulässigkeit einer Grenzbebauung nach den §§ 5, 6 LBO entbindet nicht von der Einhaltung der bauplanungsrechtlichen Vorschriften über die offene Bauweise oder die im Bebauungsplan festgesetzten seitlichen Baugrenzen (VGH Mannheim NVwZ-RR 1999, 491). Bauplanungsrecht und Bauordnungsrecht stehen grundsätzlich gleichberechtigt nebeneinander, soweit es nicht gesetzliche Vorrangregelungen wie § 5 Abs. 1 S. 2 LBO gibt.

216 Die Gemeinden können nach § 74 Abs. 1 Nr. 7 LBO aus baugestalterischen oder bauhistorischen Gründen durch **Ortsbausatzung** für einzelne Ortsteile – nicht aber für die ganze Gemeinde – größere oder kleinere Abstände vorschreiben als in § 5 Abs. 7 LBO vorgesehen. Ferner können durch einen Bebauungsplan abweichende Abstandsflächen festgesetzt werden (§ 9 Abs. 1 Nr. 2 a BauGB).

b) Grenzgaragen und andere Grenzbauten (§ 6 Abs. 1 LBO)

217 § 6 Abs. 1 LBO erlaubt die Errichtung von Garagen und von sonstigen Nebenanlagen ohne Einhaltung einer Abstandsfläche, sofern diese die angeführten Größenmaße nicht übersteigen.

Nach § 6 Abs. 1 S. 1 **Nr. 1** LBO dürfen zunächst **Gebäude und Gebäudeteile bis zu 1 m Höhe** ohne Abstand zur Grenze gebaut werden. Dazu zählen z.B. Stützmauern, Terrassen, Kellerabgänge, Treppen, Rampen und Einfriedungen.

218 § 6 Abs. 1 S. 1 **Nr. 2** LBO erlaubt ferner kleinere **Garagen und Nebenanlagen** ohne Abstand, sofern diese nicht länger als 9 m sind (§ 6 Abs. 1 S. 3 LBO). Die Außenwand darf nicht höher als 3 m und nicht größer als 25 m^2 sein. Die Nebenräume können sowohl in als auch unter dem Garagenbau liegen (VGH Mannheim BauR 1994, 485). § 6 Abs. 2 LBO erlaubt es, dass das Gebäude nicht unmittelbar an der Grenze steht, sondern einen Abstand von mindestens 0,5 m einhält.

Bezugspunkt für die angeführten Höhenmaße ist nach § 6 Abs. 1 S. 2 LBO der höchste Punkt des Geländes entlang der Garage (wegen der Relevanz von Geländeanschüttungen s. Rn. 212). Daraus folgt, dass der Garagenbaukörper in Hanglage durchaus eine größere Höhe als 3 m aufweisen kann, was zu einer erheblichen Beeinträchtigung der Nachbarn führen könnte. Das wird dadurch verhindert, dass die Wandfläche an der Nachbargrenze nicht mehr als 25 m^2 betragen darf (s. dazu VGH Mannheim BRS 47 Nr. 101). Diese Beschränkung der Wandflächengröße hat zur Folge, dass die Höchstmaße von 9 m Länge und 3 m Höhe nicht vollständig ausgenutzt werden können.

Da der Gesetzgeber in § 6 Abs. 1 LBO Grenzgaragen mit den in dieser Vorschrift an- **219** geführten Außenmaßen generell für zulässig erklärt hat, muss der Nachbar die mit jeder Grenzgarage verbundene Beeinträchtigung durch eine Verschattung sowie den Fahrzeuglärm grundsätzlich hinnehmen und kann sich insoweit auch nicht auf das bauplanungsrechtliche Gebot der Rücksichtnahme berufen (BVerwG BRS 44 Nr. 177; Sauter § 6 Rn. 20). Anders kann es aber sein, wenn die Zufahrt zur Grenzgarage besonders lang ist (OVG Lüneburg NVwZ-RR 2001, 503; OVG Münster BauR 2007, 89) oder die Garage unmittelbar vor einem Fenster eines Aufenthaltsraums errichtet wird und die Möglichkeit besteht, die Garage ohne Nachteile für den Bauherrn auch an anderer Stelle zu errichten (VGH München NVwZ-RR 1995, 9).

Bauplanungsrechtlich können Garagen nach § 23 Abs. 5 BauNVO i.V.m. § 6 Abs. 1 S. 1 Nr. 2 LBO auch auf den nicht überbaubaren Grundstücksflächen zugelassen werden.

Vor **baulichen Anlagen, die keine Gebäude sind**, wie z.B. Mauern oder Aufschüt- **220** tungen, sind nach § 6 Abs. 1 S. 1 **Nr. 3** LBO keine Abstandsflächen erforderlich, wenn sie nicht höher als 2,5 m sind oder ihre Wandfläche nicht mehr als 25 m^2 beträgt. Diese Maße gelten alternativ. Wird eines der beiden Maße nicht überschritten, muss mit ihnen kein Abstand zur Grenze eingehalten werden (VGH Mannheim BauR 2012, 1368).

4. Stellplätze und Garagen (§ 37 LBO)

Nach § 37 Abs. 1 S. 1 LBO ist bei der Errichtung von Wohngebäuden **ein Kfz-Stell-** **221** **platz pro Wohnung** herzustellen. Für sonstige bauliche Anlagen sind so viele Stellplätze anzulegen, dass sie für die ordnungsgemäße Nutzung der Anlagen ausreichend sind. Zur Ermittlung der jeweils erforderlichen Stellplatzzahl wird die VwV-Stellplätze (in der Fassung vom 28.5.2015, GABl. 2015, 260) herangezogen. Sie stellt eine norminterpretierende Verwaltungsvorschrift dar (so VGH Mannheim BRS 50 Nr. 126, 459; VBlBW 2001, 373; eb. Schlotterbeck/Hager/Busch/Gammerl § 37 Rn. 14). Allerdings ermächtigt § 74 Abs. 2 Nr. 1–4 LBO die Gemeinden, durch örtliche Bauvorschriften (Ortsbausatzungen) die Stellplatzverpflichtung anders zu regeln (vgl. VGH Mannheim VBlBW 2000, 113; OVG Koblenz NVwZ-RR 2012, 247). Notwendige Stellplätze können nach § 37 Abs. 1 S. 3 LBO auch durch notwendige Garagen ersetzt werden.

Nach **§ 12 BauNVO** dürfen in Wohngebieten allerdings nur die für die zugelassene Nutzung erforderlichen Stellplätze und Garagen angelegt werden (s. dazu BVerwGE 94, 151).

Die Stellplatzverpflichtung entfällt auch nicht bei Bauvorhaben, die in einer **Fußgänger zone** liegen, weil auch diese Vorhaben einen Kfz-Verkehr hervorrufen (VGH Mannheim BWVPr 1984, 41). Zwar kommt in diesem Fall die Anlage von Stellplätzen auf dem Baugrundstück nicht in Betracht. Es bleibt aber die Möglichkeit, die Stellplätze außerhalb der Fußgängerzone anzulegen, sich an einer Gemeinschaftsanlage zu beteiligen oder einen Ablösebetrag nach § 37 Abs. 6 LBO zu zahlen (s. dazu Rn. 226).

Seit der LBO-Novelle 2014 können bis zu einem Viertel der notwendigen Kfz-Stell-plätze sonstiger baulicher Anlagen durch **Fahrrad-Stellplätze** ersetzt werden. Dabei sind für einen Kfz-Stellplatz vier Fahrrad-Stellplätze herzustellen (§ 37 Abs. 1 S. 4 und 5 LBO). Ist bei der Errichtung von Wohngebäuden oder sonstigen baulichen An-lagen Zu- und Abfahrtsverkehr mit Fahrrädern zu erwarten, müssen nach § 35 Abs. 2 LBO sogar notwendige Fahrrad-Stellplätze angelegt werden. Dies wird z.b. bei Stu-dentenwohnheimen der Fall sein.

222 Bei der **Änderung und Nutzungsänderung** eines Gebäudes sind nach § 37 Abs. 3 LBO nur für die zusätzlich zur früheren Nutzung zu erwartenden Fahrzeuge Stellplät-ze anzulegen. Hierauf kann nach S. 2 der Vorschrift ganz oder teilweise verzichtet werden, z.b. bei der Teilung von Wohnungen oder wenn zusätzlicher Wohnraum durch An- oder Ausbau geschaffen wird. Voraussetzung ist allerdings, dass die Bau-genehmigung oder die Kenntnisgabe für das Gebäude mindestens fünf Jahre zu-rückliegen und die Anlage der erforderlichen Stellplätze in zumutbarer Weise nicht möglich ist.

223 Zum **Schutz der Nachbarschaft** schreibt § 37 Abs. 8 LBO vor, dass durch Stellplät-ze und Garagen das Arbeiten und Wohnen, die Ruhe und Erholung in der Umgebung nicht erheblich gestört werden darf. Das bedeutet, dass nicht jede Störung unzuläs-sig ist; eine unerhebliche Störung muss der Nachbar hinnehmen. Störfaktoren sind Lärm, Abgase und Gerüche (Sauter § 37 Rn. 107). Kleingaragen sind im Hinblick auf die generelle Zulassung an der Grundstücksgrenze nach § 6 Abs. 1 LBO nicht als er-hebliche Störung im Sinn des § 37 Abs. 8 LBO anzusehen (VGH Mannheim BRS 49 Nr. 138); Ausnahmen sind jedoch möglich, z.b. bei sehr steiler Zufahrt (VGH Mann-heim BWVPr 1984, 258). Eine Störung ist nur dann erheblich, wenn sie dem Betrof-fenen billigerweise nicht zugemutet werden kann. Störungen, die durch notwendige Stellplätze verursacht werden, sind i.d.R. zumutbar (VGH Mannheim VBlBW 2014, 275). Das gleiche gilt für Stellplätze, deren Anzahl dem durch die zugelassene Nut-zung verursachten Bedarf (§ 12 Abs. 2 BauNVO) entspricht (VGH Mannheim NVwZ-RR 1998, 611).

Die technischen Anforderungen an Garagen und Stellplätze sind in der Garagenver-ordnung vom 7.7.1997 (GBl S. 332) geregelt.

224 Die notwendigen Stellplätze werden i. d. R. gemäß § 37 Abs. 5 LBO **auf dem Bau-grundstück** selbst angelegt. Kann oder will der Bauherr die notwendigen Stellplätze auf dem eigenen Grundstück nicht herstellen, dann ist es nach § 37 Abs. 5 LBO aus-reichend, wenn die Stellplätze **auf einem anderen Grundstück in zumutbarer Ent-fernung** (s. dazu Sauter § 37 Rn. 57 ff.) oder – mit Zustimmung der Gemeinde – auf einem anderen Grundstück in der Gemeinde (s. Rn. 225) eingerichtet werden und die Benutzung dieses Grundstücks durch Baulast gesichert ist. Welche Entfernung im Einzelfall zumutbar ist, richtet sich nicht allein nach der Entfernung, sondern auch nach der Zweckbestimmung der Stellplätze, den Verkehrsverhältnissen, der Topo-graphie und der Attraktivität der Wegstrecke. Fahrrad-Stellplätze werden i.d.R. nur in unmittelbarer Nähe zum Vorhabengrundstück in Betracht kommen.

Bsp. (VGH Mannheim VBlBW 1985, 459): Ein Parkplatz für einen Spielsalon in 800 Meter Ent-fernung mit erheblichem Höhenunterschied ist nicht mehr ausreichend.

Der VGH Mannheim (BRS 44 Nr. 109) nimmt an, dass bei Wohngrundstücken maxi-mal 300 Meter, bei Ladengeschäften sogar nur 150 Meter noch als zumutbare Ent-fernung für einen Stellplatz angesehen werden können. Für eine Arztpraxis wurden ebenfalls 300 m als zumutbar angesehen (VGH Mannheim VBlBW 1995 207).

Ferner kann im Bebauungsplan vorgeschrieben werden, dass der Bauherr sich an einer **Gemeinschaftsgarage** auf einem dafür im Bebauungsplan vorgesehenen Grundstück (§ 9 Abs. 1 Nr. 22 BauGB) beteiligen muss (BVerwG BauR 1989, 439; Sauter § 37 Rn. 54). Die Einzelheiten über die Herstellung und Verwaltung einer solchen Gemeinschaftsanlage sind in § 40 Abs. 1 LBO geregelt.

Schließlich kann der Bauherr seine Stellplatzpflicht nach § 37 Abs. 5 LBO dadurch **225** erfüllen, dass er **mit Zustimmung der Gemeinde irgendwo im Gemeindegebiet** die für sein Vorhaben erforderliche Zahl von Stellplätzen anlegt. Diese Regelung lässt sich nur im Zusammenhang mit dem unter Rn. 226 zu erörternden Ablösevertrag verstehen. Der Bauherr soll statt der Zahlung eines Geldbetrags an die Gemeinde auch die Möglichkeit haben, mit diesem Betrag selbst Stellplätze zu schaffen; die Nutzung als Stellplatz muss durch Baulast gesichert werden. Da die Gemeinde zustimmen muss, ist gewährleistet, dass die Stellplätze nur dort angelegt werden, wo auch ein Bedarf für weitere Stellplätze besteht. Ein Anspruch auf diese Zustimmung besteht nicht (Sauter § 37 Rn. 63 und 94).

Kann der Bauherr die notwendigen Stellplätze weder auf seinem Grundstück, noch **226** auf einem nahe gelegenen oder einem anderen Grundstück der Gemeinde herstellen oder ist dies nur unter großen Schwierigkeiten möglich, lässt es § 37 Abs. 6 LBO zu, dass zwischen dem Bauherrn und der Gemeinde ein sog. **Ablösevertrag** geschlossen wird. Im Ablösevertrag verpflichtet sich der Bauherr, zur Ablösung seiner Stellplatzverpflichtungen einen Geldbetrag an die Gemeinde zu zahlen, den diese zur Anlage, Modernisierung oder Instandhaltung öffentlicher Parkplätze, für die Anlage privater Parkplätze, für Anlagen des öffentlichen Personennahverkehrs oder für Fahrradwege zu verwenden hat. Das BVerwG qualifiziert den Ablösebetrag als Ausgleichsleistung (Ersatzgeld) für die Freistellung von der Verpflichtung zur Anlage eines Stellplatzes (BVerwGE 122, 1; zur Verfassungsmäßigkeit vgl. BVerfG NVwZ 2009, 837).

Die Ablösung der Stellplatzverpflichtung durch Zahlung eines Geldbetrags scheidet allerdings nach § 37 Abs. 7 S. 1 LBO bei **Wohnungen** aus. Ist die Herstellung der notwendigen Stellplätze nicht möglich, unzumutbar oder aufgrund öffentlich-rechtlicher Vorschriften ausgeschlossen, wird der Bauherr hiervon nach § 37 Abs. 7 S. 2 LBO freigestellt. Er hat Anspruch auf eine Abweichung.

Die Gemeinde ist zum Abschluss eines Vertrags nach § 37 Abs. 6 LBO nicht verpflichtet und zwar auch dann nicht, wenn der Bauherr sonst das Bauvorhaben nicht verwirklichen kann (BVerwG BRS 40 Nr. 146).

Über die **Höhe der Geldleistung** sagt § 37 Abs. 6 LBO nichts aus; sie richtet sich **227** nach den ersparten Aufwendungen des Bauherrn sowie den Kosten für die Schaffung derjenigen Zahl öffentlicher Stellplätze, die der Stellplatzverpflichtung des Bauherrn nach § 37 Abs. 1 LBO entspricht (Sauter § 37 Rn. 95; Schlotterbeck/Hager/Busch/Gammerl § 37 Rn. 59; folgende Summen pro Stellplatz wurden als angemessen anerkannt: VGH Kassel BRS 74 Nr. 109: 5100,-- €; OVG Lüneburg BRS 49 Nr. 142: 15.000,– DM; OVG Münster BRS 58 Nr. 122: 14.000 DM). Es ist jedenfalls unbedenklich, den Ablösebetrag auf 100 % des Werts der Grundfläche des ersparten Stellplatzes sowie der Kosten der Herstellung des Stellplatzes festzusetzen (VGH Kassel BRS 74 Nr. 150). Der Geldbetrag ist innerhalb eines angemessenen Zeitraums für die in § 37 Abs. 5 LBO angeführten Einrichtungen zu verwenden. Das OVG Münster (NJW 1983, 2835) hat sogar einen Zeitraum von 10 Jahren noch für angemessen gehalten.

Die durch den Ablösevertrag begründete Verpflichtung zur Zahlung der vereinbarten Ablösesumme hängt nur von der Erteilung der Baugenehmigung, nicht aber von der Verwirklichung des Bauvorhabens ab (VGH Mannheim BauR 1991, 66; OVG Koblenz NVwZ-RR 2004, 243). Grundlage für die Ablösevereinbarung ist nämlich die Erteilung der Baugenehmigung, nicht aber deren Ausnutzung (a.M. OVG Münster NVwZ-RR 1998, 15). Ist die Zahlung der Ablösesumme allerdings als Bedingung in die Baugenehmigung aufgenommen worden, muss der Bauherr nicht zahlen, wenn er das Vorhaben nicht ausführt. Er kann jedoch auch erst mit dem Bau beginnen, wenn er den Geldbetrag bezahlt hat (so auch Sauter § 37 Rn. 82).

Auch wenn der Bauherr sich vertraglich wirksam zur Zahlung einer Ablösesumme verpflichtet hat, kann die Gemeinde den Betrag nicht durch Leistungsbescheid anfordern, da es an dem für einen Leistungsbescheid erforderlichen Über-/Unterordnungsverhältnis fehlt; die Gemeinde muss vielmehr **Leistungsklage** erheben (so auch VGH Mannheim BRS 30 Nr. 108; a.M. OVG Münster NJW 1983, 2834). Etwas anderes gilt, wenn die Zahlungspflicht in einer Auflage zur Baugenehmigung festgelegt worden ist, denn dann kann diese Auflage zwangsweise durchgesetzt werden (VGH Mannheim BRS 30 Nr. 108; OVG Greifswald UPR 2005, 117).

5. Sonstige materiell-rechtliche Vorschriften des Bauordnungsrechts

228 Hier sollen nur diejenigen Vorschriften erörtert werden, deren Auslegung Schwierigkeiten aufweist oder die besonders bedeutungsvoll sind, sodass sie jeder, der sich mit dem Baurecht befasst, kennen muss.

a) § 3 LBO

§ 3 LBO enthält eine § 1 PolG vergleichbare **bauordnungsrechtliche Generalklausel**. Die Frage, ob durch eine bauliche Anlage Recht oder Ordnung verletzt wird, ist deshalb unter Heranziehung der zu § 1 PolG entwickelten Grundsätze zu beantworten; erforderlich ist eine konkrete Gefahr (VGH Mannheim BauR 2006, 1865; Sauter § 3 Rn. 13 ff.).

Bsp. a) (VGH Mannheim, Beschl. v. 26.7.1991, 3 S 834/91, VGHBW-Ls 1991, Beilage 10, B3): Nicht standsichere Skulptur auf Privatgrundstück, bei deren Umkippen Passanten verletzt werden können.
b) (VGH Mannheim VBlBW 1984, 117): Anbringen eines Kaugummiautomaten, der durch eine verkehrsreiche Straße von einer Schule getrennt wird.

Der Bauherr muss ferner nach § 3 Abs. 3 LBO die allgemein anerkannten **Regeln der Technik** (s. dazu Dolderer VBlBW 1998, 448) einhalten. Hierzu zählen vor allem die zahlreichen DIN-Vorschriften (BVerwG BauR 1997, 290). Eine Zusammenstellung der zu beachtenden Vorschriften enthält die Liste der technischen Baubestimmungen (LTB - Bekanntmachung des Ministeriums für Umwelt, Klima und Energiewirtschaft vom 14.11.2014, GABl 2014, 738).

b) § 4 Abs. 1 LBO

229 **§ 4 Abs. 1 LBO** verlangt eine **Erschließung** durch eine öffentliche Straße oder einen befahrbaren öffentlich-rechtlich, d.h. durch eine Baulast nach § 71 LBO (s. Rn. 270) gesicherten Zugang zu einer solchen Straße. Ein dinglich gesichertes Wegerecht nach § 1018 BGB reicht deshalb nicht aus (Sauter § 4 Rn. 21), erst recht nicht das Notwegrecht nach § 917 BGB (OVG Münster NJW 1977, 725; VGH Mannheim VBlBW 1982, 92). Kann die Zufahrt zu einem Baugrundstück nur über ein Nachbargrundstück erfolgen und wird gleichwohl eine Baugenehmigung erteilt, kann sich der Nachbar mit Erfolg gegen die Baugenehmigung wehren, weil er zur Duldung eines Notwegerechts nach § 917 Abs. 2 BGB gezwungen würde (BVerwG, NJW-RR 1999, 165; VGH München, Beschl. v. 25.11.2013, 2 CS 13.2267, juris).

c) § 4 Abs. 3 LBO

§ 4 Abs. 3 LBO sieht einen **Abstand vom Waldrand** von mindestens 30 m vor, um **230** einerseits Schäden durch umstürzende Bäume oder herabfallende Äste zu vermeiden und andererseits Waldbrände durch Funkenflug zu verhindern (Sauter § 4 Rn. 32). Ein geringerer Abstand darf deshalb nur gestattet werden, wenn keine Bedenken wegen Brandschutz oder Gefährdung des Gebäudes bestehen (VGH Mannheim BauR 1996, 366). Ein Verzicht des Bauherrn auf Schadensersatzansprüche ist unbeachtlich (VGH Mannheim a.a.O.; a.M. aber VGH Mannheim BauR 1989, 441).

d) § 13 LBO

§ 13 LBO verlangt, dass bauliche Anlagen standfest sind; sie müssen nach mensch- **231** lichem Ermessen den zu erwartenden Belastungen standhalten (VGH Mannheim VBlBW 1999, 308). Ferner darf die Standfestigkeit anderer Gebäude und die Tragfähigkeit des Baugrunds der Nachbargrundstücke nicht gefährdet werden. Nach § 53 Abs. 1 LBO i. V. m. § 9 LBOVVO (Dürig Nr. 85 b) muss deshalb im Baugenehmigungsverfahren rechtzeitig vor Baubeginn der Nachweis der **Standsicherheit** durch Vorlage der statischen Pläne erbracht werden. Im Kenntnisgabeverfahren (s. dazu Rn. 267) und im vereinfachten Baugenehmigungsverfahren (s. dazu Rn. 268) reicht eine Erklärung zum Standsicherheitsnachweis nach § 10 LBOVVO.

e) § 14 LBO

Die dem **Immissionsschutz** dienende Regelung des **§ 14 LBO** wird weitgehend **232** durch das Bundesimmissionsschutzgesetz verdrängt (vgl. VGH Mannheim VBlBW 1982, 137). Im Rahmen der Erteilung einer Baugenehmigung ist insbesondere **§ 22 BImSchG** zu beachten (BVerwGE 145, 145). Danach sind vermeidbare schädliche Umwelteinwirkungen zu vermeiden und unvermeidbare schädliche Umwelteinwirkungen auf ein Mindestmaß zu reduzieren. Zur Klärung der Frage, ob eine schädliche Umwelteinwirkung (§ 3 Abs. 1 BImSchG) vorliegt, wird auf die technischen Regelwerke (TA Lärm, TA Luft, VDI-Richtlinie, DIN-Vorschriften) zurückgegriffen (BVerwGE 129, 209; Schlotterbeck/Hager/Busch/Gammerl § 14 Rn. 16 ff.).

f) §§ 15, 26, 27 LBO

Nach § 15 Abs. 1 LBO sind bauliche Anlagen so zu errichten und anzuordnen, dass **233** der Entstehung und Ausbreitung von Bränden vorgebeugt wird und wirksam gelöscht werden kann. Die Vorschrift ist nachbarschützend (vgl. Rn. 309). Die §§ 26, 27 LBO verlangen, dass zur Verhinderung der Ausbreitung von Bränden widerstandsfähige **Brandwände** errichtet werden. Das ist insbesondere bei Gebäuden mit geringen Abständen, zwischen aneinander gereihten Gebäuden und innerhalb ausgedehnter Gebäude erforderlich. Außerdem enthalten die §§ 5–8 LBOAVO (Dürig Nr. 85 a) detaillierte Anforderungen an die Feuerbeständigkeit von Wänden, Decken, Dächern und sonstigen Bauteilen.

g) § 33 LBO und § 17 LBOAVO

234 In Ergänzung zu den bauplanungsrechtlichen Regelungen der §§ 30 ff. BauGB, wonach bauliche Anlagen ausreichend erschlossen sein müssen (s. oben Rn. 174 ff.),
stellen § 33 LBO sowie § 17 LBOAVO besondere Anforderungen an die **Wasserversorgung und Abwasserbeseitigung**. Von Bedeutung ist vor allem, dass bauliche
Anlagen möglichst an die Kanalisation anzuschließen sind (§ 17 LBOAVO – vgl. auch
§ 46 WG). Kleinkläranlagen und geschlossene Gruben sind i.d.R. unzulässig (VGH
Mannheim VBlBW 1982, 52); Ausnahmen kommen aber bei Grundstücken in ländlichen Gebieten in Betracht (Schlotterbeck/Hager/Busch/Gammerl § 33 Rn. 13), sofern eine wasserrechtliche Genehmigung nach § 48 WG vorliegt (VGH Mannheim
a.a.O.).

h) §§ 34–36 LBO

235 Die §§ 34–36 LBO normieren zur Gewährleistung gesunder Wohnverhältnisse gewisse **Mindestanforderungen an Wohnungen und Aufenthaltsräume** (§ 2 Abs. 7
LBO). Ein Aufenthaltsraum ist ein Raum, in dem sich Menschen nicht nur kurzfristig
aufhalten. Der Aufenthalt braucht aber weder täglich erfolgen noch sich über mehrere Stunden erstrecken (VGH Mannheim Urt. v. 15.9.1999, 3 S 1437/99, VGHBW-Ls
1999, Beilage 12, B 4).

Nach § 34 Abs. 1 LBO müssen Aufenthaltsräume mindestens 2,30 m hoch sein; im
Dachgeschoss reicht eine Höhe von 2,20 m aus. Die Größe der Fenster von Aufenthaltsräumen muss nach § 34 Abs. 2 LBO mindestens 1/10 der Fläche des Raumes
betragen. In besonderen Fällen reichen auch kleinere Fenster aus.

Im Untergeschoss können Aufenthaltsräume nach § 34 Abs. 3 LBO nur eingerichtet
werden, wenn die Decke der Räume mindestens 1,30 m über der Fensterbrüstung
liegt.

§ 35 regelt besondere Anforderungen an Wohnungen. Nach Abs. 1 müssen in Wohngebäuden mit mehr als zwei Wohnungen die Wohnungen eines Geschosses barrie-
refrei erreichbar und ausgebaut sein, es sei denn, dies wäre mit einem unverhältnis-
mäßigen Mehraufwand verbunden. Jede Wohnung muss eine ins Freie lüftbare Kü-
che besitzen (§ 35 Abs. 2 LBO). Außerdem müssen für jede Wohnung zwei notwendige, wettergeschützte Fahrrad-Stellplätze hergestellt werden (§ 35 Abs. 4 S. 1 LBO).
In Gebäuden mit mehr als zwei Wohnungen sind Abstellflächen für Kinderwagen und
Gehhilfen sowie eine Fläche zum Wäschetrocknen einzurichten (§ 35 Abs. 4 S. 2
LBO). Ferner muss nach § 9 Abs. 2 LBO ein Kinderspielplatz eingerichtet werden,
wenn nicht ein öffentlicher Spielplatz in unmittelbarer Nähe liegt. Zur Beantwortung
der Frage, wann ein Spielplatz noch in unmittelbarer Nähe liegt, wird man auf die
Rechtsprechung zum Erschließungsbeitragsrecht zurückgreifen können. Danach ist
ein Grundstück nur dann durch eine Grünfläche erschlossen, wenn die Entfernung
weniger als 200 m beträgt (BVerwG NVwZ 1985, 833; ZfBR 1995, 96; Battis/Krautz-
berger/Löhr § 127 Rn. 35).

6. Sonderbauvorhaben (§ 38 LBO)

236 § 38 LBO erlaubt für bauliche Anlagen und Räume besonderer Art und Nutzung (sog.
Sonderbauvorhaben – § 38 Abs. 2) abweichend von §§ 4–37 LBO besondere Anforderungen, um Gefahren sowie erheblich Nachteile oder Belästigungen zu vermeiden.

In § 38 Abs. 1 S. 2 LBO werden die in Betracht kommenden Abweichungen aufgeführt, in § 38 Abs. 2 LBO die in Betracht kommenden Vorhaben. Diese Kataloge sind

aber nicht abschließend, wie das Wort „insbesondere" zeigt. Die Baurechtsbehörde muss daher im Einzelfall prüfen, ob bei einem größeren Vorhaben mit intensiveren Auswirkungen auf die Umgebung spezielle Anforderungen nach § 38 LBO zu stellen sind (OVG Lüneburg BauR 2003, 226).

C. Verfahrensvorschriften

1. Zulassungsverfahren

a) Baugenehmigungsbedürftige Anlagen (§ 49 LBO)

Nach § 49 Abs. 1 LBO bedarf die **Errichtung und der Abbruch baulicher Anlagen** 237 sowie der in § 50 LBO aufgeführten anderen Anlagen der **Baugenehmigung**, soweit in den §§ 50, 51 LBO nichts anderes bestimmt ist.

Bsp. (VG Stuttgart NVwZ-RR 2000, 13): Ein „Sky-Beamer" (Werbung durch Himmelsstrahler) ist keine bauliche Anlage (s. dazu Rn. 203), jedoch genehmigungspflichtig, weil Werbeanlagen in Nr. 9 des Anhangs zu § 50 LBO aufgeführt sind und diese Werbung die für eine Genehmigungsfreiheit erforderliche maximale Größe von 1 m² überschreitet.

Dem Errichten einer Anlage steht nach **§ 2 Abs. 13 LBO** das Herstellen, Aufstellen, Anbringen, Einrichten, Ändern und die Nutzungsänderung gleich, dem Abbruch wird das Beseitigen gleichgestellt. Auch diese Maßnahmen sind deshalb nach § 49 LBO genehmigungspflichtig.

Instandhaltungsarbeiten (§ 50 Abs. 4 LBO) sowie unwesentliche Änderungen an oder in Anlagen oder Einrichtungen (Nr. 2 f des Anhangs zu § 50 LBO) bedürfen keiner Baugenehmigung. Unter "Instandhalten" sind allerdings nur bauliche Maßnahmen zur Erhaltung des bestimmungsgemäßen Gebrauchs einer Anlage oder ihrer baulichen Substanz zu verstehen, die ausgeführt werden, um die durch Abnutzung, Alterung oder Witterungseinflüsse entstandenen baulichen und sonstigen Mängel ordnungsgemäß zu beseitigen, ohne die Identität der Anlage einschließlich ihres Nutzungszwecks zu ändern (VGH Mannheim BauR 2011, 1957; Sauter § 50 Rn. 227 und § 2 Rn. 130). Eine genehmigungsfreie unwesentliche Änderung kann nur dann angenommen werden, wenn keine statische Neuberechnung der gesamten Anlage erforderlich ist, der finanzielle Aufwand für die Aufrechterhaltung der Nutzung nicht einem Neubau gleichkommt und sich die Frage der baurechtlichen Zulässigkeit des geänderten Vorhabens nicht erneut stellt (BVerwG BRS 36 Nr. 99; VGH Mannheim BauR 2011, 1957; VBlBW 1997, 141; OVG Magdeburg, BauR 2012, 929).

Bsp. (VGH Mannheim BauR 2011, 1957): Das teilweise Erneuern mehrerer Außenwände ist nur dann noch eine Instandhaltungsmaßnahme, wenn nicht mehr als ein Drittel der Bausubstanz erneuert wird.

Bei einer **Änderung eines Bauvorhabens** ist nicht nur der geänderte Teil, sondern das gesamte Bauvorhaben Gegenstand des Baugenehmigungsverfahrens (BVerwG NVwZ 2002, 1118). Wenn die Änderung baurechtlich isoliert betrachtet werden kann, kommt es dagegen nur auf die Zulässigkeit der Änderung an (BVerwG NVwZ 2000, 1047 – vgl. Rn. 89).

Umbauten innerhalb eines Wohngebäudes der Gebäudeklassen 1 und 2 (s. dazu § 2 Abs. 4 LBO) sind nach Nr. 2 a des Anhangs zu § 50 LBO stets genehmigungsfrei, auch wenn es sich um wesentliche Änderungen, etwa das Versetzen tragender Wände handelt (Sauter § 50 Rn. 61). Umbauten an sonstigen Gebäuden sind nach Nr. 2 b nur verfahrensfrei, wenn nur nichttragende und nichtaussteifende Bauteile betroffen sind (vgl. Sauter § 50 Rn. 63).

238 Eine **Nutzungsänderung** bedarf auch ohne jede bauliche Maßnahme einer Baugenehmigung, sofern für die neue Nutzung weitergehende Anforderungen gelten als für
die bisherige (vgl. § 50 Abs. 2 LBO). Dies können auch brandschutzrechtliche Anforderungen oder ein geänderter Stellplatzbedarf sein. Voraussetzung ist allerdings,
dass der Anlage wenigstens teilweise eine andere Zweckbestimmung gegeben wird
(VGH Mannheim NVwZ-RR 2014, 752; Sauter § 50 Rn. 206). Die Nutzungsänderung
im bauordnungsrechtlichen Sinn ist von derjenigen im bauplanungsrechtlichen Sinn
zu unterscheiden. Letztere setzt voraus, dass die Variationsbreite der genehmigten
Nutzung verlassen wird. Zusätzlich müssen dadurch bodenrechtliche Belange neu
berührt werden *können*. So stellt z.B. die Nutzungsänderung eines Lehrlingswohn-
heims in eine Asylbewerberunterkunft eine Nutzungsänderung sowohl im bauordnungsrechtlichen als auch im bauplanungsrechtlichen Sinn dar: Die Zweckbestimmung wird geändert und die bauplanungsrechtliche Zulässigkeit ist möglicherweise
abweichend zu beurteilen (VGH Mannheim NVwZ-RR 2014, 752).

Weitergehende Anforderungen im Sinne des § 50 Abs. 2 LBO gelten nicht nur dann,
wenn andere Vorschriften für die neue Nutzung maßgeblich sind, sondern auch
dann, wenn das neue Vorhaben nach derselben Vorschrift anders zu beurteilen ist
(VGH Mannheim VBlBW 1984, 209).

b) Kenntnisgabepflichtige Vorhaben (§ 51 LBO)

239 Das Kenntnisgabeverfahren unterscheidet sich vom Baugenehmigungsverfahren dadurch, dass bestimmte Vorhaben der Baurechtsbehörde nur durch **Vorlage der
Baupläne** zur Kenntnis gebracht werden müssen. Eine Baugenehmigung wird nicht
erteilt. Das Verfahren kann für Wohnbauvorhaben und sonstige kleinere Bauvorhaben gewählt werden (§ 51 Abs. 1 LBO). Sie müssen nach § 51 Abs. 2 LBO im Geltungsbereich eines qualifizierten Bebauungsplans (§ 30 Abs. 1 BauGB) oder eines
vorhabenbezogenen Bebauungsplans (§ 30 Abs. 2, § 12 BauGB) liegen, sie dürfen
nicht vom Geltungsbereich einer Veränderungssperre erfasst sein und sie dürfen den
Festsetzungen des Bebauungsplans nicht widersprechen (zum Verfahren s. Rn. 267).

c) Vorhaben im vereinfachten Baugenehmigungsverfahren (§ 52 LBO)

240 Neben dem „normalen" Baugenehmigungsverfahren und dem Kenntnisgabeverfahren räumt § 52 LBO dem Bauherrn die Möglichkeit ein, ein vereinfachtes Baugenehmigungsverfahren durchzuführen. Das Verfahren ist für dieselben Bauvorhaben zulässig wie das Kenntnisgabeverfahren nach § 51 Abs. 1 LBO. Im Unterschied zum
Kenntnisgabeverfahren erhält der Bauherr aber eine **Baugenehmigung** und damit
einen gesicherten Rechtsstatus. Allerdings beschränken sich die Rechtswirkungen
auf die von der Baurechtsbehörde nach § 52 Abs. 2 und 4 LBO zu prüfenden Zuläs-
sigkeitsvorschriften (zum Verfahren s. Rn. 268).

d) Verfahrensfreie Vorhaben (§ 50 LBO)

241 § 50 LBO stellt bestimmte Vorhaben, die in dem Anhang zu dieser Vorschrift näher
bezeichnet sind, von jeglichem Zulassungsverfahren frei. Das bedeutet, dass der
Grundstückseigentümer ohne eine Beteiligung der Baurechtsbehörde, der Gemeinde oder der Nachbarn derartige Vorhaben errichten darf.

Der **Anhang zu § 50 Abs. 1 LBO** enthält einen umfangreichen Katalog verfahrens-
freier Vorhaben. Hiervon bedürfen nur wenige Regelungen einer Erläuterung:

aa) Nach Nr. 1 a sind **Gebäude ohne Aufenthaltsraum**, Toiletten oder Feuerstätten bis zu 40 m³ umbauten Raums im Innenbereich und 20 m³ im Außenbereich verfahrensfrei; dabei sind die Außenmaße maßgeblich (VGH Mannheim BRS 32 Nr. 124).

Ein **Gebäude** setzt nach § 2 Abs. 2 LBO ein Dach voraus. Seitenwände sind dagegen nicht erforderlich. Es reicht aus, dass die Anlage durch Pfeiler oder sonstige Einrichtungen seitlich begrenzt wird. Ferner muss das Bauwerk von Menschen durch eine Tür oder ähnliche Öffnung betreten werden können. Ein Tank mit Einstiegsluke ist daher kein Gebäude (VGH Mannheim Urt. v. 23.6.1982, 3 S 1599/81, juris (Leitsatz)).

bb) Ein **landwirtschaftliches Gebäude** ohne Aufenthaltsraum (Nr. 1 c) ist ein einfach gestaltetes Bauwerk, das zur Aufbewahrung von landwirtschaftlichen Geräten und Erzeugnissen sowie zum kurzfristigen Schutz von Personen bei Unwettern bestimmt ist. Dabei kommt es nicht auf die tatsächliche Nutzung, sondern auf die objektive Nutzungsmöglichkeit an (VGH Mannheim BRS 22 Nr. 134). Ein zum sog. wochenendmäßigen Wohnen geeignetes Gebäude ist deshalb auch dann kein landwirtschaftlicher Schuppen, wenn es tatsächlich zum Aufbewahren landwirtschaftlicher Produkte genutzt wird.

cc) Zu den **Einfriedungen** gemäß Nr. 7 gehören auch Hecken (VGH Mannheim NuR 1989, 38; Reichel/Schulte § 3 Rn. 225). Eine offene Einfriedung ist eine Einfriedung, bei der die Bauteile kleiner sind als die Zwischenräume. Ein Maschendrahtzaun ist daher keine geschlossene Einfriedung.

dd) **Werbeanlagen** im Innenbereich sind bis zu einer Größe von 1 m² verfahrensfrei (Nr. 9 a). Dabei kommt es bei beidseitig oder mehrseitig beschrifteten Werbeanlagen auf die jeweils von einem bestimmten Standort aus sichtbare Werbefläche an (OVG Münster BauR 1986, 549; a.M. Sauter § 50 Rn. 160: Summe aller werbewirksamen Flächen). Genehmigungsfrei sind ferner Werbeanlagen in Gewerbe- und Industriegebieten bis zu 10 m Höhe.

ee) Untergeordnete oder **unbedeutende Anlagen** sind nach Nr. 12 verfahrensfrei. Es handelt sich dabei um Vorhaben, die wegen ihrer geringen Größe oder ihren geringen Auswirkungen auf die Umgebung keine baurechtliche Relevanz haben. Der VGH Mannheim (NVwZ 1989, 230) hat dies bei einer Solaranlage verneint.

Hinweis: Auch eine bei isolierter Betrachtungsweise verfahrensfreie Anlage kann als Teil einer **Gesamtanlage** genehmigungspflichtig sein (VGH Mannheim BRS 39 Nr. 143; VGH Kassel BRS 64 Nr. 152; Ortloff NVwZ 2003, 660; vgl. auch BVerwG NVwZ 1994, 294).

Bsp. a) (BVerwG BauR 1975, 108): In den Boden eingelassene Holzplatten sind nach Anhang Nr. 12 zu § 50 LBO verfahrensfrei. Sie unterliegen aber der Genehmigungspflicht, wenn sie Teil eines Campingplatzes sind und als Unterlage für Zelte dienen sollen.
b) (OVG Münster BauR 2000, 81): Eine Einfriedung im Innenbereich ist nach Nr. 7 a des Anhangs zu § 50 LBO genehmigungsfrei. Wenn die Einfriedung aber einen Bolzplatz umgibt, müssen beide als Einheit gesehen werden und unterliegen der Genehmigungspflicht.

Verfahrensfrei sind nach § 50 Abs. 2 LBO ferner **Nutzungsänderungen**, soweit für die neue Nutzung keine weitergehenden Anforderungen gelten als für die bisherige Nutzung (s. oben Rn. 238) oder zusätzlicher Wohnraum in Gebäuden geringer Höhe (§ 2 Abs. 5 LBO) im Innenbereich geschaffen wird.

§ 50 Abs. 4 LBO erklärt schließlich **Instandhaltungsarbeiten** (s. dazu oben Rn. 237) für verfahrensfrei.

2. Die Baurechtsbehörde (§ 46 LBO)

242 Für baurechtliche Maßnahmen sind die **unteren Baurechtsbehörden** zuständig, soweit nichts anderes bestimmt ist (§ 48 Abs. 1 LBO). Untere Baurechtsbehörden sind zunächst nach § 46 Abs. 1 LBO die unteren Verwaltungsbehörden, d.h. die Landratsämter, Stadtkreise und Großen Kreisstädte. Ferner sind nach § 46 Abs. 2 LBO Gemeinden und Verwaltungsgemeinschaften untere Baurechtsbehörde, wenn sie ausreichend mit Fachkräften besetzt sind und das Regierungspräsidium dieses auf Antrag der Gemeinde bzw. Verwaltungsgemeinschaft festgestellt hat. Der Übergang der Zuständigkeit vom Landratsamt auf die Gemeinde bzw. Verwaltungsgemeinschaft ist im Gesetzblatt bekannt zu geben.

Nach § 46 Abs. 1 LBO ist das Regierungspräsidium **höhere Baurechtsbehörde**, das Ministerium für Verkehr und Infrastruktur **oberste Baurechtsbehörde**. Leistet eine Baurechtsbehörde einer Weisung keine Folge, kann die nächsthöhere Baurechtsbehörde nach § 47 Abs. 5 S. 2 LBO die erforderliche Maßnahme selbst vornehmen (Selbsteintrittsrecht).

3. Die Baugenehmigung

a) Voraussetzungen für die Erteilung der Baugenehmigung

243 Nach § 58 Abs. 1 LBO ist die Baugenehmigung zu erteilen, wenn dem Bauvorhaben keine **von der Baurechtsbehörde zu prüfenden öffentlich-rechtlichen Vorschriften** entgegenstehen. Das sind sämtliche öffentlich-rechtlichen Vorschriften, die Anforderungen an das Bauvorhaben enthalten und über deren Einhaltung nicht eine andere Behörde in einem gesonderten Verfahren durch Verwaltungsakt entscheidet (§ 58 Abs. 1 S. 2 LBO). Zu den zu prüfenden Vorschriften zählt z.B. § 22 BImSchG, der fordert, dass Anlagen, die keine Genehmigung nach dem BImSchG benötigen, nur unvermeidbare schädliche Umwelteinwirkungen auslösen dürfen (s. dazu Rn. 254). Ist dagegen die Mitwirkung oder das Einvernehmen einer anderen Behörde erforderlich, z.B. das Einvernehmen der Wasserbehörde nach § 84 WG, so muss die Baurechtsbehörde das Einvernehmen einholen und entscheidet dann sowohl über die baurechtliche als auch die wasserrechtliche Genehmigung. Von der Baurechtsbehörde nicht zu prüfen sind solche Vorschriften, die durch Rechtsverordnung nach § 73 Abs. 4 LBO ausgenommen sind. Privatrechtliche Vorschriften, wie z.B. das Nachbarrechtsgesetz bleiben stets außer Betracht (s. Rn. 245).

Für Baden-Württemberg gilt somit **nicht** die sog. **Schlusspunkttheorie** (s. dazu OVG Münster BauR 2010, 600), wonach die Baugenehmigung den Schlusspunkt des behördlichen Zulassungsverfahrens bildet und daher erst erteilt werden darf, wenn alle anderen sonst noch notwendigen behördlichen Entscheidungen vorliegen. Ist die erforderliche andere Genehmigung jedoch bereits bestandskräftig abgelehnt worden oder ist offensichtlich, dass sie nicht erteilt werden kann, so fehlt das erforderliche Sachbescheidungsinteresse (vgl. Sauter § 58 Rn. 63).

Hinweis: Das Verhältnis zwischen Baugenehmigung und sonstigen spezialgesetzlichen Gestattungen wird unter Rn. 251 ff. behandelt.

b) Abweichungen, Ausnahmen und Befreiungen (§ 56 LBO)

244 Ebenso wie im Bauplanungsrecht (§ 31 BauGB) können nach § 56 Abs. 3–5 LBO auch im Bauordnungsrecht Ausnahmen und Befreiungen erteilt werden. § 31 BauGB und § 56 LBO sind dennoch scharf zu trennen. Nach § 31 BauGB kann ausschließ-

lich von bauplanungsrechtlichen Vorschriften befreit werden, nach § 56 LBO ausschließlich von bauordnungsrechtlichen Normen. Daneben sieht § 56 Abs. 1 und 2
LBO noch Abweichungen vor. Im Gegensatz zu bauordnungsrechtlichen Ausnahmen
und Befreiungen setzen Abweichungen keine atypischen Verhältnisse voraus und
der Bauherr hat einen Rechtsanspruch auf eine Abweichung, wenn die gesetzlichen
Voraussetzungen vorliegen (Sauter § 56 Rn. 12; zu bauplanungsrechtlichen Befreiungen s. Rn. 114 ff.). Die Erteilung von Ausnahmen und Befreiungen steht demgegenüber grundsätzlich im Ermessen der Baurechtsbehörde (Sauter § 56 Rn. 56 f.).

§ 56 Abs. 1 LBO erlaubt zunächst **Abweichungen** von technischen Bauvorschriften,
wenn dem Zweck der Vorschrift auf andere Weise entsprochen wird. Diese Vorschrift
soll es ermöglichen, neuartige technische Entwicklungen auch dann zu verwenden,
wenn sie von der LBO oder den technischen Regelwerken (insbesondere den DIN-
Normen und den VDI-Richtlinien – § 3 Abs. 3 LBO) abweichen (Sauter § 56 Rn. 7).
§ 56 Abs. 2 Nr. 1 LBO ermöglicht **Abweichungen** von den §§ 4–37 LBO insbesondere bei einer Modernisierung von Wohngebäuden oder beim Ausbau des Dachgeschosses, wenn dadurch zusätzlicher Wohnraum geschaffen wird (vgl. dazu VGH
Mannheim, Beschl. v. 3.3.2015, 3 S 1913/14, juris).

Nach **§ 56 Abs. 3 LBO** können **Ausnahmen** zugelassen werden, wenn dies im jeweiligen Gesetzestatbestand vorgesehen ist. Der wichtigste Fall ist die Ausnahme des
§ 6 Abs. 3 S. 1 Nr. 2 LBO von der Abstandsfläche nach § 5 LBO (s. Rn. 214). Zu erwähnen ist ferner die Ausnahmemöglichkeit des § 4 Abs. 3 S. 3 LBO (Waldabstand).

Ferner erlaubt **§ 56 Abs. 4 LBO** in bestimmten Fällen, nämlich bei bestimmten kleineren oder nur vorübergehenden Bauten eine **Ausnahme** von allen Vorschriften der
§§ 4–37 LBO. Der Ausnahmetatbestand ergibt sich hier aus der Eigenart der Bauweise (z. B. Container-Unterkünfte und sonstige Behelfsbauten, Geschirrhütten, Gar-
ten- und Wochenendhäuser, Schutzhütten), für die die strengen Anforderungen der
§§ 4 ff. LBO nicht passen.

Schließlich sieht **§ 56 Abs. 5 LBO** eine **Befreiung** von einer zwingenden bauordnungsrechtlichen Norm vor, wenn Gründe des öffentlichen Wohls die Abweichung
erfordern oder die Einhaltung der Vorschrift zu einer im Einzelfall nicht beabsichtigten Härte führen würde (vgl. dazu VGH Mannheim BauR 2015, 1314) und die Abweichung auch unter Würdigung nachbarlicher Interessen mit den öffentlichen Belangen
vereinbar ist. Erforderlich ist eine atypische Situation (Sauter § 56 Rn. 40). Da diese
Vorschrift beinahe wörtlich mit § 31 Abs. 2 Nr. 1 u. 3 BauGB übereinstimmt, kann im
Übrigen auf die Ausführungen unter Rn. 114 ff. zu § 31 BauGB verwiesen werden
(eb. VGH Mannheim NVwZ-RR 1991, 491).

Im Bauantrag ist zugleich ein **konkludenter Antrag** auf Gewährung einer Ausnahme
oder Befreiung von Vorschriften, die dem Bauvorhaben entgegenstehen, zu sehen
(Sauter § 56 Rn. 59; eb. auch BVerwG BRS 50 Nr. 171 zu § 31 BauGB). Lediglich bei
Vorhaben, die keiner Baugenehmigung bedürfen, ist nach § 56 Abs. 6 LBO ein be-
sonderer Antrag erforderlich (Schlotterbeck/Hager/Busch/Gammerl § 56 Rn. 60).
Das Gleiche gilt für das vereinfachte Baugenehmigungsverfahren (vgl. Rn. 268 ff.).

c) Privatrechtliche Einwendungen gegen die Baugenehmigung

Nach § 58 Abs. 3 LBO ergeht die Baugenehmigung **unbeschadet privater Rechte**   245
Dritter. Daraus folgt, dass die Erteilung der Baugenehmigung die privaten Rechts-
verhältnisse am Baugrundstück nicht berührt (VGH München BauR 2001, 774). Der
Inhaber eines privaten Rechts, etwa eines Wegerechts, braucht also nicht zu be-

fürchten, dass ihm die Ausübung seines Rechts durch die Erteilung der Baugenehmigung unmöglich gemacht oder erschwert werden könnte.

Bsp. (VGH Mannheim NJW 1996, 3429): Wenn die Baugenehmigung wegen fehlerhafter Eintragung der Grundstücksgrenze im Lageplan zu einer Überbauung des Nachbargrundstücks führt, berührt das die Rechtmäßigkeit der Baugenehmigung nicht. Der Nachbar muss sich hiergegen zivilrechtlich (§ 1004 BGB) zur Wehr setzen.

Es wurde deshalb früher grundsätzlich angenommen, dass die Baurechtsbehörde die privatrechtlichen Verhältnisse unbeachtet lassen müsse. Das hätte jedoch zur Folge, dass die Baurechtsbehörde verpflichtet wäre, ein möglicherweise umfangreiches Baugenehmigungsverfahren zu betreiben, obwohl klar erkennbar ist, dass der Antragsteller wegen entgegenstehender privater Rechte von der Baugenehmigung gar keinen Gebrauch machen kann. In einem derartigen Fall fehlt es am sog. **Sachbescheidungsinteresse** (BVerwGE 50, 282; 42, 115; VGH Mannheim VBlBW 1995, 318; Sauthoff BauR 2013, 415). Die Baurechtsbehörde kann unter Hinweis auf entgegenstehende private Rechte den Bauantrag ablehnen, sie ist hierzu aber nicht verpflichtet (BVerwGE 42, 115; 50, 282). Von dieser Möglichkeit ist aber nur dort Gebrauch zu machen, wo die entgegenstehenden privaten Rechte offensichtlich sind (VGH Mannheim NVwZ-RR 1995, 563; Sauter § 58 Rn. 104). Es ist nicht Sache der Baurechtsbehörde, z.B. über die Wirksamkeit von privatrechtlichen Nutzungsverträgen zu entscheiden oder gar Nachlassstreitigkeiten zu regeln.

d) Auflagen und Bedingungen

246 Die Baugenehmigung kann unter Auflagen und Bedingungen (**§ 36 VwVfG**) erteilt werden (s. dazu Labrenz NVwZ 2007, 161). Da sich aus § 58 LBO ein Rechtsanspruch auf die Baugenehmigung ergibt, kommt die Beifügung einer derartigen Nebenbestimmung nur in Betracht, wenn sie dazu dient, einen sonst gegebenen Grund zur Versagung der Baugenehmigung zu beseitigen (vgl. § 36 Abs. 1 VwVfG). Andererseits darf die Baurechtsbehörde eine Baugenehmigung nicht ablehnen, wenn sich der Versagungsgrund durch eine Auflage oder Bedingung beseitigen lässt (VGH Mannheim BRS 22 Nr. 143; VBlBW 1983, 110), auch wenn es grundsätzlich Sache des Bauherrn ist, ein Bauvorhaben zur Genehmigung zu stellen, das genehmigungsfähig ist (Sauter § 58 Rn. 50).

Eine Auflage ist grundsätzlich ein selbstständiger Verwaltungsakt, die Bedingung dagegen nicht. Für den Rechtsschutz spielt diese Unterscheidung indessen keine entscheidende Rolle. Nach der **neueren Rechtsprechung des BVerwG** (BVerwGE 112, 221) sind **alle Nebenbestimmungen** unabhängig von ihrer Rechtsnatur **mit der Anfechtungsklage anzugreifen**, sofern es nicht offensichtlich ist, dass Baugenehmigung und Nebenbestimmung untrennbar miteinander verbunden sind, sodass eine isolierte Aufhebung der Nebenbestimmung nicht möglich ist (BVerwG NVwZ 2013, 805). Diese neue Erkenntnis entbindet den Bauherrn von der Klärung der Frage, wie eine Nebenbestimmung rechtlich einzuordnen ist und welche Klageart er wählen muss. Dem Missstand, dass dann eine Baugenehmigung ohne die für ihre Rechtmäßigkeit erforderlichen Nebenbestimmungen verwirklicht werden kann, muss durch die Anordnung des Sofortvollzugs der Nebenbestimmungen gemäß § 80 Abs. 2 Nr. 4 VwGO begegnet werden.

Diese Rechtsprechung des BVerwG ist in der Literatur inzwischen ganz überwiegend anerkannt, (zum Meinungsstand s. OVG Lüneburg NVwZ-RR 2013, 597; Kopp/Schenke VwGO § 42 Rn. 23 ff.; Maurer § 12 Rn. 15 und 24). Die Kritik an der Rechtsprechung des BVerwG (vgl. Kopp/Ramsauer VwVfG § 36 Rn. 63 ff.) richtet sich vor allem dagegen, dass die Frage, ob eine Nebenbestimmung von der Baugenehmigung abgetrennt und isoliert angefochten werden kann, außer bei Offensichtlichkeit erst bei der Begründetheit des Rechtsmittels zu prüfen ist, nämlich bei der Frage, ob die belastende Nebenbestimmung isoliert aufgehoben werden kann. Das ist nur der Fall, wenn der begünstigende Verwaltungsakt ohne die Nebenbestimmung sinnvoller- und zweckmäßigerweise bestehen bleiben kann. Fehlt es hieran, ist die Anfechtungsklage gegen die Nebenbestimmung nicht begründet. Die neuere Rechtsprechung des BVerwG hat somit zur Folge, dass die richtige Klageart erst nach Prüfung der Begründetheit feststeht. Daraus entsteht prozessual jedoch kein Nachteil. Soweit der Bauherr nicht beurteilen kann, ob die Nebenbestimmung von der Baugenehmigung abgetrennt und isoliert angefochten werden kann, hat er die Möglichkeit, einen Hauptantrag auf Aufhebung der Nebenbestimmung und einen Hilfsantrag auf Erteilung einer Baugenehmigung ohne Nebenbestimmung zu stellen.

Von einer Nebenbestimmung zu unterscheiden ist eine **teilweise Ablehnung des Bauantrags**, z.B. die Beschränkung der Gebäudehöhe oder das Verbot der Nutzung bestimmter Räume im Untergeschoss als Aufenthaltsräume. In diesem Fall wird nämlich dem Bauantrag nicht in vollem Umfang entsprochen, sodass der Bauherr Verpflichtungsklage erheben muss. Die Abgrenzung zwischen einer teilweisen Ablehnung des Bauantrags und einer Auflage kann im Einzelfall erhebliche Schwierigkeiten bereiten.

Bsp. (BVerwGE 69, 37): Genehmigung einer Feuerungsanlage mit der „Maßgabe", dass nur schwefelarmes Heizöl verfeuert wird. Das BVerwG hat hierin – anders als die Vorinstanz – eine inhaltliche Beschränkung des Bauantrags durch die Baugenehmigung gesehen.

e) Rechtswirkungen der Baugenehmigung

Die Baugenehmigung hat eine **doppelte Rechtswirkung**. Zum einen stellt sie fest, **247** dass dem Bauvorhaben keine öffentlich-rechtlichen Vorschriften entgegenstehen (**Feststellungswirkung**). Zum anderen gestattet sie dem Bauherrn die Errichtung des Bauwerks (BVerwGE 48, 242; 68, 241; NVwZ 1990, 559) und die dauernde Nutzung des gemäß der Baugenehmigung gebauten und unterhaltenen Bauvorhabens (**Gestattungswirkung**) (BVerwG DVBl 1991, 751; Sauter § 58 Rn. 36). Dabei ist es nicht von Bedeutung, ob die Baugenehmigung rechtmäßig oder rechtswidrig ist (OVG Münster NVwZ 1988, 943; VGH Mannheim NVwZ-RR 1990, 171). Solange die Baugenehmigung wirksam ist, kommt daher die Anordnung, ein zwar materiell rechtswidriges, aber entsprechend der Baugenehmigung errichtetes Bauvorhaben abzubrechen, nicht in Betracht (VGH Mannheim a.a.O.).

Die Baugenehmigung wirkt nach § 58 Abs. 2 LBO für und gegen den **Rechtsnachfolger**. Das gilt auch für die der Baugenehmigung beigefügten Auflagen (Sauter § 58 Rn. 17).

Die **Baugenehmigung erlischt** nach § 62 Abs. 1 LBO allerdings, wenn mit dem Bau **248** **nicht innerhalb von drei Jahren begonnen** wurde. Hierfür ist der Zeitpunkt der Aushebung der Baugrube maßgebend (VGH München BRS 47 Nr. 143; Sauter § 62 Rn. 7: erster Spatenstich). Wird für mehrere Bauwerke insgesamt eine Baugenehmigung erteilt, dann muss innerhalb der 3-Jahres-Frist des § 62 LBO mit allen Bauwerken begonnen worden sein (VGH Mannheim VBlBW 1999, 309; Sauter § 62 Rn. 8). Die Baugenehmigung erlischt nach § 62 Abs. 1 LBO ferner, wenn ein begonnener Bau nach Ablauf der 3-Jahresfrist um mehr als ein Jahr unterbrochen wird. Die Rechtsfolge tritt allerdings dann nicht ein, wenn der Bauherr aus solchen Gründen nicht bauen kann, auf die er keinen Einfluss hat (VGH Mannheim, Urt. v. 29.10.2013,

3 S 2643/11, juris). Das ist insbesondere der Fall, wenn der Nachbar gegen die Baugenehmigung Widerspruch erhebt, aber auch dann, wenn er wegen einer zwischen-
zeitlichen Baueinstellung, anderer hoheitlicher Maßnahmen oder wegen höherer Ge-
walt gehindert ist, zu bauen.

Bsp. (OVG Münster, NVwZ 2013, 1499): Der Bauherr kann sein Gebäude nicht aufstocken, solange darunter eine U-Bahn-Strecke gebaut wird.

Durch solche Umstände wird die Frist des § 62 Abs. 1 LBO nach Auffassung des
VGH Mannheim (VBlBW 1999, 269) unterbrochen mit der Folge, dass die Frist nach
Wegfall des Hindernisses erneut zu laufen beginnt. An die Stelle der früher in § 209
BGB geregelten Unterbrechung der Verjährung ist seit 2001 der Neubeginn der Ver-
jährung nach § 212 BGB getreten. Nach anderer Auffassung (OVG Münster NVwZ
2013, 1499; VGH Kassel BRS 29 Nr. 123; OVG Bautzen BRS 59 Nr. 196) wird die
Frist nur gehemmt, d.h. die Frist verlängert sich um die Zeit der Hemmung.

249 Problematisch sind Fälle, in denen die bauliche Anlage nach Erteilung der Baugenehmigung errichtet und genutzt wurde, die **Nutzung** aber **unterbrochen oder** sogar **aufgegeben** wird. Dieser Fall ist gesetzlich nicht geregelt. § 62 LBO kommt insoweit nicht zur Anwendung, weil diese Vorschrift nur die Errichtung des Bauvorhabens betrifft. Das BVerwG hat früher in diesen Fällen das zu § 35 Abs. 4 Nr. 3 BauGB
entwickelte sog. Zeitmodell angewendet (BVerwG BauR 2007, 1697). Danach sollte
der durch die Baugenehmigung vermittelte Bestandsschutz spätestens nach einer
dreijährigen Nutzungsunterbrechung erlöschen. Diese Rechtsprechung hat das
BVerwG mittlerweile zu Recht aufgegeben. Nach Errichtung des Bauwerks erlischt
eine Baugenehmigung nur, wenn sie zurückgenommen (§ 48 LVwVfG, s. dazu
Rn. 263) oder widerrufen (§ 49 LVwVfG) wird oder wenn sie sich auf andere Weise erledigt (§ 43 Abs. 2 LVwVfG). Eine Erledigung auf andere Weise kann eintreten, wenn
das Regelungsobjekt wegfällt, so z.B. wenn ein genehmigter Betrieb endgültig eingestellt wird (BVerwGE 143, 87 Rn. 43) oder wenn eine genehmigte Nutzung auf
Dauer durch eine andere Nutzung ersetzt wird (VGH Mannheim BauR 2009, 1881;
krit. Fischer, BauR 2014, 2022). Ein weiterer wichtiger Fall der Erledigung auf andere
Weise ist der **Verzicht**. Dabei handelt es sich um eine einseitige Willenserklärung,
bei der der Verzichtswille unmissverständlich und unzweifelhaft zum Ausdruck kommen muss. Der Verzicht kann zwar grundsätzlich auch konkludent erklärt werden.
Jedoch sind hieran strenge Anforderungen zu stellen. Die bloße Unterbrechung der
Nutzung genügt hierfür nicht, ebenso wenig die Abmeldung eines Gewerbes (VGH
Mannheim NVwZ 2014, 1597). Auch die Beantragung und Erteilung einer Baugenehmigung für eine neue Nutzung stellen noch keinen konkludenten Verzicht dar, solange von der Baugenehmigung noch keinen Gebrauch gemacht wurde (Fischer,
a.a.O.). Von einem konkludenten Verzicht auf die Baugenehmigung ist allerdings
auszugehen, wenn ein Bauwerk errichtet wird, das hinsichtlich Standort, Nutzungsart oder Gestaltung so sehr von der Genehmigung abweicht, dass eine Identität zwischen Bauwerk und Baugenehmigung nicht mehr besteht (VGH Mannheim VBlBW
1982, 199). Das von der Rechtsprechung geforderte Abstellen auf den Einzelfall
kann allerdings in der Praxis zu einer erheblichen Rechtsunsicherheit führen.

Bsp. a) (VGH Mannheim BauR 2009, 1881): Ein Landwirtschaftsbetrieb mit 60 Zuchtsauen wird
wegen Krankheit des Betriebsinhabers größtenteils eingestellt und erst 8 Jahre später vom
Sohn im früheren Umfang fortgesetzt. Der VGH Mannheim hat angenommen, dass die Baugenehmigung nicht erloschen sei.

250 Nach **§ 62 Abs. 2 LBO** kann die Baugenehmigung um weitere drei Jahre **verlängert**
werden. Die Verlängerung kann auch rückwirkend erfolgen, sofern der Verlänge-

rungsantrag noch vor Ablauf der 3-Jahres-Frist gestellt wird. § 62 Abs. 2 LBO eröffnet der Behörde allerdings kein Ermessen hinsichtlich der Verlängerung einer Baugenehmigung. Vielmehr muss diese verlängert werden, sofern das Bauvorhaben im Zeitpunkt der Verlängerungsentscheidung weiterhin den baurechtlichen Vorschriften entspricht (OVG Lüneburg BRS 57 Nr. 194; Sauter § 62 Rn. 12). Ist das nicht mehr der Fall oder erkennt die Baurechtsbehörde, dass die ursprüngliche Erteilung rechtswidrig war, muss sie eine Verlängerung ablehnen (Sauter § 62 Rn. 12; Schlotterbeck/Hager/Busch/Gammerl § 62 Rn. 17). § 62 LBO erlaubt, wie das Wort „jeweils" in Abs. 2 erkennen lässt, dass eine bereits verlängerte Baugenehmigung nochmals verlängert wird. Die verfahrensrechtlichen Vorschriften für die Erteilung der Baugenehmigung, wie z.B. die Einreichung von Bauvorlagen, die Anhörung der Gemeinde oder die Nachbarbeteiligung, müssen nicht eingehalten werden, sofern sich die Rechtslage nicht verändert hat. Es genügt dann ein schriftlicher Verlängerungsantrag. Das zwischenzeitliche Inkrafttreten eines Bebauungsplans kann allerdings das Einvernehmen der Gemeinde nach § 36 oder § 31 Abs. 2 BauGB erforderlich machen. Die Gemeinde ist aber in jedem Fall von der Verlängerung zu unterrichten (§ 58 Abs. 5 LBO). Außerdem ist die Verlängerung dem Bauherrn und – falls die Nachbarn Einwendungen erhoben haben – auch diesen zuzustellen (§ 58 Abs. 1 S. 6 u. 7 LBO), weil die Verlängerung ein anfechtbarer Verwaltungsakt ist.

f) Verhältnis der Baugenehmigung zu sonstigen Genehmigungen

251 Die Baugenehmigung hat **nur baurechtliche Wirkungen**. Soweit für das beabsichtigte Vorhaben oder seine Nutzung eine Genehmigung nach sonstigen Gesetzen erforderlich ist (s. dazu nachfolgend Rn. 252 ff.), muss diese neben der Baugenehmigung eingeholt werden.

Eine **Bindungswirkung** der Baugenehmigung **für andere Verfahren** tritt freilich ein, wenn in dem spezialgesetzlichen Verfahren dasselbe zu prüfen ist wie im Baugenehmigungsverfahren, weil insoweit die Feststellungswirkung der Baugenehmigung eine abweichende Beurteilung der Rechtslage nicht mehr zulässt.

Bsp. (BVerwGE 80, 258): Soweit in der Baugenehmigung die Vereinbarkeit der Gaststätte mit der Umgebung bejaht worden ist, darf diese Frage in der gaststättenrechtlichen Entscheidung nicht abweichend beurteilt werden. Dagegen tritt durch eine Ablehnung der Baugenehmigung eine Bindung der Gaststättenbehörde nicht ein, weil der Ablehnungsbescheid insoweit keine – negative – Feststellungswirkung entfaltet (BVerwG NVwZ 1990, 559; OVG Bremen NVwZ 1994, 80). Die Gaststättenbehörde ist aber durch die Baugenehmigung für eine Gaststätte nicht gehindert, die Gaststättenerlaubnis wegen spezieller gaststättenrechtlicher Versagungsgründe, etwa Unzuverlässigkeit des Gastwirts, zu versagen. Eine Bindung der Baurechtsbehörde durch die Erteilung der Gaststättenerlaubnis tritt nicht ein, weil die Gaststättenerlaubnis keine Feststellungswirkung hat (VGH München NVwZ 1988, 1140; VGH Mannheim NVwZ 1990, 1094).

Das Verhältnis der Baugenehmigung zu Genehmigungen, die nach anderen Gesetzen erforderlich sind, ist unterschiedlich geregelt:

aa) Straßenrecht

252 Nach § 9 Abs. 1 FStrG und § 22 StrG dürfen in bestimmten Abständen entlang von Bundesautobahnen, Bundes-, Landes- und Kreisstraßen keine Hochbauten oder bestimmte bauliche Anlagen errichtet werden. Von diesem **absoluten Anbauverbot** kann nach § 9 Abs. 8 FStrG und § 22 Abs. 1 S. 2 StrG Befreiung erteilt werden. Die Voraussetzungen hierfür sind die gleichen wie für eine Befreiung nach § 31 Abs. 2 Nr. 1 u. 3 BauGB (BVerwGE 48, 123; 74, 217; NVwZ-RR 2001, 713). Die Entscheidung ergeht in Form eines **selbstständigen Verwaltungsakts**, sodass bei einer Versagung auf Erteilung der Befreiung und nicht etwa auf Erteilung der Baugenehmigung zu klagen ist (BVerwGE 16, 116; zur Zuständigkeit vgl. § 3 FStrGZuVO; Dürig Nr. 147 a).

Dagegen besteht in einer weiteren Entfernung zu den genannten Straßen nur ein **relatives Anbauverbot** (§ 9 Abs. 2 FStrG, § 22 Abs. 2 StrG). Bauliche Anlagen dürfen in diesem Schutzstreifen nur mit Zustimmung der höheren Straßenbaubehörde (Regierungspräsidium) bzw. der unteren Verwaltungsbehörde errichtet werden. Ebenso ist für die Nutzungsänderung eines unmittelbar oder mittelbar an die Bundesstraße angeschlossenen Gebäudes eine Zustimmung erforderlich (s. dazu BVerwGE 54, 328; NJW 1982, 2569). Diese Zustimmung ist nach BVerwGE 16, 116 kein Verwaltungsakt, sondern ein Verwaltungsinternum. Sie darf nach § 9 Abs. 3 FStrG nur aus Gründen der Sicherheit und Leichtigkeit des Verkehrs sowie wegen Ausbauabsichten versagt werden. In diesem Fall ist nicht auf Erteilung der Zustimmung, sondern auf Erteilung der Baugenehmigung zu klagen.

Soweit ein Bauvorhaben, etwa ein Kiosk, auf einer öffentlichen Straße oder einem öffentlichen Platz errichtet werden soll, hat die Baurechtsbehörde nach § 16 Abs. 6 StrG zugleich auch über die straßenrechtliche Zulässigkeit der Anlage zu entscheiden; eine besondere Sondernutzungserlaubnis ist nicht erforderlich (vgl. VGH Mannheim NVwZ 1989, 687).

Hinweis: Eine Übersicht zum Straßenrecht findet sich bei Sauthoff NVwZ 1994, 17; 1998, 239; 2004, 674; Sauthoff, Straße und Anlieger Rn. 1660 ff.; Schnebelt/Kromer, Straßenrecht Bad.-Württ.

bb) Naturschutzrecht

253 Im **Naturschutzrecht** ist nach den §§ 14, 15 BNatSchG ein **Eingriff in die Natur und die Landschaft** unzulässig, wenn der Naturhaushalt oder das Landschaftsbild erheblich beeinträchtigt wird (s. dazu Kratsch NuR 2009, 398; Hendler/Brockhoff NVwZ 2010, 733; Gellermann NVwZ 2010, 73) und ein solcher Eingriff nicht durch Ausgleichsmaßnahmen aufgefangen werden kann oder durch überwiegende öffentliche Belange gerechtfertigt wird.

Bei Bauvorhaben, die einen Eingriff in die Natur und Landschaft im Sinne des § 14 Abs. 1 BNatSchG zur Folge haben, entscheidet nach § **17 Abs. 1 BNatSchG die Baurechtsbehörde im Benehmen mit der Naturschutzbehörde** (Landratsamt oder Stadt, vgl. § 57 Abs. 1 Nr. 3 NatSchG BW, § 15 Abs. 1 LVG). Um das Benehmen herzustellen, hat die Baurechtsbehörde der Naturschutzbehörde eine angemessene Frist zur Stellungnahme zu setzen. Das Einvernehmen, d.h. das Einverständnis, muss sie dagegen nicht einholen (Sauter § 54 Rn. 29 a). Die §§ 14–17 BNatSchG gelten nach § 18 Abs. 2 BNatSchG jedoch nicht im beplanten und unbeplanten Innenbereich, sondern nur im Außenbereich. Für den Anwendungsbereich der §§ 30, 33 BauGB ist der Rückgriff auf §§ 13 ff. BNatSchG deswegen entbehrlich, weil die Eingriffsregelung bereits bei der Aufstellung des Bebauungsplans nach § 1 a Abs. 3 BauGB zu berücksichtigen war (s. dazu oben Rn. 25). Im unbeplanten Innenbereich spielen Belange des Naturschutzes und der Landschaftspflege i. d. R. keine Rolle.

Ferner kann die Festsetzung eines **Natur- oder Landschaftsschutzgebietes** nach den §§ 23 u. 26 BNatSchG einem Bauvorhaben entgegenstehen. Während in einem Naturschutzgebiet i. d. R. überhaupt nicht gebaut werden darf (absolutes Veränderungsverbot – OVG Lüneburg, NuR 2009, 719), begründet eine Landschaftsschutz-verordnung nur ein relatives Veränderungsverbot, d.h. es dürfen nur solche Bauvor-haben errichtet werden, die dem Schutzzweck der Landschaftsschutzverordnung nicht zuwiderlaufen (§ 26 Abs. 2 BNatSchG – s. dazu BVerwG BauR 2008, 1420; VGH München NuR 2013, 357). Eine von der Naturschutzbehörde bereits erteilte Be-freiung ist bindend für die Baurechtsbehörde (BVerwG NVwZ 2004, 1242). Erfordert aber ein Bauvorhaben zugleich eine naturschutzrechtliche Befreiung, weil es in einem Naturschutzgebiet oder einem Landschaftsschutzgebiet liegt, **ersetzt die Baugenehmigung die naturschutzrechtliche Befreiung (§ 54 Abs. 3 NatSchG BW, § 67 BNatSchG)**, d.h. die Baurechtsbehörde entscheidet auch über die natur-schutzrechtliche Befreiung. Zuvor muss sie jedoch das **Einvernehmen** der zuständi-gen Naturschutzbehörde einholen, anderenfalls ist die Baugenehmigung rechtswid-rig (Sauter § 58 Rn. 55). Die Baugenehmigung darf nur erteilt werden, wenn die Vor-aussetzungen des § 67 BNatSchG für eine Befreiung vorliegen.

Für die in **§ 19 Abs. 1 NatSchG BW** genannten Vorhaben (insbes. Kiesabbau, Stein-bruch, sonstige Abgrabungen und Auffüllungen sowie Fischteiche) ist neben der Baugenehmigung auch eine naturschutzrechtliche Genehmigung erforderlich. In die-sen Fällen ist die **Naturschutzbehörde** nach § 19 Abs. 3 NatSchG BW auch für die Baugenehmigung zuständig; sie entscheidet **im Benehmen mit der Baurechtsbe-hörde**. Ausgenommen sind Vorhaben, die nach § 50 LBO keiner Baugenehmigung bedürfen.

Eine Zuständigkeitskonzentration bei der Baurechtsbehörde gilt auch für **Werbean-lagen im Außenbereich** (§ 21 Abs. 4 NatSchG BW).

cc) Immissionsschutzrecht

Bei **immissionsträchtigen Anlagen** ist **§ 22 BImSchG** zu beachten. Er gilt nicht nur **254** für Gewerbebetriebe, sondern auch für sonstige Anlagen im Sinne des § 3 Abs. 5 BImSchG (vgl. BVerwGE 68, 69 – Kirchenglocken; BauR 2000, 234 – Sportplatz; NVwZ 1987, 494; NJW 1988, 2396 – Feuerwehrsirene; VGH München NVwZ-RR 2007, 462 – gemeindliche Mehrzweckhalle; VGH Mannheim NVwZ 2012, 837 – Kin-derspielplatz – eb. OVG Koblenz NVwZ 2012, 1347; OVG Weimar BauR 2012, 635 – Kindertagesstätte). Nach § 22 BImSchG sind Immissionen zu vermeiden bzw. zu re-duzieren, soweit dies technisch möglich und wirtschaftlich zumutbar ist. Die Vor-schrift enthält allerdings kein Verbot von unvermeidbaren Immissionen, auch wenn dadurch die Nachbarschaft erheblich beeinträchtigt wird. Andererseits geht § 22 BImSchG vom „**dynamischen Immissionsschutz**" aus, denn die Vorschrift gilt nicht nur für die Errichtung, sondern auch für das Betreiben einer Anlage. Deshalb müs-sen auch genehmigte Vorhaben den steigenden Anforderungen des Immissions-schutzrechts entsprechen und die Betreiber können sich – z.B. bei einer Herabset-zung der Grenzwerte – nicht darauf berufen, dass die immissionsschutzrechtlichen Anforderungen zum Zeitpunkt der Erteilung der Baugenehmigung geringer waren (BVerwGE 98, 235).

Ist eine Anlage nach **§ 6 BImSchG i.V.m. der 4. BImSchV (Sar**torius Nr. 296 a) geneh-migungspflichtig, schließt die Genehmigung nach § 6 BImSchG alle anderen Geneh-migungen, also auch die Baugenehmigung ein.

Hinweis: Zur Entwicklung des Immissionsschutzrechts s. Koch/Kahle NVwZ 2006, 1006; Koch/Braun NVwZ 2010, 1199 u. 1271).

dd) Wasserrecht

255 Ist ein Bauvorhaben sowohl baurechtlich als auch wasserrechtlich genehmigungspflichtig, so entscheidet nach § 84 Abs. 2 S. 1 WG die Baurechtsbehörde im Einvernehmen mit der zuständigen Wasserbehörde auch über die wasserrechtliche Genehmigung. Inhaltlich handelt es sich um zwei Entscheidungen (VGH Mannheim VBlBW 1998, 420). Das gleiche gilt für eine Befreiung von den Festsetzungen einer Wasserschutzgebietsverordnung.

ee) Denkmalschutzrecht

256 In Altstadtgebieten spielt häufig das **Denkmalschutzrecht** eine Rolle. In Baden-Württemberg stehen nach § 2 DSchG alle erhaltenswerten Gebäude **kraft Gesetzes** unter Denkmalschutz (VGH Mannheim NuR 2014, 724). Nur bei besonders schutzwürdigen Kulturdenkmälern erfolgt nach § 12 DSchG (vgl. dazu VGH Mannheim DÖV 1998, 653) eine Eintragung in das Denkmalbuch. Ein Kulturdenkmal muss nach § 6 DSchG grundsätzlich erhalten und gepflegt werden, soweit dies wirtschaftlich ist, also keine Verluste entstehen (BVerfGE 100, 226; NVwZ 2010, 957; BVerwG NVwZ 2010, 256). Veränderungen und sogar der Abbruch können zwar zugelassen werden, bedürfen aber der Zustimmung der Denkmalschutzbehörde, die allerdings nach § 3 Abs. 1 Nr. 3 DSchG mit der Baurechtsbehörde identisch ist. Für eine Zustimmung im eigentlichen Sinn ist daher kein Raum (Sauter § 54 Rn. 29 a). Sonderregelungen hierzu enthält § 7 Abs. 5 DSchG für Denkmale, die im Eigentum oder Besitz einer kommunalen Körperschaft stehen. Bei eingetragenen Kulturdenkmälern kommt dagegen ein Abbruch nicht in Betracht, eine Veränderung bedarf der Genehmigung der Denkmalschutzbehörde (s. dazu VGH Mannheim VBlBW 1982, 266).

Hinweis: Eine Rechtsprechungsübersicht zum Denkmalschutzrecht befindet sich bei Neuenfeld BauR 2012, 889 und 2013, 397.

ff) Planfeststellungen

257 Nach § 75 Abs. 1 VwVfG ist neben einem Planfeststellungsbeschluss eine andere behördliche Entscheidung nicht erforderlich. Durch den Planfeststellungsbeschluss werden alle öffentlich-rechtlichen Beziehungen zwischen dem Träger des Vorhabens und den durch den Plan betroffenen Personen geregelt (Konzentrationswirkung des Planfeststellungsbeschlusses).

4. Das Baugenehmigungsverfahren

258 Das Verfahren zur Erteilung einer Baugenehmigung beginnt mit der **Stellung eines Bauantrags**, der schriftlich bei der Gemeinde einzureichen ist (§ 53 Abs. 1 LBO). Die Gestaltung der Baupläne ist in der LBOVVO (Dürig Nr. 85 b) geregelt. Die Baupläne müssen von einem Architekten verfasst sein (§ 43 Abs. 3 LBO), ausgenommen sind hiervon allerdings einige in § 43 Abs. 4 LBO aufgeführte einfache Bauten. Die Verfassungsmäßigkeit des sog. Architektenmonopols ist vom BVerfG (BVerfGE 28, 364) bestätigt worden. Nach § 53 Abs. 3 LBO muss die Gemeinde den Bauantrag unter Zurückbehaltung einer Ausfertigung innerhalb von drei Arbeitstagen an die Baurechtsbehörde weiterleiten.

Die Baugenehmigung ist ein antragsbedürftiger Verwaltungsakt. Eine ohne Antrag erteilte Baugenehmigung ist zwar rechtswidrig, aber nicht nichtig, weil der Antrag nachgeholt werden kann (§ 45 Abs. 1 Nr. 1 VwVfG; Sauter § 58 Rn. 9). Im Falle eines Schwarzbaus hat die Baurechtsbehörde die Möglichkeit, den Bauherrn zur Vorlage eines Bauantrags zu verpflichten, d.h. ein sog. **Bauantragsgebot** zu verfügen (vgl. BVerwG, NVwZ 1990, 658 zum Bauantragsgebot im Rahmen eines Baugebots; Sauter § 58 Rn. 23 f.). Rechtsgrundlage ist § 47 Abs. 1 LBO (s. dazu unten Rn. 282). Zur Durchsetzung der Verpflichtung kommt nur die Festsetzung eines Zwangsgeldes in Betracht (BVerwG, NVwZ 1990, 658).

Die Gemeinde hat die **Nachbarbenachrichtigung** nach § 55 LBO durchzuführen. **259** Die Angrenzer *müssen* beteiligt werden; sonstige Nachbarn (s. dazu Rn. 285 ff.) *können* beteiligt werden. Eine Beteiligung sonstiger Nachbarn ist jedenfalls dann zweckmäßig, wenn diese im Vorfeld des Baugenehmigungsverfahrens bereits Protest erhoben haben. Die benachrichtigten Angrenzer und sonstigen Nachbarn müssen innerhalb von vier Wochen (nicht ein Monat!) ihre Einwendungen gegen das Bauvorhaben vorbringen. Unterbleibt die Nachbarbenachrichtigung, ist die Baugenehmigung zwar zunächst rechtswidrig, dieser Mangel wird aber durch eine spätere Anhörung im Widerspruchsverfahren geheilt (Sauter § 55 Rn. 19).

§ 55 Abs. 2 LBO bestimmt, dass die Angrenzer und die beteiligten sonstigen Nachbarn mit allen nicht fristgerecht vorgebrachten Einwendungen ausgeschlossen sind (**materielle Präklusion**). Sie sind auf diese Rechtsfolgen in der Benachrichtigung über den Bauantrag hinzuweisen (§ 55 Abs. 2 S. 3 LBO). Unterbleibt der Hinweis oder ist er fehlerhaft, tritt keine Präklusion ein (VGH Mannheim BRS 73 Nr. 149; Sauter § 55 Rn. 45).

Die Präklusion setzt ferner voraus, dass die Baupläne Art und Umfang der Betroffenheit der Angrenzer erkennen lassen (VGH Mannheim VBlBW 1998, 380; 2000, 115). Die materielle Präklusion gibt es seit längerem im Fachplanungsrecht (§ 73 Abs. 4 VwVfG, § 17 a Nr. 7 FStrG). Die dort entwickelten Grundsätze können auch für § 55 Abs. 2 S. 2 LBO übernommen werden.

Zur **Wahrung der 4-Wochen-Frist** ist es erforderlich, aber auch ausreichend, dass die Einwendungen dem Grunde nach konkretisiert werden. Es muss also erkennbar sein, in welcher Hinsicht sich der Nachbar in seinen Rechten verletzt fühlt; ein bloßes „Nein" oder ein nicht näher konkretisierter „Einspruch" reichen zur Fristwahrung nicht aus (VGH Mannheim NVwZ 1998, 986; VBlBW 2000, 115). Er muss z.B. angeben, ob er eine Immissionsbelastung, einen zu geringen Abstand oder eine Veränderung des Gebietscharakters befürchtet. Eine bestimmte Norm muss er dagegen nicht bezeichnen. Das BVerfG (NJW 1982, 2173; eb. BVerwGE 60, 297) hält eine materielle Präklusion grundsätzlich für zulässig, weil man vom mündigen Bürger verlangen kann, dass er seine Rechte innerhalb bestimmter Fristen wahrnimmt. Bei unverschuldeter Fristversäumung ist Wiedereinsetzung in den vorigen Stand gemäß § 32 VwVfG zu gewähren (so BVerwGE 60, 297 für die materielle Präklusion im Atomrecht; BVerwGE 66, 99 für die wasserrechtliche Planfeststellung; Schlotterbeck/Hager/Busch/Gammerl § 55 Rn. 23).

Nach Abschluss der Anhörung leitet die Gemeinde den Bauantrag mit einer eigenen **260** Stellungnahme an die Baurechtsbehörde weiter (§ 55 Abs. 2 S. 4 LBO). Der eigenen Stellungnahme kommt allerdings nur im Fall des § 36 BauGB rechtliche Bedeutung zu. Parallel zur Angrenzerbenachrichtigung hört die Baurechtsbehörde gemäß § 54 Abs. 2 LBO die Gemeinde und diejenigen Stellen an, deren Aufgabenbereich durch die Baugenehmigung betroffen werden kann. Dabei muss die Baurechtsbehörde eine Frist von höchstens einem Monat zur Stellungnahme setzen. Die Frist kann nach § 54 Abs. 6 LBO nur ausnahmsweise um bis zu einen Monat verlängert werden. Gibt die Stelle innerhalb der Frist keine Stellungnahme ab, ist nach § 54 Abs. 3 S. 2 LBO davon auszugehen, dass sie keine Bedenken gegen die Baugenehmigung hat. Hat eine andere Behörde zu dem Bauvorhaben ihr Einvernehmen (Zustimmung), z.b. nach § 22 Abs. 2 StrG, § 7 Abs. 3 DSchG, zu erteilen, so gilt das Einvernehmen als erteilt, wenn sie nicht innerhalb eines Monats versagt worden ist. § 54 Abs. 3 LBO findet freilich nur Anwendung, wenn nach *landes*rechtlichen Vorschriften die Zustimmung einer anderen Behörde erforderlich ist. Bundesrechtliche Regelungen, wie z.B. § 9 Abs. 2 FStrG, werden von § 54 LBO nicht erfasst. Wegen der durch § 54 Abs. 4 LBO 2010 geschaffenen Möglichkeit, das Einvernehmen der Gemeinde nach § 36 BauGB zu ersetzen, wird auf Rn. 170 verwiesen.

Die Baurechtsbehörde muss nach § 54 Abs. 4 LBO über den Bauantrag **innerhalb von zwei Monaten** nach Eingang des vollständigen Bauantrags und der Stellungnahme der Fachbehörden **entscheiden**. Im vereinfachten Verfahren, bei einer isolierten Ausnahme oder Befreiung (§ 56 Abs. 6 LBO) sowie bei einem Bauvorbescheid beträgt die Entscheidungsfrist sogar nur ein Monat. Diese Fristen sind jedenfalls für schwierige Bauanträge äußerst kurz. Es kommt noch hinzu, dass die Frist nach § 54 Abs. 6 LBO nur ausnahmsweise um einen Monat verlängert werden kann. Zwar hat das Überschreiten der Genehmigungsfrist keine unmittelbaren Auswirkungen, aber die Baurechtsbehörde setzt sich beim Überschreiten der Frist der Gefahr von Amtshaftungsansprüchen wegen verzögerten Baubeginns aus (VGH Mannheim BauR 2003, 1345).

261   Die **Entscheidung über den Bauantrag** und ggf. über die Einwendungen der Angrenzer müssen nach § 58 Abs. 3 LBO schriftlich erfolgen. Eine mündlich erteilte Baugenehmigung ist unwirksam. **Ausnahmen und Befreiungen** müssen nach § 58 Abs. 1 S. 4 LBO ausdrücklich erteilt werden (Sauter § 58 Rn. 92 ff.). Eine Begründung ist nach § 58 Abs. 1 S. 5 LBO nur erforderlich, soweit von nachbarschützenden Normen abgewichen wird. Die Baugenehmigung wird an den Bauherrn sowie alle Nachbarn zugestellt, die Einwendungen erhoben haben (zur Rechtsmittelfrist bei unterbliebener Zustellung s. unten Rn. 312).

262   Die Baugenehmigung gibt noch keine Berechtigung zum **Baubeginn**. Diese wird nach § 59 Abs. 1 LBO durch den Baufreigabeschein, den sog. roten Punkt, erteilt. Die früher obligatorische Rohbau- und Schlussabnahme des Bauvorhabens ist entfallen; nach §§ 66, 67 LBO steht die Bauüberwachung und Bauabnahme im Ermessen der Baurechtsbehörde.

5. Rücknahme der Baugenehmigung

263   Die Rücknahme der Baugenehmigung richtet sich nach **§ 48 VwVfG** (BVerwG BauR 2005, 702). Daraus folgt, dass die Baurechtsbehörde eine baurechtliche Fehlentscheidung wegen § 48 Abs. 4 VwVfG nur innerhalb eines Jahres seit Kenntnis der Rechtswidrigkeit der Baugenehmigung zurücknehmen kann. Die Frist beginnt erst zu laufen, wenn sie zum einen erkannt hat, dass die Baugenehmigung rechtswidrig ist. Zum anderen müssen ihr sämtliche für die Rücknahmeentscheidung – einschließlich der Ermessensausübung – erheblichen Tatsachen vollständig bekannt sein (BVerwG, Buchholz 428 § 32 VermG Nr. 2; NVwZ 2002, 485).

Die Rücknahme der Baugenehmigung steht im **Ermessen** der Baurechtsbehörde. Hierbei sind die Belange des Bauherrn, insbesondere sein Vertrauensschutz, und das Interesse der Allgemeinheit an der Verhinderung rechtswidriger Bauten oder der

Wiederherstellung eines rechtmäßigen Zustands gegeneinander abzuwägen (VGH Mannheim BWVPr 1978, 9).

Für die durch eine Rücknahme der Baugenehmigung entstandenen Vermögensschä- **264** den ist der Bauherr nach § 48 Abs. 3 VwVfG zu entschädigen. Ferner kann der Bauherr einen Amtshaftungsanspruch nach Art. 34 GG, § 839 BGB geltend machen (BGHZ 60, 112; UPR 2008, 347 u. 443; s. auch Schlick/Rinne NVwZ 1997, 1065; BauR 2008, 290; Lansnicker/Schwirtzek NVwZ 1996, 235). Bei einem Amtshaftungsanspruch stellt allerdings der vertragliche Schadensersatzanspruch gegen den Architekten eine anderweitige Ersatzmöglichkeit gemäß § 839 Abs. 1 S. 2 BGB dar, der den Anspruch ausschließt (BGH NVwZ 1993, 602).

Die in Rn. 263 dargelegten Beschränkungen für die Rücknahme einer Baugenehmigung gelten nach **§ 50 VwVfG** nicht, wenn ein Nachbar Widerspruch gegen die Baugenehmigung eingelegt hat und dieser noch nicht bestandskräftig zurückgewiesen wurde. Denn in diesem Fall durfte der Bauherr nicht auf den Fortbestand der ihm erteilten Baugenehmigung vertrauen. Voraussetzung für eine Anwendung des § 50 VwVfG ist allerdings, dass der Widerspruch nicht unzulässig oder offensichtlich unbegründet war (BVerwGE 105, 354; VGH Mannheim BWVPr 1987, 89; OVG Bautzen NVwZ 1993, 488 und BRS 70 Nr. 157).

6. Der Bauvorbescheid (§ 57 LBO)

Bereits vor Einreichung eines förmlichen Baugesuchs können nach § 57 LBO einzel- **265** ne Fragen durch einen Bauvorbescheid abgeklärt werden. Meistens geht es dabei um die bauplanungsrechtliche Frage der grundsätzlichen Bebaubarkeit des Grundstücks (sog. **Bebauungsgenehmigung**, vgl. BVerwG BauR 1987, 538). Die Bauvoranfrage kann auch auf einzelne bauplanungsrechtliche Fragen beschränkt werden, z.B. auf die Art der baulichen Nutzung, die überbaubare Grundstücksfläche und die Erschließung (BVerwG NVwZ 1995, 894; VGH Mannheim NVwZ-RR 2011, 393; VGH München NVwZ-RR 2008, 377; s. dazu Schmaltz BauR 2007, 975).

Der Bauvorbescheid wird vom BVerwG (BVerwGE 48, 242; E 69, 1 und BVerwGE 68, 241; VGH Mannheim VBlBW 2003, 18) als **vorweggenommener Teil der Baugenehmigung**, und zwar des feststellenden Teils der Baugenehmigung verstanden. Soweit über eine baurechtliche Zulässigkeitsfrage durch einen Bauvorbescheid entschieden worden ist, ist diese Frage damit **abschließend geklärt.** Die Baurechtsbehörde ist hieran im Baugenehmigungsverfahren gebunden (VGH Mannheim BauR 2003, 840; OVG Münster NVwZ 1997, 1006; s. auch Schneider BauR 1988, 13). Nach Auffassung des OVG Greifswald (BauR 2009, 1399) wird der Bauvorbescheid in die nachfolgende Baugenehmigung „inkorporiert". Die Bindung tritt auch für den Nachbarn ein, soweit ihm der Bauvorbescheid zugestellt worden ist oder er auf sonstige Weise von ihm Kenntnis erlangt hat (BVerwG BauR 1984, 164; Sauter § 57 Rn. 8). Soweit der Bauvorbescheid zu Unrecht erteilt wurde, kann er nach § 48 VwVfG **zurückgenommen** werden (VGH Mannheim BRS 70 Nr. 156; OVG Berlin NVwZ-RR 1988, 6). Dies steht nicht im Widerspruch zur **Bindungswirkung** des Bauvorbescheids. Denn ein Bauvorbescheid kann keine stärkere Rechtsposition vermitteln als eine Baugenehmigung, die zurückgenommen werden kann (s. oben Rn. 263). – Zur Frage des Rechtsschutzes des Nachbarn gegen einen Bauvorbescheid s. im Übrigen unten Rn. 343.

Die Bindungswirkung des Bauvorbescheids besteht auch dann, wenn sich die Sach- oder Rechtslage zwischenzeitlich geändert hat, da der Bauvorbescheid ein Verwaltungsakt ist und die Wirksamkeit eines Verwaltungsakts durch nachträgliche Rechtsänderungen nicht berührt wird (BVerwGE 69, 1). Die Baurechtsbehörden können den Bauvorbescheid aber in diesem Fall unter den Voraussetzungen des § 49 Abs. 2 Nr. 4 VwVfG **widerrufen** (OVG Koblenz BRS 36 Nr. 171).

266 Die Baurechtsbehörde hat sich auf die Prüfung der zur Beantwortung gestellten Fragen zu beschränken, auch wenn zweifelhaft ist, ob das Bauvorhaben nicht an anderen Zulässigkeitsvoraussetzungen scheitern wird.

> Bsp. (BVerwGE 61, 128): Eine auf die Vereinbarkeit des Vorhabens mit § 34 BauGB beschränkte Bauanfrage ist auch dann positiv zu bescheiden, wenn die nach § 4 LBO erforderliche öffentlich-rechtlich gesicherte Zufahrt zu einer öffentlichen Straße nicht besteht.

Etwas anderes gilt freilich, wenn das Hindernis für die Zulässigkeit des Bauvorhabens schlechterdings nicht ausräumbar ist. In diesem Fall fehlt das Sachbescheidungsinteresse (BVerwGE 48, 242 und 61, 128).

Trotz der Formulierung, der Bauvorbescheid „könne" erteilt werden, besteht nach § 57 Abs. 2 i. V. m. § 58 Abs. 1 LBO ein **Rechtsanspruch** auf einen Bauvorbescheid, wenn öffentlich-rechtliche Vorschriften dem Bauvorhaben nicht entgegenstehen (VGH Mannheim VBlBW 2006,66; Sauter § 57 Rn. 7§).

Der Bauvorbescheid gilt nach § 57 Abs. 1 S. 2 LBO **drei Jahre**, d.h. vor Ablauf der 3-Jahres-Frist muss der Bauantrag gestellt worden sein (VGH Kassel BauR 1989, 451; Sauter § 57 Rn. 11) Nach anderer Auffassung (Schlotterbeck/Hager/Busch/Gammerl § 57 Rn. 21) muss innerhalb der 3-Jahres-Frist eine Entscheidung über den Bauantrag ergehen. Das führt jedoch u.U. zu unbilligen Ergebnissen, weil die Bearbeitungszeit der Behörde trotz aller gesetzlicher Vorgaben nicht sicher vorhersehbar ist. Der Bauherr kann, wie die Verweisung des § 57 Abs. 2 LBO auf § 62 Abs. 2 LBO zeigt, den Bauvorbescheid um drei Jahre verlängern lassen – der Verlängerungsantrag muss aber noch vor Ablauf der Geltungsdauer des Bauvorbescheids gestellt worden sein (s. oben Rn. 250). Das setzt allerdings voraus, dass das Bauvorhaben weiterhin genehmigungsfähig ist (OVG Lüneburg NVwZ-RR 1995,247; OVG Münster BRS 47 Nr. 140). Die Verlängerung ist ebenfalls ausgeschlossen, wenn die Baurechtsbehörde erkennt, dass die Erteilung des Bauvorbescheides rechtswidrig war (Sauter § 62 Rn. 13).

Außer durch einen Bauvorbescheid kann eine Bindung der Baurechtsbehörde auch durch eine schriftliche **Zusicherung** (§ 38 Abs. 1 S. 1 VwVfG) auf Erteilung einer Baugenehmigung oder einen öffentlich-rechtlichen Vertrag mit entsprechender Verpflichtung eintreten (vgl. OVG Münster BauR 1988, 68). Voraussetzung ist, dass die Zusicherung von einem für die Erteilung der Baugenehmigung zuständigen, zeichnungsbefugten Behördenbediensteten stammt (Stelkens/Bonk/Leonhardt, VwVfG § 35 Rn. 53 ff.).

7. Das Kenntnisgabeverfahren

267 Bei Vorhaben, die nach § 51 LBO unter das Kenntnisgabeverfahren fallen (s. Rn. 239), hat der Bauherr zunächst, ebenso wie bei der Baugenehmigung, die Bauvorlagen bei der Gemeinde einzureichen (§ 53 Abs. 1 LBO). Der Entwurfsverfasser und der Lageplanverfasser haben nach § 11 LBOVVO zu bestätigen, dass das Vorhaben den dafür geltenden baurechtlichen Bestimmungen, insbesondere den Festsetzungen des Bebauungsplans und den Vorschriften über die Abstandsflächen entspricht. Die Gemeinde hat die Bauvorlagen innerhalb von fünf Arbeitstagen an die Baurechtsbehörde weiterzuleiten, sofern sie vollständig sind (§ 53 Abs. 5 LBO). Ferner hat sie nach § 55 Abs. 3 i.V.m. Abs. 1 LBO innerhalb von fünf Arbeitstagen die

Angrenzer zu benachrichtigen, die innerhalb von zwei Wochen Bedenken vortragen können. Anders als im Baugenehmigungsverfahren gibt es aber im Kenntnisgabeverfahren **keine Präklusion**, da Abs. 3 nur den Abs. 1, nicht aber Abs. 2 für entsprechend anwendbar erklärt (Sauter § 55 Rn. 54).

Ist für die Zulässigkeit des Bauvorhabens eine **Abweichung, Ausnahme oder Befreiung** erforderlich, kann das Kenntnisgabeverfahren nicht durchgeführt werden, denn nach § 51 Abs. 2 S. 2 LBO muss das Vorhaben den Festsetzungen des Bebauungsplans entsprechen.

Eine Prüfung der Bauvorlagen durch die Behörde sieht das Gesetz im Kenntnisgabeverfahren nicht vor. Diese muss sich in aller Regel auf die Rechtstreue von Bauherrn und Architekten verlassen, weil eine Kontrolle der Bauvorlagen wegen der relativ kurzen Fristen kaum möglich ist. Eine Prüfung ist ihr aber nicht verwehrt. Das zeigt schon die in § 59 Abs. 4 LBO eingeräumte Möglichkeit, den Baubeginn nach § 47 Abs. 1 LBO zu untersagen. Es soll vielmehr lediglich zum Ausdruck gebracht werden, dass eine Amtspflicht gemäß § 839 BGB zur Prüfung der Bauvorlagen nicht besteht und somit auch keine Schadensersatzansprüche des Bauherrn bestehen, wenn er sein Bauvorhaben – etwa aufgrund von Nachbareinwendungen – nicht verwirklichen kann.

Stellt die Baurechtsbehörde fest, dass das Bauvorhaben mit den Festsetzungen des Bebauungsplans nicht übereinstimmt oder aus sonstigen Gründen materiell-rechtlich unzulässig ist, kann sie den Baubeginn nach § 59 Abs. 4 i. V. m. § 47 Abs. 1 LBO untersagen.

Der Bauherr kann nach § 59 Abs. 4 LBO mit dem Bau zwei Wochen nach Einreichen der Bauvorlagen beginnen, wenn die Angrenzer schriftlich zugestimmt haben. Anderenfalls kann er mit dem Bau erst nach einem Monat beginnen. Dieses gilt nicht, wenn die Bauvorlagen als unvollständig oder aus sonstigen Gründen nach § 53 Abs. 6 LBO beanstandet wurden oder wenn der Baubeginn zuvor nach § 59 Abs. 4, § 47 Abs. 1 LBO untersagt wurde.

Das Kenntnisgabeverfahren ist für den Bauherrn mit dem Vorteil verbunden, in relativ kurzer Zeit mit dem Bau beginnen zu können. Es hat jedoch den Nachteil, dass er **keine Baugenehmigung** in den Händen hält, die in Bestandskraft erwachsen kann. Daher sieht das Gesetz keine Verpflichtung vor, in den in § 51 Abs. 1 LBO genannten Fällen ein Kenntnisgabeverfahren durchzuführen. Der Bauherr kann beantragen, ein Baugenehmigungsverfahren durchzuführen (§ 51 Abs. 5 LBO).

8. Das vereinfachte Baugenehmigungsverfahren (§ 52 LBO)

Neben dem „normalen" Baugenehmigungsverfahren und dem Kenntnisgabeverfahren sieht § 52 LBO die Möglichkeit vor, für die in § 51 Abs. 1 LBO genannten Vorhaben ein vereinfachtes Baugenehmigungsverfahren durchzuführen. Im Unterschied zum Kenntnisgabeverfahren wird eine Baugenehmigung erteilt, anders als im „normalen" Baugenehmigungsverfahren prüft die Baurechtsbehörde jedoch nur die in § 52 Abs. 2 LBO genannten Vorschriften, d.h. die §§ 14, 29-38 BauGB (Nr. 1), die §§ 5-7 LBO (Nr. 2) sowie andere öffentlich-rechtliche Vorschriften außerhalb der LBO, die im Rahmen eines Baugenehmigungsverfahrens zu prüfen sind (Nr. 3 – s. Rn. 243 u. 251 ff.). Sie darf das Prüfprogramm nicht erweitern (Sauter § 52 Rn. 22, OVG Koblenz NVwZ-RR 2012, 304; Hornemann NVwZ 2012, 1294 vgl. auch die Gesetzesbegründung in LT-Drs. 15/5294 S. 24). **268**

Sie ist aber nicht gehindert, bei einem offensichtlichen Verstoß gegen nicht zu prüfende Vorschriften den Bauantrag abzulehnen. Dies wird zum Teil auf ein fehlendes Sachbescheidungsinteresse (so OVG Koblenz BauR 2009, 799; Hornemann NVwZ 2012, 1294; Sauter § 52 Rn. 27), zum Teil auf eine Anwendung des § 47 LBO i.V.m. § 52 Abs. 3 LBO (so LT-Drucks. 14/5013, S. 53) gestützt. Nach Auffassung des OVG Münster (Beschl. v. 12.1.2015, 2 B 1386/14, juris) *muss* die Behörde den Bauantrag wegen fehlenden Sachbescheidungsinteresses ablehnen, wenn er offensichtlich gegen öffentlich-rechtliche Vorschriften verstößt, auch wenn sie von ihr nicht zu prüfen sind.

Für Außenbereichsvorhaben schreibt § 52 Abs. 2 Nr. 3 b LBO eine umfassende Prüfung vor, sodass kein Unterschied zu einer Baugenehmigung nach § 49 LBO besteht (Fischer VBlBW 2010, 217).

269 Auf Antrag des Bauherrn kann nach § 52 Abs. 4 LBO im vereinfachten Verfahren auch über **Abweichungen, Ausnahmen und Befreiungen** von solchen Vorschriften entschieden werden, die im vereinfachten Verfahren eigentlich nicht geprüft werden können. Diese Vorschrift dient dem Interesse des Bauherrn an der Klärung von Rechtsfragen, die über den Prüfungsumfang des vereinfachten Verfahrens hinausgehen. Der Bauherr hat es also in der Hand, das Prüfprogramm der Baurechtsbehörde zu erweitern. Die Rechtsprechung, dass mit dem Bauantrag zugleich auch ein konkludenter Antrag auf Ausnahmen oder Befreiungen von dem Bauvorhaben entgegenstehenden Vorschriften gestellt wurde, gilt für § 52 Abs. 4 LBO nicht.

9. Die Baulast (§ 71 LBO)

270 Zur Sicherung **öffentlich-rechtlicher Beschränkungen oder Verpflichtungen**, die sich nicht schon aus dem Gesetz ergeben, kann der Grundstückseigentümer nach § 71 LBO eine Baulast (s. dazu Hürth ZfBR 1997, 12; Wenzel BauR 2003, 569) übernehmen. Steht das Eigentum an dem zu belastenden Grundstück mehreren Eigentümern zu, müssen alle Eigentümer die Baulast übernehmen. Die Baulast kann auch eine bauplanungsrechtliche Verpflichtung sichern (VGH Mannheim VBlBW 2007, 225; 2010, 41), nicht aber privatrechtliche Verpflichtungen (VGH Mannheim BauR 2008, 84 – Vermietungsverbot). Die praktisch wichtigsten Fälle ergeben sich aus § 35 Abs. 5 BauGB sowie § 4 Abs. 1, §§ 7 und 37 Abs. 4 LBO (s. Ziegler BauR 1988, 18).

Ein Anspruch gegen den Eigentümer eines benachbarten Grundstücks auf Übernahme einer Baulast besteht grundsätzlich nicht und zwar auch dann nicht, wenn ein Grundstück ohne eine Baulast nicht bebaubar ist (VGH Mannheim VBlBW 1982, 92; Neuhäuser NVwZ 1996, 738). Allerdings kann aus der Bestellung einer **Grunddienstbarkeit** ausnahmsweise die Verpflichtung zur Übernahme einer Baulast abgeleitet werden, wenn nämlich sonst die durch Dienstbarkeit gesicherte Verpflichtung zur Ermöglichung der Bebauung an öffentlich-rechtlichen Hindernissen scheitern würde (BGH NJW 1989, 1607; NVwZ 1990, 192).

Die Baulast stellt eine öffentliche Last dar, die **keine subjektiven Rechte begründet** und zwar auch dann nicht, wenn sie zugunsten eines Dritten (i. d. R. des Nachbarn) übernommen wurde (BGHZ NJW 1978, 1430; OVG Münster NJW 1988, 1043). Sie kann freilich von einer entsprechenden privatrechtlichen Vereinbarung begleitet sein (VGH Mannheim VBlBW 1986, 225). Die Baulast wirkt auch gegenüber dem Rechtsnachfolger (OVG Münster NWVBl 1994, 416). Die Baurechtsbehörde kann durch einen auf § 47 Abs. 1 LBO gestützten Bescheid die Erfüllung bzw. Beachtung der übernommenen Verpflichtung anordnen (OVG Koblenz BRS 74 Nr. 208). Die Entscheidung über den Erlass einer solchen Anordnung liegt im Ermessen der Baurechtsbehörde (Sauter § 71 Rn. 10).

Die Baulast wird begründet durch eine **Erklärung gegenüber der Baurechtsbehörde oder der Gemeinde** (§ 71 Abs. 2 LBO). Diese Erklärung kann nicht wegen Irrtums angefochten werden, wenn aufgrund der Baulast bereits eine Baugenehmigung erteilt wurde. Anders ist es bei einer Anfechtung wegen arglistiger Täuschung (OVG Lüneburg NVwZ 1999, 1013 u. 1364). Die Baulast wird nach § 72 LBO in das von der Gemeinde zu führende Baulastenverzeichnis eingetragen. Die Eintragung hat jedoch nur deklaratorische Bedeutung (VGH Mannheim VBlBW 1991, 59), die Baulast ist bereits mit der Erklärung nach § 71 Abs. 2 LBO wirksam entstanden. Die Eintragung im Baulastenverzeichnis begründet auch keine rechtliche Vermutung für die Richtigkeit und Vollständigkeit der Eintragung, sondern nur eine tatsächliche Vermutung.

Die Baulast erlischt nach § 71 Abs. 3 LBO durch einen **Verzicht der Baurechtsbehörde**, der nach S. 2 dieser Vorschrift auszusprechen ist, wenn an der Baulast kein öffentliches Interesse mehr besteht (s. dazu VGH Mannheim BauR 2008, 84). Durch ein gemeinsames Handeln des Grundstückseigentümers und des begünstigten Nachbarn kann eine Baulast somit nicht ohne Mitwirkung der Baurechtsbehörde beseitigt werden. Hierin liegt der Unterschied zu einer Grunddienstbarkeit. Die Ablehnung der Löschung einer Baulast stellt ebenso wie die Eintragung einer Baulast keinen Verwaltungsakt dar, sodass der Grundstückseigentümer eine Leistungsklage erheben muss (VGH Mannheim NVwZ-RR 2007, 662; a.M. OVG Münster BRS 57 Nr. 204; Schlotterbeck/Hager/Busch/Gammerl § 71 Rn. 28: Verpflichtungsklage).

10. Abbruchverfügung (§ 65 S. 1 LBO)

a) Voraussetzungen

Nach § 65 LBO S. 1 kann der teilweise oder vollständige Abbruch einer Anlage, die 271 im Widerspruch zu öffentlich-rechtlichen Vorschriften errichtet wurde, angeordnet werden, wenn nicht auf andere Weise rechtmäßige Zustände hergestellt werden können. Zusammen mit dem Abbruch des Gebäudes können auch die Entfernung der Einrichtungsgegenstände oder des sonstigen Zubehörs sowie der Abtransport des Bauschutts und die Einebnung der Baugrube angeordnet werden (VGH Mannheim VBlBW 1983, 137; 1988, 111; BauR 1989, 193).

Nach einer verbreiteten Faustformel kann eine Abbruchverfügung ergehen, wenn das Gebäude **formell und materiell baurechtswidrig** ist (BVerwG NVwZ 1989, 353; NVwZ 2002, 1250; NVwZ 2002, 1250; OVG Lüneburg NVwZ-RR 1996, 6; Ortloff NVwZ 2006, 1006; kritisch Fischer NVwZ 2004, 1057). **Formelle Rechtswidrigkeit** bedeutet, dass das Gebäude nicht durch eine Baugenehmigung gedeckt wird (OVG Münster NVwZ 1988, 943; VGH Mannheim BauR 1989, 193; VBlBW 2004, 264). Bei einem genehmigungsfreien Vorhaben kann selbstverständlich eine formelle Baurechtswidrigkeit nicht vorausgesetzt werden, hier reicht die andauernde materielle Baurechtswidrigkeit für eine Abbruchverfügung aus (VGH Mannheim BauR 1991, 75). Ist ein materiell-rechtlich unzulässiges Gebäude genehmigt worden, kann der Abbruch erst angeordnet werden, wenn die Baugenehmigung bestandskräftig aufgehoben oder der sofortige Vollzug dieser Maßnahme angeordnet wurde (VGH Mannheim BWVPr 1978, 9; OVG Münster a.a.O.). Unbedenklich ist es aber, wenn der Abbruch zwar zusammen mit der Rücknahme der Baugenehmigung angeordnet wird, aber erst nach der Bestandskraft der Rücknahme vollzogen werden darf (OVG Lüneburg NVwZ 1996, 605; VGH Mannheim VBlBW 2004, 264).

Da somit die Formel „formelle und materielle Baurechtswidrigkeit" als Voraussetzung für eine Abbruchverfügung sehr verkürzt ist, bietet sich folgende Formulierung an: Eine Abbruchverfügung ist zulässig, wenn das Vorhaben seit seiner Errichtung im Widerspruch zu materiellem Baurecht steht und nicht durch eine erforderliche Baugenehmigung gedeckt ist (vgl. auch VGH Mannheim VBlBW 2004, 264).

272 **Materielle Baurechtswidrigkeit** bedeutet, dass das Gebäude seit seiner Erstellung gegen öffentlich-rechtliche Vorschriften verstößt (VGH Mannheim VBlBW 2004, 264). Stand das Gebäude bei seiner Errichtung in Einklang mit dem materiellen Baurecht, dann genießt es Bestandsschutz, sodass sein Abbruch bei einer nachträglichen Änderung der rechtlichen oder tatsächlichen Verhältnisse nicht mehr angeordnet werden kann (BVerwG NJW 1971, 1624; Sauter § 65 Rn. 31). Die materielle Baurechtswidrigkeit kann auch in der Nichtbeachtung einer durch Baulast gesicherten Baubeschränkung liegen (VGH Mannheim VBlBW 1984, 179).

Die materielle Baurechtswidrigkeit kann nach der Rechtsprechung des BVerwG (BVerwGE 48, 271) nicht schon daraus abgeleitet werden, dass ein Bauantrag für das abzubrechende Vorhaben bestandskräftig abgelehnt wurde. Anders ist es freilich bei einem rechtskräftigen Urteil eines Verwaltungsgerichts. Denn durch die Rechtskraft wird bindend festgestellt, dass das Bauvorhaben baurechtlich unzulässig ist. Demgegenüber bedeutet die Bestandskraft der Ablehnung des Bauantrags nur, dass das Baugenehmigungsverfahren abgeschlossen ist. Der Bauherr ist aber nach Ansicht des BVerwG durch die Bestandskraft nicht gehindert, denselben Bauantrag nochmals zu stellen. Die Baurechtsbehörde sei wegen Art. 14 GG verpflichtet, erneut eine sachliche Entscheidung über die Zulässigkeit des Bauvorhabens zu treffen. Diese Rechtsprechung des BVerwG weicht freilich von den sonstigen Grundsätzen über die Bestandskraft eines Verwaltungsakts ab, wonach nur bei einer geänderten Sach- oder Rechtslage nach § 51 VwVfG eine erneute Sachentscheidung über einen bereits früher gestellten Antrag verlangt werden kann (kritisch auch Gaentzsch NJW 1986, 879; Ortloff NJW 1987, 1670).

Schließlich ist es tatbestandliche Voraussetzung für eine Abbruchverfügung, dass **nicht auf andere Weise rechtmäßige Zustände** geschaffen werden können (VGH Mannheim BRS 66 Nr. 195). Das ist insbesondere der Fall, wenn die bauliche Anlage durch rechtliche oder tatsächliche Maßnahmen legalisiert werden kann, z.B. durch die Erteilung einer Genehmigung, durch eine Ausnahme oder Befreiung sowie die Anordnung von Nebenbestimmungen (VGH Mannheim VBlBW 2004, 263; BauR 1991, 75) oder auch durch die Aufstellung eines Bebauungsplans (VGH Mannheim BauR 1989, 193). Letzteres setzt aber bereits konkrete Planungsabsichten der Gemeinde voraus (VGH Mannheim VBlBW 2004, 263). Eine Pflicht zur Planung besteht nicht. Die Baurechtsbehörde muss ferner prüfen, ob zur Herstellung eines rechtmäßigen Zustands der **vollständige Abbruch erforderlich** ist (VGH Mannheim BauR 1989, 193). Die Baurechtsbehörden sind zwar i. d. R. nicht verpflichtet, von sich aus Vorschläge zu machen, wie durch eine bauliche Veränderung, etwa eine räumliche Verkleinerung oder eine Entfernung der für ein Wohngebäude typischen Bauteile wie Fenster, Terrasse usw. ein rechtmäßiger Zustand hergestellt werden kann. Vielmehr ist es Sache des Bauherrn, derartige Vorschläge zu machen (BVerwG NVwZ-RR 1997, 273; VGH Mannheim VBlBW 2004, 263; OVG Lüneburg BauR 2000, 87). Etwas anderes hat aber jedenfalls dann zu gelten, wenn sich eine bestimmte Maßnahme zur Schaffung eines rechtmäßigen Zustands geradezu aufdrängt, z.B. die Entfernung einer überdachten Terrasse bei einem sonst zulässigen Gebäude (BVerwG BRS 15 Nr. 118).

§ 65 S. 1 LBO spricht umfassend von einem Widerspruch zu öffentlich-rechtlichen Vorschriften. Darunter sind die von der Baurechtsbehörde zu prüfenden Vorschriften zu verstehen (VGH Kassel BauR 2000, 555; VGH Mannheim BRS 44 Nr. 226). Obwohl der Wortlaut keine Beschränkung enthält, erstreckt sich die Befugnis zum Einschreiten nicht auf Verstöße gegen solche Rechtsvorschriften, deren Überwachung zu den Aufgaben einer Spezialbehörde gehört. § 65 S. 1 LBO ist insoweit einschränkend auszulegen. (BVerwG NVwZ 1992, 480 für Abfallrecht; s. auch Vondung VBlBW 1998, 411).

Freilich kann neben einem Verstoß gegen eine spezialgesetzliche Vorschrift zugleich auch ein Verstoß gegen baurechtliche Bestimmungen vorliegen; wegen letzterem kann die Baurechtsbehörde einschreiten (BVerwG NVwZ 1992, 480).

Bsp. (OVG Koblenz NVwZ 1994, 511): Die ungenehmigte Lagerung von Klärschlamm verstößt nicht nur gegen das Abfallrecht, sondern stellt zugleich eine rechtswidrige Lagerstätte gemäß § 2 Abs. 1 LBO dar, sodass auch die Baurechtsbehörde tätig werden kann (eb. auch BVerwG NVwZ 1994, 296 für Straßenaufbruchmaterial).

Auch wenn die Voraussetzungen des § 65 S. 1 LBO gegeben sind, ist die Baurechtsbehörde nicht zu einem Einschreiten verpflichtet, vielmehr steht der Erlass einer Abbruchverfügung in ihrem **Ermessen** (VGH Mannheim VBlBW 2004, 264). Dabei hat die Baurechtsbehörde alle in Betracht kommenden öffentlichen und privaten Belange abzuwägen und dabei auch das Willkürverbot des Art. 3 Abs. 1 GG zu beachten (BVerwG BauR 2014, 1923; VGH Mannheim BWVPr 1991, 185; BauR 1982, 264). Es ist aber i. d. R. nicht ermessensfehlerhaft, wenn die Behörde zur Wiederherstellung eines rechtmäßigen Zustands eine Abbruchverfügung erlässt (BVerwG NVwZ 2002, 1250; VGH Mannheim BauR 2007, 1861). Zum Anspruch des Nachbarn auf Erlass einer Abbruchanordnung s. Rn. 313.

b) Verhältnismäßigkeit

Bei Erlass einer Abbruchverfügung muss die Behörde den Grundsatz der **Verhält-** 273 **nismäßigkeit** beachten. Der Schaden für den Betroffenen darf nicht außer Verhältnis zu dem öffentlichen Interesse am Abbruch eines Gebäudes stehen (BVerwG NVwZ-RR 1997, 273).

Bsp. a) (VGH Mannheim BauR 1991, 450): Der Abbruch eines Wochenendhauses von Eltern eines geistig und körperlich behinderten Kindes kann unverhältnismäßig sein (a.M. OVG Koblenz NVwZ-RR 2008, 164: persönliche Belange können erst im Vollstreckungsverfahren berücksichtigt werden).
b) (OVG Lüneburg BauR 1984, 277): Es ist unverhältnismäßig, die Rückversetzung einer Außenwand zu verlangen, die um wenige cm den Grenzabstand unterschreitet, wenn diese Maßnahmc 20.000 DM kostet.
c) (VGH Mannheim BRS 39 Nr. 223): Drohende Obdachlosigkeit macht eine Abbruchverfügung nicht rechtswidrig, denn es ist davon auszugehen, dass die Gemeinde eine Obdachlosenunterkunft zur Verfügung stellen wird.
d) (BVerwG NVwZ 1989, 353): Es ist unverhältnismäßig, wegen fehlender Erschließung den Abbruch eines Gebäudes anzuordnen, wenn der Nachbar die Benutzung eines Privatwegs gestattet.

Der Grundsatz der Verhältnismäßigkeit hindert die Baurechtsbehörden aber jedenfalls bei **Schwarzbauten** nicht, auch den Abbruch größerer Bauwerke zu verlangen, denn der Bauherr hat in einem solchen Fall bewusst auf eigenes Risiko gebaut und muss deshalb auch einen größeren finanziellen Schaden hinnehmen (BVerwG NVwZ-RR 1997, 273; VGH Mannheim BauR 1989, 193; OVG Lüneburg BauR 2000, 87). Insbesondere bei Wochenendhäusern im Außenbereich ist i. d. R. der Abbruch ermessensfehlerfrei (VGH Mannheim BRS 36 Nr. 214). Etwas anderes hat aber zu gelten, wenn durch Ausweisung eines Wochenendhausgebiets gemäß § 10 BauNVO in absehbarer Zeit mit der Legalisierung des rechtswidrig errichteten Gebäudes zu rechnen ist (VGH Mannheim BauR 1989, 193).

Es verstößt gegen den Grundsatz der Verhältnismäßigkeit, wenn die Behörde den Abbruch anordnet, obwohl zur Herstellung eines rechtmäßigen Zustands eine **Nutzungsuntersagung** ausreicht (VGH Mannheim BWVBl. 1965, 91 und BRS 24 Nr. 199). Dabei ist allerdings zu beachten, dass eine Nutzungsuntersagung dann nicht ausreicht, wenn der rechtswidrige Zustand gerade in der objektiven Erscheinungsform und Nutzungsmöglichkeit des Gebäudes liegt (VGH Mannheim, Urt. v. 29.5.1973 – III 1/71); ein objektiv als Wochenendhaus geeignetes Gebäude verstößt auch dann gegen § 35 Abs. 3 BauGB, wenn es tatsächlich zum Abstellen von Geräten genutzt wird.

c) Gleichheitsgrundsatz

274 Ferner kann eine Abbruchverfügung rechtswidrig sein, wenn sie gegen **Art. 3 GG** verstößt, weil die Behörde in anderen gleich gelagerten Fällen nicht den Abbruch verlangt hat. Allerdings ist die Baurechtsbehörde nicht verpflichtet, gegen alle rechtswidrigen Bauten einzuschreiten, erst recht muss sie nicht gleichzeitig vorgehen. Sie kann durchaus **nach objektiven Kriterien**, etwa Alter oder auffälliger Lage **differenzieren** (BVerwG BauR 2014, 1923) oder zunächst einen geeigneten Fall als „Musterfall" auswählen, um nach einer gerichtlichen Bestätigung ihrer Rechtsauffassung gleichartige Fälle aufzugreifen (OVG Greifswald, BauR 2009, 482).

Bsp. (BVerwG NVwZ 1988, 144): Es ist mit Art. 3 GG vereinbar, wenn der Abbruch von festen Wochenendhäusern angeordnet wird, während Wohnwagen geduldet werden.

Erst wenn sich überhaupt kein sachlicher Gesichtspunkt für eine differenzierte Behandlung findet oder es dem Einschreiten an jedem System fehlt, ist Art. 3 GG verletzt (BVerwG BauR 2014, 1923). Das ist insbesondere der Fall, wenn gleichzeitig mit der Abbruchverfügung der Bau gleichartiger Vorhaben genehmigt wird (VGH Mannheim BWVBl. 1973, 14; Justiz 1980, 367) oder die Behörde sich in einem Vergleich in einem anderen Verfahren verpflichtet, ein derartiges Gebäude zu dulden (VGH Mannheim NJW 1989, 603). Durch einen rechtlichen oder tatsächlichen Irrtum der Baurechtsbehörde bei der Beurteilung anderer Bauvorhaben tritt aber keine Ermessenseinschränkung ein (VGH Kassel NJW 1984, 318). Eine Berufung auf Art. 3 GG setzt zudem voraus, dass der „Berufungsfall" nicht nur im Zuständigkeitsbereich der Baurechtsbehörde, sondern auch in räumlicher Nähe des abzubrechenden Gebäudes liegt (VGH Mannheim NJW 1984, 319; BauR 1996, 699).

d) Verwirkung

275 Die Verwirkung ist ein Unterfall der unzulässigen Rechtsausübung wegen Verstoßes gegen den auch im öffentlichen Recht herrschenden Grundsatz von Treu und Glauben (§ 242 BGB). Ist ein Recht oder eine Befugnis verwirkt, können sie nicht mehr geltend gemacht werden.

Die Behörde kann die Befugnis zum Erlass einer Abbruchverfügung nicht verwirken, denn eine **Verwirkung hoheitlicher Befugnisse ist nicht möglich** (OVG Koblenz BauR 2012, 1634; VGH München, Beschl. v. 18.7.2008, 9 ZB 05.365, juris; OVG Berlin, Beschl. v. 25.6.2007, 10 S 9.07, juris; VGH Mannheim VBlBW 2013 189 zum Bodenschutzrecht; unklar: OVG Münster BauR 2014, 1450; zu den Voraussetzungen

der Verwirkung allgemein: BVerwG, BVerwGE 149, 211, Rn. 39). Anderenfalls wäre –
wenn die in Rn. 276 genannten Voraussetzungen vorliegen – selbst in den Fällen ein
Einschreiten nicht mehr möglich, in denen es um die Abwehr von Gefahren für Leib
oder Leben geht. Hat die Behörde sich jedoch in Kenntnis aller relevanten Umstände
längere Zeit mit der Existenz illegaler Zustände abgefunden und war dies durch positives Tun erkennbar, kann sich ein späteres Einschreiten als ermessensfehlerhaft
erweisen, wenn beim Bauherrn eine Vertrauensgrundlage geschaffen worden ist und
er tatsächlich darauf vertraut hat, dass die Behörde nicht mehr einschreiten wird.
Unter den unten dargestellten Voraussetzungen der Verwirkung kann somit die Befugnis der Behörde zum Einschreiten auf der **Ermessenebene** beschränkt sein
(OVG Koblenz BauR 2012, 1634; Sauter § 47 Rn. 48, § 65 Rn. 60).

Anders ist dies im **Nachbarrechtsverhältnis**, d.h. im Verhältnis zwischen dem **276**
Nachbarn, der einen Anspruch auf Einschreiten geltend macht, und dem Nachbarn
gegen den die Behörde einschreiten soll. Dieser Anspruch kann verwirkt werden. Die
Verwirkung setzt voraus, dass der Anspruchsteller – erstens – trotz Kenntnis des
rechtswidrigen Bauvorhabens **längere Zeit** nichts unternimmt. Zweitens muss er
durch entsprechendes **Verhalten** den Eindruck erwecken, er habe sich mit dem Zustand abgefunden und so eine **Vertrauensgrundlage** schaffen, dass er auch in Zu-
kunft den Anspruch nicht mehr geltend machen werde. Drittens muss der in Anspruch Genommene tatsächlich darauf vertraut haben, dass der Anspruchsteller den
Anspruch nicht mehr geltend machen wird und sich infolge dessen in seinen Vorkehrungen und Maßnahmen so eingerichtet haben, dass ihm durch die verspätete Gel-
tendmachung ein unzumutbarer Nachteil entstehen würde (**Vertrauenstatbestand**;
Sauter § 45 Rn. 48 a). Letzteres kann der Fall sein, wenn er Aufwendungen vorgenommen hat, die im Fall eines Abbruchs des Gebäudes verloren wären (VGH Mannheim BRS 40 Nr. 228; 39 Nr. 144; Schlotterbeck/Hager/Busch/Gammerl § 47 Rn. 59;
Sauter § 65 Rn. 60). Bloße Untätigkeit des Anspruchstellers reicht allerdings nicht
aus. Erst recht tritt durch **bloßen Zeitablauf keine Verwirkung** ein.

e) Adressat einer Abbruchverfügung

Für die Frage, an wen eine Abbruchverfügung zu richten ist, finden die Grundsätze **277**
der §§ 6, 7 PolG entsprechende Anwendung (Sauter § 65 Rn. 64; VGH Mannheim
ESVGH 20, 227; NVwZ-RR 1989, 593; VBlBW 1984, 380).

Besondere Probleme können bei einer Abbruchverfügung dadurch entstehen, dass
der Verpflichtete nur Miteigentümer ist, oder aber das Gebäude zwischenzeitlich verkauft oder vermietet wurde. In der Rechtsprechung ist anerkannt, dass eine Abbruchverfügung nicht gegen alle **Miteigentümer** gerichtet werden muss (VGH
Mannheim NVwZ 1992, 392; Sauter § 65 Rn. 69). Denn der Umstand, dass der
Adressat der Abbruchverfügung nicht allein verfügungsberechtigt ist, berührt nicht
die Rechtmäßigkeit, sondern lediglich die Vollstreckbarkeit der Abbruchanordnung.
Die Behörde kann die Abbruchanordnung allerdings nur durchsetzen, wenn sie auch
gegen die übrigen Miteigentümer eine Abbruchverfügung, zumindest aber eine **Dul-
dungsverfügung** erlässt (BVerwG BauR 1972, 32 und 298; VGH Mannheim BRS 25
Nr. 206; VGH München NVwZ-RR 2002, 609). Die Duldungsverfügung ist auf § 47
LBO zu stützen (VGH Mannheim BRS 38 Nr. 206). Bei einer Klage hiergegen ist nur
zu prüfen, ob der Duldungsverpflichtete durch den Abbruch des Gebäudes in seinen
Rechten verletzt wird (VGH Mannheim BRS 38 Nr. 206 u. 202).

Durch die Veräußerung des Gebäudes oder den Tod des Adressaten der Abbruch- **278**
verfügung wird die Rechtmäßigkeit nicht beeinträchtigt, die Abbruchverfügung wirkt

unmittelbar auch gegenüber dem vertraglichen oder gesetzlichen **Rechtsnachfolger** (s. dazu Schwarz BauR 1985, 497; Sauter § 65 Rn. 83 ff.). Denn die Abbruchverfügung ist ein objektbezogener Verwaltungsakt, dessen Rechtmäßigkeit von der Person des jeweiligen Eigentümers unabhängig ist (so BVerwG NJW 1971, 1624; VGH Mannheim NVwZ-RR 1994, 384; VGH Kassel NVwZ 1998, 1315; OVG Berlin, Beschl. v. 13.01.2006, 10 S 25.05, juris).

Der Eigentümer eines abzubrechenden Gebäudes kann sich nicht darauf berufen, er habe das Gebäude ganz oder teilweise **vermietet** und könne es deshalb nicht abbrechen (BVerwG NVwZ 1995, 272). Denn die Frage, ob die Abbruchanordnung zur Kündigung des Mietvertrages berechtigt, beurteilt sich nach Privatrecht; darüber haben die Zivilgerichte zu entscheiden. Die Rechtmäßigkeit der Abbruchverfügung bleibt davon unberührt. Besteht kein Kündigungsrecht, ist die Abbruchanordnung nicht vollziehbar (BVerwG BauR 2013, 75). Zieht der Mieter trotz berechtigter Kündigung nicht aus, muss die Baurechtsbehörde auch ihm gegenüber jedenfalls vor der Vollstreckung der Abbruchverfügung eine Duldungsverfügung erlassen (BVerwG NVwZ 1995, 272; OVG Münster NVwZ-RR 1995, 635; VGH Mannheim NuR 1985, 70).

Ist die Abbruchverfügung bestandskräftig, kann sie gegenüber dem Adressaten oder seinem Rechtsnachfolger (OVG Münster BauR 2003, 1877) durch Ersatzvornahme oder Zwangsgeld, u.U. sogar durch Zwangshaft (vgl. VGH Mannheim VBlBW 1987, 336) durchgesetzt werden. Einwendungen sind im **Vollstreckungsverfahren** (s. dazu Rasch BauR 1988, 266) nur noch soweit zulässig, als eine Verletzung der Vorschriften des LVwVG gerügt wird, die Sach- oder Rechtslage sich nachträglich geändert hat (BVerwG MDR 1977, 607; BRS 32 Nr. 195) oder aber der Betroffene einwendet, er sei gar nicht Rechtsnachfolger (VGH Kassel NVwZ 1985, 281).

11. Sonstige Eingriffsmaßnahmen der Baurechtsbehörde

a) Nutzungsuntersagung (§ 65 S. 2 LBO)

279   Nach § 65 S. 2 LBO kann die Baurechtsbehörde die Nutzung einer baulichen Anlage untersagen, wenn zwar nicht die Anlage selbst, wohl aber ihre **Nutzung im Widerspruch zu öffentlich-rechtlichen Vorschriften** steht.

Mit der Nutzungsuntersagung kann auch die Anordnung verbunden werden, die für die unzulässige Nutzung eingebrachten Gegenstände zu entfernen (VGH Mannheim VBlBW 1985, 457; OVG Koblenz BauR 2006, 1734; VGH München Beschl. v. 29.05.2015, 9 ZB 14.2580, juris).

Bei **vermieteten Gebäuden** kann die Nutzungsuntersagung sowohl an den Eigentümer als auch an den Mieter gerichtet werden. Die an den Eigentümer gerichtete Nutzungsuntersagung verbietet ihm lediglich die Selbstnutzung sowie eine Neuvermietung (VGH Mannheim VBlBW 1991, 220), zwingt ihn aber nicht zur Kündigung eines bereits bestehenden Mietverhältnisses (VGH Kassel BRS 40 Nr. 229 – vgl. auch Rn. 282). Deshalb kann der Mieter auch nicht gegen eine Nutzungsuntersagung Rechtsmittel einlegen, die lediglich an den Eigentümer adressiert ist (VGH Mannheim VBlBW 1984, 19). Auch eine Beiladung des Mieters ist nicht erforderlich (OVG Saarbrücken, Beschl. v. 19.09.2007, 2 B 355/07, BauR 2007, 2112 (Leitsatz)).

280   Ob die Nutzungsuntersagung auch dann ausgesprochen werden darf, wenn die **Nutzung nur formell baurechtswidrig** ist, wird vom VGH Mannheim einerseits und den anderen Oberverwaltungsgerichten andererseits unterschiedlich beantwortet. Während der VGH Mannheim bislang sowohl die formelle als auch die materielle Ille-

galität fordert (VBlBW 2010, 111), genügt nach der Rechtsprechung der anderen Oberverwaltungsgerichte die bloße formelle Baurechtswidrigkeit (vgl. z.b. OVG Münster BauR 2011, 240; VGH München NVwZ-RR 2006, 754; OVG Koblenz NVwZ-RR 2011, 635; OVG Lüneburg NVwZ-RR 2005, 607; VGH Kassel NVwZ-RR 2002, 823). Der letztgenannten Auffassung ist zuzustimmen. Die nach § 65 S. 2 LBO für eine Nutzungsuntersagung erforderliche Nutzung im Widerspruch zu öffentlich-rechtlichen Vorschriften liegt schon dann vor, wenn für die Nutzung keine Baugenehmigung erteilt worden ist. Anders als eine Abbruchanordnung setzt die Nutzungsuntersagung nicht voraus, dass es unmöglich ist, auf andere Weise rechtmäßige Zustände herzustellen. Das Gesetz selbst fordert somit keine Prüfung auf der Tatbestandsebene, ob eine Genehmigung erteilt werden dürfte, wenn sie beantragt werden würde. Auch unter Berücksichtigung des Art. 14 Abs. 1 GG bedarf es nicht der Prüfung, ob die Nutzung genehmigungsfähig ist, denn durch die Nutzungsuntersagung wird der Betroffene ohne Verlust an Vermögenssubstanz lediglich hinter die formellen Schranken des Baurechts zurückgedrängt und gezwungen, seine Interessen auf dem vorgeschriebenen Weg, d.h. mit einem Antrag auf Erteilung einer Baugenehmigung zu verfolgen (so zu einem auf § 47 LBO gestützten Nutzungsaufnahmeverbot auch VGH Mannheim VBlBW 2011, 28). Nicht zuletzt spricht für die herrschende Meinung, dass der „Schwarznutzer" nicht besser gestellt sein kann als der gesetzestreue Hauseigentümer, der eine Baugenehmigung beantragt.

Die Auffassung des VGH Mannheim führt zudem zu Unsicherheiten und praktischen Problemen in den Fällen, in denen nicht auf den ersten Blick erkennbar ist, ob eine Nutzung genehmigt werden muss. Dessen zur Lösung dieses Problems entwickelte Rechtsprechung (BauR 2007, 1217), in solchen Fällen eine „vorläufige" Nutzungsuntersagung bis zur endgültigen Klärung der Zulässigkeit im Baugenehmigungsverfahren zuzulassen, ist inkonsequent und überflüssig. Wird eine bislang ungenehmigte Nutzung nachträglich genehmigt, erledigt sich die Nutzungsuntersagung ohnehin. Jedenfalls aber entfällt die Rechtfertigung für ihren Fortbestand und sie muss aufgehoben werden. Ist die Nutzung nicht genehmigungsfähig, müsste – wenn man die Auffassung des VGH Mannheim konsequent fortführt – noch eine endgültige Nutzungsuntersagung verfügt werden. Dies verkompliziert in unnötiger Weise die Herstellung rechtmäßiger Zustände.

Da der Erlass einer Nutzungsuntersagung im pflichtgemäßen **Ermessen** der Behörde steht, kann die **offensichtliche materielle Genehmigungsfähigkeit** allerdings ein Grund sein, die Nutzung zumindest zunächst nicht zu untersagen (VGH München, Beschl. v. 23.04.2015, 15 ZB 13.2377, juris; OVG Berlin, Beschl. v. 28.10.2011, 2 S 76.11, juris), sondern stattdessen den Bauherrn nach § 47 Abs. 1 LBO aufzufordern, Bauvorlagen einzureichen sowie ihm anschließend eine Baugenehmigung zu erteilen. Eine vertiefte Prüfung der materiellen Rechtslage kann von der Baurechtsbehörde jedoch nicht gefordert werden. Die Genehmigungsfähigkeit muss offen zu Tage treten. Im Rahmen der pflichtgemäßen Ermessensausübung ist auch zu berücksichtigen, ob durch die Nutzungsuntersagung ein unverhältnismäßiger Schaden eintreten würde, z.B. ein Betrieb eingestellt werden müsste und dies zur Existenzvernichtung führen würde. Die Nutzungsuntersagung darf in jedem Fall nur so weit gehen, wie dies zur Beseitigung des rechtswidrigen Zustands notwendig ist (Sauter § 65 Rn. 104).

b) Baueinstellung (§ 64 LBO)

Die Baurechtsbehörde kann ferner nach § 64 Abs. 1 LBO die **Baueinstellung** verfü- 281 gen, wenn eine Anlage in Widerspruch zu formellen oder (bei genehmigungsfreien

Vorhaben) materiellen baurechtlichen Vorschriften gebaut wird (VGH Mannheim VBlBW 1994, 196; OVG Münster NVwZ-RR 2002, 564). Das ist der Fall, wenn mit dem Bau schon vor der Baufreigabe (§ 59 LBO) begonnen oder dieser fortgeführt wird – Nr. 1 u. 2. Die Baueinstellung kann auch schon vor Beginn der Bauarbeiten verfügt werden (VGH Mannheim NVwZ-RR 1994, 72; a.m. VGH Mannheim NVwZ-RR 1998, 613: Rechtsgrundlage für die Untersagung, mit Bauarbeiten zu beginnen, ist § 47 Abs. 1 LBO). Die Baueinstellung kann ferner nach § 64 Abs. 1 Nr. 3 LBO angeordnet werden, wenn der Bauherr bei der Errichtung eines Bauwerks von den genehmigten oder zur Kenntnis gegebenen Plänen abweicht und die Abweichung nicht nach § 50 LBO verfahrensfrei zulässig ist (VGH Mannheim VBlBW 1992, 262). Dabei ist es nicht von Bedeutung, ob das Bauvorhaben materiell-rechtlich zulässig ist (VGH Mannheim BauR 2011, 1957). Da Rechtsmittel gegen eine Baueinstellung nach § 64 Abs. 1 S. 3 LBO keine aufschiebende Wirkung haben, kann die Baurechtsbehörde die Baustelle nach § 64 Abs. 2 LBO **versiegeln** und die Geräte und Baustoffe **beschlagnahmen** (VGH Mannheim VBlBW 1989, 106), wenn der Baueinstellung nicht Folge geleistet wird. Dagegen kommt eine Maßnahme nach § 64 Abs. 1 LBO nicht mehr in Betracht, wenn das Gebäude bereits fertig gestellt ist.

Die Versiegelung und die Beschlagnahme sind Maßnahmen der Verwaltungsvollstreckung, sodass Rechtsmittel hiergegen keine aufschiebende Wirkung haben (VGH Mannheim VBlBW 1989, 106).

Die Baueinstellung hat insbesondere Bedeutung bei Bauvorhaben im **Kenntnisgabeverfahren**. Stellt die Behörde – von Amts wegen oder aufgrund von Nachbareinwendungen – nach einem zulässigen Baubeginn fest, dass das Vorhaben materiell rechtswidrig ist, kann sie dessen Errichtung nach § 64 Abs. 1 LBO einstellen, denn die Vorschrift greift auch bei nur materiell-rechtlicher Rechtswidrigkeit ein (vgl. VGH Mannheim VBlBW 1994, 196), sofern dem Bauherrn nicht durch eine förmliche Baugenehmigung, in der die Rechtmäßigkeit des Vorhabens festgestellt wird (s. oben Rn. 247), der Baubeginn gestattet wurde. Es genügt für eine Baueinstellung ein durch Tatsachen belegter "Anfangsverdacht", dass ein Rechtsverstoß vorliegt (VGH Mannheim BauR 2011, 1957; VGH München, Beschl. v. 14.10.2013, 9 CS 13.1407, juris). Die Baurechtsbehörde muss allerdings dann nach der Baueinstellung diesen Zweifeln nachgehen und die Baueinstellung von Amts wegen aufheben, wenn sich die Zweifel als unberechtigt erweisen (VGH Mannheim VBlBW 1994, 196; OVG Magdeburg BauR 2012, 929; VGH München, Beschl. v. 14.10.2013, a.a.O.).

c) Maßnahmen nach § 47 LBO

282   Schließlich kann die Baurechtsbehörde nach § 47 Abs. 1 LBO generell diejenigen Maßnahmen treffen, die zur Einhaltung der baurechtlichen sowie sonstigen öffentlich-rechtlichen Vorschriften über die Errichtung und Unterhaltung von baulichen Anlagen erforderlich sind. Es handelt sich hierbei um eine § 1 PolG entsprechende **Generalklausel**.

Beispiele für die Anwendbarkeit des § 47 Abs. 1 LBO

a) Untersagung der Nutzungsaufnahme (VGH Mannheim VBlBW 2011, 28; VGH Kassel BauR 2002, 611).

b) Duldungsverfügung (VGH Mannheim BauR 2007, 669).

c) Aufforderung prüffähige Bauvorlagen einzureichen (VGH Mannheim NVwZ-RR 2011, 272; VGH Kassel NVwZ-RR 2004, 32).

d) Aufräumverfügung, d.h. Verpflichtung, auf dem Grundstück herumliegende Bauteile und sonstigen Unrat zu beseitigen (VGH Mannheim BRS 30 Nr. 115).

e) Abbruchanordnung für bauliche Anlage, die noch nicht im Wesentlichen fertiggestellt ist (VGH Mannheim Urt. v. 1.8.1983, 3 S 1080/84, juris – Leitsatz). Der VGH Mannheim (BWVPr 1984, 258) nimmt an, dass die Verpflichtung zur Beseitigung eines zwar begonnenen, aber noch nicht vollendeten Bauwerks auf § 47 LBO und nicht auf § 65 LBO zu stützen sei.

f) Verfügung, einzelne Einrichtungsgegenstände zu entfernen (VGH Mannheim BauR 2010, 218).

e) Anordnung an den Hauseigentümer, ein Mietverhältnis über Räume, die nicht als Wohnräume genutzt werden dürfen, zu kündigen (VGH Mannheim VBlBW 1983, 335). Die Behörde hat dabei aber zu prüfen, ob nicht primär eine Nutzungsuntersagung gegenüber dem Mieter zweckmäßig ist.

f) Verfügung eine bauliche Anlage zu verkleinern, sofern der Bauherr zusätzlich die verbleibenden Gebäudeteile wieder in einen ordnungsgemäßen Zustand versetzen muss (VGH Mannheim BRS 27 Nr. 200).

g) Nach Fertigstellung eintretende Baurechtswidrigkeit, z.B. wegen **mangelhafter Unterhaltung des Gebäudes** und daraus folgender **fehlender Standsicherheit** (VGH Mannheim VBlBW 1988, 111).

IV. Nachbarschutz

1. Allgemeines

283 Das Nachbarrecht unterteilt sich in das öffentliche und das private Nachbarrecht (vgl. Stühler BauR 2004, 614). Das **öffentliche Nachbarrecht** (Brügelmann/Dürr a.a.O. Rn. 30 ff.; Dürr KommJur 2005, 201; VBlBW 2015, 319; Seibel BauR 2005, 1409; Schoch Jura 2004, 317; zur Einführung: Dürr JuS 2007, 432) ergibt sich im Wesentlichen aus den **baurechtlichen Bestimmungen**, ferner dem **Bundesimmissionsschutzgesetz** sowie sonstigen spezialgesetzlichen Regelungen, z.B. § 5 Gaststättengesetz. Das **private Nachbarrecht** (s. dazu Grziwotz/Lüke/Saller, Praxishandbuch Nachbarrecht; Bruns, Nachbarrechtsgesetz BW) ist vor allem in §§ 906 ff. BGB sowie den landesrechtlichen Nachbargesetzen geregelt, in Baden-Württemberg im NRG vom 8.1.1996 (GBl. S. 54 – Dürig Nr. 22). Zu beachten ist dabei, dass Streitigkeiten aus dem **Nachbarrechtsgesetz** stets vor den Zivilgerichten auszutragen sind.

Die grundsätzliche Berechtigung des öffentlich-rechtlichen Nachbarschutzes wird seit BVerwGE 11, 95 und 22, 129 nicht mehr in Frage gestellt. Die Baugenehmigung ist ein **Verwaltungsakt mit Doppelwirkung**, der mit der Begünstigung des Bauherrn zugleich den Nachbarn belastet bzw. belasten kann; daher muss diesem schon wegen Art. 19 Abs. 4 GG eine Rechtsschutzmöglichkeit eröffnet werden (BVerwGE 22, 129).

284 Die privatrechtliche Abwehrmöglichkeit nach § 1004 BGB ist nicht ausreichend, da es z.B. gegen eine Störung der Wohnruhe durch Verkehrslärm oder einen Entzug der Besonnung und Belichtung keinen privatrechtlichen Schutz gibt; umgekehrt kann sich der Gewerbetreibende nicht mit privatrechtlichen Mitteln gegen eine heran rückende Wohnbebauung schützen, die die Fortführung seines Betriebes aus immissionsschutzrechtlichen Gründen in Frage stellen kann. Ein umfassender Ausgleich der Belange des Bauherrn und der Nachbarn kann nur im Rahmen des öffentlichen Rechts erfolgen. Im Übrigen sind BVerwG und BGH darum bemüht, die Abwehrrechte des Nachbarn im **öffentlichen Recht und im Zivilrecht parallel** auszugestalten (vgl. Seibel BauR 2005, 1409). So ist die Anforderung an eine unzumutbare Beeinträchtigung i.S.d. § 3 BImSchG bzw. des Gebots der Rücksichtnahme (s. unten Rn. 295) identisch mit einer wesentlichen Beeinträchtigung i.S.d. § 906 BGB (BGHZ 70, 102 = NJW 1978, 419; BGHZ 148, 201 = NJW 2001, 3119; BVerwGE 79, 254 = NJW 1988, 2396; BVerwGE 81, 197 = NJW 1989, 1271). Nach § 906 Abs. 1 S. 2 u. 3 BGB liegt eine unwesentliche Beeinträchtigung i. d. R. vor, wenn die Immissionsgrenzwerte oder – richtwerte nicht überschritten werden (s. dazu BGH NVwZ-RR 2007, 596). Grundsätzlich bietet das öffentliche Recht dem Nachbarn primär präventiven Schutz, das Zivilrecht primär repressiven (nachträglichen) Schutz (Mampel Rn. 98 ff.).

Eine gewisse **Verknüpfung des öffentlichen und des privaten Nachbarrechts** ergibt sich zunächst dadurch, dass nach der Rechtsprechung des BGH die dem Schutz der Nachbarn dienenden öffentlich-rechtlichen Vorschriften zugleich Schutzgesetze gemäß § 823 Abs. 2 BGB sind, so dass bei Verletzung derartiger Vorschriften Schadensersatzansprüche sowie Beseitigungs- und Unterlassungsansprüche entsprechend § 1004 BGB vor den Zivilgerichten geltend gemacht werden können (BGHZ 66, 354 = NJW 1976, 188; NJW 1970, 1180; NZM 2013, 244; OLG Karlsruhe

Die Justiz 1975, 309 und 1993, 257 zu § 5 LBO;OLG Frankfurt NJW-RR 2013, 793). Nach der Rechtsprechung des BGH (NJW 1997, 55) kann sogar eine der Baugenehmigung beigefügte Auflage, die dem Schutz des Nachbarn dient, von diesem durch eine zivilgerichtliche Klage durchgesetzt werden.

Ferner können auch bei der Beurteilung, ob ein Bauvorhaben die Nachbarschaft rechtswidrig beeinträchtigt und daher Abwehransprüche nach §§ 1004, 906 BGB gegeben sind, die Festsetzungen eines **Bebauungsplans nicht außer Betracht** bleiben. Wer gemäß dem Bebauungsplan baut und das Gebäude nutzt, handelt nicht rechtswidrig und kann daher auch zivilrechtlich nicht zur Unterlassung gezwungen werden (so Roeser in Berl. Komm. vor §§ 29 ff Rn. 4; Finkelnburg/Ortloff/Otto S. 216). Die Gegenmeinung beruft sich demgegenüber darauf, dass § 906 BGB nur auf die Ortsüblichkeit abstellt und davon abweichende Festsetzungen eines Bebauungsplans daher unbeachtlich seien (so BGH NJW 1976, 1204; 1983, 751; Säcker in MünchKomm zum BGB § 906 Rn. 17; Hagen NVwZ 1991, 817;). Dem ist entgegen zuhalten, dass jede mit höheren Emissionen verbundene neue Nutzung aufgrund der Festsetzung eines Bebauungsplans von vornherein unzulässig wäre, wenn nur die bereits vorhandene und damit ortsübliche Beeinträchtigung hingenommen werden müsste (Schrödter/Rieger § 31 ff. Rn. 91; Dolderer DVBl. 1998, 19). Ein Bebauungsplan ist eine Rechtsnorm und damit auch für zivilrechtliche Rechtsbeziehungen maßgeblich.

Dagegen kann eine **Baugenehmigung** zivilrechtliche Abwehransprüche des Nachbarn nicht ausschalten, weil die Baugenehmigung nach § 58 Abs. 3 LBO unbeschadet der privaten Rechte des Nachbarn ergeht (so Hagen NVwZ 1991, 817; Breuer DVBl 1983, 438; Jäde in Birkl A Rn. 16; a.M. Roeser in Berl. Komm. vor §§ 29 ff Rn. 6).

2. Der Begriff des Nachbarn

Nach der verwaltungsgerichtlichen Rechtsprechung ist Nachbar nicht nur der Angrenzer nach § 55 LBO, sondern jeder, der von der Errichtung oder der Nutzung der baulichen Anlage **in seinen rechtlichen Interessen betroffen** wird (BVerwGE 28, 131; NJW 1983, 1507, weitere Rspr.-Nachweise bei Mager/Fischer VBlBW 2015, 313). Dabei ist der Kreis der Nachbarn bei einem emissionsträchtigen Gewerbebetrieb wesentlich weiter zu ziehen als bei einem Einfamilienhaus; das OVG Lüneburg (DVBl 1975, 190) hat bei einem Atomkraftwerk sogar eine 100 km entfernt wohnende Person als „Nachbar" angesehen. Inzwischen wird der Kreis der Nachbarn allerdings räumlich auf Personen im Umkreis der Anlage beschränkt, die sich durch ihr enges räumliches Verhältnis zur Anlage von der Allgemeinheit unterscheiden (OVG Lüneburg NVwZ 1985, 357 – Kraftwerk Buschhaus). **285**

In rechtlicher Hinsicht werden bisher **nur dinglich Berechtigte** als Nachbarn anerkannt, nicht aber obligatorisch Berechtigte wie Mieter oder Pächter (BVerwG NJW 1989, 2766; NVwZ 1998, 956; VGH Mannheim DÖV 2007, 568; VBlBW 2015, 81; Schmidt-Preuß NJW 1995, 27). Begründet wird dieses damit, dass das Baurecht die objektiven Rechtsbeziehungen zwischen den Grundstücken regele und Anknüpfungspunkt hierfür das Eigentum sei; der Eigentümer „repräsentiere" sozusagen das Grundstück in den Rechtsbeziehungen zu anderen Grundstücken (so OVG Berlin NVwZ 1989, 267, Mager/Fischer a.a.O.). Es komme hinzu, dass der Kreis der dinglich Berechtigten mithilfe des Grundbuchs überschaubar und i. d. R. konstant sei, während die obligatorischen Rechte an den Nachbargrundstücken weniger leicht feststellbar und einem häufigen Wechsel unterworfen seien. **286**

Diese Rechtsansicht kann aber nicht mehr vollständig aufrecht erhalten werden, nachdem das BVerfG (NJW 1993, 2035) das **Mietrecht an einer Wohnung** ebenfalls unter den Schutz des Art. 14 GG gestellt hat und von Eigentum und Mietrecht als zwei konkurrierenden Eigentumspositionen spricht; das BVerfG vergleicht dabei das Mietrecht mit dem Erbbaurecht. Diese Gleichstellung der Wohnungsmiete mit dinglichen Nutzungsrechten muss sich auch auf das öffentliche Baunachbarrecht auswirken (eb. Jäde UPR 1993, 330; Thews NVwZ 1995, 224; Brohm § 30 Rn. 9; Seibel BauR 2003, 1674; a.m.; BVerwG DVBl. 1998, 899; VGH München NVwZ-RR 2007, 371; Ortloff NVwZ 1994, 229; Schmidt-Preuß NJW 1995, 27). Das hauptsächliche Gegenargument, dass auch der Wohnungsmieter sein Besitzrecht vom Eigentümer ableite, überzeugt nicht, denn dies ist bei dinglich Nutzungsberechtigten (Rn. 293) z.B. dem Nießbraucher oder dem Inhaber eines dinglichen Wohnungsrechts nicht anders. Für sonstige Miet- oder Pachtverhältnisse bleibt es dagegen dabei, dass nur dem Eigentümer oder sonstigen dinglich Berechtigten die nachbarlichen Abwehransprüche zustehen. Eine Ausnahme sollte allerdings für die Inhaber von **eingerichteten und ausgeübten Gewerbebetrieben**, die nach der Rechtsprechung des BVerfG (BVerfGE 30, 335; 45, 173) den Schutz des Art. 14 genießen, gemacht werden. Ihnen sollten eigene baurechtliche Abwehrrechte gegen eine Beeinträchtigung ihres Gewerbebetriebs eingeräumt werden (a.m. aber BVerwG NJW 1989, 2766; NVwZ 1991, 566; DVBl 1989, 1056).

Soweit nicht das Eigentum, sondern andere Rechtsgüter, insbesondere **Leben und Gesundheit** (Art. 2 Abs. 2 GG) geschützt werden sollen, muss **auch dem Mieter oder Pächter** uneingeschränkt ein baurechtlicher Abwehranspruch eingeräumt werden (BVerwG NJW 1989, 2766; VGH Mannheim VBlBW 2015, 81; Battis/Krautzberger/Löhr vor §§ 29 ff. Rn. 26; a.m. VGH München NVwZ-RR 2007, 371). Das Gleiche muss auch für Rechtsnormen gelten, die nicht speziell das Eigentum, sondern andere Rechtsgüter schützen wollen, wie dieses beim Immissionsschutz der Fall ist.

287 Zu den **dinglich Berechtigten**, die Rechtsmittel gegen eine dem Nachbarn erteilte Baugenehmigung einlegen können, zählen in erster Linie die Eigentümer, daneben die Wohnungseigentümer (BVerwG NJW 1988, 3279; NVwZ 1990, 655), der Erbbauberechtigte und der Nießbraucher (BVerwG a.a.O.) sowie der bereits durch eine Auflassungsvormerkung gesicherte Käufer (BVerwG NJW 1983, 1626; NVZ 2013, 803); nicht dagegen Hypothekengläubiger oder Inhaber einer Grunddienstbarkeit (Schrödter/Rieger § 31 Rn. 50), eines dinglichen Vorkaufsrechts (VGH Mannheim NJW 1995, 308) sowie Personen, die erst ein Anwartschaftsrecht auf den Eigentumserwerb haben, ohne dass dieses durch eine Vormerkung gesichert ist (VGH München BRS 28 Nr. 131).

Der **Wohnungseigentümer** kann gegenüber einer Beeinträchtigung seines Sondereigentums durch andere Bauvorhaben einen öffentlich-rechtlichen Abwehranspruch geltend machen (VGH München BauR 2012, 1925). Nur die Wohnungseigentümergemeinschaft und nicht der einzelne Miteigentümer kann aber eine Beeinträchtigung des gemeinschaftlichen Eigentums abwehren (BVerwG NJW 1988, 3279; NVwZ 1989, 250; NVwZ 1990, 655; OVG Münster BauR 2014, 253). Dagegen können Streitigkeiten **innerhalb der Wohnungseigentümergemeinschaft** hinsichtlich der Nutzung einzelner Wohnungen oder des gemeinschaftlichen Eigentums nicht vor dem Verwaltungsgericht ausgetragen werden, weil hierfür ausschließlich das WEG maßgeblich ist und damit nach § 43 WEG das Amtsgericht zuständig ist (BVerwG a.a.O.); das gilt auch, soweit ein Mieter einer Wohnung bauliche Maßnahmen durchführt (VGH Mannheim VBlBW 1992, 24) oder die Störung vom Pächter eines Ladengeschäfts (Teileigentum nach § 1 Abs. 3 WEG) ausgeht (BVerwG BauR 1998, 997).

Miteigentümer können nach § 1011 BGB im eigenen Namen nachbarliche Abwehrrechte mit Wirkung für alle Eigentümer geltend machen; es handelt sich dabei um eine gesetzliche Prozessstandschaft (BVerwG NJW 1988, 2056).

Miterben können dagegen wegen § 2038 BGB nur gemeinsam, nicht jeder für sich allein Rechtsmittel wegen der Beeinträchtigung eines geerbten Grundstücks einlegen (VGH Mannheim BauR 1992, 60). Anders ist es aber, wenn ein Miterbe als Notgeschäftsführer nach § 2038 Abs. 1 Satz 2 BGB Rechtsmittel in Prozessstandschaft für die Erbengemeinschaft einlegt (VGH Mannheim NJW 2013, 889; Dürr VBlBW 2015, 819). Das gleiche gilt für eine BGB-Gesellschaft, da die Gesamthandsgesellschaft und nicht die einzelnen Gesellschafter Eigentümer sind (BVerwG BauR 2010, 1202).

3. Die geschützte Rechtsstellung des Nachbarn

Ein Rechtsmittel des Nachbarn ist nur begründet, wenn **nachbarschützende Normen verletzt** sind. Dagegen ist die Klage genauso wie der Widerspruch eines Nachbarn unbegründet, wenn die Baugenehmigung zwar rechtswidrig ist, aber die verletzten Vorschriften nicht dem Nachbarschutz dienen (std. Rspr. seit BVerwGE 22, 129; vgl. BVerwGE 89, 69 = NVwZ 1992, 977; BVerwGE 101, 364 = NVwZ 1997, 384; BVerwGE 131, 129 = NVwZ 2008, 1012). Die Richtigkeit dieser Rechtsansicht folgt zwangsläufig aus § 113 Abs. 1 S. 1 VwGO. **288**

Bsp. a) (VGH Kassel BauR 1990, 709): Die Genehmigung einer Tennishalle auf einer durch Bebauungsplan ausgewiesenen Grünfläche ist zwar rechtswidrig, verletzt aber den Nachbarn der Grünanlage nicht in seinen Rechten, da die Festsetzung einer Grünfläche ausschließlich öffentlichen Belangen dient.

b) (OVG Münster NVwZ-RR 1999, 366): Die Genehmigung der Verdoppelung der Tribünenplätze eines Fußballstadions ohne gleichzeitige Anlage zusätzlicher Stellplätze verstößt zwar gegen § 37 Abs. 2 LBO. Gleichwohl kann der Nachbar dagegen nicht vorgehen, weil § 37 Abs. 1 u. 2 LBO nicht dem Schutz der Nachbarschaft dienen.

Trotz eines Verstoßes gegen eine nachbarschützende Norm kann das Rechtsmittel mangels eines Rechtsschutzbedürfnisses zurückgewiesen werden, wenn der Nachbar **tatsächlich nicht betroffen** wird (OVG Münster NVwZ 1983, 414 und 1986, 317; VGH Mannheim VBlBW 1982, 334; 1985, 143; 1992, 262; a.M. OVG Münster NVwZ 2003, 361; Jacob BauR 1984, 1; Mampel BauR 1993, 44), dieses ist z.B. der Fall, wenn das Nachbargrundstück wegen steiler Hanglage oder geringer Breite überhaupt nicht bebaubar ist.

Ob eine Norm nachbarschützend ist, richtet sich zunächst nach ihrem Schutzzweck. Der Nachbar kann nur eine Verletzung solcher Normen rügen, die zumindest auch seinen Belangen dienen sollen (sog. **Schutznormtheorie**, s. dazu BVerwG BauR 2008, 1427; OVG Berlin BauR 1985, 434 mit lesenswerter Darstellung der Entwicklung des Nachbarschutzes; zur Vereinbarkeit der Schutznormtheorie mit EU-Recht s. EUGH NVwZ 2014, 49; Gärditz NVwZ 2014, 1; Schlacke NVwZ 2014, 11). Letztlich wurzelt der Nachbarschutz im nachbarlichen Gemeinschaftsverhältnis und leitet sich daraus her, dass bestimmte Vorschriften auch der Rücksichtnahme auf individuelle Interessen oder deren Ausgleich untereinander dienen, indem wechselseitig die Bebauungsmöglichkeiten eingeschränkt werden (so BVerwGE 78, 85 = NJW 1988, 839; BVerwGE 82, 61 = NVwZ 1989, 1163; BVerwGE 94, 151 = NJW 1994, 1546; BVerwGE 101, 364 = NVwZ 1997, 384). So führt die Festsetzung eines Allgemeinen Wohngebiets in einem Bebauungsplan einerseits dazu, dass die Grundstückseigentümer keine störenden Gewerbebetriebe errichten dürfen. Andererseits haben sie **289** einen Rechtsanspruch darauf, dass auch ihr Nachbar keinen störenden Gewerbebetrieb errichtet.

290 Diese nachbarschützende Zweckbestimmung kann sich einmal bereits aus dem **Wortlaut** ergeben, z.B. aus § 15 Abs. 1 S. 2 BauNVO, wonach auf nachbarliche Belange Rücksicht zu nehmen ist oder § 37 Abs. 7 LBO, der ausdrücklich die Wohnruhe in der Umgebung von Stellplätzen gewährleisten soll. Daneben kann die nachbarschützende Wirkung aus dem **Sinngehalt** der Vorschrift entnommen werden, so dienen die Vorschriften über die Abstände (§§ 5, 6 LBO) oder Brandwände (§ 26 LBO) erkennbar nachbarlichen Belangen. Schließlich ist ein Nachbarschutz auch dann anzunehmen, wenn die von der Vorschrift betroffenen Grundstückseigentümer eine bau- und bodenrechtliche Schicksalsgemeinschaft bilden, was insbesondere bei der Ausweisung von Baugebieten durch entsprechende Bebauungspläne der Fall sein kann (BVerwGE 44, 244 = NJW 1979, 811; NVwZ 2008, 427). Das BVerwG (BVerwGE 94, 151 = NJW 1994, 1548; BVerwGE 101, 364 = NVwZ 1997, 384) spricht insoweit von einem **Austauschverhältnis** (s. Rn. 299). Umgekehrt scheidet ein Nachbarschutz aus, wenn die Vorschrift ausdrücklich oder ihrem Sinngehalt nach nur öffentlichen Belangen dienen soll, z.B. die in § 33 LBO normierte Verpflichtung zur einwandfreien Abwasserbeseitigung, oder wenn sie ausschließlich dem Schutz der Bewohner des Hauses dient, z.B. die Anforderungen der §§ 34 ff. LBO an Aufenthaltsräume.

291 Ein Nachbarschutz konnte nach der früheren Rechtsprechung des BVerwG auch unmittelbar aus **Art. 14 GG** abgeleitet werden, wenn das Eigentum an dem Grundstück durch bauliche Maßnahmen auf dem Nachbargrundstück schwer und unerträglich beeinträchtigt wird (BVerwGE 32, 173 = NJW 1969, 1787; 44, 244 = NJW 1974, 811; 50, 282 = NJW 1976, 1987). Das BVerwG hat diese Rechtsprechung aber inzwischen aufgegeben (BVerwGE 89, 69 = NVwZ 1992, 977; BVerwGE 101, 364 = NVwZ 1997, 384).

Das BVerwG übernimmt auch für den Nachbarschutz seine zuvor entwickelte Rechtsprechung zum Bestandsschutz (s. dazu oben Rn. 159 f.), wonach sich aus Art. 14 GG grundsätzlich keine subjektiven Rechte ergeben, weil es dafür der inhaltlichen Ausgestaltung des Eigentumsbegriffs durch den Gesetzgeber bedarf. Diese Rechtsprechung ist zwar deswegen problematisch, weil bei einer Beeinträchtigung des Nachbargrundstücks, die dessen Nutzbarkeit durch Lärm, vollständige Verschattung oder Ausschluss der Zugänglichkeit unzumutbar einschränkt, der Eigentumsschutz nicht davon abhängen kann, dass der Gesetzgeber ein Schutzgesetz erlässt. Gleichwohl ist dieser Rechtsprechung im Ergebnis schon deswegen zuzustimmen, weil jeder Eingriff in das Eigentumsrecht zugleich das Rücksichtnahmegebot verletzt, so dass es für den Nachbarschutz im Bauplanungsrecht i. d. R. keines Rückgriffs auf Art. 14 GG bedarf (so auch schon BVerwGE 86, 89 = NVwZ 1992, 977; NVwZ 1996, 888).

Ein unmittelbar auf Art. 14 GG gestützter Nachbarschutz wird nur dann anerkannt, wenn das Grundstück des Nachbarn durch das genehmigte Bauvorhaben unmittelbar gegenständlich in Anspruch genommen wird.

Bsp. (BVerwGE 50, 282 = NJW 1976, 1987; eb. auch BRS 60 Nr. 182): Nach der Bebauung eines nicht an eine Straße grenzenden Grundstücks würde dem Bauherrn nach § 917 BGB ein Notwegrecht über das Nachbargrundstück zustehen.

Bei einer **unmittelbaren Inanspruchnahme** seines Grundstücks durch Notwegrechte, Durchleitungsrechte nach § 7 e NRG o. ä. kann der Nachbar sein Abwehrrecht unmittelbar auf Art. 14 GG stützen und zwar auch dann, wenn die Beeinträchtigung nicht schwer und unerträglich ist (BVerwGE 50, 282; NJW 1974, 817; BRS 60 Nr. 182). Denn in diesem Fall wird der Kernbereich des Art. 14 GG berührt; niemand braucht einen rechtswidrigen unmittelbaren Zugriff auf sein Grundstück zu dulden, unabhängig davon, ob es sich dabei um einen zivilrechtlichen oder einen öffentlich-rechtlichen Eingriff handelt.

Die Grundsätze zum Nachbarschutz des Art. 14 GG gelten auch für **Art. 2 Abs. 2** **292** **GG**; der Schutz von Leben und Gesundheit kann nicht geringer sein als der des Eigentums (BVerwGE 54, 211 = NJW 1978, 554). Ein Rückgriff auf Art. 2 Abs. 2 GG ist durchweg entbehrlich, weil bereits weit vor einer Gefährdung der Gesundheit der Schutz des § 22 BImSchG bzw. das Gebot der Rücksichtnahme eingreift (vgl. VGH Mannheim NVwZ-RR 1995, 561; Finkelnburg/Ortloff/Otto II 249; Jäde in Birkl A Rn. 42). In der Praxis wird eine Verletzung des Art. 2 Abs. 2 GG vor allem bei der Gefährdung durch elektromagnetische Strahlungen von Mobilfunkanlagen geltend gemacht (s. dazu Budzinski NVwZ 2013, 404), allerdings durchweg ohne Erfolg (BVerfG NJW 2002, 1638; OVG Münster DVBl. 2009, 327; VGH Mannheim VBlBW 2004, 262; VG Freiburg BauR 2010, 661).

Ein Abwehrrecht aus Art. 2 Abs. 2 GG besteht nicht, wenn keine (eventuell sehr geringe) Gefahr für die Gesundheit besteht, sondern nur ein jenseits der Schwelle der praktischen Vernunft (s. dazu BVerfGE 49, 89 = NJW 1979, 359 – Schneller Brüter Kalkar) liegendes Besorgnispotential (BVerfG NVwZ 2009, 171 – atomares Zwischenlager; BVerwG NVwZ 2012, 1338 – Forschungszentrum für Impfstoffe).

4. Nachbarschutz durch Verfahrensvorschriften

Im Anschluss an die Rechtsprechung des BVerfG (BVerfGE 53, 30 = NJW 1980, **293** 759 – KKW Mülheim-Kärlich; BVerfGE 56, 216 = NJW 1981, 1436 – Asylverfahren) wird auch in der baurechtlichen Literatur die Frage diskutiert, ob in der Missachtung von **Verfahrensvorschriften** eine Verletzung von Rechten des Nachbarn liegen kann (s. dazu Schlichter NVwZ 1983, 647; Roeser in Berl. Komm. vor § 29 ff Rn. 55; Schrödter/Rieger § 31 Rn. 83). Diese Frage ist grundsätzlich zu verneinen (OVG Münster NVwZ-RR 2004, 408). Das BVerfG (eb. VGH Mannheim VBlBW 2006, 314) hält nur solche Verfahrensvorschriften für drittschützend, die nach dem Willen des Gesetzgebers die Rechte des betroffenen Bürgers sichern sollen.

Eine **unterlassene Beteiligung der Nachbarn** im Baugenehmigungsverfahren wird nach § 45 Abs. 1 Nr. 3 VwVfG dadurch geheilt, dass der Nachbar im Widerspruchsverfahren Gelegenheit zu einer Stellungnahme erhält (VGH München BauR 2004, 1933; Sauter § 55 Rn. 19). Die unterbliebene Anhörung kann daher nicht zur Aufhebung einer Baugenehmigung führen.

Eine Verletzung von Rechten des Nachbarn kann sich allerdings daraus ergeben, dass eine Baugenehmigung nicht den Anforderungen des § 37 VwVfG an die **Bestimmtheit** eines Verwaltungsaktes entspricht und daher nicht feststellbar ist, ob bzw. in welchem Maß der Nachbar in seinen Rechten betroffen wird (VGH Mannheim VBlBW 2005, 480; VBlBW 2007, 383;OVG Münster BauR 2013, 1078).

Bsp. (VGH München NVwZ-RR 2013, 791). Der Nachbar wird wegen fehlender Bestimmtheit in seinen Rechten verletzt, wenn bei Genehmigung eines Bootsverleihs die Betriebszeiten nicht angegeben werden.

Der Nachbar, der ein zulässiges Rechtsmittel eingelegt hat, kann nach der Rechtsprechung des BVerwG (NVwZ 2012,573; eb. VGH Mannheim NVwZ-RR 2014,634) sein Rechtsmittel auch darauf stützen, dass eine Baugenehmigung ohne die erforderliche Umweltverträglichkeitsprüfung_erteilt wurde Das BVerwG beruft sich dabei auf § 4 Abs. 1 und 3 URG.

Eine Verletzung von Rechten des Nachbarn liegt nicht vor, wenn ein genehmigungspflichtiges Vorhaben ohne Baugenehmigung errichtet wird (OVG Münster BauR2014, 975; OVG Lüneburg NVwZ 2008, 374) – der Nachbar kann freilich ein Einschreiten der Baurechtsbehörde beantragen, wenn der **Schwarzbau** gegen nachbarschützende Normen des materiellen Baurechts verstößt (s. dazu unten Rn. 313).

294 Das BVerwG (NVwZ 1983, 92; NVwZ-RR 1997, 682; eb. OVG Münster NVwZ-RR 2006, 306) hat eine Verletzung von Rechten des Nachbarn auch dann verneint, wenn ein **Großvorhaben ohne** Durchführung der nach § 1 Abs. 3 BauGB in solchen Fällen erforderlichen **Bauleitplanung** genehmigt wird. Das BVerwG begründet dieses damit, dass es nach § 1 Abs. 3 BauGB kein Recht auf Aufstellung eines Bebauungsplans gebe. Wenn es aber keinen Anspruch auf eine Bauleitplanung gibt, kann durch eine unterbliebene Bauleitplanung auch keine Verletzung von Rechten der Grundstückseigentümer eintreten. Der von einem Großvorhaben betroffene Nachbar hat zwar ein Recht darauf, dass seine Belange berücksichtigt werden. Hierfür bedarf es aber keines förmlichen Verfahrens nach § 3 BauGB. Es reicht aus, dass die Belange im Rahmen der durch das Rücksichtnahmegebot gebotenen Abwägung (s. dazu Rn. 295) berücksichtigt werden.

5. Das Gebot der Rücksichtnahme

295 Das BVerwG entschärft die Problematik der nachbarschützenden Wirkung von baurechtlichen Vorschriften generell dadurch, dass es auf das Gebot der Rücksichtnahme zurückgreift und baurechtlichen Normen im Rahmen des Gebots der Rücksichtnahme nachbarschützende Wirkung zuerkennt. Ziegert (BauR 1984, 19) hat das Gebot der Rücksichtnahme deshalb zu Recht als „archimedischen Punkt" im System des Nachbarschutzes des BVerwG bezeichnet.

Das baurechtliche Gebot der Rücksichtnahme (hierzu insbes. BVerwGE 52, 122 = NJW 1978, 62; BVerwGE 82, 343 = NJW 1990, 1192; NVwZ-RR 1997, 516 mit komprimierter Zusammenfassung der Rechtsprechung des BVerwG; Stühler BauR 2009, 1076 und 2011, 1576; Brügelmann/Dürr vor §§ 29 ff Rn.42) soll einen angemessenen Ausgleich zwischen den Belangen des Bauherrn und seiner Umgebung bewirken. Jeder Bauherr muss bedenken, welche Folgen die Verwirklichung seines Bauvorhabens für die Umgebung haben wird; er muss unter Umständen sogar ein nach den baurechtlichen Vorschriften zulässiges Vorhaben ändern, wenn dadurch eine schwere Beeinträchtigung der Umgebung eintritt. Allerdings muss niemand eigene Interessen zurückstellen, um gleichgewichtige Belange anderer zu schonen (BVerwGE 52, 172; VGH Mannheim VBlBW 1982, 377). Auf nicht genehmigte Bauvorhaben muss keine Rücksicht genommen werden (BVerwG BauR 1992, 491; NVwZ 1994, 165; VGH Mannheim VBlBW 1995, 481); ebenso nicht auf Erweiterungsabsichten, soweit diese nicht bereits im vorhandenen Gebäudebestand angelegt sind (BVerwG DVBl 1993, 652 – Schweinemastanstalt). Das Gebot der Rücksichtnahme verlangt eine **Abwägung der Belange aller betroffenen Personen**; fällt diese Abwägung zugunsten der Umgebung aus, muss der Bauherr hierauf Rücksicht nehmen (BVerwG NVwZ 1994, 687; 1996, 379; VGH Mannheim BauR 2011, 1800). Dieses setzt voraus, dass der Nachbar einer ihm in Hinblick auf die jeweilige Situation billigerweise nicht mehr zumutbaren Beeinträchtigung ausgesetzt ist (BVerwG BauR 1985, 68 – Zufahrt zum Parkhaus einer Hochschule; VGH Mannheim BauR 2006, 1863).

Bsp. a) (BVerwGE 52, 122 = NJW 1978, 62): Das Gebot der Rücksichtnahme ist verletzt, wenn ein Landwirt eine Schweinemastanstalt für 300 Schweine unmittelbar neben einem Wohngebäude errichtet, obwohl er ohne Weiteres einen den Nachbarn weniger belästigenden Standort wählen könnte – ähnlich auch VGH Mannheim VBlBW 2008, 452 bei einem 12 m langen und 5 m hohen Schuppen unmittelbar vor dem Wohnhaus des Nachbarn; der VGH spricht von einer optischen Bedrängung.

b) (BVerwG NVwZ 1995, 895; NVwZ 2000, 1413; VGH Mannheim VBlBW 2000, 482; OVG Magdeburg BauR 2012, 756): Kein Verstoß gegen das Gebot der Rücksichtnahme, wenn durch ein Bauvorhaben die freie Aussicht des Nachbarn eingeschränkt wird; a.m. aber VGH München BauR 2003, 657, wenn durch einen Erweiterungsbau die Aussicht des Nachbarn völlig verbaut wird.

c) (BVerwG NVwZ 1989, 1060; VGH Mannheim VBlBW 2000, 113 u. 116): Der Bauherr braucht wegen des Gebots der Rücksichtnahme i. d. R. keinen größeren als den gesetzlichen Grenzabstand einzuhalten, auch wenn das Bauvorhaben infolge eigener Fehlplanungen des Nachbarn (zu geringer Grenzabstand und zu kleine Fenster) erhebliche Nachteile für den Nachbarn zur Folge hat (s. aber auch Rn. 302, 303).

d) (BVerwG BauR 1981, 354): Es verstößt gegen das Gebot der Rücksichtnahme, wenn in einem mit 2–3geschossigen Wohnhäusern bebauten Gebiet ein 12geschossiges Wohn- und Geschäftshaus genehmigt wird.

e) (BVerwGE 145, 145 = NVwZ 2013, 372): Es verstößt gegen das Rücksichtnahmegebot, wenn neben einem emissionsträchtigen Gewerbebetrieb ein Wohngebäude errichtet wird. Der nachbarliche Konflikt kann auch nicht dadurch gelöst werden, dass der Bauherr die Fenster als Schallschutzfenster ausgestalten muss, da dies in der TA Lärm nicht vorgesehen ist (s. dazu Dolde NVwZ 2013, 375).

f) (OVG Lüneburg BauR 1993, 440): Die Erweiterung eines Kundenparkplatzes verstößt gegen das Gebot der Rücksichtnahme, wenn durch die Abgase der Fahrzeuge die benachbarten Felder eines Landwirts, der sich auf Bioland-Produkte spezialisiert hat, mit Schadstoffen belastet werden.

g) (BVerwGE 89, 69 = NVwZ 1992, 977): Eine erhebliche Überschreitung der im Bebauungsplan festgesetzten Zahl der Wohnungen kann gegen das Gebot der Rücksichtnahme verstoßen, hier: 9 Wohnungen statt der nach dem Bebauungsplan zulässigen 2 Wohnungen (vgl. auch VGH Kassel BauR 2000, 1945). Aber: OVG Magdeburg BauR 2012, 756– Errichtung eines 4-geschossigen Gebäudes neben Gebäude mit 2 Geschossen verstößt nicht gegen das Gebot der Rücksichtnahme. Wenn aber zusätzlich die zulässige Geschossfläche um 55 % überschritten wird und außerdem die Festsetzungen über die Gebäudehöhe und die Zahl der Wohnungen erheblich überschritten werden, kann sich daraus insgesamt ein Verstoß gegen das Rücksichtnahmegebot ergeben (eb. VGH Mannheim VBlBW 2008, 147)

h) (OVG Bremen BauR 2003, 509): unzureichende Zahl von Stellplätzen kann bei unzumutbarer Störung durch den Parksuchverkehr gegen das Rücksichtnahmegebot verstoßen (eb. OVG Münster NVwZ-RR 2006, 306; VGH Mannheim NVwZ-RR 2008, 600).

i) (OVG Münster BauR 2006, 342): Verstoß gegen das Rücksichtnahmegebot, wenn bei einer Reihenhausanlage von einem großflächigen Balkon Einsicht in das nur 1 m entfernte Schlafzimmerfenster des Nachbarn möglich ist (eb. OVG Magdeburg BauR 2012, 756; a.M. VGH München BauR 2006, 501: gegen eine Einsicht kann sich der Nachbar durch Gardinen schützen; eb. OVG Lüneburg NVwZ 2008, 374; VGH Mannheim DÖV 2008, 735; OVG Saar BauR 2013, 442).

k) (BVerwG NVwZ 2007, 336): Eine Windkraftanlage kann wegen ihrer „optisch bedrängenden Wirkung" infolge der Drehbewegungen des Rotors rücksichtslos gegenüber einer nahe gelegenen Wohnbebauung sein (ebenso VGH Mannheim VBlBW 2006, 313).

l) (BVerwGE 148, 290 = NVwZ-RR 2014, 509): Es ist rücksichtslos, die eine Haushälfte eines 2-geschossigen Doppelhauses auf 4 Geschosse zu erhöhen, weil dadurch die für ein Doppelhaus erforderliche Identität beider Haushälften verloren geht (eb. VGH München NVwZ-RR 2014, 413).

Das Gebot der Rücksichtnahme verpflichtet nicht nur den Bauherrn zur Rücksichtnahme, sondern auch den Nachbarn, soweit es um schützenswerte Belange des Bauherrn geht.

Bsp. (BVerwGE 98, 235 = NVwZ 1996, 379 – lesenswert!): Wenn in einem durch Bebauungsplan festgesetzten allgemeinen Wohngebiet eine eigentlich als störender Gewerbebetrieb dort
unzulässige Autolackiererei genehmigt wurde, kann dieses nicht dazu führen, dass das Nachbargrundstück wegen der Immissionen dieses Betriebs nicht mit einem Wohnhaus bebaut werden darf. Vielmehr muss ein Kompromiss zwischen den beiderseitigen Interessen gefunden
werden, etwa durch eine bessere Isolierung des Betriebsgebäudes, eine Veränderung der Ar-
beitsabläufe oder notfalls auch durch den Einbau von Schallschutzfenstern in das Wohnhaus
(ähnlich auch BVerwG NVwZ 2000, 1050 – Errichtung eines Wohnhauses neben bestehendem
Sportplatz; OVG Münster BauR 2012, 476 – Errichtung eines Mehrfamilienhauses neben lär-
mintensivem Holzverarbeitungsbetrieb).

Das Gebot der Rücksichtnahme hat nicht uneingeschränkt nachbarschützende Wirkung. Wenn auf die historische Dachlandschaft Rücksicht genommen werden muss,
so verstößt ein Flachdach zwar gegen das Rücksichtnahmegebot, aber nicht gegen
die subjektiven Rechte der benachbarten Gebäudeeigentümer. Nachbarschutz
kommt dem Rücksichtnahmegebot nur zu, wenn in **„qualifizierter und zugleich in-
dividualisierter Weise"** auf die Belange der Nachbarn Rücksicht genommen werden muss (BVerwGE 52, 122 = NJW 1978, 62; BVerwGE 67, 334 = NJW 1984, 138;
BVerwGE 82, 343 = BauR 1989, 710; NVwZ-RR 1997, 516). Dabei hängt das Maß
der Rücksichtnahme nach der zitierten Rechtsprechung von einer Abwägung der
beiderseitigen Belange ab.

296 Nach der Rechtsprechung des BVerwG (BVerwGE 89, 69 = NVwZ 1992, 977; NVwZ
1987, 409; NVwZ 1999, 879; eb. Roeser in Berl. Komm. vor § 29 ff Rn. 30; Geiger in
Birkl E Rn. 47; Wolf NVwZ 2013, 247; a.M. Stühler BauR 2009, 1076; Dürr VBlBW
2015, 319; Brügelmann/Dürr, vor §§ 29 ff Rn. 50 m.w.N. zum Meinungsstand) stellt
das Gebot der Rücksichtnahme **kein allgemeines baurechtliches Gebot** dar, sondern hat nur insoweit nachbarschützende Wirkung, als der Gesetzgeber es als **ein-
fachrechtliches Gebot** in verschiedenen baurechtlichen Vorschriften normiert hat.
Die Gegenansicht stützt das Gebot der Rücksichtnahme dagegen unabhängig von
den baurechtlichen Vorschriften auf eine entsprechende Anwendung des im Zivilrecht aus § 242 BGB abgeleiteten nachbarlichen Gemeinschaftsverhältnisses. Das
Gebot der Rücksichtnahme ist nach der h.M. bei Außenbereichsvorhaben ein unge-
schriebener öffentlicher Belang gemäß § 35 Abs. 3 BauGB (BVerwGE 52, 122 = NJW
1978, 62; eb. BVerwG NVwZ 2007, 336); außerdem greift das BVerwG (NVwZ 1994,
687; eb. OVG Münster BauR 2006, 2034) zur Ableitung des Rücksichtnahmegebots
auch auf **§ 35 Abs. 3 Nr. 3 (schädliche Umwelteinwirkungen)** zurück. Ferner wurde
es im nichtbeplanten Innenbereich als Merkmal des **Einfügens** dem Tatbestand des
§ 34 Abs. 1 BauGB zugeordnet (BVerwG NJW 1981, 1973; NVwZ 1987, 128; VGH
Mannheim VBlBW 2003, 18 u. 2005, 74). Schließlich soll das Gebot der Rücksichtnahme bei Vorhaben im beplanten Bereich in **§ 15 Abs. 1 S. 2 BauNVO (unzumutbare Beeinträchtigung der Nachbarschaft)** verankert sein, soweit das Vorhaben
den §§ 2 ff. BauNVO entspricht (BVerwGE 67, 334 = NJW 1984, 138; BVerwGE 101,
364 = DVBl 1997, 61; BVerwGE 109, 314 = NVwZ 2000, 1050). Wenn das Bauvorhaben nach §§ 2 ff. BauNVO unzulässig ist und nur aufgrund einer Befreiung von den
Festsetzungen eines Bebauungsplans zugelassen werden könnte, leitet das BVerwG
(BVerwGE 82, 343 = NJW 1990, 1192) das Gebot der Rücksichtnahme aus der nach
§ 31 Abs. 2 BauGB gebotenen Würdigung nachbarlicher Belange ab.

297 Das Gebot der Rücksichtnahme darf **nicht zu einer allgemeinen Billigkeitslösung**
im Bereich des Baunachbarrechts führen. Soweit der Gesetzgeber **normativ festgelegt** hat, was der Bauherr darf und damit der Nachbar hinzunehmen hat, muss es
dabei sein Bewenden haben (eb. BVerwGE 68, 58 = NJW 1984, 250; NJW 1990,
257; BauR 1993, 445 für den Immissionsschutz).

Bsp. a) (BVerwG NVwZ 1985, 653): Dem Interesse des Nachbarn an der Belichtung und Belüftung seines Hauses ist i. d. R. durch die Vorschriften über die Abstandsflächen Rechnung getragen; der Nachbar kann deshalb aus dem Rücksichtnahmegebot i. d. R. keine weiter gehenden Schutzansprüche ableiten (eb. BVerwG NVwZ 1994, 68 u. 1999, 879; NVwZ-RR 1997, 516; VGH Mannheim VBlBW 2008, 147;VBlBW 2014, 16).

b) (BVerwG BauR 1993, 445): Für die Beeinträchtigung durch eine Schweinehaltung bietet das Gebot der Rücksichtnahme keinen weiter gehenden Schutz als §§ 5 Abs. 1 Nr. 1, 22 Abs. 1 Nr. 1 BImSchG.

Der Grundsatz, dass das Gebot der Rücksichtnahme i. d. R. keine weitergehenden **298** Anforderungen stellt als die bauordnungsrechtlichen Abstandsvorschriften, ist allerdings wegen der unterschiedlichen Funktionen von Bauplanungs- und Bauordnungsrecht zweifelhaft und wird durch die in Baden-Württemberg und auch einigen anderen Bundesländern erfolgte Reduzierung der Abstandsfläche auf 40 % der Außenwandhöhe, in GE- und GI-Gebieten sogar nur 12,5 %, in Frage gestellt (so auch OVG Münster NVwZ-RR 2009, 459; OVG Bautzen BauR 2006, 1104; Fickert/ Fieseler BauNVO, vor §§ 2–9 Rn. 31.3; a.M. OVG Berlin BauR 2010, 441). Das aus bauplanungsrechtlichen und damit bundesrechtlichen Vorschriften abgeleitete Rücksichtnahmegebot muss eigentlich bundesweit einheitlich ausgelegt werden und kann nicht von der unterschiedlichen Abstandsfläche in den einzelnen Bundesländern abhängen (Baden-Württemberg 0,4; Bayern 1,0). Dabei ist auch der unterschiedliche Schutzzweck der Abstandsregelung und des Rücksichtnahmegebots zu berücksichtigen. Das Rücksichtnahmegebot schützt das ungestörte Wohnen, was gerade nicht Zweck der Abstandsflächenregelung ist (s. dazu Rn. 206). Die Abstandsvorschriften stellen auch anders als das Rücksichtnahmegebot nicht darauf ab, ob das Bauvorhaben eine „erdrückende Wirkung" (s. dazu Rn. 308) auf das Nachbargebäude ausüben wird (VGH Mannheim NVwZ-RR 2008, 159). Trotz der dogmatischen Unterschiede zwischen Rücksichtnahmegebot und Abstandsflächenregelung ist es in tatsächlicher Hinsicht so, dass in der Regel bei Einhaltung der Abstandsvorschriften ein Verstoß gegen das Rücksichtnahmegebot entfällt (BVerwG NVwZ 1999, 879; VGH Mannheim NVwZ-RR 2008, 159).

Soweit es um Immissionen geht, wird die Grenze des Zumutbaren durch die technischen Regelwerke (TA-Lärm – s. dazu Boeddinghaus UPR 1999, 321, TA-Luft, DIN-Vorschriften, VDI-Richtlinien sowie insbes. Verordnungen nach § 7 BImSchG) bestimmt (BVerwGE 68, 58 = NVwZ 1984, 509; BVerwGE 98, 235 = NVwZ 1996, 379; NVwZ 2000, 1050). Die angeführten technischen Regelwerke legen allerdings keine Grenzwerte, sondern nur sog. Orientierungswerte fest; diese können im Einzelfall auch überschritten werden, soweit dieses nicht zu einer Gesundheitsgefährdung führen kann (VGH Mannheim NVwZ-RR 2011, 393).

6. Übersicht über die nachbarschützenden Normen

a) §§ 30–33 BauGB

Die Festsetzung eines Bebauungsplans über die zulässige Art der baulichen Nut- **299** zung durch Ausweisung von Baugebieten nach **§§ 2–11 BauNVO** sind nach allgemeiner Ansicht **nachbarschützend**, weil die Eigentümer im Plangebiet eine bau- und bodenrechtliche Schicksalsgemeinschaft (Austauschverhältnis) bilden (BVerwGE 44, 244 = NJW 1974, 811; BVerwGE 27, 29 = NJW 1967, 1770; BVerwGE 94, 151 = NJW 1994, 1546; BVerwGE 101, 364 = NVwZ 1997, 384; NVwZ 2008, 427; s. dazu im Einzelnen Brügelmann/Dürr § 30 Rn. 40 ff.). Aus diesem Austauschverhältnis folgt ein sog. **Gebietswahrungsanspruch** der Eigentümer von Grundstücken im Geltungsbereich eines Bebauungsplans (BVerwGE 101, 364 = NVwZ 1997, 364;

NVwZ 2012, 825; VGH Mannheim NVwZ-RR 2010, 45; OVG Münster BauR 2012, 59; Stühler BauR 2011, 1576; Kirchberg VBlBW 2015,225).

Der Gebietswahrungsanspruch ergibt sich aus der Festlegung der Eigenart der jeweiligen Baugebiete in Abs. 1 der §§ 2–9 BauNVO. Ein Vorhaben, das dieser Eigenart nicht entspricht, ist grundsätzlich unzulässig (vgl. Rn. 94).

Bsp. a) (BVerwGE 138, 166 = NVwZ 2011, 748): Eine Krypta (Begräbnisstätte) unter einer Kirche ist in einem Industriegebiet nicht baugebietsverträglich (eb. BVerwG NVwZ 2006, 457 für ein Krematorium in einem Wohngebiet; BVerwG NVwZ 2012, 786 für ein Krematorium mit Abschiedsraum im Gewerbegebiet).

b) BVerwGE 116, 155): Ein großer Zustellstützpunkt der Post ist im WA-Gebiet nicht gebietsverträglich.

Der Gebietswahrungsanspruch ist zu unterscheiden von dem sich aus § 15 Abs. 1 BauNVO ergebenden Rücksichtnahmegebot (s. dazu Stühler BauR 2011, 1576). Während der Gebietswahrungsanspruch auf die generelle Vereinbarkeit derartiger Vorhaben mit dem Baugebiet abstellt, betrifft § 15 Abs. 1 BauNVO die Vereinbarkeit eines an sich zulässigen konkreten Vorhabens mit dem Baugebiet (s. dazu Rn. 105).

Bsp. (BVerwGE 128, 118 = NVwZ 2007, 587): Die Errichtung eines türkischen Konsulats in einem Gewerbegebiet kann wegen der erhöhten Gefahr terroristischer Anschläge gegen das Rücksichtnahmegebot verstoßen, auch wenn Verwaltungsgebäude in einem Gewerbegebiet nach § 8 Abs. 2 BauNVO grundsätzlich zulässig sind.

Rechtsdogmatisch geht der Gebietswahrungsanspruch dem Anspruch auf Rücksichtnahme vor (BVerwGE 138, 166 = NVwZ 2011, 748; VGH Mannheim BauR 2010, 882; Stühler BauR 2011, 1576).

Der Anspruch auf Erhaltung der städtebaulichen Eigenart des Baugebiets hängt nach der Rechtsprechung des BVerwG nicht davon ab, ob der Nachbar durch eine Bebauung, die nach §§ 2 ff. BauNVO in dem jeweiligen Baugebiet nicht zulässig ist, überhaupt nachteilig betroffen wird (BVerwGE 101, 364; NVwZ 2000, 1054; NVwZ 2008, 427; Stühler BauR 2007, 1850). Dies wird damit begründet, dass im Geltungsbereich eines Bebauungsplans ein Austauschverhältnis zwischen den Grundstückseigentümern bestehe und jeder Grundstückseigentümer sich unabhängig von der Schwere der Beeinträchtigung gegen eine Störung dieses Austauschverhältnisses zur Wehr setzen könne.

Ob Festsetzungen nach §§ 1 Abs. 4–10 BauNVO nachbarschützend sind, hängt vom Zweck der jeweiligen Festsetzung ab; eine generalisierende Aussage ist insoweit nicht möglich (VGH Mannheim NVwZ 1997, 401 u. NVwZ 1999, 439; OVG Münster BauR 2014, 1258).

Den §§ 12–14 BauNVO wird vom BVerwG nachbarschützende Wirkung beigemessen, weil sie inhaltlich eine Ergänzung der Baugebietsfestsetzung nach §§ 2 ff. BauNVO darstellen (zu § 12 BauNVO: BVerwGE 94, 151 = NJW 1994, 1546; BVerwG NVwZ 2003, 1516; s. auch Sarnighausen NVwZ 1996, 7; Dürr BauR 1997, 7; zu § 13 BauNVO: BVerwG NVwZ 1996, 787; zu § 14 BauNVO: BVerwG NVwZ 2004, 1247).

300 Der Nachbarschutz geht in räumlicher Hinsicht so weit, wie das Bauvorhaben Wirkungen auf andere Grundstücke entfaltet; § 15 Abs. 1 S. 2 BauNVO verbietet auch unzumutbare Störungen in der Umgebung des Baugebiets. Daraus folgt, dass auch der Eigentümer eines Grundstücks außerhalb des Geltungsbereichs des Bebauungsplans eine Verletzung des Bebauungsplans rügen kann (sog. **planübergreifender Nachbarschutz** – s. dazu BVerwGE 44, 244 = NJW 1974, 811; NVwZ 2008, 427; BauR 2013, 935; VGH Mannheim VBlBW 1996, 24; 1997, 63). Da in Bezug auf

Grundstückseigentümer außerhalb des Geltungsbereichs des Bebauungsplans aber kein bau- und bodenrechtliches Austauschverhältnis besteht (vgl. Rn. 296), kann der außerhalb des Bebauungsplangebiets gelegene Grundstückseigentümer nur eine Verletzung des Rücksichtnahmegebots rügen (VGH München NVwZ-RR 1999, 226; OVG Münster BauR 1997, 279; VGH Mannheim VBlBW 1997, 62; a.m. OVG Münster NVwZ-RR 2003, 818).

Bsp. (VGH Mannheim BRS 49 Nr. 26): Die Bewohner eines Wohngebiets können sich dagegen zur Wehr setzen, dass in einem unmittelbar angrenzenden Baugebiet, welches durch Bebauungsplan als allgemeines Wohngebiet ausgewiesen ist, eine große Gaststätte genehmigt wird.

Da das Gebot der Rücksichtnahme bereits bei der Aufstellung eines Bebauungs- **301** plans zu beachten ist (s. dazu oben Rn. 51), ist es bei der Prüfung der Vereinbarkeit eines Vorhabens mit der im Bebauungsplan festgesetzten Art der baulichen Nutzung i. d. R. nicht nochmals zu prüfen (BVerwGE 145, 145 = NVwZ 2013, 372). Lediglich bei § 15 BauNVO spielt das Gebot der Rücksichtnahme eine Rolle; diese Vorschrift wird vom BVerwG (BVerwGE 67, 334 = NJW 1984, 138; BVerwGE 82,343 = NJW 1990, 1192) geradezu als gesetzliche Ausprägung des Gebots zur Rücksichtnahme verstanden und hat daher insoweit nachbarschützende Wirkung Das Rücksichtnahmegebot kann zur Bewältigung eines nachbarlichen Konflikts im Geltungsbereich eines Bebauungsplans allerdings nur herangezogen werden, wenn der Bebauungsplan für eine derartige Konfliktbewältigung noch „offen" ist (so BVerwGE 147, 379 = BauR 2014, 210). Dies ist nach Ansicht des BVerwG nicht mehr der Fall, wenn der Konflikt nach den Vorstellungen des Gemeinderats im Bebauungsplan bewältigt wurde. Ist diese Bewältigung nicht gelungen, dann führt dies zur Nichtigkeit des Bebauungsplans, nicht aber zur Konfliktbewältigung mit Hilfe des Gebots der Rücksichtnahme.

Dagegen sind die **sonstigen Festsetzungen des Bebauungsplans**, insbesondere **302** der zulässigen Überbauung der Grundstücke (Grundflächen- und Geschossflächenzahl), der Festsetzung von Baugrenzen und Baulinien oder der zulässigen Geschosszahl nur dann nachbarschützend, wenn sich aus dem Bebauungsplan ergibt, dass diese Festsetzungen erlassen wurden, um private Belange zu schützen (BVerwG NVwZ 1996, 170; BauR 1995, 823; VGH Mannheim NVwZ-RR 2005, 397; VBlBW 2008, 273). Wird das Maß der baulichen Nutzung und die zulässige Überbauung der Grundstücke aus Gründen der städtebaulichen Gestaltung geregelt, dann haben diese Festsetzungen keine nachbarschützende Wirkung (BVerwG NVwZ 1996, 170; VGH Mannheim NVwZ-RR 2000, 348 – straßenseitige Baugrenze). Anders ist es aber, wenn durch die Beschränkung der baulichen Nutzung eine aufgelockerte Bebauung (Villenviertel) zur Gewährleistung der Wohnruhe bewirkt werden soll oder sonstige Umstände ergeben, dass der Schutz der Grundstückseigentümer bezweckt wird (BVerwG BauR 1973, 238; NVwZ 1985, 748); bei seitlichen Baugrenzen ist sogar im Regelfall eine nachbarschützende Wirkung zu bejahen, weil dadurch das wechselseitige Störungspotential vermindert werden soll (VGH Mannheim NJW 1992, 1060; VBlBW 2000, 112; NVwZ-RR 2005, 397).

Bsp. (VGH Mannheim VBlBW 1991, 25; NVwZ-RR 1990, 394): Die Festsetzung von Baugrenzen oder Gebäudehöhen kann nachbarschützend sein, wenn dadurch erkennbar für die Hinterlieger die Aussicht freigehalten werden soll (so auch BVerwG BRS 40 Nr. 92).

Nach diesen Grundsätzen hat i. d. R. neben der Festsetzung seitlicher Baugrenzen eigentlich nur noch die Festsetzung von Doppelhäusern (BVerwGE 148, 290 = NVwZ-RR 2014, 509, s. Rn. 301) nachbarschützende Wirkung. Sonstige Festsetzungen über das Maß der baulichen Nutzung, der Bauweise und der überbaubaren Fläche erfolgen i. d. R. ausschließlich aus gestalterischen Gründen und sind daher nicht nachbarschützend (BVerwG NVwZ 1996, 170; VGH Mannheim NVwZ-RR 2005, 1433; speziell für die Gebäudehöhe bzw. die Zahl der Vollgeschosse: VGH Mannheim VBlBW 2008, 273; BauR 1995, 512; für die Festsetzungen der Grund- oder Geschoßflächenzahl: VGH Mannheim BauR 1987, 67; OVG Bremen NVwZ-RR 1990, 293; für die Festsetzung der Bauweise: BVerwG NVwZ 2000, 1055; VGH Mannheim NVwZ-RR 1999, 492; für die Festsetzung der Baulinien und Baugrenzen: BVerwG NVwZ 1996, 888; VGH Mannheim VBlBW 2007, 387; NVwZ-RR 2005, 397; BauR 2005, 1433).

Ausnahmsweise kann nach Ansicht des BVerwG (BVerwGE 67, 334 = NJW 1984, 138; BVerwGE 82, 334 = NJW 1990, 1192; BVerwGE 89, 69 = NVwZ 1992, 977) auch eine Abweichung von einer grundsätzlich nicht nachbarschützenden Festsetzung eines Bebauungsplans einen nachbarlichen Abwehranspruch begründen, wenn nämlich das Bauvorhaben gegen das **Gebot der Rücksichtnahme** verstößt (s. dazu oben Rn. 295 ff.). Dieses kommt wohl nur bei einem erheblichen Überschreiten der zulässigen Geschosszahl oder Geschossflächenzahl in Betracht, wenn das Volumen des Bauvorhabens den Nachbarn „erdrückt" (BVerwG NVwZ 2007, 336; VGH Mannheim NVwZ-RR 2008, 159; OVG Lüneburg NVwZ-RR 2014, 413) oder sein Gebäude „eingemauert" wird bzw. eine „Gefängnishofsituation" entsteht (VGH Mannheim NVwZ-RR 2005, 89; OVG Magdeburg BauR 2012, 756).

Die nachbarschützende Wirkung des Gebots der Rücksichtnahme ergibt sich dabei nach der Rechtsprechung des BVerwG aus § 15 Abs. 1 S. 2 BauNVO, wonach eine unzumutbare Störung der Nachbarschaft unzulässig ist (s. dazu Rn. 105 u. Rn. 295). Diese Vorschrift findet Anwendung, wenn ein Bauvorhaben nach §§ 2–14 BauNVO zwar grundsätzlich zulässig ist, sich aber wegen der konkreten Ausgestaltung im Einzelfall gleichwohl als rücksichtslos gegenüber der Nachbarschaft erweist (BVerwGE 82, 343 = NJW 1990, 1192; NVwZ 2007, 336 u. 587; OVG Hamburg BauR 2009, 1556). Wenn dagegen die Festsetzungen des Bebauungsplans bei der Erteilung der Baugenehmigung missachtet werden, ist das Gebot der Rücksichtnahme aus § 31 Abs. 2 BauGB abzuleiten (BVerwGE 82, 343 = NJW 1990, 1192).

303 **§ 31 Abs. 2 BauGB** ist jedenfalls insoweit nachbarschützend, als von einer nachbarschützenden Norm Befreiung erteilt wird (so BVerwG NJW 1977, 1789; OVG Münster BauR 2009, 1409). Nach § 31 Abs. 2 BauGB sind die nachbarlichen Belange aber in jedem Fall, also auch bei nicht-nachbarschützenden Normen zu würdigen, wobei die Würdigung unter Berücksichtigung des Gebots der Rücksichtnahme zu erfolgen hat (BVerwGE 82, 334 = NJW 1989, 1192; NVwZ-RR 1999, 8; VGH Mannheim NVwZ-RR 2010, 383). § 31 Abs. 2 BauGB kommt daher auch dann nachbarschützende Wirkung zu, wenn die Norm, von der befreit wird, selbst nicht nachbarschützend ist. Dies ist die konsequente Fortentwicklung des in BVerwGE 67, 334 entwickelten Grundsatzes, dass auch bei nicht-nachbarschützenden Festsetzungen im Rahmen des Gebots der Rücksichtnahme ein Nachbarschutz in Betracht kommt (s. oben Rn. 302). Bei Befreiungen von nachbarschützenden Festsetzungen stellt dagegen jede nicht durch § 31 Abs. 2 BauGB gedeckte Abweichung eine Verletzung von Rechten des Nachbarn dar, ohne dass es auf einen Verstoß gegen das Gebot der Rücksichtnahme ankommt.

Wird ein Bauvorhaben im Vorgriff auf einen zukünftigen Bebauungsplan nach **§ 33 BauGB** genehmigt, dann wird der Nachbar in seinen Rechten verletzt, soweit die zukünftigen Festsetzungen des Bebauungsplans nachbarschützende Wirkung haben werden (OVG Koblenz BauR 2012, 1362; VGH Mannheim NVwZ-RR 2014, 455); im

Verhältnis Bauherr – Nachbar wird also fingiert, dass der Bebauungsplanentwurf schon rechtswirksam sei.

Dagegen begründet eine **Veränderungssperre**, die zur Sicherung der Planung erlassen wurde, keine nachbarlichen Abwehrrechte (BVerwG BauR 1989, 186). Denn die Veränderungssperre dient nur dem öffentlichen Interesse (vgl. § 14 Abs. 2 BauGB), sie soll nicht zugleich auch private Belange schützen.

b) § 34 BauGB

Nach nunmehr gefestigter Rechtsprechung (BVerwG NJW 1981, 1973; NJW 1986, **304** 1703; NVwZ 2000, 552; OVG Münster NVwZ-RR 2009, 459; VGH Mannheim NVwZ-RR 2010. 383 u. 387; ausführlich VGH Mannheim VBlBW 2003, 18) ist **§ 34 Abs. 1 BauGB** nur insoweit nachbarschützend, als dem **Gebot der Rücksichtnahme** (s. dazu oben Rn. 295) Nachbarschutz zukommt; das Gebot der Rücksichtnahme ist nach Ansicht der zitierten Rechtsprechung dabei in dem Tatbestandsmerkmal des Einfügens in § 34 Abs. 1 BauGB enthalten (s. dazu Rn. 129). Ein Verstoß gegen das Rücksichtnahmegebot wird im Rahmen des § 34 BauGB i. d. R. nur anerkannt bei unzumutbaren Immissionsbelastungen sowie bei einer unzumutbaren Einschränkung der Belichtung und Belüftung, also den sog. Erdrückungs- oder Einmauerungsfällen (s. dazu die Beispiele d), e) und h) in Rn. 295).

Im Übrigen kommt § 34 Abs. 1 BauGB nach der in Rechtsprechung und Literatur überwiegend vertretenen Ansicht keine nachbarschützende Wirkung zu, weil es an einem Austauschverhältnis (vgl. Rn. 299) durch eine Planungsentscheidung fehlt (so BVerwG NVwZ 1996, 888). Demgegenüber hat **§ 34 Abs. 2 BauGB** nach der Rechtsprechung des BVerwG (BVerwGE 94, 151 = NJW 1994, 1546) hinsichtlich der Art der baulichen Nutzung nach §§ 2 ff. BauNVO in vollem Umfang **nachbarschützende Wirkung**; das BVerwG begründet dieses mit der durch § 34 Abs. 2 BauGB bezweckten Gleichstellung des beplanten und des nichtbeplanten Innenbereichs. Hinsichtlich des Maßes der baulichen Nutzung verbleibt es dagegen dabei, dass Nachbarschutz nur im Rahmen des Gebots der Rücksichtnahme gewährt wird.

Die vom BVerwG nunmehr vorgenommene Differenzierung zwischen Abs. 1 und 2 ist nicht gerechtfertigt, weil nichts dafür spricht, dass der Gesetzgeber bei § 34 Abs. 1 BauGB nur einen auf schwerwiegende Beeinträchtigungen beschränkten Nachbarschutz zuerkennen wollte. Das Gebot des Einfügens gebietet nicht weniger als §§ 2 ff. BauNVO einen Ausgleich der Interessen von Bauherrn und Nachbarschaft. Es spricht daher einiges dafür, § 34 BauGB generell insoweit Nachbarschutz zuzuerkennen, als es um diejenigen Tatbestände geht, denen auch im beplanten Bereich ein Nachbarschutz zukommt (VGH Kassel NVwZ-RR 2009, 99; Fickert/Fieseler vor §§ 2– 9 Rn. 30.2; Wolf NVwZ 2013, 247; weitere Nachweise bei Brügelmann/Dürr § 34 Rn. 154).

c) § 35 BauGB

Nach der früheren Rechtsprechung des BVerwG (BVerwGE 28, 268; DVBl 1971, 747; **305** BauR 1989, 454) war **§ 35 Abs. 1 BauGB** nachbarschützend, soweit die Privilegierung der in Abs. 1 aufgeführten Vorhaben durch die Zulassung eines anderen Bauvorhabens beeinträchtigt wurde.

Zur Begründung führte das BVerwG aus, der Gesetzgeber habe die privilegierten Vorhaben generell dem Außenbereich zugeordnet und damit eine der Ausweisung eines Baugebiets nach §§ 3 ff. BauNVO vergleichbare generelle Regelung getroffen.

Diese Rechtsprechung hat das BVerwG (NJW 2000, 552; eb. VGH Mannheim VBlBW 2006, 313) dahin gehend modifiziert, dass auch der Inhaber eines privilegierten Vorhabens im Außenbereich sich **nur auf einen Verstoß gegen das Rücksichtnahmegebot** berufen kann, da der Außenbereich nicht wie ein durch Bebauungsplan überplanter Bereich durch eine einheitliche bauliche Nutzung geprägt wird und daher auch keine bodenrechtliche Schicksalsgemeinschaft (Austauschverhältnis – Rn. 299) besteht. Der Unterschied zur früheren Rechtsprechung ist im praktischen Ergebnis nicht bedeutsam, da es i. d. R. rücksichtslos ist, wenn eine mit der vorhandenen Bebauung im Außenbereich nicht zu vereinbarende Nutzung vorgenommen werden soll. Dieses ist insbesondere der Fall bei einer Errichtung eines Wohngebäudes in der Nachbarschaft eines emittierenden Landwirtschafts- oder Gewerbebetriebs im Außenbereich, wenn dadurch die Privilegierung in Frage gestellt wird.

Bsp. a) (BVerwG BauR 2005, 1138): Es verstößt gegen das Gebot der Rücksichtnahme, wenn neben einem vorhandenen Segelflugplatz eine Windkraftanlage errichtet wird (s. auch oben Rn. 295, Beispiel k).

b) (BVerwG NVwZ 2000, 552): Der Inhaber einer Gärtnerei mit einer Holzheizanlage im Außenbereich kann die Errichtung eines Wohnhauses in der Nachbarschaft nicht verhindern, weil die Privilegierung der Gärtnerei sich nicht auf die Art der Heizung bezieht.

c) (OVG Lüneburg BauR 1988, 321): Kein Nachbarschutz eines Landwirts gegen die Errichtung eines Wohnhauses neben seinem Landwirtschaftsbetrieb, wenn der Landwirtschaftsbetrieb keine unzumutbaren Immissionen hervorruft.

Der Eigentümer eines nach **§ 35 Abs. 2 BauGB** genehmigten Gebäudes kann sich gegen die Zulassung weiterer Bauvorhaben wenden, soweit er sich auf eine Verletzung des Gebots der Rücksichtnahme berufen kann (BVerwGE 52, 122 = NJW 1978, 62).

Bsp. (OVG Münster BauR 2006, 2034): Ein Wolfsgehege neben einem Wohnhaus ist wegen des nächtlichen Geheuls der Wölfe rücksichtslos.

d) Erschließung

306   Nach §§ 29 ff. BauGB darf eine Baugenehmigung nur erteilt werden, wenn die **Erschließung** gesichert ist; diese Anforderung ist **nicht nachbarschützend** (BVerwGE 50, 282 = NJW 1976, 1987; VGH Mannheim NVwZ 1998, 975; OVG Lüneburg BauR 1982, 372; OVG Münster BauR 1983, 445). Eine Ausnahme ist aber dann zu machen, wenn wegen der fehlenden Erschließung ein Notwegrecht nach § 917 BGB beansprucht werden könnte (BVerwGE 50, 282 – vgl. Rn. 291).

Ausnahmsweise kann der Nachbar sich bei einer unzureichenden Erschließung auf einen Verstoß gegen das Rücksichtnahmegebot berufen, wenn durch das neue Bauvorhaben die Erschließung seines eigenen Grundstücks unzumutbar beeinträchtigt wird (Mampel Nachbarschutz Rn. 1058; Sauter § 55 Rn. 78).

e) Bauordnungsrecht

307   Im Bauordnungsrecht hat vor allem die Frage des Nachbarschutzes der Abstandsflächenregelung der §§ 5, 6 LBO Bedeutung. Diese Vorschriften sollen die Belichtung und Besonnung des Nachbargrundstücks schützen (vgl. Rn. 206). § 5 Abs. 1 LBO verlangt, dass grundsätzlich um ein Gebäude herum eine Fläche unbebaut bleibt und zwar unabhängig davon, in welchem Abstand zur Grenze das Gebäude liegt. Durch die Forderung des § 5 Abs. 2 LBO, dass nämlich die Abstandsfläche auf dem eigenen Grundstück liegen muss, wird aber zugleich ein Abstand zwischen dem Gebäude und der Grundstücksgrenze sichergestellt. Es ist deshalb unbestritten, dass

die Regelungen der **§§ 5, 6 LBO nachbarschützend** sind (VGH Mannheim VBlBW 2011, 67; 2015, 31).

Die Sonderregelung des § 6 Abs. 1 LBO über die Zulässigkeit von Grenzgaragen und **308** bestimmten kleineren Anlagen ohne Einhaltung einer Abstandsfläche dienen auch dem Schutz des Nachbarn. Dieser hat Anspruch darauf, dass der Grenzabstand eingehalten wird, wenn die in § 6 Abs. 1 LBO genannten Maße überschritten werden (VGH Mannheim VBlBW 2011, 67).

Durch **§ 6 Abs. 3 LBO** ist klargestellt worden, dass nachbarliche Belange bei der Zulassung einer Ausnahme erst dann zu berücksichtigen sind, wenn die Ausnahme zu einer erheblichen Beeinträchtigung des Nachbarn führt (s. dazu Rn. 214).

Im Übrigen genügt es, den **Nachbarschutz der bauordnungsrechtlichen Vor-** **309** **schriften** in der nachfolgenden Übersicht zusammenzufassen (eine ausführliche Zusammenstellung findet sich bei Sauter § 55 Rn. 77).

(ja = nachbarschützend, nein = nicht nachbarschützend)

§ 3 LBO: ja (VGH Mannheim NVwZ-RR 1992, 348; 1995, 561; OVG Berlin BauR 1992, 215)

§ 4 Abs. 1 LBO: nein (VGH Mannheim VBlBW 1984, 150); Abs. 3: ja (VGH Mannheim VBlBW 1983, 244; BauR 1989, 444; BauR 1996, 366)

§§ 5, 6 LBO: s. oben Rn. 307

§ 10 LBO: nein (VGH Mannheim VBlBW 1992, 297; BRS 36 Nr. 19)

§ 11 LBO: nein (VGH Mannheim NVwZ-RR 2012, 500)

§ 13 Abs. 1 LBO: ja (VGH Mannheim VBlBW 2009, 65; OVG Bremen NVwZ-RR 2002, 488; OVG Münster BauR 2003, 1712)

§ 14 LBO: ja (VGH Mannheim Beschl. v. 28.4.1978 – VIII 13/78; Urt. v. 31.5. 1972 – III 831/72)

§ 15 LBO i. V. m. 6 ff. LBOAVO: ja (OVG Münster BauR 2003, 1712; OVG Koblenz NVwZ-RR 2014, 30)

§ 27 Abs. 4 u. 6 LBO: ja (VGH Mannheim VBlBW 1992, 103)

§ 37 Abs. 1 u. 2 LBO: nein (VGH Mannheim VBlBW 2014, 545; NVwZ-RR 2008, 600; aber evtl. Verstoß gegen Rücksichtnahmegebot wegen Parksuchverkehr (BVerwG NVwZ 2003, 1516; OVG Bremen BauR 2003, 509; OVG Münster NVwZ-RR 2006, 306)

§ 37 Abs. 8 LBO: ja (VGH Mannheim VBlBW 2002, 445)

§ 55 LBO: ja, aber unterbliebene Anhörung kann im Widerspruchsverfahren geheilt werden (VGH Mannheim Urt. v. 19.4.1972 – III 105/69)

§ 74 LBO: Baugestalterische Vorschriften nicht nachbarschützend (OVG Münster NVwZ-RR 2007, 744 – Dachform)

Ein allgemeines „Umweltrecht", d.h. ein Anspruch auf gesunde Umwelt wird bisher **310** abgelehnt (BVerwGE 54, 311 = NJW 1978, 554). Das BVerwG hat aber erklärt, bei Beeinträchtigung der Gesundheit durch ein Bauvorhaben könne sich ein Abwehrrecht aus Art. 2 Abs. 2 GG ergeben (s. dazu oben Rn. 292).

7. Verzicht und Verwirkung im Nachbarrecht

311 Der Nachbar kann auf die ihm zustehenden öffentlich-rechtlichen Abwehransprüche **verzichten** (BVerwG BRS 28 Nr. 125; VGH Mannheim NVwZ-RR 1996, 310; OVG Münster BauR 2001, 89). Dieses ändert allerdings nichts daran, dass die Baurechtsbehörde die Baugenehmigung dennoch ablehnen muss, wenn die Vorschrift, auf deren Einhaltung der Nachbar verzichtet, neben den Belangen des Nachbarn auch öffentliche Belange schützen soll (BVerwG NVwZ 2000, 1050; DVBl 1979, 622; VGH Mannheim NVwZ-RR 1996, 310); das ist z.b. bei der Abstandsregelung des § 5 LBO der Fall, die nicht nur dem privaten Interesse an Belichtung und Belüftung, sondern auch dem öffentlichen Interesse an gesunden Wohnverhältnissen dient. Ein im Baugenehmigungsverfahren beachtlicher **Verzicht** kann nur **gegenüber der Baurechtsbehörde** ausgesprochen werden (VGH Mannheim NVwZ 1983, 229; OVG Münster BauR 2004, 62). Ein Verzicht gegenüber dem Bauherrn stellt eine privatrechtliche Vereinbarung dar, die nach § 58 Abs. 3 LBO nicht beachtet werden muss (VGH Mannheim BRS 22 Nr. 176), aber beachtet werden kann, wenn sie der Baurechtsbehörde vorgelegt wird (VGH Mannheim VBlBW 1991, 218). Ein gegenüber der Baurechtsbehörde erklärter Verzicht auf die Einhaltung nachbarschützender Normen kann jedenfalls nach Erteilung der Baugenehmigung nicht mehr widerrufen werden (VGH Mannheim BRS 27 Nr. 164; VGH München BauR 1980, 85; OVG Münster BauR 2001, 89); der Verzicht kann allerdings unter den Voraussetzungen der §§ 119 ff. BGB angefochten werden (VGH Mannheim BRS 32 Nr. 164; OVG Münster BauR 2001, 89).

Ein Verzicht kann aber nur dann angenommen werden, wenn der Nachbar diesen **eindeutig** erklärt. Es reicht nicht aus, dass der Nachbar im Anhörungsverfahren keine Einwendungen erhebt (VGH Mannheim BRS 27 Nr. 164) oder seine Einwendungen zurück nimmt (VGH Mannheim BRS 30 Nr. 91; 32 Nr. 164). In der Unterschrift unter die Baupläne wird i. d. R. bereits ein Verzicht zu sehen sein (OVG Koblenz DVBl 1982, 369; VGH Mannheim BRS 32 Nr. 164; OVG Münster BauR 2001, 89).

Der Verzicht **bindet auch die Rechtsnachfolger** (VGH Kassel BRS 56 Nr. 181); dieses ergibt sich zumindest mittelbar aus § 58 Abs. 3 LBO.

312 Schließlich kann das Recht des Nachbarn, sich auf nachbarschützende Normen zu berufen, auch durch **Verwirkung** untergehen (s. dazu VGH Mannheim VBlBW 2015, 31; OVG Lüneburg NVwZ-RR 2011, 807 – lesenswert; Troidl NVwZ 2004, 315). Dieses ist nach der Rechtsprechung des BVerwG (BVerwGE 44, 294 = NJW 1974, 1260; BVerwGE 78, 35 = NJW 1988, 839; BauR 1997, 281; eb. VGH Mannheim VBlBW 1992, 103; BauR 2012, 1637) vor allem dann der Fall, wenn der Nachbar trotz sicherer Kenntnis vom Bauvorhaben **ein Jahr lang nichts unternimmt, insbesondere keine Rechtsmittel einlegt (formelle Verwirkung)**. Das BVerwG begründet dieses mit dem nachbarschaftlichen Gemeinschaftsverhältnis, das den Nachbarn verpflichtet, seine Einwendungen nicht unangemessen spät zu erheben; die Jahresfrist beruht auf einer analogen Anwendung des § 58 Abs. 2 VwGO.

Dabei kommt es für den **Beginn der Jahresfrist** nicht darauf an, wann der Nachbar tatsächlich Kenntnis vom Bauvorhaben gehabt hat; maßgeblich ist vielmehr, wann der Nachbar das Bauvorhaben hätte zur Kenntnis nehmen müssen (BVerwG NVwZ 1988, 532).

Die Verwirkung tritt jedoch nicht ein, wenn der Bauherr das Gebäude fertig stellt, bevor der Nachbar Rechtsmittel einlegen konnte. Denn in diesem Fall ändert ein Widerspruch nichts mehr daran, dass das Gebäude vorhanden ist.

Der Nachbar kann aber gleichwohl seine Abwehrrechte aus **materiell-rechtlichen Gründen** verwirken. Dies setzt voraus, dass er lange Zeit seine Rechte nicht geltend macht (Vertrauensgrundlage), so dass der Bauherr darauf vertraut, der Nachbar habe sich mit dem Bauwerk abgefunden (Vertrauenstatbestand) und er infolgedessen Maßnahmen ergreift, deren Rückgängigmachung ihm nicht zugemutet werden kann (Vertrauensbetätigung – s. dazu VGH Mannheim VBlBW 2015, 31). Nur wenn alle drei Voraussetzungen gegeben sind, tritt eine materiell-rechtliche Verwirkung ein.

Aber auch vor Ablauf dieser Jahresfrist können Nachbarrechte materiell-rechtlich verwirkt werden, wenn nämlich der Nachbar durch sein Verhalten beim Bauherrn den berechtigten Eindruck erweckt, er werde keine Einwendungen gegen das Bauvorhaben erheben.

Bsp. a) (OVG Münster BauR 2004, 62): Der Nachbar legt Widerspruch ein, obwohl er vom Bauherrn eine Entschädigung von 3,2 Mill. DM (2-facher Grundstückswert) erhalten hatte als Ausgleich für die zu erwartenden Beeinträchtigungen.

b) (OVG Münster NVwZ-RR 1993, 397): Der Nachbar gestattet zunächst dem Bauherrn, eine Leitung für Fertigbeton über das Grundstück des Nachbarn zu legen und legt danach Widerspruch gegen die Baugenehmigung ein (eb. auch OVG Greifswald NVwZ-RR 2003, 17).

c) (VGH Kassel NVwZ-RR 1991, 171): Der Nachbar hatte vor der Einlegung des Rechtsmittels das Baugrundstück an den Bauherrn verkauft und dessen Baukonzeption gekannt.

Die Verwirkung tritt jedenfalls dann ein, wenn der Nachbar die Errichtung des Bauvorhabens zur Kenntnis nimmt und gleichwohl erst nach der Fertigstellung Rechtsmittel einlegt (BVerwG NVwZ-RR 1991, 111) oder aber ausdrücklich erklärt, er sei mit dem Bauvorhaben einverstanden und werde nichts dagegen unternehmen (BVerwG NJW 1988, 730).

Die Verwirkung setzt nicht voraus, dass es sich um ein genehmigtes Bauvorhaben handelt; auch gegenüber einem **Schwarzbau** kann das Recht, nachbarliche Abwehransprüche zu erheben, verwirkt werden (BVerwG BauR 1997, 281; NJW 1998, 328).

Die Verwirkung nachbarlicher Abwehrrechte wirkt auch gegenüber dem **Rechtsnachfolger** des Nachbarn (VGH Mannheim VBlBW 1992, 103).

8. Anspruch auf Einschreiten der Baurechtsbehörde

Es ist umstritten, ob der von einem rechtswidrigen, nicht genehmigten oder unter **313** Überschreitung der Baugenehmigung errichteten Bau betroffene Nachbar grundsätzlich nur einen Anspruch auf eine ermessensfehlerfreie Entscheidung der Baurechtsbehörde über ein Einschreiten zu seinen Gunsten hat, wobei das Ermessen bei einer gewichtigen Beeinträchtigung auf Null reduziert sein kann (so VGH Mannheim NVwZ-RR 2008, 162; VBlBW 2015, 31; VGH München NVwZ-RR 2009, 628) oder ob grundsätzlich ein Anspruch des Nachbarn auf Einschreiten der Baurechtsbehörde besteht, sofern es keine speziellen Gründe gibt, hiervon abzusehen (so BVerwG BauR 2000, 1318; OVG Münster BauR 2009, 1716 – einer 80jährigen Frau ist Umzug nicht mehr zumutbar; OVG Lüneburg BauR 2012, 933; OVG Bautzen BauR 2014, 978; s. dazu Mehde/Hansen NVwZ 2010, 14). Für die erste Ansicht spricht, dass §§ 47, 65 LBO eine Ermessensermächtigung enthalten und der Bauherr einen Anspruch darauf hat, dass die Baurechtsbehörde hiervon auch Gebrauch macht. Eine Ermessensentscheidung gegen ein Einschreiten ist jedenfalls dann geboten, wenn die Verletzung der nachbarschützenden Vorschriften nur zu einer unbedeutenden Beeinträchtigung des Nachbarn führt (VGH Mannheim VBlBW 2015,31; OVG Münster BauR 2009, 1716; VGH München NVwZ-RR 2009, 628: Unterschreitung der Abstandsfläche um 5 cm). Letztlich kommt es auf die jeweilige Einzelfallsituation an.

Bsp. (OVG Lüneburg BauR 2012, 933): Überschreitet eine Grenzgarage die zulässige Höhe um 30 cm, dann ist das zwar kein Bagatellfall mehr, aber andererseits nicht so schwerwiegend, dass der Nachbar einen Anspruch auf Einschreiten hat.

314 Verstößt das Bauvorhaben lediglich gegen nicht-nachbarschützende Normen, hat der Nachbar keinen Anspruch auf fehlerfreie Ermessensentscheidung (VGH Mannheim BauR 1979, 222; VBlBW 1992, 148).

Wenn der Nachbar mit Erfolg die **Baugenehmigung angefochten** hat, aber das Bauvorhaben wegen des Wegfalls der aufschiebenden Wirkung des Rechtsmittels nach § 212 a BauGB in der Zwischenzeit bereits errichtet worden ist, räumt das BVerwG (BauR 2000, 1318; eb. VGH Mannheim BauR 2003, 1716) dem Nachbarn i. d. R. einen Anspruch gegenüber der Baurechtsbehörde auf Erlass einer Abbruchanordnung ein, weil nur auf diese Weise der durch die Baugenehmigung bewirkte Eingriff in das Eigentumsrecht des Nachbarn rückgängig gemacht werden könne. Das BVerwG trägt damit der **Folgenbeseitigungslast der Behörde** Rechnung. Sonst wäre die erfolgreiche Nachbarklage im Ergebnis sinnlos

Der Grundsatz, dass der Nachbar einen Anspruch auf Einschreiten der Baurechtsbehörde bei einer erheblichen Betroffenheit in einer geschützten Rechtsposition hat, gilt nach der Rechtsprechung des VGH Mannheim (NVwZ-RR 1995, 490; eb. VGH München NVwZ 1997, 923) auch für das **Kenntnisgabeverfahren** (s. dazu Uechtritz NVwZ 1996, 640; Bamberger NVwZ 2000, 983). Da hier das die Belange des Nachbarn sichernde Baugenehmigungsverfahren entfällt, muss ihm als Kompensation ein Anspruch auf ein Einschreiten der Baurechtsbehörde durch Erlass eines Bauverbots nach § 47 Abs. 1 LBO bzw. einer Baueinstellung nach § 64 LBO zuerkannt werden, wenn nachbarschützende Normen missachtet worden und die nachbarlichen Belange mehr als nur geringfügig berührt werden.

Die Möglichkeit des Nachbarn, die Verletzung nachbarschützender Baurechtsnormen im Rahmen eines zivilrechtlichen Unterlassungs- oder Beseitigungsanspruchs geltend zu machen, wurde bereits unter Rn. 284 erörtert; die Baurechtsbehörde ist berechtigt, den Nachbarn hierauf zu verweisen (BVerwG NVwZ 1998, 395).

9. Nachbarschutz bei öffentlichen Einrichtungen

315 Soweit eine öffentliche Einrichtung aufgrund einer **Baugenehmigung oder Zustimmung** (vgl. § 70 Abs. 1 LBO) errichtet und betrieben wird, muss der davon betroffene Nachbar **Rechtsmittel gegen die Baugenehmigung oder Zustimmung** einlegen. Unterlässt er dies, kann er später keine öffentlich-rechtlichen Abwehransprüche mehr geltend machen (VGH Mannheim VBlBW 1988, 433; VGH München NVwZ 1999, 87). Etwas anderes gilt freilich bei einer der Genehmigung nicht mehr entsprechenden Nutzung der Einrichtung, z.B. Mopedrennen Jugendlicher auf einem gemeindlichen Sportplatz (BVerwG NVwZ 1990, 858; VGH Mannheim a. a. O.; NVwZ 1990, 988; VGH München NVwZ-RR 2007, 462) oder die Nutzung eines Kinderspielplatzes für abendliche Treffen von Jugendlichen (VGH Mannheim NVwZ 2012, 837).

Bei einer Beeinträchtigung durch eine öffentliche Einrichtung, die **ohne eine Baugenehmigung** geschaffen worden ist, hat der Anlieger unstreitig die Möglichkeit, eine **Unterlassungsklage** zu erheben, sofern er die Beeinträchtigung nicht zu dulden braucht (BVerwGE 79, 254 = NJW 1988, 2396 – Feuerwehrsirene; BVerwGE 81, 197 = NJW 1989, 1291; NVwZ 1991, 884 – Sportplatz; VGH Mannheim VBlBW 1998, 62;

VGH Mannheim VBlBW 2008, 345; NVwZ 2012, 837 – Kinderspielplatz; VGH Mannheim VBlBW 1983, 25; NVwZ-RR 1989, 137 – Sportplatz eines Schulzentrums; VGH Mannheim VBlBW 1985, 60 – kommunaler Festplatz; VGH München NVwZ-RR 1989, 532 – kommunaler Grillplatz; BVerwG NVwZ 1996, 1001; VGH München NVwZ 1997, 96 – Wertstoffhof; OVG Münster NVwZ 2001, 1181 u. VGH Kassel NVwZ-RR 2000, 668 – Wertstoffcontainer; VGH Mannheim VBlBW 1996, 108; VGH München NVwZ-RR 2007, 462 – kommunale Mehrzweckhalle; OVG Münster BauR 2000, 81 – Bolzplatz; VGH Mannheim VBlBW 2000, 483 – Jugendhaus).

Als **Anspruchsgrundlage** dieses Unterlassungsanspruchs wird teilweise allein, teilweise auch nebeneinander Art. 2 Abs. 2 und 14 GG (BVerwGE 79, 254 = NJW 1988, 2396; VGH Mannheim NVwZ 2012, 837), eine analoge Anwendung des § 1004 BGB (BVerwG DVBl 1974, 239; VGH Mannheim NVwZ-RR 1989,173; VGH München NVwZ-RR 2007, 462) oder ein Folgenbeseitigungsanspruch (VGH Mannheim NJW 1985, 2352; OVG Münster BauR 1989, 715) angegeben. Die Frage, welche dieser drei Alternativen zutreffend ist, hat jedoch keine große praktische Bedeutung, denn in allen Fällen sind die Voraussetzungen für einen derartigen Anspruch identisch (so auch BVerwGE 81, 197 = NJW 1989, 1291; VGH Mannheim VBlBW 2012, 469; OVG Koblenz NVwZ 2012, 1347); die öffentliche Einrichtung muss gegen eine den Nachbarn schützende Norm verstoßen. Als solche nachbarschützenden Normen kommen vor allem die baurechtlichen Vorschriften einschließlich des Gebots der Rücksichtnahme (vgl. BVerwG NVwZ 1983, 155; VGH Mannheim NVwZ-RR 1989, 173; BauR 1987, 414; OVG Münster BauR 2000, 81) sowie § 22 BImSchG (BVerwGE 79, 254 = NJW 1988, 2396; BVerwGE 81, 197 = NJW 1989, 1291; VGH Mannheim NVwZ 2012, 837) in Betracht.

Streitig ist, ob neben dem Unterlassungsanspruch gegenüber der Gemeinde bzw. dem sonstigen öffentlich-rechtlichen Träger der Einrichtung auch ein **Einschreiten der Baurechtsbehörde** verlangt werden kann (so VGH Mannheim VBlBW 1983, 25; Dürr NVwZ 1982, 297) oder ob diese Möglichkeit bei öffentlichen Einrichtungen ausscheidet, weil eine öffentlich-rechtliche Körperschaft nicht der Hoheitsgewalt einer anderen Körperschaft unterworfen ist (so OVG Münster NJW 1984, 1982; VGH Kassel NVwZ-RR 2006, 315). Für Baden-Württemberg beantwortet sich diese Frage nach **§ 70 Abs. 2 LBO**. Die Vorschrift verweist für Bauvorhaben des Bundes, eines Landes oder einer Gebietskörperschaft (Gemeinde, Kreis) auf §§ 64, 65 LBO und stellt damit klar, dass ein bauaufsichtliches Einschreiten zulässig ist; erst recht muss dieses für sonstige öffentlich-rechtliche Körperschaften gelten.

316 Die Frage, in welchem Umfang die Nachbarn die Störung durch eine öffentliche Einrichtung hinnehmen müssen, lässt sich nicht einheitlich beantworten, sondern hängt von der jeweiligen **Situation des Baugebiets und der Funktion der Einrichtung** ab (BVerwGE 81, 197 = NJW 1989, 1291; VGH Mannheim VBlBW 1996, 108). Grundsätzlich besteht auch für öffentliche Einrichtungen kein Sonderrecht (BVerwG a.a.O.). Freilich muss der Nachbar einer solchen öffentlichen Einrichtung wegen der spezifischen Funktion der Anlage im Einzelfall Beeinträchtigungen hinnehmen, die er bei sonstigen, etwa gewerblichen, Anlagen nicht zu dulden braucht. Dieses gilt insbesondere für **Kinderspielplätze**. Obwohl diese für die unmittelbare Nachbarschaft durchaus störend sein können, muss die Nachbarschaft jedenfalls Kinderspielplätze normaler Größe und Ausstattung auch im Wohngebiet hinnehmen. In § 22 Abs. 1 a BImSchG hat der Gesetzgeber festgelegt, dass der Lärm von Kinderspielplätzen einschließlich Ballspielplätzen im Regelfall keine schädlichen Umwelteinwirkungen darstellt. Daraus folgt, dass gegen derartige Anlagen kein nachbarlicher Abwehranspruch besteht (VGH Mannheim NVwZ 2012, 837; OVG Weimar BauR 2012, 635;

OVG Koblenz NVwZ 2012, 1347 – absolutes Toleranzgebot gegenüber Kinderspiel-plätzen). Anders ist es nach der zitierten Rechtsprechung allerdings, wenn bei der Auswahl der Spielgeräte oder deren Standort das Rücksichtnahmegebot nicht be-achtet wurde.

Besondere Probleme treten bei **Sportanlagen** auf (s. dazu Birk VBlBW 2000, 97; Uechtritz NVwZ 2000, 1006; Stüer/Middelbeck BauR 2003, 38; Stühler BauR 2006, 1671). Sportanlagen werden häufig gerade dann benutzt, wenn ein besonderes Ru-hebedürfnis besteht, nämlich nach Feierabend und am Wochenende. Es besteht zwar ein öffentliches Interesse an einer sportlichen Betätigung, was durch günstig zu erreichende Sportanlagen gefördert wird; andererseits darf dieses nicht einseitig zu Lasten der Wohnruhe gehen (s. dazu BVerwGE 81, 197 = NJW 1989, 1291; NVwZ 1991, 884; 2000, 1050; OVG Münster NVwZ-RR 1995, 435). Ein Ausgleich kann auch insoweit nur mit Hilfe des Gebots der Rücksichtnahme gefunden werden (VGH Mannheim NVwZ 1992, 389). Nach der Rechtsprechung des BVerwG muss der An-lieger einer Sportanlage eine regelmäßige Immissionsbelastung am Samstagnach-mittag hinnehmen, nicht aber am Abend nach 19 Uhr und am Sonntag. Gelegentli-che Ausnahmen von diesem Grundsatz sind aber unbedenklich (VGH Mannheim VBlBW 1993, 131).

Die Frage, welche Immissionsbelastung den Nachbarn eines Sportplatzes zugemu-tet werden kann, ist durch die **18. BImSchV** vom 18.7.1991 – Sportanlagenlärm-schutzverordnung – (BGBl. I, S. 1578) festgelegt worden (BVerwG NVwZ 1995, 992 u. 2000, 1050; s. dazu Uechtritz NVwZ 2000, 1006; Ketteler NVwZ 2002, 1068; Stühler BauR 2006, 1671), wobei eine Vorbelastung durch Lärm zu berücksichtigen ist (BVerwG NVwZ 2000, 1050).

Wenn der Anlieger einer öffentlichen Einrichtung im Einzelfall eine unzumutbare Stö-rung hinnehmen muss, räumt ihm das BVerwG (BVerwGE 79, 254 = NJW 1988, 2396 – Feuerwehrsirene in 15 m Abstand von Schlafzimmer- und Kinderzimmerfenstern) in entsprechender Anwendung der §§ 906 Abs. 2 BGB, 74 Abs. 2 S. 3 VwVfG einen An-spruch auf eine Geldentschädigung ein. Dabei handelt es sich aber nicht um eine Entschädigung i.S.d. Art. 14 Abs. 3 GG, sondern um einen öffentlich-rechtlichen Ausgleichsanspruch, für den das Verwaltungsgericht zuständig ist (vgl. BVerwGE 77, 295 = NJW 1987, 2884).

V. Der Rechtsschutz im Baurecht

A. Rechtsschutz gegen Bauleitpläne

1. Flächennutzungsplan

Da der Flächennutzungsplan weder eine Satzung noch ein Verwaltungsakt ist (s. **317** oben Rn. 32), kann er eigentlich weder mit einem Normenkontrollverfahren nach § 47 VwGO noch mit einer Anfechtungsklage nach § 42 VwGO angefochten werden (BVerwGE 119, 217). Das BVerwG (BVerwGE 128, 382) hat allerdings entschieden, der Flächennutzungsplan habe wegen der Ausschlusswirkung nach § 35 Abs. 3 S. 3 BauGB Außenwirkung (s. dazu oben Rn. 150). Daher kann die planerische Entscheidung der Gemeinde, nach § 35 Abs. 1 Nr. 2 bis 6 BauGB privilegierte Nutzungen durch die Ausweisung von Flächen dafür an anderen Standorten auszuschließen, in entsprechender Anwendung von § 47 Abs. 1 Nr. 1 VwGO zum Gegenstand einer **Normenkontrolle** gemacht werden (BVerwGE 146, 40; 128, 382; s. dazu Bringewat NVwZ 2013, 984). Ansonsten bleibt es aber dabei, dass ein Normenkontrollantrag gegen den Flächennutzungsplan unzulässig ist (BVerwGE 119, 217).

Wenn zu erwarten ist, dass auf der Grundlage des Flächennutzungsplans ein Bebauungsplan aufgestellt wird, der zu schweren Nachteilen für die **Nachbargemeinde** führt, kann diese nach dem BVerwG (BVerwGE 40, 323 – Krabbenkamp; s. dazu oben Rn. 23; eb. VGH München NVwZ 1985, 837) **vorbeugende Feststellungs- oder Unterlassungsklage** mit dem Ziel erheben, die planende Gemeinde an der Fortsetzung ihrer Bauleitplanung auf der Grundlage des Flächennutzungsplans zu hindern. Vorbeugender Rechtsschutz ist nach dem Klagesystem der VwGO zwar nur ausnahmsweise zulässig, wenn ein wirksamer nachträglicher Rechtsschutz nicht möglich oder jedenfalls nicht zumutbar ist. Das wird vom BVerwG in diesem Fall aber bejaht, weil die planungsrechtliche Situation sich verfestigt, wenn der Bebauungsplan aufgestellt wird und Baugenehmigungen erteilt werden können, bevor über einen Antrag der Gemeinde nach § 47 VwGO gegen den Bebauungsplan entschieden werden kann.

2. Bebauungsplan

Gemäß § 47 Abs. 1 Nr. 1 VwGO können Bebauungspläne wie auch andere Satzun- **318** gen nach dem BauGB (vgl. zu einer Satzung nach § 34 Abs. 4 BauGB BVerwGE 138, 12 und VGH Mannheim ZfBR 2009, 793; zu einer Satzung nach § 35 Abs. 6 BauGB OVG Berlin BauR 2010, 587) im Wege der **Normenkontrolle** gerichtlich überprüft werden.

Die **Antragsfrist** beträgt nach § 47 Abs. 2 S. 1 VwGO ein Jahr ab der Bekanntmachung des Bebauungsplans. Diese Frist kann ihren Zweck, den Bestand von Bebauungsplänen zu gewährleisten, allerdings nur eingeschränkt erfüllen. Auch nach Fristablauf ist nämlich eine Inzidentkontrolle des Bebauungsplans im Rahmen einer verwaltungsgerichtlichen Klage zulässig (so auch die Gesetzesbegründung BT-Drucks. 13/3993 S. 10).

Außerdem kann bei unverschuldeter Fristversäumung Wiedereinsetzung nach § 60 VwGO gewährt werden (str.; bejaht von BVerwG für den Fall eines in der Jahresfrist gestellten, aber erst nach Ablauf beschiedenen Prozesskostenhilfeantrags – NVwZ-RR 2013, 387 sowie bei Fristversäumnis wegen missverständlicher Verfügungen des

Gerichts – Buchholz 310 § 60 VwGO Nr. 256). Für die Gegenmeinung, die § 47 Abs. 2 S. 1 VwGO als Ausschlussfrist versteht, die einer Wiedereinsetzung entgegensteht (vgl. etwa Kopp/Schenke, VwGO, 20. Aufl. 2014 § 47 Rn. 83 m.w.N.; OVG Münster NVwZ-RR 2005, 290; offen gelassen von VGH Mannheim, NVwZ-RR 2002, 610), findet sich im Wortlaut der §§ 47 und 60 VwGO keine Stütze; sie erscheint daher vor dem Hintergrund des Gebots effektiven Rechtsschutzes (Art. 19 Abs. 4 GG) zu eng.

319 Nach **§ 47 Abs. 2 a VwGO** ist der Normenkontrollantrag gegen einen Bebauungsplan unzulässig, wenn der Antragsteller **nur** Einwendungen vorbringt, die er im Rahmen der öffentlichen Auslegung nicht oder verspätet geltend gemacht hat, aber hätte geltend machen können. Voraussetzung für den Eintritt der **Präklusion** ist, dass die Bekanntmachung der öffentlichen Auslegung des Planentwurfs einen Hinweis auf diese Rechtsfolge enthalten hat (§ 47 Abs. 2 a VwGO, § 3 Abs. 2 S. 2 BauGB) und sie auch im Übrigen ordnungsgemäß erfolgt ist (BVerwG BauR 2015, 221). § 47 Abs. 2 a VwGO greift nach seinem eindeutigen Wortlaut nicht ein, wenn der Antragsteller im Normenkontrollverfahren auch neue Einwendungen vorbringt, daneben jedoch Einwendungen weiterverfolgt, die er bereits im Verfahren nach § 3 Abs. 2 BauGB erhoben hat. Ebenso wenig kommt es darauf an, ob diese Einwendungen geeignet waren, seine Antragsbefugnis zu begründen (VGH Mannheim BauR 2014, 1243). Eine Präklusion tritt also regelmäßig nur dann ein, wenn der Antragsteller im Rahmen der öffentlichen Auslegung überhaupt keine Einwendungen vorgebracht hat. Dann allerdings ist der Normenkontrollantrag auch unzulässig, wenn sich der planenden Gemeinde die Einwendungen aufdrängen mussten (BVerwGE 138, 181).

Bei wiederholter öffentlicher Auslegung eines Bebauungsplanentwurfs nach seiner Änderung (§ 4 a Abs. 3 S. 1 BauGB) muss ein Antragsteller zur Vermeidung der Präklusion jedenfalls dann erneut Einwendungen erheben, wenn die Umplanung deshalb erfolgte, um seinen Interessen Rechnung zu tragen (BVerwGE 149, 88). Ein zulässiger Normenkontrollantrag wird aber nicht dadurch nachträglich unzulässig, dass die Gemeinde während eines anhängigen Normenkontrollverfahrens ein ergänzendes Verfahren nach § 214 Abs. 4 BauGB durchführt und der Antragsteller im Rahmen einer erneuten öffentlichen Auslegung keine Einwendungen erhebt (BVerwG NVwZ 2010, 782).

Die Präklusion nach § 47 Abs. 2 a VwGO wirkt nur im Normenkontrollverfahren, nicht bei einer Inzidentkontrolle des Bebauungsplans.

320 § 47 Abs. 2 VwGO verlangt für die **Antragsbefugnis**, dass der Antragsteller eine Verletzung seiner Rechte geltend macht. Dadurch soll nach den Gesetzesmaterialien (BT-Drucks. 13/3993 S. 10) die Antragsbefugnis nach § 47 Abs. 2 VwGO an die Klagebefugnis nach § 42 Abs. 2 VwGO angeglichen werden. Damit gilt auch bei der Antragsbefugnis die sog. Möglichkeitstheorie. Dies bedeutet, dass es nach dem Antragsvorbringen möglich erscheinen muss, dass der Antragsteller durch Festsetzungen des Bebauungsplans in einem eigenen Recht verletzt wird (BVerwGE 107, 215).

Das ist immer dann der Fall, wenn sich ein **Eigentümer eines Grundstücks im Plangebiet** gegen eine Festsetzung wendet, die **unmittelbar** sein Grundstück betrifft und damit nach Art. 14 Abs. 1 S. 2 GG den Inhalt seines Grundeigentums bestimmt; der Eigentümer kann sich dann auf eine mögliche Verletzung seines **Eigentumsrechts** berufen. Dies gilt in gleicher Weise für Inhaber anderer dinglicher Rechte, die unter den Schutz der Eigentumsgarantie fallen (BVerwG BauR 2014, 90: dinglich gesichertes Geh- und Fahrrecht). Auch das Besitzrecht des Mieters an der gemieteten Wohnung ist Eigentum im Sinne von Art. 14 Abs. 1 S. 1 GG (BVerfGE 89, 1) und kann daher bei möglicher Beeinträchtigung die Antragsbefugnis vermitteln (im Ergebnis ebenso BVerwG BauR 2002, 1199; NVwZ 1989, 553).

Auf das Maß der Rechtsbeeinträchtigung kommt es bei einer möglichen unmittelbaren Eigentumsverletzung nicht an; ebenso ist es unerheblich, ob die Beeinträchtigung beim Satzungsbeschluss für die Gemeinde erkennbar war (BVerwG BauR 2014, 90; BauR 2002, 1199).

Bsp. (BVerwG NVwZ 1989, 553): Ein Bebauungsplan untersagt in einem Kerngebiet die Errichtung von Sex-Shops. Gegen diese Festsetzung kann die Inhaberin einer Kette von Sex-Shops einen Normenkontrollantrag stellen, auch wenn sie das vorgesehene Ladengeschäft erst nach Inkrafttreten des Bebauungsplans erworben hatte; zuvor war dort ein Wollgeschäft.

Ob eine Veränderung der bauplanungsrechtlichen Situation für den Grundstückseigentümer eine Rechtsverletzung darstellen kann, bestimmt sich nach dessen subjektiver Einschätzung; auch Festsetzungen, die ihn im Vergleich zur bisherigen Rechtslage begünstigen, können ihn zugleich in der von ihm gewünschten baulichen Nutzung beschränken (BVerwG NVwZ 1998, 732).

Bsp. (BVerwGE 91, 318): Ein Landwirt ist antragsbefugt, wenn er die als Baugelände festgesetzte Fläche weiterhin landwirtschaftlich nutzen will; dies gilt auch, wenn sich der Wert der Fläche durch den Bebauungsplan objektiv beträchtlich erhöht hat.

Eine Antragsbefugnis wegen Verletzung des Grundeigentums kommt dagegen nicht in Betracht, wenn ein Bebauungsplan, der das Grundstück des Antragstellers erfasst, so geändert wird, dass es von den neuen Festsetzungen unberührt bleibt (BVerwG BRS 79 Nr. 63). Allein aus der Lage eines Grundstücks im Plangebiet folgt keine Antragsbefugnis seines Eigentümers (BVerwG NVwZ 2000, 1413).

Bei Antragstellern, die nur **mittelbar** von den Festsetzungen eines Bebauungsplans **321** betroffen sind, kann sich die Antragsbefugnis aus einer **möglichen Verletzung des Abwägungsgebots** ergeben, dem nach der Rechtsprechung des BVerwG drittschützender Charakter zukommt (BVerwGE 107, 215). Entscheidend ist dann, ob sie sich auf einen abwägungsrelevanten Belang (s. dazu oben Rn. 50), berufen können, denn wenn es einen solchen Belang gibt, besteht grundsätzlich auch die Möglichkeit, dass die Gemeinde ihn bei ihrer Abwägung nicht korrekt berücksichtigt hat (stRspr BVerwG, vgl. etwa BauR 2013, 753). Antragsbefugt können daher auch Eigentümer und Nutzer von Grundstücken **außerhalb des Plangebiets** sein, soweit sie durch den Bebauungsplan in abwägungsrelevanten Belangen betroffen werden.

Bsp. (BVerwGE 107, 215): Der Antragsteller ist Eigentümer eines Wohnhauses am Rande einer bewaldeten Fläche. Diese Fläche wird in einem Bebauungsplan als Kleingartenfläche mit Vereinsheim festgesetzt. Der Antragsteller macht eine unzumutbare Störung durch das Vereinsheim geltend.

Zu der schwierigen Frage, welche Belange abwägungsrelevant sind, kann zunächst **322** auf die Ausführungen zur Zusammenstellung des notwendigen Abwägungsmaterials verwiesen werden (s. dazu oben Rn. 50). Grundsätzlich gilt, dass nur solche Belange die Antragsbefugnis begründen können, die gerade durch den angegriffenen Plan betroffen werden; andere Planungen spielen keine Rolle, auch wenn die Gemeinde eine Gesamtplanung abschnittsweise durch mehrere Pläne verwirklicht (vgl. zur Zulässigkeit eines solchen Vorgehens BVerwG BauR 2014, 57; BVerwGE 117, 58). Ausnahmen von diesem Grundsatz werden nur anerkannt, wenn eine bereits absehbare Betroffenheit in einem späteren Plangebiet zwangsläufige Folge des angegriffenen Plans ist oder ein enger konzeptioneller Zusammenhang beider Planungen besteht (BVerwGE 140, 41).

Bsp. a) (BVerwGE 140, 41): Die Gemeinde stellt einen Bebauungsplan für einen neuen Stadtteil auf, der nach ihrer Konzeption durch den Ausbau einer Straße unter Inanspruchnahme von Grundflächen der Antragsteller erschlossen werden soll. Auch wenn der Ausbau der Straße erst Gegenstand einer späteren Planung sein soll, sind die Antragsteller bereits im Normenkontrollverfahren gegen den Plan für den neuen Stadtteil antragsbefugt.

b) (VGH Mannheim, VBlBW 2015, 341): Die Gemeinde stellt einen Bebauungsplan für ein Fachmarktzentrum mit Lebensmitteleinzelhandelsbetrieben auf. Zum Beleg der Einhaltung raumordnerischer Vorgaben beruft sie sich auf den geplanten Ausschluss des derzeit zulässigen Lebensmitteleinzelhandels im Nachbargebiet des Plangebiets. Der Inhaber eines Lebensmittelgeschäfts im Nachbargebiet kann bereits den Plan für das Fachmarktzentrum im Wege der Normenkontrolle gerichtlich überprüfen lassen.

323 Die Frage der Antragsbefugnis hat das Normenkontrollgericht auf der Grundlage des Antragsvorbringens zu beurteilen; der Antragsteller muss dafür hinreichend substantiiert Tatsachen vortragen (BVerwG BauR 2013, 753). Das Gericht ist nicht befugt, in diesem Zusammenhang von sich aus den Sachverhalt weiter aufzuklären, etwa um zu prüfen, ob ein abwägungserheblicher Belang vorliegt. Es darf aber Vorbringen des Antragsgegners berücksichtigen, nach dem sich die Tatsachenbehauptungen des Antragstellers als offensichtlich unrichtig erweisen (BVerwG BauR 2012, 1771). Die Frage, ob eine Verletzung abwägungserheblicher Belange tatsächlich vorliegt, muss jedoch der Prüfung der Begründetheit des Normenkontrollantrags vorbehalten bleiben. Daher kommt es für die Antragsbefugnis auch nicht darauf an, ob eine geltend gemachte Verletzung des Abwägungsgebots nach den Planerhaltungsvorschriften beachtlich wäre (BVerwG BauR 2010, 1034).

324 Die Antragsbefugnis kann im Einzelfall **verwirkt** werden, wenn die Antragstellung gegen Treu und Glauben verstößt, etwa wenn der Antragsteller zunächst die Vorteile des Bebauungsplans für sich in Anspruch nimmt und dann einen Normenkontrollantrag stellt, um Bauwünsche seiner Nachbarn abzuwehren (BVerwG BauR 2013, 1101; BRS 63 Nr. 50; VGH Mannheim VBlBW 1999, 136; s. auch OVG Koblenz Beschl. v. 3.11.2014 – 1 B 10905/14, 1 B 11015/14 zur Verwirkung der Rechtsbehelfsbefugnis eines Umweltverbands).

325 Antragsbefugt sind nach § 47 Abs. 2 VwGO auch **Behörden**, die den Bebauungsplan bei ihren Amtshandlungen zu beachten haben (BVerwGE 81, 307; NVwZ 1990, 57; VGH Mannheim NVwZ-RR 2006, 232), insbesondere die Baurechtsbehörde. Sie darf einen Bebauungsplan, den sie für unwirksam hält, nach dem Grundsatz der Gesetzmäßigkeit der Verwaltung (Art. 20 Abs. 3 GG) nicht anwenden (VGH Kassel NVwZ 1990, 885; Engel NVwZ 2000, 1258). Ihr steht jedoch nicht die **Kompetenz** zu, ihn selbst als unwirksam zu **verwerfen** und dann etwa über einen Bauantrag nach § 34 oder 35 BauGB zu entscheiden (BGH NVwZ 2013, 167; s. dazu auch BVerwGE 112, 373; 75, 142; OVG Koblenz NVwZ-RR 2013, 747: Normverwerfungskompetenz in Ausnahmefällen). Vielmehr hat sie nur die Möglichkeit, entweder die Gemeinde zu veranlassen, den Bebauungsplan gemäß § 1 Abs. 8 BauGB aufzuheben, oder aber selbst einen Normenkontrollantrag nach § 47 VwGO beim VGH zu stellen.

Eine **Gemeinde** kann nicht als Behörde die Normenkontrolle eines Bebauungsplans ihrer Nachbargemeinde beantragen, weil sie ihn nicht anzuwenden hat (VGH Mannheim NVwZ 1987, 1088; s. dazu auch OVG Bautzen NVwZ 2002, 110). Sie ist aber als juristische Person des öffentlichen Rechts antragsbefugt, wenn sie die Verletzung ihrer Planungshoheit (vgl. dazu BVerwGE 117, 25 und oben Rn. 23) geltend machen kann.

Wenn die Antragsbefugnis besteht, liegt i. d. R. auch das erforderliche **Rechts-** 326 **schutzbedürfnis** für den Normenkontrollantrag gegen den Bebauungsplan vor. Dafür genügt es, dass sich nicht ausschließen lässt, dass die gerichtliche Entscheidung für den Antragsteller rechtlich oder auch tatsächlich von Nutzen sein kann (BVerwG BauR 2002, 1524; VGH Mannheim BauR 2015, 816; zum Rechtsschutzinteresse bei Teilbarkeit eines Bebauungsplans s. BVerwGE 131, 100). Ein solcher Nutzen ist bereits dann zu bejahen, wenn Anhaltspunkte dafür bestehen, dass die Gemeinde bei Unwirksamkeit ihres Plans einen neuen Bebauungsplan aufstellen wird, der für den Antragsteller möglicherweise günstigere Festsetzungen enthält (BVerwG NVwZ 1994, 269). Kann der Antragsteller dagegen bei einem Erfolg der Normenkontrolle auch nicht anders bauen als bei Anwendung des Bebauungsplans, fehlt das Rechtsschutzinteresse (BVerwG BRS 71 Nr. 44). Ebenso fehlt es, wenn sich der Antragsteller nur gegen Festsetzungen wendet, auf deren Grundlage **Vorhaben bereits genehmigt und verwirklicht** worden sind (BVerwG NVwZ 2000, 194). Denn die Bestandskraft der Baugenehmigungen wird durch die Entscheidung, dass der Bebauungsplan unwirksam ist, nicht berührt. Zwar besteht theoretisch die Möglichkeit, dass die Baurechtsbehörde Baugenehmigungen zurücknimmt. Praktisch scheidet diese Möglichkeit aber aus, wenn die Gebäude bereits errichtet worden sind, weil es dem Vertrauensschutz zuwiderlaufen würde, eine Baugenehmigung für ein Vorhaben zurückzunehmen, das im Vertrauen auf einen Bebauungsplan gebaut worden ist. Anders ist es, wenn das genehmigte Bauvorhaben noch nicht verwirklicht worden ist; dann besteht nach einem erfolgreichen Normenkontrollverfahren durchaus eine gewisse Aussicht, dass eine auf den Bebauungsplan gestützte Baugenehmigung zurückgenommen wird. Ein Rechtsschutzinteresse ist dann zu bejahen.

Einer **Gemeinde** fehlt das erforderliche Rechtsschutzinteresse (auch: Klarstellungsinteresse, vgl. etwa Gerhardt/Bier in Schoch/Schneider/Bier VwGO § 47 Rn. 79), ihren eigenen Bebauungsplan im Wege der Normenkontrolle gerichtlich überprüfen lassen, weil sie ihn nach § 1 Abs. 8 BauGB aufheben kann.

Antragsgegner ist nach § 47 Abs. 2 S. 2 VwGO die Gemeinde, die den Bebauungs- 327 plan erlassen hat. Außerdem ermöglicht § 47 Abs. 2 S. 4 VwGO eine **einfache Beiladung** im Normenkontrollverfahren. Da ein Bebauungsplan regelmäßig eine Vielzahl von Personen betrifft, wird davon in der Praxis regelmäßig nur Gebrauch gemacht, wenn der Plan Grundlage für ein Großprojekt ist; dann wird der **Vorhabenträger** beigeladen (vgl. zu einem möglichen Anspruch auf Beiladung Bader/Funke-Kaiser/Stuhlfauth/von Albedyll, 6. Aufl. Nov. 2014, § 47 Rn. 98).

Ist ein Normenkontrollantrag zulässig, dann überprüft der VGH die Wirksamkeit des 328 Bebauungsplans **unter allen in Betracht kommenden Gesichtspunkten** und beschränkt sich anders als bei einer Anfechtungsklage nicht darauf, ob Rechte des jeweiligen Antragstellers missachtet worden sind. Das Verfahren der Normenkontrolle nach § 47 VwGO dient nicht nur dem subjektiven Rechtsschutz, sondern stellt zugleich ein Verfahren der **objektiven Rechtskontrolle** dar (vgl. etwa BVerwGE 131, 100; zum Sonderfall des eingeschränkten Kontrollumfangs nach § 2 Abs. 5 S. 1 Nr. 2 UmwRG s. unten Rn. 331).

Die feststellende Entscheidung des VGH, dass ein Bebauungsplan unwirksam ist, ist nach § 47 Abs. 5 S. 2 VwGO allgemein verbindlich und von der Gemeinde öffentlich bekannt zu machen. Demgegenüber wirkt eine ablehnende Entscheidung des VGH nur zwischen den Verfahrensbeteiligten; eine allgemeinverbindliche Feststellung der Wirksamkeit einer Norm sieht die VwGO nicht vor.

329 Beschränkt sich der festgestellte Fehler des Bebauungsplans auf einzelne Festsetzungen, kann der Bebauungsplan **teilweise für unwirksam** erklärt werden. Dies setzt voraus, dass die übrigen Regelungen noch eine sinnvolle städtebauliche Ordnung bewirken können und dass die Gemeinde nach ihrem im Planungsverfahren zum Ausdruck gekommenen Willen im Zweifel auch eine Satzung dieses eingeschränkten Inhalts beschlossen hätte (stRspr BVerwG, vgl. etwa BVerwGE 117, 58). In der Regel wird aber bei einem beachtlichen Fehler von der Gesamtunwirksamkeit des Plans auszugehen sein (BVerwG BRS 81 Nr. 77). Denn das Normenkontrollgericht darf mit seiner Entscheidung in keinem Fall planerisch gestalten (BVerwGE 117, 58). Im Übrigen hat die Gemeinde auch noch während eines anhängigen Normenkontrollverfahrens die Möglichkeit, ein ergänzendes Verfahren zur Heilung erkannter Fehler durchzuführen (s. etwa VGH Mannheim BauR 2015, 1293; oben Rn. 87; Wenger VBlBW 2015, 234).

330 Besonderheiten bestehen, wenn eine nach § 3 UmwRG **anerkannte Umweltschutzvereinigung** einen Normenkontrollantrag gegen einen Bebauungsplan stellt. Nach § 2 Abs. 1, § 1 Abs. 1 S. 1 Nr. 1 UmwRG i. V. m. § 2 Abs. 3 Nr. 3 UVPG i. V. m. der Anlage 1 zum UVPG kann eine solche Vereinigung die Normenkontrolle von Bebauungsplänen beantragen, durch die die Zulässigkeit von bestimmten potentiell UVP-pflichtigen Vorhaben (vgl. dazu etwa OVG Koblenz BauR 2015, 224 m w. N.) begründet werden soll. Voraussetzung für die **Rechtsbehelfsbefugnis nach § 2 Abs. 1 UmwRG** ist anders als bei der Antragsbefugnis nach § 47 Abs. 2 VwGO keine Verletzung in eigenen Rechten, sondern die Vereinigung muss geltend machen, dass der Plan Umweltschutzvorschriften widerspricht und sie in ihrem satzungsmäßigen Aufgabenbereich berührt (§ 2 Abs. 1 Nr. 1 und 2 UmwRG). Außerdem muss sie sich nach § 2 Abs. 1 Nr. 3 UmwRG, wie es auch § 47 Abs. 2 a VwGO verlangt, im Rahmen des Verfahrens nach § 3 Abs. 2 BauGB zur Sache geäußert haben. Da anerkannte Umweltschutzverbände keine Träger öffentlicher Belange sind (BVerwGE 104, 367), gehören sie zur Öffentlichkeit i. S. d. § 3 BauGB (OVG Münster Urt. v. 21.4.2015 – 10 D 21/12.NE; OVG Lüneburg NuR 2014, 568; a. A. wohl OVG Koblenz BauR 2015, 224: Beteiligung nach § 4 BauGB).

331 Auf einen zulässigen Umweltrechtsbehelf erfolgt keine umfassende, objektive Rechtmäßigkeitskontrolle des Bebauungsplans. Vielmehr prüft das Normenkontrollgericht nach der Regelung in § 2 Abs. 5 S. 1 Nr. 2 UmwRG nur, ob Festsetzungen des Plans, die die Zulässigkeit eines UVP-pflichtigen Vorhabens begründen, gegen Umweltschutzvorschriften verstoßen und der Verstoß Umweltschutzbelange berührt, die die Vereinigung nach ihrer Satzung fördert.

Darüber hinaus kann der Prüfungsumfang des Gerichts dadurch beschränkt sein, dass die Vereinigung mit Einwendungen, die sie im Rahmen der Öffentlichkeitsbeteiligung hätte geltend machen können, aber nicht geltend gemacht hat, materiell präkludiert ist (§ 2 Abs. 3 UmwRG). Der Eintritt der materiellen Präklusion nach § 2 Abs. 3 UmwRG setzt allerdings ein ordnungsgemäßes Verfahren der Öffentlichkeitsbeteiligung voraus, insbesondere die fehlerfreie Bekanntmachung der Arten umweltbezogener Informationen nach § 3 Abs. 2 S. 2 BauGB (vgl. dazu OVG Münster Urt. v. 21.4.2015 – 10 D 21/12.NE).

3. Vorläufiger Rechtsschutz

332 § 47 Abs. 6 VwGO lässt auch im Normenkontrollverfahren **einstweilige Anordnungen** mit dem Ziel der vollständigen oder teilweisen Außervollzugsetzung (vgl. dazu VGH Mannheim NVwZ-RR 2000, 529) des Bebauungsplans zu. Voraussetzung ist, dass eine einstweilige Anordnung zur **Abwehr schwerer Nachteile** oder aus anderen wichtigen Gründen **dringend geboten** ist.

Zum teilweise umstrittenen Prüfungsmaßstab (s. dazu im Einzelnen Schoch/Schneider/Bier VwGO § 47 Rn. 126 ff.) hat sich das BVerwG in einer aktuellen Entscheidung (BauR 2015, 968) geäußert: Danach sind zunächst die Erfolgsaussichten des anhängigen oder noch zu stellenden Normenkontrollantrages zu prüfen, soweit diese sich im Verfahren des einstweiligen Rechtsschutzes bereits absehen lassen. Ist dieser Antrag voraussichtlich unzulässig oder unbegründet, ist der Erlass einer einstweiligen Anordnung nicht dringend geboten. Ist der Normenkontrollantrag dagegen zulässig und voraussichtlich begründet, spricht dies für die Außervollzugsetzung. Damit der Erlass einer einstweiligen Anordnung dringend geboten ist, muss aber noch hinzukommen, dass ein Planvollzug so gewichtige Nachteile befürchten lässt, dass eine vorläufige Regelung unaufschiebbar ist. Das ist insbesondere dann der Fall, wenn durch den Planvollzug vollendete Tatsachen geschaffen würden, die den Rechtsschutz in der Hauptsache leerlaufen ließen.

Bsp. (BVerwG BauR 2015, 968): Der Vollzug des voraussichtlich unwirksamen Bebauungsplans würde das landwirtschaftlich genutzte Grundstück der Antragstellerin von jeglicher Erschließung abschneiden.

Der drohende Normvollzug als solcher genügt für den Erlass einer einstweiligen Anordnung nicht (vgl. auch VGH Mannheim NVwZ-RR 2015, 367 zu einem ohne weiteres nach § 214 Abs. 4 BauGB heilbaren Verkündungsmangel; ebenso OVG Münster BauR 2014, 203).

Lassen sich die Erfolgsaussichten des Normenkontrollverfahrens nicht absehen, ist über den Erlass einer einstweiligen Anordnung – in Anlehnung an § 32 BVerfGG – im Wege einer Folgenabwägung zu entscheiden: Gegenüberzustellen sind die Folgen, die eintreten würden, wenn eine einstweilige Anordnung nicht erginge, der Normenkontrollantrag aber Erfolg hätte, und die Nachteile, die entstünden, wenn die begehrte einstweilige Anordnung erlassen würde, der Normenkontrollantrag aber erfolglos bliebe. Der Erlass der einstweiligen Anordnung ist nur dann dringend geboten, wenn die dafür sprechenden Erwägungen die gegenläufigen Interessen deutlich überwiegen (BVerwG BauR 2015, 968).

Bsp. für schweren Nachteil: a) (OVG Münster BauR 2006, 1091): Der Planvollzug wäre mit unzumutbaren Immissionen für den Antragsteller verbunden.

b) (OVG Münster NVwZ 1997, 923): Die Antragsteller müssten die Errichtung von 240 Wohneinheiten einschließlich der Anlage einer Erschließungsstraße und einer öffentlichen Parkfläche in unmittelbarer Nähe zu ihren Grundstücken hinnehmen.

Umstritten ist, ob das Rechtsschutzbedürfnis für einen Antrag nach § 47 Abs. 6 VwGO entfällt, wenn die Festsetzungen des Plans durch die Erteilung entsprechender Baugenehmigungen bereits vollständig umgesetzt worden sind. Nach der Rechtsprechung des VGH Mannheim ist dies auch dann der Fall, wenn die Baugenehmigungen noch nicht bestandskräftig sind, weil die einstweilige Anordnung den Bebauungsplan nicht vorläufig für unwirksam erklärt, sondern nur seine künftige Anwendung vorläufig aussetzt, so dass bereits ergangene Baugenehmigungen und ihre Ausnutzung unberührt bleiben (VBlBW 2013, 427 m. w. N.). Die Verwirklichung eines Bauvorhabens könne dagegen nur mit einem Antrag nach § 80 a Abs. 3 Satz 2, § 80 Abs. 5 Satz 1 VwGO bzw. bei Vorhaben im Kenntnisgabeverfahren nach § 123 VwGO (VGH Mannheim NVwZ-RR 1998, 613) verhindert werden. Die Gegenmeinung verweist darauf, dass die Antragsarten nach § 47 Abs. 6 VwGO und §§ 80 a, 80, 123 VwGO nach der gesetzlichen Konzeption prinzipiell gleichrangig sind, und dass die

Gemeinde einen Erfolg des Antragstellers im einstweiligen Rechtsschutzverfahren auch zum Anlass nehmen kann, den Plan zu seinen Gunsten zu ändern und eine erlassene Baugenehmigung aufgrund von §§ 48, 49, 51 VwVfG anzupassen (OVG NRW, Beschl. v. 10.4.2015 – 2 B 177/15.NE – juris m. w. N.).

Letztlich muss die Frage des Rechtsschutzbedürfnisses im Einzelfall danach entschieden werden, ob eine stattgebende Entscheidung dem Antragsteller von Nutzen sein kann. Ein Nutzen ist auch bei bereits erteilter Baugenehmigung denkbar, wenn Anhaltspunkte für die Möglichkeit ihrer Rücknahme bestehen (s. dazu oben Rn. 326), etwa weil ein nicht ohne weiteres heilbarer und im Verfahren des vorläufigen Rechtsschutzverfahrens feststellbarer Mangel des Plans in Rede steht.

Beschlüsse nach § 47 Abs. 6 VwGO können vom Gericht auch in entsprechender Anwendung von § 80 Abs. 7 VwGO auf Antrag oder von Amts wegen aufgehoben oder geändert werden (BVerwG BauR 2015, 968; VGH Mannheim NVwZ-RR 2015, 367).

4. Inzidentkontrolle

333 Die Rechtmäßigkeit eines Bebauungsplans kann auch inzident im Rahmen einer baurechtlichen Klage auf Erteilung einer Baugenehmigung bzw. gegen eine erteilte Baugenehmigung geprüft werden (zur Inzidentkontrolle durch die Verwaltung s. oben Rn. 332). Die Inzidentkontrolle des Bebauungsplans ist unabhängig von der Einhaltung der Normenkontrollfrist des § 47 Abs. 2 Satz 1 VwGO möglich (BVerwG BauR 2014, 87; BauR 2007, 515). Die Rügefristen des § 215 Abs. 1 BauGB und des § 4 Abs. 4 S. 2 Nr. 2 GemO sind auch bei der Inzidentkontrolle zu beachten (vgl. zu § 215 Abs. 1 BauGB etwa OVG Lüneburg BauR 2014, 516).

5. Verfassungsbeschwerde

334 Eine **Verfassungsbeschwerde** gegen einen Bebauungsplan ist nach der Rechtsprechung des Bundesverfassungsgerichts (BVerfGE 70, 35; 79, 174; a.M. noch BVerfGE 31, 364) zulässig, weil der Bebauungsplan unmittelbar den rechtlichen Status eines Grundstücks verändert, etwa bei einer Ausweisung als Grünfläche die Baulandqualität beseitigt. Eine Verfassungsbeschwerde kommt freilich erst in Betracht, wenn die Möglichkeit einer Normenkontrolle nach § 47 VwGO erschöpft ist (§ 90 Abs. 2 BVerfGG). Soweit die Festsetzungen des Bebauungsplans erst einer Umsetzung durch eine Baugenehmigung bedürfen, ehe sie einen Nachteil begründen, was z.B. bei der Festsetzung einer Baugrenze auf dem Grundstück des Antragstellers oder bei einer für den Antragsteller ungünstigen Festsetzung der Bebaubarkeit eines Nachbargrundstücks der Fall ist, muss zunächst der Verwaltungsakt abgewartet und dann hiergegen Rechtsmittel eingelegt werden (vgl. BVerfGE 71, 305; 72, 39). In der baurechtlichen Praxis spielt die Verfassungsbeschwerde gegen einen Bebauungsplan kaum eine Rolle. Der Bebauungsplan ist regelmäßig längst verwirklicht, ehe das BVerfG eine Entscheidung trifft (s. allerdings BVerfG BauR 2003, 1338).

B. Rechtsschutz gegen baurechtliche Einzelentscheidungen

335 Der baurechtliche Verwaltungsprozess kennt im Wesentlichen drei verschiedene **Klagetypen**, nämlich die Klage auf Erteilung der Baugenehmigung (oder des Bauvorbescheids), die Klage gegen eine Abbruchverfügung, Nutzungsuntersagung, Baueinstellung oder Anordnung nach § 47 LBO sowie die Baunachbarklage.

Alle baurechtlichen Klagen richten sich gegen die Körperschaft, deren Behörde die Baugenehmigung erlassen hat (Anfechtungsklage) oder erlassen soll (Verpflichtungsklage). Soweit ein Stadtkreis, eine Große Kreisstadt oder eine Gemeinde, die nach § 48 Abs. 2 LBO untere Baurechtsbehörde ist, die angefochtene Entscheidung erlassen hat, ist die Klage gegen die Stadt bzw. die Gemeinde zu richten, denn der innerhalb der Gemeinde nach § 44 Abs. 3 GemO zuständige Bürgermeister ist ein Organ der Gemeinde, und zwar auch dann, wenn er im Wege der Auftragsverwaltung staatliche Aufgaben wahrnimmt (s. dazu Wahl VBlBW 1984, 123).

1. Klage auf Erteilung einer Baugenehmigung

Die **Klage auf Erteilung der Baugenehmigung** oder eines Bauvorbescheids ist als **336** **Verpflichtungsklage** zu erheben, sie wirft keine prozessualen Schwierigkeiten auf. Dabei ist hinsichtlich der **maßgeblichen Sach- und Rechtslage** auf den Zeitpunkt der **letzten mündlichen Verhandlung** abzustellen, das gilt sowohl zugunsten wie zulasten des Bauherrn (BVerwGE 61, 128; 41, 227; NVwZ 2012, 1631). Kann das Verwaltungsgericht die Baurechtsbehörde nicht zur Erteilung einer Baugenehmigung verpflichten, weil das Bauvorhaben von der Baurechtsbehörde noch nicht umfassend geprüft worden ist, dann ergeht ein **Bescheidungsurteil** nach § 113 Abs. 5 S. 2 VwGO. Das Gericht ist nicht verpflichtet, schwierige technische Fragen abzuklären, um die Sache spruchreif zu machen (VGH Mannheim ESVGH 21, 216; NVwZ 1987, 66).

Wenn eine zunächst begründete Klage auf Erteilung der Baugenehmigung infolge einer Änderung der Rechtslage unbegründet wird, kann der Bauherr gemäß § 113 Abs. 1 S. 4 VwGO den Antrag auf Feststellung stellen, dass die Versagung der Baugenehmigung rechtswidrig war (BVerwGE 61, 128; 68, 360; VGH Mannheim NVwZ-RR 1998, 545). Das für eine solche **Fortsetzungsfeststellungsklage** erforderliche berechtigte Interesse liegt regelmäßig in der Möglichkeit, Schadensersatz wegen Amtspflichtverletzung zu verlangen (vgl. dazu BGHZ 109, 380; BGHZ 76, 375; BGHZ 65, 182) oder Entschädigungsansprüche wegen enteignungsgleichen Eingriffs zu erheben (BGHZ 125, 258; BGHZ 136, 182; BVerwG NVwZ-RR 2005, 383).

Soweit für die Erteilung der Baugenehmigung das **Einvernehmen der Gemeinde** **337** nach § 36 BauGB erforderlich ist, ist diese nach § 65 Abs. 2 VwGO **notwendig beizuladen** (s. dazu oben Rn. 170). Es empfiehlt sich ferner, jedenfalls diejenigen Nachbarn beizuladen, die gegen den Bauantrag Einwendungen erhoben haben. Ein Fall der notwendigen Beiladung liegt aber nach Ansicht des BVerwG (DVBl 1974, 767; NVwZ-RR 1993, 18; eb. VGH Mannheim VBlBW 2009, 315) nicht vor, da nicht schon das Verpflichtungsurteil, sondern erst die aufgrund des Urteils ergehende Baugenehmigung den Nachbarn in seinen Rechten verletzt.

Wenn das Verwaltungsgericht die Baurechtsbehörde zur Genehmigung eines Bau- **338** vorhabens verurteilt, das den Planungsvorstellungen der Gemeinde zuwiderläuft, kann diese trotz eines rechtskräftigen Urteils den Bau des Gebäudes noch verhindern, indem sie einen Aufstellungsbeschluss nach § 2 Abs. 1 BauGB fasst und zur Sicherung der Planung eine **Veränderungssperre** nach § 14 BauGB erlässt. Durch diese Veränderung der Sach- und Rechtslage entfällt der Anspruch aus dem verwaltungsgerichtlichen Urteil. Falls der Kläger gleichwohl auf einer Baugenehmigung bestehen sollte, kann die Baurechtsbehörde nach § 173 VwGO, § 767 ZPO Vollstreckungsgegenklage erheben und feststellen lassen, dass eine Vollstreckung aus dem Urteil des Verwaltungsgerichts unzulässig ist (so BVerwG NVwZ 1985, 563; BVerwGE 117, 44; VGH Mannheim VBlBW 1985, 186).

2. Klage gegen Abbruchverfügung

339 Prozessual unproblematisch ist die Klage gegen eine Abbruchverfügung. Die richtige Klageart ist die **Anfechtungsklage**. Hinsichtlich der **maßgeblichen Sach- und Rechtslage** ist grundsätzlich auf die **letzte Verwaltungsentscheidung**, i. d. R. den Widerspruchsbescheid, abzustellen (BVerwGE 61, 209; 82, 260). Von diesem Grundsatz ist aber eine Ausnahme zu machen, wenn sich die Sach- und Rechtslage nachträglich **zugunsten des Klägers ändert**, denn es wäre widersinnig, die Rechtmäßigkeit einer Abbruchverfügung zu bestätigen, wenn dem Kläger auf einen neuen Bauantrag hin sofort eine Baugenehmigung erteilt werden müsste. Eine dem Kläger nachteilige Veränderung der Sach- und Rechtslage ist dagegen unbeachtlich (BVerwGE 5, 351; BauR 1986, 195; VGH Mannheim BauR 1988, 566).

Der Widerspruch und die Klage gegen eine Abbruchverfügung haben nach § 80 Abs. 1 VwGO **aufschiebende Wirkung**. Eine Anordnung des Sofortvollzugs nach § 80 Abs. 2 S. 1 Nr. 4 VwGO kommt i. d. R. nicht in Betracht, weil dadurch vollendete Tatsachen geschaffen würden, die im Falle einer erfolgreichen Klage im Hauptverfahren nicht mehr rückgängig gemacht werden könnten (VGH Mannheim BWVBl. 1970, 190; OVG Münster NVwZ 1998, 977). Etwas anderes gilt für die Beseitigung offensichtlich rechtswidriger Bauten sowie bei transportablen baulichen Anlagen (VGH Kassel NVwZ 1985, 664; BauR 1992, 66; OVG Lüneburg BauR 1994, 611).

3. Nachbarklage

340 Auch die Klage des Nachbarn gegen eine dem Bauherrn erteilte Baugenehmigung wirft abgesehen von der unter Rn. 289 ff. erörterten Frage des Nachbarschutzes baurechtlicher Vorschriften keine schwierigen Probleme auf. Als Klageart kommt nur die **Anfechtungsklage** in Betracht. Hinsichtlich der **maßgeblichen Sach- und Rechtslage** gilt das zur Abbruchverfügung Gesagte mit der Abwandlung, dass bereits die nach Erlass der Baugenehmigung eintretende Änderung der Sach- oder Rechtslage zulasten des Bauherrn nicht berücksichtigt werden darf, da der Bauherr durch die Erteilung der Baugenehmigung eine durch Art. 14 GG geschützte Rechtsposition erlangt hat (VGH Mannheim VBlBW 2011, 67). Eine **Änderung zugunsten des Bauherrn** muss aber berücksichtigt werden, denn es wäre widersinnig, eine Baugenehmigung aufzuheben, wenn einem neuen Bauantrag entsprochen werden müsste (BVerwGE 22, 129; 65, 313; VGH Mannheim VBlBW 1995, 481; VGH Kassel NVwZ-RR 2006, 230). Wird während des Prozesses eine nachträgliche Befreiung nach § 31 Abs. 2 BauGB, § 56 Abs. 4 LBO erteilt, kann diese ohne besonderes Vorverfahren in den Prozess eingeführt werden (BVerwG NJW 1971, 1147).

341 Für die **Klagebefugnis** ist es ausreichend, dass der Vortrag des Klägers eine Verletzung seiner Rechte als möglich erscheinen lässt (BVerwGE 61, 295; bestätigt durch BVerfG NVwZ 1983, 28). Voraussetzung dafür ist, dass der Kläger rechtlich und tatsächlich von den Auswirkungen des Bauvorhabens betroffen sein kann. Es ist nicht geboten, bereits im Rahmen der Zulässigkeitsprüfung der Frage nachzugehen, ob die möglicherweise nicht beachteten Normen nachbarschützend sind, sofern dieses nicht von vornherein ausgeschlossen ist. Da in beinahe jedem Fall zumindest eine Verletzung des Gebots der Rücksichtnahme in Betracht kommt, ist die Klagebefugnis nur dann zu verneinen, wenn die zu prüfenden baurechtlichen Vorschriften unter keinem denkbaren Gesichtspunkt nachbarschützend sein können und auch ein Verstoß gegen das Rücksichtnahmegebot von vornherein ausscheidet (Finkelnburg/Ortloff/Otto II S. 280). Im Übrigen ist die Frage der nachbarschützenden Wirkung baurechtlicher Vorschriften erst im Rahmen der Begründetheit der Klage zu prüfen, denn § 113 Abs. 1 VwGO verlangt für den Erfolg einer Anfechtungsklage nicht nur, dass die Baugenehmigung rechtswidrig ist, vielmehr muss der Kläger auch in seinen Rechten verletzt sein. Eine „Vorverlagerung" der Prüfung der nachbarschützenden Wirkung der in Betracht kommenden Normen ist schon deshalb abzulehnen, weil ansonsten abstrakt der Nachbarschutz bestimmter Normen erörtert wird, obwohl noch gar nicht feststeht, dass diese Normen überhaupt verletzt sind.

Gleichfalls eine Frage der Begründetheit und nicht der Zulässigkeit ist es, ob der Nachbar eventuell gemäß § 55 Abs. 2 S. 2 LBO mit seinen Abwehrrechten ausgeschlossen ist (s. dazu Brandt NVwZ 1997, 235). Selbst wenn der Nachbar keinerlei Einwendungen erhoben hat, ist er nicht von vornherein präkludiert, da in jedem Fall zu prüfen ist, ob die formellen Anforderungen einer Präklusion erfüllt sind (s. dazu Rn. 259).

Nachbarklage und Nachbarwiderspruch sind nur begründet, wenn die **Baugeneh-** **342** **migung gegen nachbarschützende Vorschriften verstößt**. Ist dieses nicht der Fall, muss das Rechtsmittel des Nachbarn auch dann zurückgewiesen werden, wenn die Baugenehmigung objektiv-rechtlich rechtswidrig ist (s. oben Rn. 288).

Freilich kann die Widerspruchsbehörde einen Widerspruch, der auf die Verletzung einer nicht-nachbarschützenden Norm gestützt wird, zum Anlass nehmen, die Baurechtsbehörde zur Rücknahme der Baugenehmigung nach § 48 VwVfG zu veranlassen und kann notfalls, wenn diese sich weigert, eine entsprechende fachaufsichtliche Weisung erteilen oder gemäß § 47 Abs. 5 S. 2 LBO selbst die Rücknahme der Baugenehmigung aussprechen (Selbsteintrittsbefugnis der Fachaufsichtsbehörde). Wird über einen Nachbarwiderspruch nicht innerhalb von 3 Monaten entschieden, kann der Nachbar nach § 75 VwGO Untätigkeitsklage erheben. Dasselbe gilt für den Bauherrn, weil ein Interesse an einer unanfechtbaren Baugenehmigung besteht (VGH Mannheim VBlBW 1994, 350).

Legt der Nachbar erst **nach Ablauf der Widerspruchsfrist** sein Rechtsmittel ein, muss die Widerspruchsbehörde den Widerspruch als unzulässig zurückweisen und darf nicht – wie dies sonst im Widerspruchsverfahren regelmäßig der Fall ist – eine Sachentscheidung treffen, denn der Bauherr hat durch die Bestandskraft der Baugenehmigung eine geschützte Rechtsposition erlangt (BVerwG NVwZ 1983, 285; NJW 1981, 395; VBlBW 1992, 87; Eyermann § 70 Rn. 9).

Die Nachbarklage ist stets gegen die Körperschaft zu richten, die die Baugenehmigung erlassen hat und nicht etwa gegen den Bauherrn. Diesem gegenüber kann der Nachbar nur zivilrechtlich vorgehen (vgl. Rn. 284). Der Bauherr ist aber nach § 65 Abs. 2 VwGO notwendig beizuladen.

Die Grundsätze über die Nachbarklage gegen eine Baugenehmigung gelten entspre- **343** chend, wenn der Nachbar sich gegen einen **Bauvorbescheid** wendet. Wird noch während des Widerspruchsverfahrens gegen den Bauvorbescheid eine Baugenehmigung erteilt, dann muss der Nachbar auch gegen diese Baugenehmigung Rechtsmittel einlegen (BVerwGE 68, 241, bspr. von Dürr JuS 1984, 770; NVwZ 1989, 863; VGH Mannheim NVwZ 1995, 716). Das BVerwG begründet dieses damit, dass der Bauvorbescheid zwar den feststellenden Teil der Baugenehmigung vorweg nehme (s. dazu Rn. 247), aber erst die Baugenehmigung die Baufreigabe enthalte. Falls der Bauvorbescheid noch nicht bestandskräftig ist, muss nach Ansicht des BVerwG im Rahmen der Klage gegen die Baugenehmigung auch die im Bauvorbescheid bereits entschiedene Frage geprüft werden. Man muss daher die Baugenehmigung insoweit als Zweitbescheid ansehen (BVerwG NVwZ 1989, 863; eb. OVG Greifswald BauR

2009, 1399: der Bauvorbescheid wird nach dem „Baukastenprinzip in die Baugenehmigung inkorporiert").

Daraus folgt allerdings nicht, dass der Bauvorbescheid durch die spätere Baugenehmigung gegenstandslos wird und ein noch anhängiges Rechtsmittelverfahren wegen Erledigung der Hauptsache einzustellen wäre (BVerwG NVwZ 1995, 894). Denn der Bauvorbescheid bleibt die Grundlage für die spätere Baugenehmigung, was insbesondere dann bedeutsam ist, wenn sich nach Erteilung des Bauvorbescheids die Rechtslage zum Nachteil des Bauherrn geändert hat (s. dazu BVerwG NVwZ 1989, 863; Fluck NVwZ 1990, 535).

344 Wenn ein Bauvorhaben im **Kenntnisgabeverfahren** (s. dazu Rn. 267) errichtet wird, gibt es keinen Verwaltungsakt, gegen den der Nachbar mit Rechtsmitteln vorgehen kann. Er ist daher darauf beschränkt, bei der Baurechtsbehörde einen **Antrag auf Einschreiten zu stellen** (s. dazu Rn. 314 sowie Mampel UPR 1997, 267; Uechtritz NVwZ 1996, 640; Otto ZfBR 2012, 15), sofern das Bauvorhaben gegen nachbarschützende Normen verstößt, und, falls dieser abgelehnt wird, Widerspruch einzulegen und eventuell Klage zu erheben. Für diese Klage gelten ebenso wie für die Klage auf Einschreiten gegen ein ungenehmigtes baurechtswidriges Bauwerk auf dem Nachbargrundstück grundsätzlich dieselben Regeln wie für die Nachbarklage auf Aufhebung einer Baugenehmigung. Freilich ist diese Klage eine Verpflichtungsklage – evtl. eine Bescheidungsklage gemäß § 113 Abs. 5 S. 2 VwGO. Hinsichtlich der **maßgeblichen Sach- und Rechtslage** ist auf den Zeitpunkt der mündlichen Verhandlung abzustellen; die Behörde kann nur dann zu einem Einschreiten verpflichtet werden, wenn die Voraussetzungen hierfür noch gegeben sind.

345 Nach der Rechtsprechung des VGH Mannheim (NVwZ-RR 1995, 490; eb. OVG Greifswald BauR 2003, 1710) ist die Baurechtsbehörde **grundsätzlich zu einem Einschreiten** gegen ein Bauvorhaben verpflichtet, das nach dem Kenntnisgabeverfahren errichtet wurde und gegen nachbarschützende Vorschriften verstößt (s. dazu Rn. 314).

Soweit der Nachbar sich gegen ein ungenehmigtes Bauvorhaben oder eine ungenehmigte Nutzungsänderung zur Wehr setzen will, kommt i.d.R. nur eine **Bescheidungsklage** nach § 113 Abs. 5 S. 2 VwGO in Betracht, weil der Baurechtsbehörde insoweit ein Ermessen zusteht; anders ist es, wenn das Ermessen wegen der Schwere des Eingriffs in die Rechte des Nachbarn auf Null reduziert ist (s. dazu Rn. 313).

346 Besonderheiten bestehen zum Teil bei einer Beeinträchtigung durch öffentliche Bauvorhaben. Soweit diese einer Baugenehmigung bedürfen, gelten die allgemeinen Grundsätze über die Nachbarklage. Bei baulichen Anlagen des Bundes, der Länder und sonstiger öffentlich-rechtlicher Gebietskörperschaften scheidet eine Klage auf Aufhebung einer Baugenehmigung aber aus, weil diese nach § 70 Abs. 1 LBO lediglich einer Zustimmung bedürfen. Die Zustimmung ist gegenüber dem Nachbarn ein Verwaltungsakt (VGH Kassel NVwZ 1995, 1010; BauR 1993, 329; Sauter § 70 Rn. 12), sodass diese vom Nachbarn angefochten werden kann. Ist die Anlage ohne Zustimmung errichtet worden, hat der betroffene Nachbar die Wahl, ob er eine Unterlassungsklage gegen den Träger der öffentlichen Einrichtung erhebt, oder aber die Baurechtsbehörde zum Einschreiten veranlasst (s. dazu Rn. 315).

4. Vorläufiger Rechtsschutz

Rechtsmittel gegen eine Baugenehmigung haben gemäß **§ 212 a BauGB keine auf-** 347
schiebende Wirkung. Daher kann der Bauherr mit Erteilung der Baufreigabe nach
§ 59 Abs. 1 LBO mit dem Bau beginnen. Dies ist verfassungsrechtlich auch im Hinblick auf Art. 19 Abs. 4 GG unbedenklich (BVerfG BauR 2009, 1285), da der Nachbar
nicht rechtsschutzlos gestellt ist (s. dazu Finkelnburg/Dombert/Külpmann Rn. 438;
Müller-Wiesenhaken/Götze BauR 2011, 1910). Soweit er sich durch das genehmigte
Vorhaben in seinen Rechten verletzt sieht und die Errichtung des Gebäudes während des noch laufenden Rechtsmittelverfahrens verhindern will, kann er entweder
nach § 80 a Abs. 1 Nr. 2 VwGO bei der Baurechtsbehörde bzw. nach § 80 Abs. 4
VwGO bei der Widerspruchsbehörde oder nach § 80 a Abs. 3, § 80 Abs. 5 VwGO
beim Verwaltungsgericht die **Aussetzung der Vollziehung der Baugenehmigung**
beantragen.

Bei der Entscheidung über den Antrag nach **§ 80 a Abs. 3, § 80 Abs. 5 VwGO** hat 348
das VG im Rahmen der **gebotenen Interessenabwägung** die Erfolgsaussichten des
Rechtsmittels maßgeblich zu berücksichtigen (BVerfG BauR 2009, 1285; BVerwG
NJW 1969, 2028; NJW 1974, 1295; OVG Lüneburg NVwZ 2007, 478). Daneben hat
auch hier eine Interessenabwägung stattzufinden, welche Folgen es hat, wenn das
genehmigte Bauvorhaben vor der Rechtskraft der Baugenehmigung erstellt wird
(VGH Mannheim BauR 1995, 829; Debus NVwZ 2006, 49). Insbesondere ist zu be-
rücksichtigen, dass durch die Errichtung des genehmigten Bauwerks **vollendete
Tatsachen** geschaffen werden, die praktisch nicht mehr rückgängig gemacht wer-
den können, wenn die Nachbarklage im Hauptverfahren Erfolg haben sollte. Dieser
Gesichtspunkt rechtfertigt es, bei unklarer Rechtslage i. d. R. dem Interesse des
Nachbarn den Vorrang einzuräumen (BVerfG BauR 2009, 1285; VGH Mannheim
NVwZ 1991, 1004; OVG Münster NVwZ 1998, 980; Berkemann DVBl 1999, 446; a.M.
OVG Lüneburg NVwZ-RR 2010, 423; VGH München NVwZ 1991, 1002; Uechtritz
BauR 1992, 1). Das VG trifft im Verfahren nach § 80 a Abs. 3, § 80 Abs. 5 VwGO eine
eigene Ermessensentscheidung (VGH Kassel NVwZ 1993, 491; OVG Münster
NVwZ 1993, 279).

§ 80 a Abs. 3 S. 2 VwGO verweist auf § 80 Abs. 5 bis 8 VwGO und damit auch auf
Abs. 6, wonach bei Abgabenbescheiden (§ 80 Abs. 2 Nr. 1 VwGO) vor der Stellung
eines Antrags nach § 80 Abs. 5 VwGO zunächst bei der Behörde ein Antrag nach
§ 80 Abs. 4 VwGO auf Aussetzung der Vollziehung zu stellen ist. Die nach § 80 a
Abs. 3 S. 2 VwGO gebotene Anwendung des § 80 Abs. 6 VwGO könnte dafür sprechen, dass auch im Verfahren nach § 80 a Abs. 3 VwGO zunächst ein Antrag bei der
Behörde auf Aussetzung der Vollziehung der Baugenehmigung gestellt werden muss
(so VGH München BayVBl. 1991, 723; OVG Lüneburg NVwZ-RR 2010, 140 u. 552;
NVwZ 2007, 478).

Dieses Ergebnis einer am Wortlaut des § 80 a Abs. 3 S. 2 VwGO orientierten Auslegung ist aber wenig überzeugend, weil es in aller Regel keinen Erfolg haben wird, bei
der Behörde, die die Baugenehmigung erteilt hat, einen Antrag auf Aussetzung der
Vollziehung zu stellen. Es handelt sich bei der Verweisung in § 80 a Abs. 3 S. 2 VwGO
auf die nur für Abgabenstreitigkeiten geltende Regelung des § 80 Abs. 6 VwGO wohl
um ein Redaktionsversehen (so VGH Mannheim NVwZ 1995, 292; OVG Bremen
NVwZ 1993, 592; VGH Kassel DVBl 1992, 45; OVG Koblenz BauR 2004, 59). Außerdem rechtfertigt der wegen § 212 a BauGB jederzeit mögliche Baubeginn eine entsprechende Anwendung des § 80 Abs. 6 Nr. 2 VwGO (OVG Koblenz NVwZ 1993,
591; OVG Lüneburg NVwZ-RR 2010, 140).

349 Wird ein Bauvorhaben, das den Nachbarn in seinen Rechten verletzt, ohne Baugenehmigung errichtet, kann der Nachbar mangels eines angreifbaren Verwaltungsakts
nur bei der Baurechtsbehörde einen Antrag auf Baueinstellung stellen und bei dessen Ablehnung eine einstweilige Anordnung nach § 123 VwGO beim VG beantragen
(VGH Mannheim NVwZ 1995, 490; OVG Münster NVwZ-RR 1998, 218; OVG Greifswald BauR 2003, 1710). Insoweit gelten dieselben Grundsätze wie beim Verfahren
nach § 80 a Abs. 3 VwGO, d. h. der Erlass einer einstweiligen Anordnung kommt
schon dann in Betracht, wenn die Erfolgsaussichten des Rechtsbehelfs im Hauptsa-
cheverfahren zumindest als offen angesehen werden müssen. Diese gegenüber anderen Verfahren nach § 123 VwGO geringeren Voraussetzungen stellen einen Ausgleich für das fehlende (präventive) Baugenehmigungsverfahren dar und berücksichtigen, dass Gegenstand der behördlichen Entscheidung nur die Verhinderung des
Baubeginns bzw. die Baueinstellung und kein Eingriff in die Bausubstanz ist (VGH
Mannheim VBlBW 2008, 272 – s. auch oben Rn. 314).

C. Rechtsschutz der Gemeinde

350 Die Gemeinde kann zunächst Rechtsschutz (s. Möller Jura 2011, 54) dagegen in Anspruch nehmen, dass ein von ihr aufgestellter **Bebauungsplan nicht nach § 10
Abs. 2 BauGB genehmigt** wird. Insoweit kann sie Verpflichtungsklage auf Erteilung
der Genehmigung erheben (s. oben Rn. 67).

Zur Antragsbefugnis der Gemeinde im **Normenkontrollverfahren** gegen einen **Bebauungsplan der Nachbargemeinde** s. Rn. 325.

Ferner kann sich die Gemeinde dagegen zur Wehr setzen, wenn eine **Baugenehmigung** ohne ihr nach **§ 36 BauGB erforderliches Einvernehmen** erteilt wird (s. dazu
oben Rn. 170), und zwar unabhängig davon, ob das Bauvorhaben rechtmäßig ist
und die Gemeinde daher zur Erteilung des Einvernehmens verpflichtet ist (BVerwG
NVwZ 1992, 878). Unabhängig von der Rechtmäßigkeit des Bauvorhabens ist die
Klage der Gemeinde allein deswegen begründet, weil die ihre Planungshoheit schützende Vorschrift des § 36 Abs. 1 BauGB nicht beachtet wurde (BVerwG NVwZ 2000,
1048; BauR 2010, 1738; OVG Koblenz BRS 70 Nr. 103). Das gilt allerdings nicht,
wenn die Gemeinde zugleich Baurechtsbehörde ist (BVerwG BVerwGE 121, 339).
Ebenso ist eine Klagemöglichkeit der Gemeinde gegeben, wenn das Einvernehmen
nach § 36 Abs. 2 S. 3 BauGB (s. dazu Rn. 170) ersetzt wird.

Schließlich kann sich die Gemeinde dagegen zur Wehr setzen, dass eine Abbruchanordnung für ein Gebäude im Außenbereich auf ein Rechtsmittel des Eigentümers
hin aufgehoben wird, weil sie dadurch in ihrer Planungshoheit beeinträchtigt wird,
die durch § 36 BauGB geschützt wird (BVerwG NVwZ 2000, 148). Da die Gemeinde
eine Baugenehmigung zur Errichtung eines solchen Gebäudes durch Verweigerung
des Einvernehmens nach § 36 BauGB verhindern kann, muss ihr auch die Möglichkeit eingeräumt werden, sich gegen eine Aufhebung einer bereits angeordneten Beseitigung eines ungenehmigten Vorhabens im Außenbereich zur Wehr zu setzen.
Diese Rechtsprechung muss auch auf die Aufhebung von Abbruchanordnungen im
beplanten und nicht beplanten Innenbereich übertragen werden. Dagegen steht ihr
keine Klagemöglichkeit zu, wenn die Baurechtsbehörde den Abbruch eines rechtswidrig errichteten Gebäudes gegenüber einem Bürger anordnet, obwohl die Gemeinde ihr Einvernehmen zur Erteilung einer Befreiung erteilt hatte (VGH Mannheim
BauR 2014, 1470).

VI. Fälle

Fall 1 Normenkontrollverfahren, Grundsätze der Bauleitplanung, gerichtliche Überprüfung von Bebauungsplänen

Die am Bodensee gelegene Stadt S beabsichtigt, ein neues Wohngebiet zu schaffen, um der dringenden Nachfrage nach Wohnraum zu entsprechen. Sie holt zu den Themen Lärm und Klima Fachgutachten ein, auf deren Grundlage ein ausführlicher Umweltbericht erstellt wird. Der Planentwurf mit Begründung einschließlich Umweltbericht wird nach entsprechender Bekanntmachung, in der auf die mögliche Präklusion nach § 47 Abs. 2 a VwGO und auf die Themen der vorliegenden Fachgutachten hingewiesen wird, vom 1.–31.7. öffentlich ausgelegt. Während dieser Zeit erhebt der X, Inhaber der Gaststätte mit Biergarten „Seeblick" Einwendungen, weil ihm durch das neue Wohngebiet die bisher freie Aussicht auf Bodensee und Alpen versperrt und dadurch die Attraktivität seiner Gaststätte erheblich vermindert werde. Ferner erhebt der G als Inhaber eines Gerbereibetriebs am 15.8. Einwendungen mit der Begründung, die von seinem Betrieb ausgehenden sehr intensiven Gerüche würden zu einer schwerwiegenden Belästigung des nur 100 m entfernt liegenden Wohngebiets führen. Der Gemeinderat von S weist beide Einwendungen zurück. X habe kein Recht auf freie Aussicht, seine wirtschaftlichen Interessen müssten gegenüber dem Bedarf an neuen Wohnungen zurücktreten. Die Einwendungen des G könnten unberücksichtigt bleiben, weil er sie verspätet vorgebracht habe. Der Bebauungsplan wird vom Gemeinderat als Satzung beschlossen; der Beschluss wird am 15.10. öffentlich bekannt gemacht.

Darauf stellen G und X am 15.12. einen Normenkontrollantrag und berufen sich dabei auf ihre Einwendungen; X rügt ferner, dass der Bebauungsplan zu kurz und ohne die Fachgutachten ausgelegt worden sei. Wie wird der Verwaltungsgerichtshof entscheiden?

I. Zulässigkeit

Nach § 47 Abs. 1 Nr. 1 VwGO kann die Gültigkeit von Bebauungsplänen vom Verwaltungsgerichtshof im Wege der Normenkontrolle überprüft werden.

1. Antragsfrist

Der Antrag ist innerhalb eines Jahres nach Bekanntmachung des Plans zu stellen (§ 47 Abs. 2 S. 1 VwGO); diese Frist haben G und X eingehalten.

2. Antragsbefugnis

Einen Normenkontrollantrag kann nach § 47 Abs. 2 S. 1 VwGO stellen, wer geltend macht, durch die Vorschrift oder ihre Anwendung in seinen Rechten verletzt zu werden.

Eine Verletzung von Rechten ist unter anderem dann gegeben, wenn private Belange der Antragsteller bei der Abwägung nach § 1 Abs. 7 BauGB nicht angemessen berücksichtigt worden sind (s. oben Rn. 326; BVerwGE 107, 215). Abwägungsrelevant sind dabei nicht nur subjektive Rechte, sondern auch sonstige private Belange mit städtebaulichem Bezug, die schutzwürdig und nicht nur geringwertig sind und für die Gemeinde erkennbar waren (s. oben Rn. 50).

X hat während der Auslegung des Bebauungsplans vorgetragen, dass eine Verwirklichung des Bebauungsplans seine bisher ungehinderte Aussicht auf die freie Landschaft beseitigen werde. Es fragt sich, ob es sich dabei um einen abwägungsrelevanten Belang handelt. Im Regelfall ist das Interesse am Erhalt der Aussicht als geringwertig oder nicht schutzwürdig anzusehen und deshalb nicht abwägungserheblich (BVerwG NVwZ 2000, 1413; VGH Mannheim BWGZ 2009, 105). Von einer Geringwertigkeit kann aber bei einer außergewöhnlichen Aussichtslage wie hier auf den Bodensee und die Alpen nicht mehr ausgegangen werden (VGH Mannheim BauR 1998, 85). Da es sich um eine Gaststätte handelt, bei der die Aussichtslage eine besondere Anziehungskraft auf die Besucher entfaltet, kann dem Interesse des X am Erhalt dieser Aussicht auch nicht die Schutzwürdigkeit abgesprochen werden. Er kann sich deshalb auf einen abwägungsrelevanten privaten Belang berufen und ist antragsbefugt.

3. Präklusion § 47 Abs. 2 a VwGO

a) Auch wenn X erst im Normenkontrollverfahren die Rüge erhoben hat, die Monatsfrist des § 3 Abs. 2 S. 1 BauGB sei nicht eingehalten worden, führt dies nicht zur teilweisen Unzulässigkeit seines Antrags. § 47 Abs. 2 a VwGO greift nämlich nur ein, wenn sämtliche Einwendungen im Planauslegungsverfahren nicht oder nur verspätet vorgebracht worden sind (s. oben Rn. 325). Der Normenkontrollantrag des X ist daher zulässig.

b) Gs Antrag könnte dagegen unzulässig sein, weil er seine Einwendungen verspätet vorgebracht hat.

Grundsätzlich muss der Gemeinderat im Rahmen der Abwägung nach § 1 Abs. 7 BauGB gemäß § 4 a Abs. 6 BauGB alle für die Bauleitplanung bedeutsamen öffentlichen und privaten Belange berücksichtigen, soweit ihm diese bekannt sind oder hätten bekannt sein müssen. Derartige Belange müssen auch dann berücksichtigt werden, wenn der Träger des Belangs im Rahmen der Öffentlichkeitsbeteiligung nach § 3 Abs. 2 BauGB keine Einwendungen vorgebracht hat. Sein Normenkontrollantrag ist dann allerdings gemäß § 47 Abs. 2 a VwGO unzulässig, selbst wenn es um private Belange geht, die sich dem Gemeinderat aufdrängen mussten (BVerwGE 138, 181). Voraussetzung ist, dass die Bekanntmachung der öffentlichen Auslegung des Planentwurfs einen Hinweis auf diese Rechtsfolge enthalten hat (§ 47 Abs. 2 a VwGO, § 3 Abs. 2 S. 2 BauGB) und sie auch im Übrigen ordnungsgemäß erfolgt ist (BVerwG BauR 2015, 221). Das ist hier der Fall; insbesondere sind die Themen der vorhandenen umweltbezogenen Stellungnahmen benannt worden.

Da G seine einzige Einwendung, dass sein Betrieb wegen immissionsschutzrechtlicher Abwehransprüche der Bewohner des neuen Baugebiets beeinträchtigt werde, verspätet vorgebracht hat, ist sein Normenkontrollantrag unzulässig.

II. Begründetheit des Antrags des X

Auf den zulässigen Normenkontrollantrag des X prüft der Verwaltungsgerichtshof die Wirksamkeit des Bebauungsplans unter allen in Betracht kommenden Gesichtspunkten (objektive Rechtskontrolle; s. oben Rn. 334).

1. Formelle Fehler

a) Der Bebauungsplan ist vom 1. – 31.7. öffentlich ausgelegt worden, § 3 Abs. 2 S. 1 BauGB verlangt eine Auslegung für die Dauer eines Monats. Ein Verstoß gegen § 3 Abs. 2 BauGB kann nach § 214 Abs. 1 S. 1 Nr. 2 BauGB zur Unwirksamkeit des Bebauungsplans führen. Dieser Fehler wird nach § 215 Abs. 1 S. 1 Nr. 1 BauGB unbeachtlich, wenn er nicht innerhalb eines Jahres gerügt wird. Der Wortlaut der Vorschrift lässt eindeutig erkennen, dass der Verfahrensfehler vor Ablauf der Jahresfrist von Amts wegen zu beachten ist.

Bei der Berechnung der einmonatigen Auslegungsdauer ist der erste Tag der Auslegung mitzuzählen; es gilt also nicht § 187 Abs. 1 BGB, sondern § 187 Abs. 2 S. 1 BGB (so GemSenat OBG BVerwGE 40,363). Die Frist ist daher eingehalten worden, weil der Plan vom 1. – 31.7. (einschließlich) auslag (vgl. § 188 Abs. 2 Alt. 2 BGB).

b) Die Stadt S hat nur den Umweltbericht, nicht aber die eingeholten Fachgutachten ausgelegt. § 3 Abs. 2 S. 1 BauGB eröffnet der Gemeinde jedoch einen Beurteilungsspielraum, welche der bereits vorliegenden umweltbezogenen Stellungnahmen „wesentlich" und daher auszulegen sind. Dieser Beurteilungsspielraum ist nicht überschritten, wenn nur der Umweltbericht ausgelegt wird, in den alle vorhandenen umweltbezogenen Stellungnahmen wie hier die Fachgutachten eingearbeitet sind (VGH Mannheim BauR 2011, 80).

c) Die Stadt S hat sich nicht damit befasst, welche Immissionen der Betrieb von G in dem geplanten Wohngebiet verursacht und welche Auswirkungen immissionsschutzrechtliche Abwehransprüche der Bewohner des neuen Gebiets auf den Betrieb von G haben können. Dies war jedoch im Hinblick auf das Gebot der Konfliktbewältigung und das Trennungsgebot (s. oben Rn. 51, 53) für die Abwägung von Bedeutung. S hat daher entgegen § 2 Abs. 3 BauGB abwägungserhebliche Belange nicht ermittelt.

Dieser Ermittlungsfehler ist objektiv nachweisbar und damit offensichtlich i. S. d. § 214 Abs. 1 S. 1 Nr. 1 BauGB (s. oben Rn. 56). Für die von dieser Vorschrift geforderte Kausalität zwischen dem Fehler im Abwägungsvorgang und Abwägungsergebnis ist es ausreichend, wenn die konkrete Möglichkeit einer anderen Abwägungsentscheidung besteht (BVerwGE 64, 33; BauR 2004, 1130). In Anbetracht der Intensität der Geruchsbelästigung, die einen wesentlich größeren Abstand zwischen der bestehenden Gerberei und dem neuen Wohngebiet nahe legt, ist davon auszugehen, dass der Gemeinderat eine andere Planung vorgesehen hätte, wenn er die Belange des G in die Abwägung eingestellt hätte. Daher ist auch die erforderliche Kausalität zu bejahen (vgl. auch zu der bislang nicht höchstrichterlich geklärten Frage, ob der ebenfalls vorliegende Verstoß gegen die Pflicht aus § 2 Abs. 4 S. 1 BauGB, voraussichtliche erhebliche Umweltauswirkungen zu ermitteln, zur Unvollständigkeit des Umweltberichts i. S. d. § 214 Abs. 1 S. 1 Nr. 3 BauGB und damit zu einem beachtlichen Mangel führt VGH Mannheim, Urt. v. 2.4.2014 – 3 S 41/13).

2. Materielle Fehler

Materielle Fehler sind nicht mehr zu prüfen. Der Ermittlungsfehler kann nach § 214 Abs. 3 S. 2 BauGB nicht mehr als sonstiger Mangel im Abwägungsvorgang geltend gemacht werden.

Der Normenkontrollantrag des X hat Erfolg, obwohl die Abwägung seiner Belange, die der Gemeinderat für weniger gewichtig gehalten hat als das öffentliche Interesse an neuem Wohnraum, nach den Grundsätzen zur gerichtlichen Überprüfung der Abwägung offensichtlich nicht zu beanstanden ist.

Da sich der Mangel auf die gesamte Planung auswirkt, wird der Verwaltungsgerichtshof auf den Antrag des X den Bebauungsplan insgesamt für unwirksam erklären. Den Normenkontrollantrag des G wird er dagegen als unzulässig abweisen.

Fall 2 Bauen im beplanten Innenbereich, Befreiung, Nachbarklage

Der Volksbildungsverein e.V. betreibt seit längerer Zeit in einer alten Villa, die in einem durch Bebauungsplan ausgewiesenen reinen Wohngebiet liegt, eine Einrichtung der Erwachsenenbildung, in der 14-tägige Kurse über aktuelle Themen durchgeführt werden, die von Teilnehmern aus ganz Baden-Württemberg besucht werden. Da die Unterbringung der Kursteilnehmer in benachbarten Gasthäusern und Privatquartieren häufig Schwierigkeiten bereitet, will der V-Verein im Anschluss an die Villa einen Bettentrakt für 30 Personen anbauen. Gegen die von der Stadt S erteilte Baugenehmigung erhebt der Nachbar N Widerspruch und anschließend Klage mit der Begründung, in einem reinen Wohngebiet sei ein Bettentrakt nicht zulässig. Während des verwaltungsgerichtlichen Verfahrens erteilt die Stadt daraufhin Befreiung von der Festsetzung des Bebauungsplans als reines Wohngebiet.

I. Zulässigkeit

1. Klageart

Da die Baugenehmigung ein Verwaltungsakt ist, muss der N Anfechtungsklage erheben.

2. Klagebefugnis

Die Klagebefugnis ist nur dann nicht gegeben, wenn der Kläger von dem angefochtenen Verwaltungsakt offensichtlich und eindeutig nach keiner Betrachtungsweise in seinen Rechten verletzt sein kann (BVerwGE 89, 69; 101, 364). Es kann hier nicht von vornherein ausgeschlossen werden, dass die Genehmigung eines Bettentrakts in einem reinen Wohngebiet unzulässig ist und die Festsetzung des Bebauungsplans auch dem Schutz der Nachbarn dienen soll. Ob dieses tatsächlich der Fall ist, ist eine Frage der Begründetheit der Klage, nicht der Zulässigkeit.

3. Vorverfahren

Das nach §§ 68 ff VwGO erforderliche Vorverfahren ist für die Baugenehmigung durchgeführt worden. Der N kann neben der Baugenehmigung auch die nachträglich erteilte Befreiung anfechten, ohne insoweit ein zweites Vorverfahren durchführen zu müssen, da die Befreiung in einem untrennbaren Zusammenhang mit der Baugenehmigung steht (BVerwG NJW 1971, 1147).

II. Begründetheit

Eine Nachbarklage ist nur dann begründet, wenn die Baugenehmigung rechtswidrig ist und der Nachbar dadurch in seinen Rechten verletzt wird; die Baugenehmigung muss mithin gegen nachbarschützende Normen des öffentlichen Baurechts verstoßen (BVerwGE 22, 129; 89, 69). (Ob man zunächst prüft, ob die Baugenehmigung gegen eine bestimmte baurechtliche Vorschrift verstößt und erst anschließend die Frage des Nachbarschutzes dieser Vorschrift untersucht oder umgekehrt vorgeht, ist eine reine Zweckmäßigkeitsfrage).

1. Die Baugenehmigung könnte gegen die Festsetzung des Bebauungsplans verstoßen, der das Gebiet als reines Wohngebiet ausweist. Nach § 3 Abs. 2 BauNVO sind in einem reinen Wohngebiet als generell zulässige Bebauung nur Wohngebäude zulässig. Wohnen i.S. dieser Vorschrift bedeutet, dass die Benutzer der Räume dort ihren Lebensmittelpunkt haben (BVerwG BauR 1996, 676). Das BVerwG spricht davon, der Begriff des Wohnens werde durch eine auf Dauer angelegte Häuslichkeit und eine Eigengestaltung des häuslichen Wirkungskreises geprägt. Dieses ist bei einem Bettentrakt für ständig wechselnde Kursteilnehmer offensichtlich nicht der Fall.

Der Bettentrakt könnte ferner nach § 3 Abs. 3 BauNVO als Ausnahme zulässig sein, wenn es sich dabei um einen kleinen Betrieb des Beherbergungsgewerbes handeln würde. Hierunter sind jedoch wegen der Verwendung des Begriffs „Gewerbe" nur auf Gewinnerzielung ausgerichtete Unternehmen zu verstehen (BVerwG NVwZ 1993, 775). Beim Bettentrakt des V-Vereins steht jedoch die Unterbringung als solche, nicht dagegen die Gewinnerzielung im Mittelpunkt. Es handelt sich bei dem Bettentrakt auch nicht um ein nach § 3 Abs. 3 Nr. 2 BauNVO zulässiges Vorhaben für kulturelle Zwecke, weil es nicht den Bedürfnissen des Baugebiets dient, sondern von ortsfremden Personen genutzt wird. Ein Bettentrakt ist somit in einem reinen Wohngebiet nicht zulässig, so dass die Baugenehmigung rechtswidrig war.

2. Es bleibt zu prüfen, ob der N durch den Verstoß gegen den Bebauungsplan in seinen Rechten verletzt wurde; dies setzt voraus, dass die Festsetzungen des Bebauungsplans nachbarschützend sind. Voraussetzung hierfür ist, dass die Norm nach ihrem Sinn und Zweck zumindest teilweise auch dem Schutz privater Belange dienen soll (BVerwGE 78, 85; 94, 151; 101, 364). Die Ausweisung eines bestimmten Baugebiets soll nicht nur allgemein städtebaulichen Belangen dienen, sondern auch den Grundstückseigentümern im Plangebiet eine bestimmte Nutzungsart ermöglichen (BVerwGE 94, 151; 101, 364). Liegt ein Grundstück in einem Wohngebiet, dann ist durch die Ausweisung als Wohngebiet gewährleistet, dass auf den Nachbargrundstücken keine Nutzung stattfindet, die zu einer Störung der Wohnruhe führen kann. Die Grundstückseigentümer im Gebiet eines Bebauungsplans müssen im Interesse eines geordneten Zusammenlebens bestimmte Nutzungsbeschränkungen hinnehmen. Sie haben dafür andererseits den Vorteil, dass ihre Nachbarn den gleichen Beschränkungen unterliegen. Daraus ergibt sich ein sog. Gebietserhaltungsanspruch der Grundstückseigentümer im Geltungsbereich des Bebauungsplans (vgl. Rn. 299).In der Rechtsprechung wird deshalb allgemein angenommen, dass die Festsetzungen des Gebietscharakters nach §§ 2 ff. BauNVO nachbarschützend sind (BVerwGE 27, 29; 44, 244; 94, 151).

3. Die somit bei Klageerhebung begründete Nachbarklage könnte jedoch durch die dem V-Verein während des gerichtlichen Verfahrens erteilte Befreiung von den Festsetzungen des Bebauungsplans unbegründet geworden sein. Eine während des verwaltungsgerichtlichen Verfahrens eintretende Änderung der Sach- und Rechtslage ist bei der Entscheidung des Rechtsstreits zu berücksichtigen, sofern sie sich zugunsten des Bauherrn auswirkt, weil es nicht sinnvoll ist, auf eine Nachbarklage hin

eine Baugenehmigung aufzuheben, die wegen veränderter Sach- oder Rechtslage auf einen erneuten Antrag hin erteilt werden müsste (BVerwGE 22, 129; 65, 313).

Die Befreiung von den Festsetzungen des Bebauungsplans wäre gemäß § 31 Abs. 2 Nr. 1 BauGB rechtmäßig, wenn die Grundzüge der Planung nicht berührt werden, Gründe des Wohls der Allgemeinheit die Befreiung erfordern und die Abweichung auch unter Würdigung nachbarlicher Interessen mit den öffentlichen Belangen vereinbar ist. Da der Bettentrakt sich auf die benachbarten Grundstücke kaum negativ auswirken kann, werden die Grundzüge des mit der Ausweisung eines reinen Wohngebiets verfolgten Planungsziels, nämlich ein ruhiges Wohnen zu ermöglichen, nicht berührt (vgl. BVerwG NVwZ 1999, 1110). Grundzüge der Planung werden außerdem berührt, wenn mit derselben Berechtigung auch mehrere Grundstückseigentümer im Bebauungsplangebiet eine Befreiung verlangen könnten (BVerwG NVwZ 2000, 679). Dies ist nicht der Fall, da es in der Umgebung keine vergleichbare Einrichtung gibt, die einen Bettentrakt benötigen könnte.

Gründe des Allgemeinwohls erfordern eine Befreiung, wenn ein Abweichen vom Bebauungsplan auf vernünftigen Erwägungen des Allgemeinwohls beruht (BVerwGE 59, 71). Dieses ist hier der Fall, denn es liegt im öffentlichen Interesse, dass die vom V-Verein durchgeführten Kurse der Erwachsenenbildung nicht durch Schwierigkeiten bei der Unterbringung der Teilnehmer behindert werden. Belange der Nachbarn werden dadurch nicht nennenswert beeinträchtigt; ebenso stehen keine öffentlichen Belange der Befreiung entgegen. Die Stadt S hat deshalb zu Recht Befreiung von den Festsetzungen des Bebauungsplans erteilt.

Die Klage des N. ist daher unbegründet.

Fall 3 Bauen im nichtbeplanten Innenbereich, Klage auf Erteilung einer Baugenehmigung

Bauer B ist Eigentümer eines Wiesengrundstücks, das mit einer Breite von 60 m an eine durch D-Dorf führende Straße grenzt. Die angrenzenden Grundstücke sind entlang der Straße auf beiden Seiten mit größeren Wohn- und landwirtschaftlichen Gebäuden bebaut. Als B beantragt, ihm die Genehmigung für die Errichtung von drei Ferienhäusern auf seiner Wiese zu erteilen, lehnt das Landratsamt dieses ab mit der Begründung, das Wiesengrundstück zähle zum Außenbereich und sei im Flächennutzungsplan als landwirtschaftliche Nutzfläche ausgewiesen. Ferner entsprächen die drei kleinen Ferienhäuser nicht der weitläufigen Bauweise in der Umgebung. B könne im Übrigen ohnehin nicht bauen, weil er die Wiese an den Landwirt L verpachtet habe. B erhebt nach erfolglosem Widerspruch Klage mit der Begründung, das beidseitig von bebauten Grundstücken umgebene Wiesengelände zähle zum Innenbereich. Den Pachtvertrag mit dem L habe er wegen Eigenbedarfs gekündigt.

I. Zulässigkeit

Die Klage ist unbedenklich als Verpflichtungsklage zulässig.

II. Begründetheit

B hat nach § 58 Abs. 1 LBO Anspruch auf Erteilung einer Baugenehmigung, wenn seinem Bauvorhaben keine öffentlich-rechtlichen Vorschriften entgegenstehen. Ob möglicherweise ein privatrechtlicher Anspruch des L auf weitere Nutzung des Wiesengeländes besteht, ist unbeachtlich, denn die Baugenehmigung wird nach § 58 Abs. 3 LBO unbeschadet privater Rechte Dritter erteilt. Eine Ausnahme hiervon ist nur dann zu machen, wenn der Antragsteller wegen offensichtlich entgegenstehender privater Rechte von einer ihm erteilten Baugenehmigung keinen Gebrauch machen kann (BVerwGE 42, 115). Dieser Sonderfall liegt hier jedoch nicht vor. Es ist nicht Aufgabe der Baurechtsbehörde oder der Verwaltungsgerichte, im Einzelnen der Frage nachzugehen, ob ein privatrechtliches Rechtsverhältnis dem Bauvorhaben im Wege steht. Es braucht also nicht geprüft zu werden, ob die Kündigung des Pachtvertrags wirksam war; sie war jedenfalls nicht offensichtlich unwirksam. Die Prüfung im Rahmen des Verfahrens auf Erteilung einer Baugenehmigung hat sich daher auf entgegenstehende öffentlich-rechtliche Vorschriften zu beschränken.

1. Es muss zunächst abgeklärt werden, ob sich die Zulässigkeit der beabsichtigten Ferienhäuser bauplanungsrechtlich nach § 34 oder § 35 BauGB richtet.

Dass das für die Bebauung vorgesehene Wiesengelände auf beiden Seiten von bebauten Grundstücken begrenzt wird, schließt eine Zugehörigkeit zum Außenbereich nicht unbedingt aus. Entscheidend ist, ob die Wiese noch als Baulücke angesehen werden kann, weil sie den Eindruck der Zusammengehörigkeit und Geschlossenheit der angrenzenden Bebauung nicht unterbricht (BVerwGE 31, 20 und 35, 256; NVwZ 1997, 899; VGH Mannheim VBlBW 2007, 305). Das ist hier jedenfalls angesichts der weitläufigen Bebauung zu bejahen (vgl. VGH Mannheim NVwZ-RR 2014, 931: stets Einzelfallwürdigung erforderlich).

2. Hinsichtlich der Art der baulichen Nutzung ist zunächst § 34 Abs. 2 BauGB zu prüfen, da diese Regelung insoweit der des Abs. 1 vorgeht (BVerwG NVwZ 1995, 897; 2000, 1050). Nach § 34 Abs. 2 BauGB ist ein Bauvorhaben im nichtbeplanten Innenbereich nur zulässig, wenn es in einem entsprechenden Gebiet, für das ein Bebauungsplan besteht, gemäß den Vorschriften der BauNVO zulässig wäre. Die Umgebung des Wiesengeländes ist als Dorfgebiet anzusehen (vgl. VGH Mannheim VBlBW 1998, 464). In einem Dorfgebiet sind Ferienhäuser nach § 5 Abs. 2 BauNVO zulässig, wobei es dahin stehen kann, ob es sich dabei um einen Betrieb des Beherbergungsgewerbes (Nr. 5 – verneint von BVerwG BauR 1989, 440) oder um einen sonstigen nicht störenden Gewerbebetrieb (Nr. 6) handelt.

Hinsichtlich des Maßes der baulichen Nutzung und der Bauweise kommt es nach § 34 Abs. 1 BauGB darauf an, ob sich das Bauvorhaben in die nähere Umgebung einfügt. Dieses bedeutet nach der Rechtsprechung des BVerwG (BVerwGE 55, 369; NVwZ 1999, 524), dass der Rahmen einzuhalten ist, der durch die vorhandene Bebauung gebildet wird. Dabei ist nicht erforderlich, dass es sich um ein Bauvorhaben handelt, das in dieser Form schon in der Umgebung vorhanden ist (BVerwGE 67, 23); das Bauvorhaben darf lediglich keine städtebaulichen Spannungen hervorrufen. Das ist insbesondere dann der Fall, wenn anzunehmen ist, dass die Zulassung eines derartigen Vorhabens eine Veränderung der bestehenden städtebaulichen Situation einleitet, die geprägt ist durch größere Wohn- und landwirtschaftliche Gebäude (BVerwGE 44, 302).

Bei einer Baulücke von 60 m Breite stellen drei Ferienhäuser im ländlichen Bereich eine aufgelockerte Bauweise dar. Da die Ferienhäuser wesentlich kleiner sind als die in der Umgebung vorhandenen Gebäude, könnten sie städtebauliche Spannungen begründen und sich nicht in die Umgebung einfügen, wenn sie eine sog. negative Vorbildwirkung entfalten (BVerwGE 44, 302; NVwZ 1995, 698). Dies ist jedoch hier nicht der Fall, denn das hinter den drei Ferienhäusern gelegene Gelände zählt bereits zum Außenbereich und kann daher nicht mit Ferienhäusern bebaut werden (BVerwG NJW 1982, 2512 – s. dazu auch Fall 4). Die drei Ferienhäuser fügen sich daher in die in der Umgebung vorhandene Bebauung ein.

Hinweis: Wenn das Einfügen verneint werden müsste, könnten die 3 Ferienhäuser nicht nach § 34 Abs. 3 a BauGB genehmigt werden, da diese Vorschrift bei der Neuerrichtung einer gewerblichen Anlage nicht gilt.

3. Neben der Frage des Einfügens ist nach § 34 Abs. 1 BauGB zu prüfen, ob das Bauvorhaben das Ortsbild beeinträchtigt. Diese Tatbestandsvoraussetzung hat vor allem dann Bedeutung, wenn ein Bauvorhaben sich auffallend von der sonstigen Bebauung abhebt und damit ein in sich geschlossenes Ortsbild stört (BVerwG NVwZ 1991, 51; NVwZ 2000, 1169; VGH Mannheim DÖV 1990, 190). Ein Vorhaben, das sich gemäß § 34 Abs. 1 BauGB in die Umgebung einfügt, wird in aller Regel das Ortsbild nicht beeinträchtigen. Das gilt auch für den hier zu behandelnden Fall.

4. Dem Flächennutzungsplan kommt im Rahmen des § 34 Abs. 1 BauGB keine Bedeutung zu. Der Flächennutzungsplan ist keine Rechtsnorm, denn er entfaltet nach § 7 BauGB lediglich gegenüber Behörden Bindungswirkung. Die Versagung einer Baugenehmigung für ein im Innenbereich gelegenes Grundstück wegen der Festsetzungen des Flächennutzungsplans scheidet schon deshalb aus, weil es sich dabei um einen unzulässigen Eingriff in die Baulandqualität des Grundstücks handeln würde (BVerwG BauR 1981, 351).

Sonstige bauplanungsrechtliche oder bauordnungsrechtliche Hinderungsgründe, die dem Bauvorhaben entgegenstehen könnten, sind nicht ersichtlich. Die Verpflichtungsklage ist daher begründet.

Fall 4   Bauen im Außenbereich, Abbruchverfügung, Bestandsschutz

Der E erwirbt eine im Außenbereich auf einer Wiese am Waldrand gelegene Feldscheune, die er durch umfangreiche Baumaßnahmen (Einbau von Fenstern, Einziehen von Trennwänden und Zwischendecken) in ein Wochenendhaus umwandeln will. Der entsprechende Bauantrag des E wird vom Landratsamt abgelehnt.

Mehrere Jahre später stellt das Landratsamt fest, dass E zwischenzeitlich die Scheune, wie beabsichtigt, in ein Wochenendhaus umgewandelt hat, und gibt ihm daraufhin den Abbruch des Bauwerks auf. E legt Widerspruch ein mit der Begründung, die Scheune genieße Bestandsschutz, so dass er sie einer für ihn sinnvollen Nutzung zuführen könne. Nachdem der Umbau bereits mehrere Jahre zurückliege, könne eine Beseitigung des Bauwerks nicht mehr angeordnet werden, zumal in einer Entfernung von 200 m noch ein weiteres Wochenendhaus stehe, dessen Abbruch das Landratsamt nicht angeordnet habe. Der Widerspruch wird vom Regierungspräsidium zurückgewiesen; dabei führt das Regierungspräsidium u. a. aus, der Abbruch des anderen Wochenendhauses komme nicht in Betracht, weil es bereits im Jahr 1962 errichtet worden sei. Daraufhin erhebt E Klage beim Verwaltungsgericht und erklärt in der mündlichen Verhandlung unter Vorlage eines Grundbuchauszugs, er habe vor kurzem das Grundstück an seinen Sohn übereignet, so dass die Abbruchanordnung schon aus diesem Grund aufzuheben sei.

I. Zulässigkeit

Gegen eine Abbruchverfügung ist Anfechtungsklage zu erheben; der E ist als Adressat des Bescheids nach § 42 Abs. 2 VwGO klagebefugt.

Zweifelhaft könnte sein Rechtsschutzbedürfnis sein, nachdem er das Grundstück auf seinen Sohn übertragen hat. Ein Rechtsschutzbedürfnis wäre zu verneinen, wenn sich durch diesen Vorgang die Abbruchverfügung erledigt hätte und die Behörde gegenüber dem Sohn eine neue Abbruchverfügung erlassen müsste. Dieses ist jedoch nicht der Fall, denn eine Abbruchverfügung wirkt nach der Rechtsprechung des BVerwG (BVerwGE 40, 101; eb. VGH Mannheim NVwZ-RR 1989, 593; OVG Münster BauR 2003, 1877) auch gegenüber dem Rechtsnachfolger. Es handelt sich dabei nämlich um einen sachbezogenen Verwaltungsakt, der nicht von der Person des Eigentümers abhängig ist. Im Übrigen wäre einer Verzögerung bei der Beseitigung rechtswidrig errichteter Bauwerke Tür und Tor geöffnet, wenn eine Abbruchverfügung sich durch eine Übereignung des Baugrundstücks auf eine andere Person erledigen würde. Der Sohn ist allerdings nach § 173 VwGO, § 265 Abs. 2 ZPO berechtigt, den Rechtsstreit anstelle des E fortzuführen. Solange er dieses nicht tut, kann der E weiterhin gemäß § 265 Abs. 2 ZPO die Klage gegen die Abbruchverfügung betreiben.

II. Begründetheit

1. Eine Abbruchverfügung kann gemäß § 65 LBO erlassen werden, wenn das Gebäude seit seiner Errichtung gegen materielles Baurecht verstößt und nicht durch eine Baugenehmigung gedeckt ist (BVerwG NJW 1989, 353; NVwZ 1992, 392; VGH Mannheim VBlBW 2004, 264).

Die Umwandlung der Scheune in ein Wochenendhaus war nach § 2 Abs. 12, §§ 49, 50 Abs. 2 LBO genehmigungspflichtig, denn für die neue Nutzung gelten weitergehende Anforderungen als für die frühere Nutzung. Eine Genehmigung ist aber nicht erteilt worden; den ablehnenden Bescheid des Landratsamts hat der E unanfechtbar werden lassen.

Es fragt sich, ob im Hinblick auf die bestandskräftige Versagung der Baugenehmigung überhaupt noch die materielle Baurechtswidrigkeit geprüft werden muss. Die Bestandskraft eines Verwaltungsakts hat aber anders als die Rechtskraft eines Urteils nicht zur Folge, dass damit die Rechtslage zwischen den Beteiligten bindend festgestellt ist, vielmehr wird durch die Bestandskraft lediglich das Verwaltungsverfahren abgeschlossen. Die Baurechtsbehörde muss daher bei Erlass einer Abbruchverfügung trotz bestandskräftiger Versagung einer Baugenehmigung die materielle Baurechtswidrigkeit eines illegal errichteten Gebäudes überprüfen (BVerwGE 48, 271).

2. Ein Wochenendhaus ist nicht in § 35 Abs. 1 BauGB als privilegiertes und damit im Außenbereich grundsätzlich zulässiges Bauvorhaben angeführt. In Betracht kommt insoweit nur Nr. 4 dieser Vorschrift. Zwar werden Wochenendhäuser mit Vorliebe im Außenbereich errichtet. Das bedeutet aber nicht, dass sie nur dort ihren Zweck erfüllen können. Auch ein innerhalb eines Ortes gelegenes Gebäude kann durchaus eine sinnvolle Erholung am Wochenende ermöglichen. Im Übrigen setzt § 35 Abs. 1 Nr. 4 BauGB eine Wertung voraus, ob ein Bauvorhaben im Außenbereich errichtet werden „soll" (BVerwGE 96, 95). Das ist nicht der Fall, wenn das Vorhaben der privaten Erholung Einzelner dient, weil der Außenbereich für die Erholung der Allgemeinheit zur

Verfügung stehen soll (BVerwG BauR 1992, 52). Wochenendhäuser sind daher nicht nach § 35 Abs. 1 Nr. 4 BauGB privilegiert (BVerwGE 54, 74; NVwZ 2000, 1048).

3. Das Wochenendhaus könnte als sonstiges Vorhaben nach § 35 Abs. 2 BauGB zulässig sein, wenn es keine öffentlichen Belange beeinträchtigt. Als beeinträchtigte Belange gemäß § 35 Abs. 3 BauGB kommen vor allem die natürliche Eigenart der Landschaft sowie die Entstehung einer Splittersiedlung in Betracht. Die natürliche Eigenart der Landschaft wird geprägt durch die dort anzutreffende Bodennutzung, im Außenbereich i. d. R. Land- und Forstwirtschaft (BVerwGE 26, 111; 96, 95; BauR 2000, 1312). In einer derartigen Umgebung stellt ein Wochenendhaus einen Fremdkörper dar. Außerdem kann die Zulassung eines Wochenendhauses dazu führen, dass weitere gleichartige Vorhaben nicht mehr verhindert werden können und damit eine unerwünschte Zersiedelung des Außenbereichs (Entstehung einer Splittersiedlung) eingeleitet wird (BVerwGE 54, 74; NVwZ 2004, 982).

4. Die Umwandlung der Scheune in ein Wochenendhaus könnte aber durch § 35 Abs. 4 Nr. 1 BauGB gedeckt sein, da die vorhandene Bausubstanz zweckmäßig verwendet wird. Weitere Voraussetzung ist, dass die Umbaumaßnahmen nicht zu einer wesentlichen Änderung der äußeren Gestalt führen, was bejaht werden kann, wenn lediglich neue Fenster eingebaut werden. Eine Anwendung des § 35 Abs. 4 Nr. 1 BauGB scheitert aber jedenfalls daran, dass die Scheune im Feld steht, also nicht zu einer Hofstelle eines landwirtschaftlichen Betriebs gehört (BVerwG DÖV 2001, 959; BauR 2006, 1103).

5. Schließlich könnte der Bestandsschutz einer Abbruchverfügung entgegenstehen. Der Bestandsschutz erlaubt jedoch nur Instandsetzungs- und Modernisierungsarbeiten, nicht aber einen umfassenden Umbau eines Bauwerks, der einem Neubau gleichkommt (BVerwGE 36, 296; 47, 126; NVwZ 2002, 92). Außerdem besteht Bestandsschutz nur im Rahmen der bisherigen Nutzung, eine Nutzungsänderung wird mithin nicht vom Bestandsschutz erfasst (BVerwGE 47, 185; BauR 1994, 737). E kann sich daher für seine Umbaumaßnahmen nicht auf den Bestandsschutz berufen.

6. Da das umgebaute Gebäude somit formell und materiell baurechtswidrig war, konnte das Landratsamt nach § 65 LBO den Abbruch anordnen. Die Entscheidung steht im pflichtgemäßen Ermessen der Behörde. Deren Befugnis zum Erlass einer Abbruchverfügung wird nicht dadurch eingeschränkt, dass das Wochenendhaus bereits seit mehreren Jahren steht. Eine Verwirkung ihres Rechts zum Einschreiten ist ohnehin nicht möglich (vgl. Rn. 275 f.). Die Ermessensausübung wäre nur dann beschränkt, wenn die Behörde bei E durch positives Tun eine Vertrauensgrundlage geschaffen hätte und er tatsächlich darauf vertraut hätte, dass die Behörde nicht mehr einschreiten wird. Der bloße Zeitablauf reicht hierzu nicht aus. Hier fehlt es bereits an einer von der Behörde geschaffenen Vertrauensgrundlage.

7. Die Baurechtsbehörde muss beim Erlass einer Abbruchverfügung ferner den Grundsatz der Verhältnismäßigkeit (BVerwG NVwZ 1989, 353; VGH Mannheim BauR 1991, 450) und den Gleichheitsgrundsatz (VGH Mannheim NJW 1989, 603; BauR 1999, 734) beachten. Dem E droht durch den Abbruch des Wochenendhauses ein beträchtlicher materieller Schaden. Gleichwohl ist die Maßnahme der Behörde im Hinblick auf die von einem Wochenendhaus im Außenbereich ausgehende Störung der natürlichen Eigenart der Landschaft nicht unverhältnismäßig, zumal der E mit der ungenehmigten Umwandlung der Scheune in ein Wochenendhaus bewusst auf eigenes Risiko gehandelt hat (BVerwG NVwZ-RR 1997, 273; OVG Lüneburg BauR 2000, 87; VGH Mannheim VBlBW 1989, 193).

8. Die Behörde könnte jedoch den Gleichheitsgrundsatz missachtet haben, wenn sie von E den Abbruch des Wochenendhauses verlangt, aber ein vergleichbares Gebäude in näherer Umgebung stehen lässt. Art. 3 GG verlangt jedoch nicht, dass die Behörde gegen alle rechtswidrigen Bauwerke gleichzeitig und in derselben Weise vorgeht. Sie kann vielmehr nach objektiven Kriterien, insbesondere der Auffälligkeit des Gebäudes oder dem Zeitpunkt der Errichtung differenzieren (BVerwG NVwZ-RR 1992, 360; VGH Mannheim NVwZ-RR 1997, 465; OVG Lüneburg NVwZ-RR 1994, 249). Es ist deshalb nicht zu beanstanden, dass die Baurechtsbehörden gegen rechtswidrige Wochenendhäuser, die vor Inkrafttreten der LBO am 1.1.1965 errichtet worden sind, nicht einschreitet (vgl. OVG Lüneburg a.a.O. sowie den inzwischen außer Kraft getretenen Kleinbautenerlass GABl 1978, 1207). Dieses beruht auf der sachgerechten Erwägung, dass bis zu diesem Zeitpunkt die Vorstellung weit verbreitet war, dass Kleinbauten im Außenbereich zulässig seien.

Die Klage des E hat daher keine Aussicht auf Erfolg.

Fall 5 Vorläufiger Rechtsschutz, Abstandsfläche, Brandschutz

G ist Eigentümer eines in der Altstadt der Stadt S gelegenen Zweifamilienwohnhauses. Das Gebäude weist zur gemeinsamen Grundstücksgrenze mit Nachbar N eine Außenwandhöhe von 10 m auf und hält einen Abstand von 2 m ein. Außerdem verfügt es an dieser Gebäudeseite über öffenbare Fenster. Das Grundstück des N ist ebenfalls mit einem Wohnhaus bebaut, das einen Grenzabstand von 2,5 m einhält. G erhält auf seinen Antrag hin von der Stadt die Genehmigung zum Einbau eines Imbissstands für gegrillte Fleischwaren im Erdgeschoss. Hiergegen legt der N Widerspruch ein mit der Begründung, die von der Grillstation ausgehende Brandgefahr sei ihm im Hinblick auf den geringen Abstand nicht zuzumuten. Hat ein Antrag des N beim Verwaltungsgericht auf Gewährung vorläufigen Rechtsschutzes Aussicht auf Erfolg?

I. Zulässigkeit

Da der Widerspruch des N nach § 212a BauGB keine aufschiebende Wirkung hat, kann N nach § 80a Abs. 3, § 80 Abs. 5 i.V.m. Abs. 2 Satz 1 Nr. 3 VwGO die Anordnung der aufschiebenden Wirkung seines Widerspruchs beantragen. Ein vorheriger Antrag bei der Baurechtsbehörde nach § 80a Abs. 1 VwGO ist dabei nicht erforderlich; die Verweisung in § 80a Abs. 3 VwGO auf § 80 Abs. 6 VwGO wird als Redaktionsversehen angesehen (VGH Mannheim NVwZ 1995, 292; OVG Koblenz BauR 2004, 59).

II. Begründetheit

1. Bei einer Entscheidung nach § 80a Abs. 3 i. V. m. § 80 Abs. 5 VwGO hat das Verwaltungsgericht abzuwägen zwischen dem Interesse des Antragstellers an der Erhaltung des status quo bis zur rechtskräftigen Entscheidung über sein gegen die Baugenehmigung eingelegtes Rechtsmittel und dem entgegenstehenden öffentlichen Interesse am Vollzug der nach § 212a BauGB sofort vollziehbaren Baugenehmigung sowie dem gleichgerichteten Interesse des Bauherrn, dass er ungeachtet des eingelegten Rechtsmittels den Bau in Angriff nehmen kann (BVerfG BauR 2009,

1285; BVerwG NJW 1974, 1295). Ein maßgebliches Kriterium bei dieser Interessenabwägung sind die Erfolgsaussichten des Rechtsmittels, wobei allerdings wegen der
Eilbedürftigkeit der Entscheidung nur eine summarische Überprüfung der maßgeblichen Sach- und Rechtsfragen erfolgen kann (BVerfG a. a. O.; OVG Lüneburg NVwZ
2007, 478).

2. Der G benötigt für die Umwandlung des Erdgeschosses seines Wohnhauses in
einen Grillbetrieb nach §§ 49, 2 Abs. 13 LBO eine Baugenehmigung. Denn für Gaststätten gelten sowohl bauplanungsrechtlich als auch bauordnungsrechtlich weiter
gehende Anforderungen als für Wohngebäude.

3. Die dem G erteilte Baugenehmigung könnte gegen die Abstandsflächenvorschrift
des § 5 LBO verstoßen. Fraglich ist allerdings, ob diese Vorschrift bei Umbauten im
Inneren und damit verbundenen Nutzungsänderungen Anwendung findet. Dieses
wird mit der Begründung verneint, ein Abstand sei nur bei der Errichtung einer baulichen Anlage einzuhalten, nicht aber bei der Nutzungsänderung eines ohne Beachtung des gesetzlich vorgeschriebenen Abstands errichteten Gebäudes (vgl. Rn. 210).
Anders ist es aber, wenn die neue Nutzung im Hinblick auf den Schutzzweck der Abstandsfläche (Belichtung und Belüftung – vgl. Rn. 206) für den Nachbarn wesentlich
größere Beeinträchtigungen mit sich bringt als die frühere Nutzung (VGH Mannheim
NVwZ-RR 2010, 387), oder wenn die Nutzungsänderung dazu führt, dass eine privilegierte Grenzbebauung ihre Privilegierung verliert (vgl. Rn. 210). In diesem Fall muss
bei einer abstandsflächenrelevanten Nutzungsänderung die Abstandsfläche nach
§§ 5, 6 LBO eingehalten werden. Solche Umstände liegen hier nicht vor. Die grenz-
nahe Bebauung ist weder vor noch nach der Nutzungsänderung privilegiert. Da der
Baukörper nicht verändert wird, ändern sich auch die Belichtungs- und Beson-
nungsverhältnisse nicht.

4. Die Baugenehmigung verstößt jedoch unter brandschutzrechtlichen Gesichtspunkten gegen Rechte des N. Nach § 15 LBO sind bauliche Anlagen so anzuordnen
und zu errichten, dass der Entstehung eines Brandes und der Ausbreitung von Feuer
und Rauch vorgebeugt wird und bei einem Brand die Rettung von Menschen und
Tieren sowie wirksame Löscharbeiten möglich sind. Diese Vorschrift ist nachbarschützend (vgl. Sauter § 15 Rn. 8; s. auch unten Rn. 309). Sie ist hier anzuwenden,
weil nach § 2 Abs. 13 LBO die Nutzungsänderung der Errichtung gleichsteht. Die
Einzelheiten des erforderlichen Brandschutzes regelt § 27 Abs. 4 LBO i.V.m. §§ 6
und 7 LBOAVO. Nach § 7 Abs. 1 Nr. 1 LBOAVO sind Brandwände als Gebäudeab-
schlusswand u.a. erforderlich, wenn die Abschlusswände mit einem Abstand von
weniger als 2,5 m gegenüber der Nachbargrenze errichtet werden. Ein solcher Fall
liegt hier vor, weil das Gebäude des G nur einen Abstand von 2 m zur Grundstücksgrenze einhält. In einer Brandwand sind nach § 7 Abs. 8 LBOAVO keine Öffnungen
zulässig. Dagegen verstößt die Außenwand des Gebäudes des G. Eine Brandwand
wäre nach § 7 Abs. 1 Halbs. 2 LBOAVO nur dann entbehrlich, wenn rechtlich gesichert wäre, dass ein Abstand von mindestens 5 m zu bestehenden oder baurechtlich
zulässigen künftigen Gebäuden eingehalten wird. Eine solche Sicherung ist nur
durch Baulast (§ 71 LBO - vgl. dazu Rn. 270) möglich (Sauter § 27 Rn. 73). Dieser
Ausnahmefall liegt hier jedoch nicht vor.

Da der Widerspruch somit Aussicht auf Erfolg hat, wird das Verwaltungsgericht die
aufschiebende Wirkung des Rechtsmittels anordnen.

Stichwortverzeichnis

Die Angaben verweisen auf die Randnummern des Buches.

Abbruchverfügung 271 ff
- Adressat 274, 277
- formelle Baurechtswidrigkeit 271
- Gleichheitsgrundsatz 274
- materielle Baurechtswidrigkeit 272
- Miteigentümer 278
- nicht fertig gestellte Anlage 282
- Rechtsnachfolger 278
- Verhältnismäßigkeit 273
- Verkleinerung 273
- Vermietung 278
- Verwirkung 275
- Vollstreckung 278
Abgrenzungssatzung 124
Ablösevertrag 226
- Höhe der Geldleistung 227
Abrundungssatzung 135
Abstandsfläche 206
- Ausnahme 213
- Grenzbau 208
- Grenzgarage 218
- Grenzgebäude 217
- Lage 209
- Mindestabstand 212
- Nachbarschutz 308
- Nutzungsänderung 210
- sonstige bauliche Anlagen 220
- Tiefe 211, 212
Abstimmungspflicht 23
Abwägung 45 ff
- Abwägungsbereitschaft 47
- Abwägungsergebnis 55
- abwägungserhebliche Belange 50
- Abwägungsfehler 55
- Abwägungsmangel, offensichtlich 56
- Abwägungsvorgang 55
- Eigentumsgarantie 46
- Überprüfung 54
Abwägungsdirektive 21
Abwägungsmängel
- Beachtlichkeit 57
- Rüge 57
Abwasserbeseitigung 234
Anspruch auf Einschreiten der Baubehör-
   de 313

Antragsbefugnis 320
- Verletzung des Abwägungsgebots 321 ff
Artenschutz 30
Aufbaugesetz 3
Aufenthaltsraum 235
Auflage 246
- Rechtsschutz 246
Aufräumverfügung 282
Auslegung
- Anstoßfunktion 63
Ausnahme 113, 244, 261
- Abstandsfläche 213
- erhebliche Beeinträchtigung 214
Außenbereich 137
- Abgrenzung 124
- begünstigte Vorhaben 161 ff.
- Bestandsschutz 158
- Biogasanlage 148
- Ersatzbau 163
- Erweiterungsbau 165
- Flächennutzungsplan 149, 150, 153
- gemeindliche Planungshoheit 149, 157
- Gleichheitsgrundsatz 146
- Konzentrationszone 150
- Landesplanung 151, 157
- landwirtschaftlicher Betrieb 139 ff.
- Mobilfunkanlage 145
- natürliche Eigenart 155
- Naturschutz 154
- nicht privilegierte Vorhaben 152
- Nutzungsänderung 162
- öffentl. Belange 149
- öffentliche Versorgungsbetriebe 145
- ortsgebundener Betrieb 145
- privilegierte Vorhaben 138
- raumbedeutsame Vorhaben 151
- Raumordnung 151
- Rücksichtnahmegebot 157
- Schonungsgebot 166
- sollen 146
- Splittersiedlung 156
- Streubebauung 156
- Tabuzonen 150
- Tierhaltung 146
- Umwelteinwirkung 154
- Verunstaltung 154
- Wiederaufbau 164

– Windkraftanlagen 148, 150, 151
– Wochenendhaus 147
Außenbereichssatzung 167
Aussetzung der Vollziehung 347
Automaten 92

Badische Bauordnung 2
Bahnanlagen 90
Bauabnahme 262
Bauantrag 258
Bauantragsgebot 280, 282
Baubeginn 262
Baubehörden 242
Baueinstellung 281
Baufreigabe 262
Baufreiheit 158
Baugebietserhaltungsanspruch 105
Baugenehmigung 237, 243 ff
– Angrenzerbenachrichtigung 259
– Antrag 258
– Auflage 246
– Ausnahme, Befreiung 261
– Bauantragsgebot 258
– Erlöschen 248
– Frist 260
– Immissionsschutzrecht 254
– Klage 335
– Nutzungsänderung 238
– Nutzungsaufgabe 249
– Nutzungsunterbrechung 249
– Planfeststellung 257
– Präklusion 259
– private Rechte 245
– Prüfungsumfang 243
– Rechtswirkung 247
– Rücknahme 263
– Schlusspunkttheorie 243
– Straßenrecht 252, 253
– vereinfachtes Verfahren 240
– Verfahren 258
– Verfahrensfreiheit 241
– Verhältnis zu sonstigen Genehmigun-
  gen 251 ff
– Verlängerung 250
– Voraussetzung 243
– Wasserrecht 255, 256
Baugesetzbuch
– Änderungen des - 5
Baugrenze 80
Baulast 270

Bauleitplanung 8 ff
– Abstimmungspflicht, interkommunale 23
– Abwägung 45 ff
– Änderung des Planentwurfs 64
– Anspruch auf Aufstellung 18 f
– Aufstellungsbeschluss 59
– Ausfertigung 67
– Auslegung 63
– Außer-Kraft-Treten 75
– Beteiligung der Träger öffentl. Belange 62
– Bindung der Gemeinde 48
– Erforderlichkeit 13
– Geltungsdauer 75
– Genehmigung 68, 69
– gerichtliche Kontrolle 54 ff
– Grundsätzliches 8
– Kommunalrechtliche Fehler 84
– Konfliktbewältigung 53
– Konflikttransfer 53
– Konfliktverlagerung 53
– Landesplanung 22
– Lastenverteilung 52
– naturschutzrechtl. Eingriff 25 ff
– Öffentlichkeitsbeteiligung 61
– Planerhaltung 82 ff.
– Planungshoheit 10
– Planungsprinzipien 40 ff
– Problembewältigung 53
– Raumordnung 22
– Rechtsschutz 318 ff
– Stellungnahmen 64
– Träger öffentlicher Belange 62
– Verfahrensfehler 83
– vertragliche Verpflichtung 49
– Vorwegnahme der Planungsentschei-
  dung 48
bauliche Anlage 91 ff
Baulinie 80
Baulücke 126
Baunutzungsverordnung 78, 93
– Änderungen der - 5
– Art der baul. Nutzung 78, 94
– Baugrenzen 111
– Baulinien 111
– Bauweise 110
– Beispiele für Zulässigkeit von Bauvorha-
  ben 95
– Einkaufszentren 101
– freie Berufe 103
– Gewerbegebiet 98
– Industriegebiet 98
– Maß der baulichen Nutzung 94

– Mischgebiet 97
– Nebenanlagen 104
– Sondergebiet 100
– Stellplätze 102
– Systematik 78
– Typenzwang 78
– Vergnügungsstätten 101
– Wohngebiete 95
Bauordnungsrecht 6, 200
Bauplanungsrecht 6, 88
Baurechtsbehörde 242
Bauvorbescheid 265
– Geltungsdauer 266
– Prüfungsumfang 266
Bebauungsplan
– Abstandsflächen 216
– Art der baulichen Nutzung 94
– Auslegung 63
– Ausnahme 113
– Bauen im Vorgriff auf Bebauungs-
  plan 168
– Bauweise 80, 110
– Befreiung 114
– Begründung 60, 71
– Bekanntmachung 70
– Beschleunigtes Verfahren 73
– Bestimmtheit 44
– Fehler 82
– Funktionslosigkeit 75
– Geltungsdauer 75
– Heilung von Fehlern 87
– Inhalt 77
– Innenentwicklung 73 f
– Maß der baulichen Nutzung 79, 106
– Materiell-rechtliche Fehler 86
– Negativplanung 43
– nicht qualifizierter Bebauungsplan 93
– Parallelverfahren 35
– Planentwurf 60
– Plangewährleistungsanspruch 20
– qualifizierter Bebauungsplan 93
– Rechtsschutz 318 ff
– Satzungsbeschluss 66
– selbständiger Bebauungsplan 36
– Teilunwirksamkeit 329
– Umweltbericht 60, 71
– vereinfachtes Verfahren 72
– Verfahren 58
– Verfassungsbeschwerde 334
– vorzeitiger Bebauungsplan 37 Ff
Befangenheit 84 f
Befreiung 114, 244, 261

Beiladung 337, 342
Benehmen 253
Bestandsschutz 158
Brandschutz 233
Campingplatz 146
Dachgeschoss 108
Denkmalschutz 256
Duldungsverfügung 282
Durchführungsvertrag 199
Einfriedungen 92, 241
Eingriffsregelung 25 ff
Einheimischen-Modell 195
Einkaufszentrum 100
Einvernehmen 169, 253
– Ersetzung 170
– Rechtsschutz 172
– Rücknahme 171
– Schadensersatz 170
– Versagungsgründe 171
Enteignungsgleicher Eingriff 336
Entfernungsverfügung 282
Entschädigung 336
Entwicklungsgebot 33 f
Entwicklungssatzung 135
Erforderlichkeit
– Etikettenschwindel 16
– Planerische Konzeption 15
– Verhinderungsplanung 16
– Vollzugsunfähigkeit 17
Ergänzendes Verfahren 87
Ergänzungssatzung 136
Ermittlung
– Abwägungsmaterial 50
Erschließung 174, 229
– Abwasserbeseitigung 234
– Wasserversorgung 234
Fachaufsicht 342
Fachplanung 9, 24
Fahrradstellplätze 221 ff
FFH-Gebiete 30
Flächennutzungsplan
– Bedeutung 32
– Inhalt 32, 76
– Rechtsnatur 32
– Rechtsschutz 317
– Verhältnis zum Bebauungsplan 33

Folgekostenvertrag 196
Folgenbeseitigungsanspruch 314

Garagen 102, 221 ff
Gebäude
– landwirtschaftliches 241
Gebäudehöhe 107
Gebot der Rücksichtnahme 129, 295 ff
– Bebauungsplan 301
– Rechtsgrundlage 296
– Trennungsgebot 51
– Verhältnis zu Abstandsvorschriften 298
Geländeoberfläche 107
Gemeinde
– Einvernehmen 169
– Klagebefugnis 68, 350
– Planungshoheit 10
Gemeinderat
– öffentliche Sitzung 84
Gemengelage 130 ff
Genehmigungspflicht 237
– Instandhaltung 237
– Umbau 237
Generalklausel 228, 282
Geschossflächenzahl 110
Gesetzgebungskompetenz 4
Gewerbegebiet 98
Gewohnheitsrecht 58 ff
Gleichheitsgrundsatz 274
Grenzabstand
– Planungsrecht 207
– Schutzziele 206
Grenzgarage 218
großflächiger Einzelhandelsbetrieb 100
Grundflächenzahl 79
Grundstücksteilung
– Wohnungseigentum 188

Immissionsschutz 81, 232, 233, 254
Innenbereich
– Abgrenzung 125
– Abgrenzung Außenbereich 121 ff
– Abrundungssatzung 135
– Baulücken 126
– Baunutzungsverordnung 133
– Einfügen 128
– Entwicklungssatzung 135
– Ergänzungssatzung 136
– faktisches Baugebiet 133
– Gebot der Rücksichtnahme 129

– Gewerbebetriebe 134
– Klarstellungssatzung 124
– Ortsbild 131
– Ortsteil 118, 122
– SEVESO II-RL 131
– Umgebung 127
– Wohn- u. Arbeitsverhältnisse 131
Innenentwicklung 73
interkommunale Rücksichtnahme 23
Inzidentprüfung 333

Kenntnisgabeverfahren 239, 267, 344
– Ausnahme, Befreiung 267
– Baubeginn 267
Kiesgrube 145
Kinderspielplatz 235
Klarstellungssatzung 125
Kündigungsauflage 282

Lagerplatz 92
Landesbauordnung
– Änderungen der - 5
Landesentwicklungsplan 22, 149 ff
Landschaftsschutzverordnung 149
Landwirtschaft 139
– dienen 143
– landwirtschaftlicher Schuppen 145
– mitgezogener Betriebsteil 144
– Pachtland 142

Mischgebiet 97
Musterbauordnung 5

Nachbarklage 340 ff
– aufschiebende Wirkung 347
– Aussetzung der Vollziehung 348
– Bauvorbescheid 343
– Begründetheit 288, 341
– Beklagter 342
– Klage auf Einschreiten 345
– Klagebefugnis 341 ff
– Maßgeblicher Zeitpunkt 340
– öffentliche Bauvorhaben 346
– vorläufiger Rechtsschutz 347
Nachbarrechtsgesetz 283
Nachbarschutz 283 ff
– Abstandsvorschriften 307
– Anspruch auf Einschreiten der Baubehör-
de 313
– Art. 14 GG 291
– Art. 2 GG 292
– Art der baulichen Nutzung 299

– Außenbereich 305
– Baugrenze/Baulinie 302
– Baunutzungsverordnung 299
– Bauordnungsrecht 307
– Bebauungsplan 299
– Befreiung 303
– Begriff des Nachbarn 285
– Bestimmtheit 293
– Eigentumsverletzung 291
– Erschließung 306
– Folgenbeseitigungsanspruch 314
– Gebietswahrungsanspruch 299
– Innenbereich 304
– Kenntnisgabeverfahren 314, 344
– Kinderspielplatz 316
– Maß der baulichen Nutzung 302
– Mieter 286
– Miteigentümer 287
– nachbarschützende Normen 289 ff
– öffentl. Einrichtungen 315
– planübergreifender Nachbarschutz 300
– privatrechtl. Nachbarschutz 284
– Rücksichtnahmegebot 295 ff
– Schutznormtheorie 289
– Schwarzbau 293
– Sportanlagen 316
– tatsächliche Betroffenheit 288
– Übersicht zum Bauordnungsrecht 309
– Umweltrecht 310
– Veränderungssperre 303
– Verfahrensvorschriften 293
– Verwirkung 311
– Verzicht 311
– Wohnungseigentümer 287
– zivilrechtlicher Abwehranspruch 284
Nachbarwiderspruch 341
– aufschiebende Wirkung 347
– verfristet 342
Naturschutz 25 ff, 253
Nebenbestimmung 246
Normenkontrollverfahren 318 ff
– Antragsbefugnis 320
– Antragsfrist 318
– Antragsgegner 327
– Behördenantrag 325
– Beiladung 327
– einstweilige Anordnung 332
– Entscheidung 328
– Präklusion 319
– Prüfungsumfang 328
– Rechtsschutzbedürfnis 326
– Umweltrechtsbehelfsgesetz 330 f

– vorläufiger Rechtsschutz 332
Nutzungsänderung 89, 238
– Verfahrensfreiheit 241
Nutzungsaufgabe 249
Nutzungsaufnahmeuntersagung 282
Nutzungsunterbrechung 249
Nutzungsuntersagung 279

Öffentl. Bauten 173
Öffentl. Belange 149
Öffentliche Bauvorhaben 346
Ortsbausatzung 204
– Abstandsflächen 216
– Stellplätze 221
– Werbeanlage 204
Ortsteil, im Zusammenhang bebaut 118

Planfeststellung 90, 257
Planungsermessen 14
Planungshoheit 10
– gerichtliche Kontrolle 54 ff
– vertragliche Verpflichtung 49
– Vorwegnahme der Planung 48
Planungsverband 11 f
Präklusion 259, 341
Präventive Maßnahmen 282
Private, Beteiligung 65
Private Rechte 245
Privilegierte Vorhaben 138 ff.

Raumordnung 22
Rechtsnachfolger 247, 278
Rechtsschutz
– Abbruchverfügung 339
– Amtspflichtverletzung 336
– Änderung der Sach- und Rechtslage 340
– Antrag auf Einschreiten 344
– Baugenehmigung 336
– Bauvorbescheid 343
– Bebauungsplan 318 ff.
– Beiladung 337, 342
– Beklagter 335, 342
– Bescheidungsklage 345
– Bescheidungsurteil 336
– Flächennutzungsplan 317
– Fortsetzungsfeststellungsklage 336
– Gemeinde 350
– Maßgeblicher Zeitpunkt 336, 339, 344
– Nachbargemeinde 317 ff.
– Nachbarklage 340 ff.

– Schadensersatz 336
– vorläufiger Rechtsschutz 347
Rücknahme
– Baugenehmigung 263
Rücksichtnahmegebot 51, 129, 295 ff

Sachbescheidungsinteresse
– fehlendes 245, 266, 268
Selbsteintrittsrecht 242, 342
Sonderbauten 236
Städtebauliche Rechtfertigung
– Gefälligkeitsplanung 16
städtebaulicher Vertrag 193
– Einheimischen-Modell 195
– Folgekostenvertrag 196
– Form 197
Standsicherheit 231
– Einschreiten bei fehlender 282
Stellplätze 102, 221
– Ablösevertrag 226
– auf anderem Grundstück 225
– Entfernung 224
– Gemeinschaftsanlage 224
– Grenzgarage 218
– Lage 224
– Nachbarschutz 223
– Nutzungsänderung 222
– VwV-Stellplätze 221
Straßenplanung 81
Straßenrecht 252

technische Regelwerke 228
Teilung eines Grundstücks 186 ff
Teilungsgenehmigung
– Fremdenverkehrsgemeinde 188 f

Umweltbericht 31
Umweltprüfung 31, 59
Umweltrecht 310
Untätigkeitsklage 342
Untergeschoss 108

Veränderungssperre 176 ff., 338
– Ausnahmen 178
– Außerkrafttreten 183
– Entschädigung 184
– erneute Veränderungssperre 181
– faktische Zurückstellung 182
– Geltungsdauer 180, 182
– Rechtsnatur 177
– Verlängerung 180

– Voraussetzung 176
Vereinfachtes Baugenehmigungsverfahren 240
– Ausnahmen, Befreiungen 269
– Prüfungsprogramm 268
Verfahrensfehler 83
– Beachtlichkeit 83
Verfahrensfreiheit 241
Verfassungsbeschwerde 334
Vergnügungsstätten 101
Verkleinerungsverfügung 282
Verunstaltung 202
Verwirkung 275, 312
– hoheitliche Befugnisse 275
– Nachbarrechte 276
Verzicht 311
Vogelschutzgebiete 30
Vollgeschoss 79, 101
Vollstreckungsgegenklage 338
vorhabenbezogener Bebauungsplan
– Bestandteile 198 ff.
– Durchführungsvertrag 199
– Schadensersatzanspruch 199
– Verfahren 199
Vorkaufsrecht 190
– Ausübung 191
– Rechtsschutz 192
vorläufiger Rechtsschutz 347
– aufschiebende Wirkung 347
– Aussetzung der Vollziehung 348
– einstweilige Anordnung 332

Waldabstand 230
Wasserrecht 255
Wasserversorgung 234
Weisung 342
Werbeanlage 92, 203, 241
– Naturschutz 205
– Ortsbausatzung 204
– Straßenrecht 205
Wochenendhaus 147
Wohngebiet 95, 96
Wohnungen 235
Wohnwagen 92
Württembergische Bauordnung 2

Zaun 92
Zeltplatz 146
Zentrale Versorgungsbereiche 132

Zurückstellung 176, 185
– Rechtsschutz 185

Zusicherung 266
Zustimmung 169, 173, 346